Ein Haus für das Theater

Herausgeber und Verlag danken den Mitarbeiter/innen des Instituts für Stadtgeschichte Frankfurt a. M., der Abteilung Musik, Theater, Film an der Universitätsbibliothek Frankfurt a. M., des Deutschen Theatermuseums München sowie den Fotografen für die Bereitstellung ihrer Fotos und Dokumente.

Für die freundliche Unterstützung danken wir:

Georg und Franziska Speyer'sche Hochschulstiftung

Städtische Bühnen Frankfurt am Main GmbH (Hg.)

Ein Haus für das Theater

50 Jahre Städtische Bühnen Frankfurt am Main

1963–2013

HENSCHEL

Inhalt

6	**Grußwort des Kulturdezernenten**
7	**Vorwort der Intendanten**
8	Geleitwort
	Die Genese der Städtischen Bühnen nach 1945
	von Hilmar Hoffmann
16	**Oper Frankfurt**
	Eine Fortsetzungsgeschichte
	von Hans-Klaus Jungheinrich
124	**Schauspiel Frankfurt**
126	1963 – 1972
	Der General und sein Erbe
	Die Ära Harry Buckwitz und die Nachfolge Ulrich Erfurth
	von Günther Rühle
144	1972 – 1981
	Das Frankfurter Experiment
	Über den Traum der Vernunft und die Mitbestimmung
	von Michael Eberth
168	1981 – 1991
	Auf der Suche nach einer neuen Sprache des Theaters
	Adolf Dresen und der Neubeginn unter Günther Rühle
	von Hans-Thies Lehmann
186	1991 – 2001
	Der Theatermacher
	Peter Eschbergs Frankfurter Intendanz
	von Wilhelm von Sternburg

204	2001 – 2009
	Hin und weg
	Die Schweeger-Jahre am schauspielfrankfurt
	von Martin Lüdke
220	2009 – 2013
	Frankfurts Theateroffensive
	Die ersten vier Jahre der Intendanz Oliver Reese
	von Nils Wendtland
234	**Vom Opernballett zur Weltspitze**
	Das Frankfurter Ballett 1963 – 2004
	von Gerald Siegmund
268	**Man will doch nur spielen**
	Die unendliche Baugeschichte der Städtischen Bühnen Frankfurt
	von Dieter Bartetzko
284	**Anhang**
286	Chronik des Theaters
287	Premierenliste Oper
301	Premierenliste Schauspiel
315	Ensembleliste Schauspiel
322	Premierenliste Ballett
327	Ensembleliste Ballett
331	Autorenviten
333	Bildnachweise

Grußwort

Sehr geehrte Damen und Herren,

50 Jahre Theaterdoppelanlage am Willy-Brandt-Platz – das ist der Anlass, der 2013 gefeiert wird. Eigentlich geht es aber um viel mehr. Denn die Geschichte des Theaters und der Oper in Frankfurt ist eine viel längere und spannendere als es dieses Jubiläum vermuten lässt. Ohne zu viel vom Inhalt der folgenden Seiten vorwegzunehmen, lässt sich behaupten, dass Entstehung und Entwicklung der großen Bühnen Frankfurts schon immer ein Spiegel der jeweiligen gesellschaftlichen und politischen Verfasstheit gewesen sind.

1782 als Komödienhaus mit beiden Sparten Oper und Schauspiel am heutigen Rathenauplatz (damals Theaterplatz) eröffnet, bot es zu dieser Zeit schon fast 1000 Plätze und war damit Ausdruck eines aufgeklärten Bürgerwillens, der ein Theaterhaus als Zentrum für Kunst und Geschmack sah. Die Idee des Theaters ob als Nationaltheater (seit 1792), Frankfurter Stadttheater (seit 1842) oder zuletzt als Städtische Bühnen Frankfurt am Main GmbH (seit 2004) hat sich allen Widrigkeiten und Krisen zum Trotz als tragfähig erwiesen. Brände, Kriegszerstörung und finanzielle Nöte haben ihr letztlich bis heute nichts anhaben können. Und ich bin zuversichtlich, dass dies so bleiben wird.

Denn nicht erst seit der letzten baulichen Zusammenführung in den 1960er-Jahre, an die jetzt erinnert wird, waren und sind die Frankfurter Bühnen mit großen Namen und einer Strahlkraft weit über Frankfurt hinaus verbunden. Essenziell für die Lebendigkeit einer solchen Institution ist jedoch ihre Resonanz bei Kritik und Publikum. Beides hat unter den derzeitigen Intendanten, Bernd Loebe für die Oper und Oliver Reese für das Schauspiel, einen vorläufigen Höhepunkt erreicht, so dass man tatsächlich optimistisch in die nähere und weitere Zukunft schauen darf.

Prof. Dr. Felix Semmelroth
Kulturdezernent der Stadt Frankfurt

Vorwort

Sehr geehrte Damen und Herren,
liebes Publikum,

vor genau 50 Jahren bekamen die Städtischen Bühnen ein neues architektonisches Gesicht. Die Oper war schon 1951 in das nach dem Krieg wiedererrichtete Schauspielhaus gezogen, während sich das Schauspiel in verschiedenen provisorischen Spielstätten herumschlug. Es war also höchste Zeit, als 1963 die Theaterdoppelanlage am Willy-Brandt-Platz (der damals noch Theaterplatz hieß) eingeweiht wurde. Oper, Schauspiel und Ballett unter einem gemeinsamen Dach – nach außen verbunden durch eine 120 Meter lange Glasfassade – das war Ausdruck einer Gesellschaft im Aufbruch, einer Stadt, die wirtschaftlich blühte. Schon damals war klar: Die Finanzmetropole Frankfurt am Main braucht ein lebendiges und kraftvolles Kulturleben als Ausgleich und Gegengewicht zur hier ansässigen Wirtschaftswelt. Diesem kulturellen Selbstverständnis der Stadt und ihrer Bürger ist es geschuldet, dass die Städtischen Bühnen bis heute zu den größten und technisch modernsten Theatern im deutschsprachigen Raum gehören. Seit 50 Jahren spielt man hier gemeinsam Theater – für Frankfurt und seine Besucher.

Wir möchten das Jubiläumsjahr 2013 zum Anlass nehmen, um zurückzublicken auf eine einzigartige und bewegte Theatergeschichte, auf ein Haus, seine Tradition und die Menschen, die hier gewirkt haben. Theatergeschichte ist untrennbar mit Zeitgeschichte verbunden. Es gibt viel zu entdecken – damals wie heute.

Bernd Fülle	**Bernd Loebe**	**Oliver Reese**
Geschäftsführer	Geschäftsführer	Geschäftsführer
Geschäftsführender Intendant	Intendant	Intendant
Zentrale Theaterbetriebe	Oper Frankfurt	Schauspiel Frankfurt

Geleitwort

Die Genese der Städtischen Bühnen nach 1945

von Hilmar Hoffmann

Das 50-jährige Jubiläum der Theaterdoppelanlage hat eine Vorgeschichte, eine Genese der Selbstfindung unserer Städtischen Bühnen. Denn das Frankfurter Theaterleben ist nicht erst mit der Einweihung dieses architektonischen Monstrums Theaterdoppelanlage erblüht. Gleich im ersten Jahr nach der wohl verhängnisvollsten Periode der deutschen Geschichte wurden in unserer zu 70 Prozent zerstörten Altstadt schon wieder Theater und Oper angeboten. In der Trostlosigkeit unserer Ruinenlandschaft lechzten die Menschen nach kulinarischer Entspannung und, wie Brecht es formulierte, nach Vergnügung, der »nobelsten Funktion des Theaters«. Außer ihrem Glücksverlangen wollten die auch metaphysisch obdachlos gewordenen Menschen vor allem aber Botschaften zur Neuorientierung und Lebenszuversicht hören.

Schauspieler und Opernsänger, Tänzer und Musiker hatte Toni Impekoven als erster Intendant der Nachkriegszeit schon im Herbst 1945 (!) zusammengetrommelt und ein erstaunlich erstklassiges Ensemble der ersten Stunde geformt.

Im großen Saal der Frankfurter Börse wie auch in der Kleinen Komödie in Sachsenhausen brillierte Oscar Werner als Hamlet, und Paula Wessely beeindruckte in der Titelrolle von Henrik Ibsens Die Frau vom Meer. Mit der ihm auf den Leib geschriebenen Rolle des Fliegergenerals Harras in Des Teufels General stieg 1947 auch Martin Held in Frankfurt wie eine Rakete am Theaterhimmel auf. Carl Zuckmayers Stück über das Schicksal des »Helden der Lüfte« Ernst Udet wurde mit über 3000 Vorstellungen das erfolgreichste Stück auf Deutschlands Nachkriegsbühnen. Autoren und Regisseure des Aufbruchs reüssierten damals noch ohne aufwendigen Budenzauber, sie vertrauten ihrer komödiantischen Natur und ihrem dramatischen Temperament und setzten auf die kathartische Wirkung der Sprache.

Im großen vorläufigen Asyl des Rundfunk-Sendesaals überzeugte gleich in der Spielzeit 1946/47 Karl Heinz Stroux mit Eugene O'Neills stärkstem Stück Trauer muss Elektra tragen, eine die Gemüter und Herzen aufwühlende theatralische Option auf Großstadtniveau verlieh dem antiken Stoff eine Aura der Zeitlosigkeit. In den Feuilletons wurde die Premiere in über 40 Zeitungen als exemplarisch für einen Neubeginn des Theaters in Westdeutschland gewürdigt. Impekovens Repertoire berücksichtigte besonders Stücke aus Frankreich, England und den USA, die im Nazireich verboten waren. Gespielt wurde in der schon 1946 zum Kleinen Komödienhaus umgebauten Turnhalle in der Sachsenhäuser Veitstraße, wo Impekoven-Nachfolger Richard Weichert das Haus zum beliebten Spielort zu machen verstand.

An die alte Tradition der Römerberg-Festspiele anknüpfend, wurde auch im Klostergarten der Karmeliter unter offenem Himmel Theater gespielt. Im Sommer 1946 inszenierte hier Robert Michael Hofmannsthals Jedermann mit deftigen Anspielungen an den Zeitgeist. Im Börsensaal brachte Fritz Rémond Thornton Wilders Unsere kleine Stadt mit ironischen Verweisen auf Frankfurt auf die Bühne.

Trotz Währungsreform und einer den Neubeginn begleitenden Euphorie trieben die städtischen Körperschaften noch ohne einen verantwortlichen Kulturdezernenten den Theaterbetrieb in eine schwere Krise. Ende 1948 wurde 150 Bühnenmitgliedern zum 31. August 1949 die Nichtverlängerung ihrer Bühnennormalverträge angekündigt. Gleichwohl wurden zwei Monate später zwei Millionen Mark in den Etat eingesetzt, um das kriegszerstörte Schauspielhaus aus dem Jahr 1902 wieder aufzubauen. Aber die Euphorie hatte nur kurze Beine. Aus dem Römer verbreitete die Hiobsbotschaft Entsetzen, dem Theater werde Ende August 1949 endgültig der Garaus gemacht; »die Sicherung der nackten Existenz unserer Mitbürger […], in erster Linie die Beschaffung von Wohnraum, die Wiederherstellung von Schulen, Krankenhäusern«, sei lebensnotwendiger als Investitionen in eine flüchtige Theaterkultur.

Jetzt schlug die Stunde der Kulturbürger, die ihr gewohntes Theaterbedürfnis einklagten, um in der Goethe-Stadt wieder ein lebenswerteres Leben zu führen. Dieser Anspruch generierte auch den entscheidenden Impuls, den bis heute wirksamen Patronatsverein zu gründen: Ja, verachtet mir die Bürger nicht, hatte schon Hans Sachs in den Meistersingern den Politikern mit auf den Weg gegeben.

Bevor 1951 Harry Buckwitz nach Frankfurt kam und lange blieb, hatte bereits der kongeniale Heinz Hilpert als »Chefintendant« 1947 in der Stadt angeheuert, um bei den Städtischen Bühnen frischen Wind unter die Flügel des Neuanfangs zu blasen. Gleich mit seiner psychologisierenden Inszenierung von Abgründen der menschlichen Seele in Des Teufels General beglaubigte Hilpert sein Renommee als virtuoser Schauspielflüsterer. Mit Carl Zuckmayers zeitdiagnostischem Stück mit jener prinzipiellen Fragestellung, wem denn der Mensch zu gehorchen habe, dem eigenen Gewissen oder dem Soldateneid, hatte er dem Schrecken des Naziregimes exemplarischen Ausdruck verliehen.

Auch mit Thornton Wilders Wir sind noch einmal davongekommen blieb Hilpert den kollektiven Befindlichkeiten der Kriegsgeneration auf den Fersen. Hilpert wollte vor aller Welt dokumentieren, wie über das Medium Theater ein freier Geist durch das nun wieder demokratische Deutschland weht. Von ignoranten Stadtpolitikern kujoniert, stieg er tief enttäuscht im April 1948 vorzeitig aus dem Vertrag aus. In einer Stadt, deren banausisches Politikerpersonal über die Ästhetik obsiegen wollte, mochte er sich zu weiteren Konzessionen nicht korrumpieren lassen.

Unter Impekoven, Weichert und Hilpert hatten sich in den ersten zwei, drei Jahren später berühmt gewordene Theaterleute engagieren lassen, um die Herzen der vom Krieg gebeutelten Frankfurter zu erwärmen und deren hedonistische Erwartungen zu befriedigen: Wolfgang Büttner, Julia Costa, Ellen Daub, Konrad Georg, Martin Held, Siegfried Lowitz, Richard Münch, Otto Rouvel oder Solveig Thomas. Sie bescherten einem auch kulturell ausgehungerten Publikum mit ihrer hohen Kunst unvergessliche Stunden.

Auch die Oper ließ schon bald nach der Kapitulation wieder von sich hören. Musikdirektor Bruno Vondenhoff hatte Ende 1945 unter unzumutbaren Bedingungen bereits ein neues Orchester organisiert. Auch den geschrumpften traditionsreichen Cäcilien-Chor hatte er wiederbelebt. Damals mussten die Sänger noch Briketts oder Holzscheite zu den Proben mitbringen, damit ihre Stimmbänder nicht einfroren.

Sozusagen aus dem Nichts ging gleich die erste Opernpremiere Tosca erfolgreich über die Bühne. Die Premiere am 26. September 1945 dirigierte Ljubomir Romansky. Bevor er 1946 an die Staatsoper Wiesbaden wechselte, studierte er fünf Opern und Operetten ein, u.a. die Fledermaus mit der damals noch unbekannten Christa Ludwig als Prinz Orlofsky. Er beherrschte die hohe Kunst, im Seichten der Operette nicht zu ertrinken.

Für die erste offizielle Spielzeit 1945/46 machte Bruno Vondenhoff, ein Feuerkopf aus dem Geiste Beethovens, dessen Fidelio am 9. Dezember auf den

Nudelbrettern der Behelfsbühne im großen Börsensaal virtuos zum Ereignis. Mit der Neuinszenierung des FIDELIO feierte die Oper Befreiung aus politischer Unfreiheit, Befreiung aus Kriegsnotstand und von der Knechtschaft der eigenen Untätigkeit. Nach der Stunde Null bekam diese FIDELIO-Interpretation symbolische Bedeutung in ihrer gelungenen Reflexion über die jüngste deutsche Geschichte, über die heillose Verlassenheit des Menschen.

In dieser ersten Phase der Renaissance von Frankfurts Oper entdeckten die Menschen das Musiktheater als Surrogat des Glücks, das ihnen zwölf Jahre lang verweigert worden war. Vondenhoff hoffte, den Menschen mit seinem Repertoire zu vermitteln, was Hegel allgemeinästhetisch »das sinnliche Scheinen der Ideen« genannt hatte: FIDELIO mit der Idee der Freiheit oder TOSCA mit der negativen Idee des Verrats.

Weil Bruno Vondenhoff die Oper nicht mit einer bürgerlichen »Erholungsstätte« (Adorno) verwechselte, machte er außer mit Klassik auch mit jenen Neutönern Furore, die sich von der Tonalität längst verabschiedet hatten: 1947 mit Paul Hindemiths MATHIS DER MALER, 1948 mit Heinrich Sutermeisters ROMEO UND JULIA, mit seiner furiosen Deutung von Arthur Honeggers JOHANNA AUF DEM SCHEITERHAUFEN und den Aufführungen von Gian Carlo Menottis DER KONSUL oder mit Ernst Křeneks DAS LEBEN DES OREST. Letztere Oper überzeugte mit 40 Vorhängen bei der Premiere auch das Feuilleton. Vondenhoff setzte frühe Meilensteine auf dem langen Kärrnerweg bis zur erstmaligen Verleihung des Titels »Opernhaus des Jahres« im Jahr 1996.

Vondenhoff gelang es sogar, keine Geringeren als Walter Felsenstein, Otto Schenk und Wieland Wagner als Regisseure ans Haus zu holen. Bayreuth-Erneuerer Wieland Wagner riss mit Verdis OTELLO das Publikum zu wahren Beifallsstürmen hin. Mit Christa Ludwig führte er Mendelssohns Oratorium ELIAS in den Erfolg. Mit ihrer zauberischen Aura schmetterten auch die berühmten Sängerinnen Agnes Giebel und Marga Höffgen ihre Arien in die akustischen Löcher der Provisorien, wo sie oft wie in einer Art Bermudadreieck verhallten.

Ohne Bruno Vondenhoffs energischen Einsatz wäre der Wiederaufbau des 1902 im Jugendstil erbauten Schauspielhauses, vorerst sowohl für die Zwecke des Musiktheaters als auch des Schauspiels, nicht so schnell gelungen. Das mit drei Rängen und 1450 Plätzen wiedererstandene Große Haus mit erhaltener historisch-schöner Frontfassade und domartiger Kuppel wurde am Tag vor Heiligabend 1951 unter der musikalischen Leitung von Bruno Vondenhoff mit DIE MEISTERSINGER VON NÜRNBERG feierlich eröffnet. Nietzsche hatte nicht nur mit Blick auf die Partie des Beckmessers den Ausdruck »superlative Musik« für die MEISTERSINGER geprägt.

Den Rezensionen zufolge bescherte Bruno Vondenhoff dem Publikum mit seinem LOHENGRIN ein Fest der Stimmen. Hausregisseur Werner Jacob reduzierte den schönen Sagenhelden aus Brabant zur schlichten Chiffre, die in der lichten A-Dur-Welt des Grals nach glücklichen Flitterwochen mit dem Hinweis »Nie sollst Du mich befragen« wieder von dannen zieht.

Der 1951 von Oberbürgermeister Walter Kolb engagierte neue Generalintendant Harry Buckwitz sollte Vondenhoff rasch den Laufpass geben, um mit dem berühmteren Georg Solti als neuem Opernchef das Ansehen der Stadt zu mehren. Walter Kolb würdigte Vondenhoff beim Abschied mit der abgenutzten Formel, er habe »sich um die Stadt verdient gemacht«. Ein viel zu schmales Wort für einen großen Künstler und Organisator der Wiederauferstehung unseres Musiktheaters.

Über Höhen und Tiefen von Frankfurts Schauspiel, Musiktheater und Ballett haben die Autoren dieses Bandes eindrucksvoll ihr reiches Erfahrungspotenzial ausgebreitet. Ich beschränke meine Erinnerungen deshalb auf die politischen Aspekte des Theaters während meiner 20-jährigen Verantwortung für diesen Kernbereich Frankfurter Kulturpolitik.

Mitbestimmung im Schauspiel

Im ersten Gespräch mit dem neuen Oberbürgermeister Walter Möller, der mich 1970 aus Oberhausen nach Frankfurt an seine Seite holte, war die Einführung der Mitbestimmung im Schauspielhaus eines seiner Essentials für den neuen Kulturdezernenten. Es galt, die hierarchische Struktur, »Generalintendant« genannt, durch eine vom Magistrat abgesegnete Mitbestimmung zu ersetzen, die alle Fragen mitentscheidet, die bisher vom »General« ohne Mitwirkung des künstlerischen Personals autokratisch geregelt wurden: Spielplangestaltung, Besetzungen, Engagements und Nichtverlängerungen, Sonderurlaube usw. Statt eines alles entscheidenden Generalintendanten sollte ein Dreierdirektorium mehr Transparenz garantieren.

Weil dieses Modell mit dem amtierenden »General« Ulrich Erfurth nicht zu realisieren war, musste ich gleich in der ersten Woche nach meiner Wahl ein Gespräch mit Ulrich Erfurth führen. Sein Vertrag hätte sich sonst automatisch verlängert, und die Mitbestimmung wäre *ad calendas graecas* vertagt worden.

Als ich Ulrich Erfurth mit der Entschlossenheit auch des Oberbürgermeisters das Ende seiner Dienstzeit verkündete, war sein Erschrecken größer als das des Papageno beim Anblick des Monostatos. Parallel mit der gleichzeitigen Entkoppelung von Oper und Schauspiel ging in Frankfurt die Aufkündigung der anachronistischen Machtvertikale einher. Für das Schauspiel wurde die Mitbestimmung per Magistratsbeschluss Gesetz wie für die Oper das abgemilderte »Mitwirkungsdekret«. Die Sänger wollten nicht, dass ein Kollektiv darüber entscheidet, ob die Stimmbänder eines Tenors bei der Stretta im 3. Akt des Trovatore wackeln und sich in die Kopfstimme flüchten oder ob ein Bass den *basso profondo* des Sarasto in den Orkus gurgeln sollte. Darüber sollte nach wie vor gefälligst allein der Chef entscheiden.

Die Mitbestimmung im Schauspiel sollte keine Episode werden. Sie war als Zäsur des Aufbruchs für alle deutschen Theater mit Erfolg in Szene gesetzt worden, getreu der Maxime Brechts, dass »das moderne Theater […] nicht danach beurteilt werden [muss], wieweit es die Gewohnheiten des Publikums befriedigt, sondern danach, wieweit es sie verändert.«

Die jetzt autonome Oper wurde künftig vom bisherigen Generalmusikdirektor Christoph von Dohnányi geleitet, das Schauspiel von einem Dreierdirektorium mit Peter Palitzsch, bis dahin Schauspieldirektor am Staatstheater Stuttgart. Fast das ganze Stuttgarter Ensemble, mit dem ich in der Landeshauptstadt viele Nächte lang Gespräche über die Modifikationen der Mitbestimmung geführt hatte, war mit Horst Laube, Hans Neuenfels und Niels-Peter Rudolph Peter Palitzsch an den Main gefolgt.

Von Erfurths Ensemble wurden nur jene sechs Schauspieler übernommen, die sich für die Mitbestimmung und für das Credo des Brecht-Schülers Palitzsch erwärmen ließen: »Der Gesellschaft muß klar sein, daß sie nicht dafür zahlt, daß wir sie verherrlichen, sondern daß wir einen demokratischen Prozeß aufrechterhalten, das heißt, alles bekämpfen, was zu Entdemokratisierung, zu Starre und Niveauschwund führen kann.« Als ewiger Pfadfinder folgte Palitzsch unbeirrbar seiner Grundspur des Humanismus.

Die ersten Proben aufs Exempel schienen die Notwendigkeit der Mitbestimmung zu beglaubigen: In Edward Bonds Lear wurde in der Regie von Peter Palitzsch aus der Titelfigur nicht wie bei Shakespeare »jeder Zoll ein König«. Palitzsch hatte bei Bond ja nicht ein literarisch besseres Stück gefunden, sondern den zeitgemäßen Bezug. Oder: Im Dickicht der Städte. Mit diesem wüsten dialektischen Lehrstück Brechts gegen das Kapital brachte Regisseur Klaus Michael Grüber die konservativ gestrickten Abonnenten gehörig in Rage. In dieser atemberaubenden Aufführung in der Kulisse von Eduardo Arroyo bestätigte das sich neu erfindende Schauspiel Frankfurt mit ästhetischen Mitteln seinen Auftrag, das sonst nicht Fassbare bewusst zu machen. In einer lauten Zeit machte Grüber Skandal – durch Stille. Die radikalen Anfänge des mitbestimmten Theaters kosteten uns schließlich 4000 (!) Abonnenten. Gleichwohl hielt der Magistrat durch, schließlich waren die Feuilletons ausnahmslos auf unserer Seite.

Der Neuanfang des Palitzsch-Teams ist dadurch zusätzlich erschwert worden, dass der Kämmerer knallhart die drastische Erhöhung der Eintrittspreise verfügte, ohne das mitbestimmende Ensemble vorher befragt zu haben. Schließlich wollte die neue Mannschaft mit für jedermann erschwinglichen Preisen alle erreichen und nicht nur jene, die es sich schon immer leisten konnten. Das Ensemble protestierte einen Monat lang jeden Abend lautstark vor dem Vorhang. Der Casus kulminierte in dem demonstrativen Akt, dem Kulturdezernenten das Mitbestimmungspapier mit der Aufforderung vor die Füße zu knallen, sich »damit den Arsch abzuwischen«, denn das Papier sei ja »nicht erkämpft, sondern bloß geschenkt worden und deshalb wertlos« (Neuenfels).

Nach der Ära Palitzsch hat es im Schauspiel bis heute leider viele Stabwechsel gegeben, ein Dilemma, an dem die Kulturdezernenten nicht ganz schuldlos waren: Wilfried Minks und Johannes Schaaf (1980/81), Adolf Dresen (1981–1985), Günther Rühle (1985–1990), Hans Peter Doll (1990/91), Peter Eschberg (1991–2001), Elisabeth Schweeger (2001–2009), Oliver Reese (seit 2009). Eine Phalanx höchst unterschiedlicher Temperamente, Stile und Intellektualitäten.

Petra Roth ernennt sich selbst zur Bühnendezernentin

Eine energische Petra Roth verordnete den Städtischen Bühnen ein Ende des Kompetenzwirrwarrs. Am 24. Oktober 1996 entzog sie der Kulturdezernentin Linda Reisch kurzerhand die Kompetenz über den Kernbereich der Frankfurter Kultur: Das Kommando über Oper, Schauspiel, Kammerspiel, Ballett und das angehängte TAT übernahm sie als neue Bühnendezernentin höchstselbst, eine einmalig drakonische Konsequenz in der Geschichte der bundesdeutschen Theaterrepublik. Nein, die Kulturdezernentin ist aus Selbstachtung nicht zurückgetreten.

In der Chefetage gab es Querelen zwischen dem zum Geschäftsführenden Intendanten aufgestiegenen früheren Ballettgeschäftsführer Martin Steinhoff und Opernchef Sylvain Cambreling, der ihm mit seiner Machtfülle als eine Art Gottseibeiuns im Nacken saß;

Letzterer gab zu Protokoll, er hätte nie in Frankfurt angeheuert, wäre er über die Fesseln dieser neuen Struktur vorher in Kenntnis gesetzt worden. Statt auf den »Brettern, die die Welt bedeuten«, fand die Entfesselung des Individuums hinter den Kulissen statt.

Nachdem Cambreling entnervt einfach früher aus seinem Vertrag ausgeschieden war, erteilte er der Oberbürgermeisterin und der Kulturdezernentin striktes Hausverbot für seine Abschiedsvorstellung und die anschließende Fete. Das Satyrspiel war endgültig in eine Provinzposse abgeglitten, als die Kulturdezernentin den in prekäre Bedrängnis geratenen Bühnenintendanten die Anwaltskosten für ihre Mandate gegen ihren Arbeitgeber, den Magistrat von Frankfurt, in Höhe von exakt 243 000 Mark aus dem Steuersäckel zurückerstattete. Dieser im Parlament einmütig missbilligte Casus veranlasste die Oberbürgermeisterin, endgültig die Reißleine zu ziehen und die Dezernentin abwählen zu lassen, einstimmig quer durch alle Fraktionen. Mozarts Librettist Lorenzo Da Ponte hätte dieses pointenreiche Stück nicht besser erfinden können.

Der Streit um Fassbinders Der Müll, die Stadt und der Tod

Kein Frankfurter Theaterereignis hat die Gemüter mehr aufgewühlt und die Öffentlichkeit stärker polarisiert als die Inszenierung des Fassbinder-Stücks Der Müll, die Stadt und der Tod im Jahr 1985. Zwei Sondersitzungen des Stadtparlaments und eine in der Jerusalemer Knesset haben den Streit in die politische Arena verlegt. Nachdem der Versuch des Alte-Oper-Managers, das brisante Stück mit Schauspielern des Hebbel-Theaters Berlin zu besetzen, im Aufsichtsrat gescheitert war, kündigte der neue Schauspielintendant Günther Rühle das Fassbinder-Stück im Spielplan seines Theaters an. Rühle wollte den »fatalen Verdacht« widerlegen, in der liberalen Paulskirchenstadt werde Zensur geübt. Nachdem ich bei den Proben in den Kammerspielen hospitiert hatte, konnte ich Rühle in seiner unbeirrbaren Konsequenz guten Gewissens den Rücken stärken und den Antisemitismusvorwurf aus eigener Anschauung Lügen strafen.

Auch in dem einstündigen Dreiergespräch zwischen OB Walter Wallmann, Günther Rühle und Kulturdezernent konnte der Oberbürgermeister den Intendanten nicht bewegen, das Skandalon aus dem Spielplan zu nehmen. Gegenüber Wallmann beharrte auch der Dezernent auf Artikel 5 des Grundgesetzes mit dem ultimativen Satz, »eine Zensur findet nicht statt«.

Die Premiere des Fassbinder-Stücks am 31. Oktober 1985 hat nicht stattgefunden. Repräsentanten der Jüdischen Gemeinde hatten mit Ignatz Bubis gewaltlos die Bühne besetzt, der Saal war mit 50 Gegnern des Stücks übersetzt, die mit originalgetreu nachgedruckten Eintrittskarten Einlass gefunden hatten. Die Diskussion mit Befürwortern wie Daniel Cohn-Bendit und Mischa Brumlik war heftig bis aggressiv, lief aber auch ohne Mediator nie aus dem Ruder.

Als der Uhrzeiger auf 24 Uhr rückte, frohlockte Regisseur Dietrich Hilsdorf in der letzten Reihe zu früh: »Jetzt wird gespielt.« Der Kulturdezernent in der ersten Reihe neben Intendant Rühle wandte sich in appellativem Ton ans Publikum: »Der Magistrat zieht hiermit das Hausrecht an sich und erklärt die Veranstaltung für beendet.« Ende der Vorstellung. Am 4. November 1985 setzte Intendant Rühle für die internationale Presse eine sogenannte Wiederholungsprobe an, die das Schauspiel Frankfurt von dem Vorwurf einer »antisemitischen Handlung« freisprechen sollte. Fast alle Feuilletons haben die Hilsdorf-Inszenierung vom Antisemitismusvorwurf entlastet.

Vielen Dank, Sie werden von uns hören

Das Frankfurter Theater hat nach 1945 vom selbstverständlichen Recht der Theaterfreiheit heftigen Gebrauch zu machen gewusst. Das hat manchem Stadtverordneten oder auch dem einen oder anderen abonnierten Philister nicht immer nur gefallen. Zum Beispiel die Proteste des Palitzsch-Ensembles gleich bei seiner ersten Premiere, Edward Bonds Lear, gegen die Erhöhung der Eintrittspreise damals noch durch den SPD-Magistrat, jeweils abends auf der Vorbühne, bevor der Vorhang hochging. Walter Wallmann hatte schon in den Wahlkampfwirren im Frühjahr 1977 gegen die Protestaktion der Mimen protestiert.

Als zwei von Willy Brandts Radikalenerlass betroffene Lehrerinnen der Ernst-Reuter-Schule in der Nordweststadt wegen Kommunismusverdachts ihren Beamtenstatus verloren, entstand über Nacht die Kollektivarbeit Vielen Dank, Sie werden von uns hören. Die Texte der Schauspieler enthielten Assoziationen zu Begründungen, mit denen im Dritten Reich auch den Vätern dieser beiden Lehrerinnen wegen DKP-Mitgliedschaft die Lehrerlaubnis entzogen worden war, zum Teil sogar mit analogen Text-Akkorden bis in die Interpunktion hinein.

Nachdem das in der Schulaula mehrfach öffentlich aufgeführte Stück die Besucherneugier im Norden der Stadt gestillt hatte, sollte Vielen Dank, Sie werden von uns hören in den regulären Spielplan des Schauspielhauses aufgenommen werden. Als die CDU diese »mit Radikalen sympathisierende Aufführung« per Magistratsabschluss zu indizieren hoffte, konnte der Kulturdezernent diesen Zensurversuch mit Hilfe des Oberbürgermeisters verhindern. Das Ensemble wurde aber gebeten, jeweils eine anschließende Diskussion anzukündigen, damit jeder die Gelegenheit bekäme, seine Einwände »gegen diese Zumutung« (FDP) unmittelbar geltend zu machen. Jenseits der brisanten Aktualität war dieses zeitübergreifende Stück eines der Agitation gegen die Arroganz der Macht schlechthin.

Peter Palitzsch war es immer darum gegangen, Bedingungen dafür zu schaffen, dass wir mit den Mitteln des Theaters einen demokratischen Prozess aufrechterhalten, also alles bekämpfen, was zur Entdemokratisierung führen kann. Für Palitzsch war Aufklärung immer noch ein unvollendetes Projekt der Demokratie. Unter dieser Prämisse wollte das Ensemble nicht nur mit relevanten Stücken des Repertoires auf gesellschaftliche Fehlentwicklungen seismografisch reagieren. Man wollte auch mit selbst verfassten Stücken gegen brisante demokratiefeindliche Ereignisse aktuell und spontan zu Felde ziehen. Auch diese handfeste politische Theater-Demonstration mit großer Resonanz in ausverkauften Vorstellungen schien nicht unbedingt geeignet, den Sympathiewert beim neuen Oberbürgermeister zu steigern. Gleichwohl mischte sich Walter Wallmann auch beim Theater, außer beim Fassbinder-Stück, nicht ein.

Wallmann wollte kein politisches Theater

Das Mitbestimmungstheater des Brecht-Schülers Peter Palitzsch irritierte Walter Wallmanns traditionellen Theaterbegriff sowohl ästhetisch als auch inhaltlich. Wallmann unterstellte Palitzsch, mit den Subventionen des Steuerzahlers die Welt verändern zu wollen. Der Asket der Bühne entsprach nicht den auf größere Opulenz gerichteten Erwartungen des Oberbürgermeisters und wurde in der damals noch grassierenden Linksphobie der CDU als Bedrohung empfunden. Palitzsch wollte aber nicht die Welt verändern; für ihn war Theater vielmehr ein Instrument der Emanzipation und ein Ort der Freiheit. Der Respekt vor dem Individuum gehörte für ihn zum Erbe der Antike wie auch der Aufklärung. Als man für Palitzsch nach seinem Abgang die Goethe-Plakette beantragte, wurde diese Ehrung abgelehnt. Aus der politischen Perspektive Wallmanns war die Palitzsch-Bühne politisch vermintes Gelände.

Das Palitzsch-Nachfolgerduo Wilfried Minks und Johannes Schaaf fand der OB nicht nur auf Anhieb sympathisch, er konnte sich auch mit deren Vorliebe für ein vorwiegend klassisches Repertoire befreunden. Im Vollgefühl seiner neuen Gestaltungsmacht gab Wallmann auch der Umrüstung des Spielorts mit einer Millionen Mark teuren Hydraulik seinen Segen. Mit deren Hilfe ließ sich der Zuschauerraum per Knopfdruck in eine Bühne und diese in einen Zuschauerraum verwandeln.

Für die Premiere dieses technisch aufwendigen Funktionstausches hatten die beiden Protagonisten Georg Büchners DANTONS TOD ausgewählt. Als hinter einem Gazevorhang hoch über der Bühne als Schattenriss ein überdimensionaler Penis zum Vollzug ansetzte, irritierte Walter Wallmann und seine Herzdame Margarethe mehr noch als das Corpus Delicti die fröhliche Reaktion der Premierengäste über das parodistische Element eines avancierten Spieltriebs. Nach dieser »Provokation unter der Gürtellinie« betrat Wallmann das Schauspielhaus erst wieder, als 1981 mit Adolf Dresen vom Wiener Burgtheater ein Intendant gewonnen wurde, der mit der Hydraulik auch die Grobreize der beiden Vorgänger zum *à fonds perdu* erklärte und bei dem sich inszenatorische Willkür an klassischen Stücken in Grenzen hielt.

Wallmanns bald erlahmte Sympathie für Minks war aber auch der Tatsache geschuldet, dass dieser der Besetzung des Schauspielhauses durch Mitglieder der RAF freundlich zugewinkt hatte. Sein inzwischen mit ihm zerstrittener Partner Johannes Schaaf hatte zusammen mit dem Kulturdezernenten im Theater die Stellung gehalten. Der wintergemäß frierenden RAF-Nachhut öffnete Minks zusammen mit seiner Frau, der Schauspielerin Ulla Berkéwicz, immer wieder die Türen ins gut geheizte Theaterinnere, bis wir einfach die Heizung abschalteten und die Besatzer zum freiwilligen Rückzug bewegten.

In Walter Wallmanns neun Jahren erlebte er vier verschiedene Theaterleitungen: Nach Peter Palitzsch und der vorzeitigen Auflösung des Vertrags des im Clinch liegenden Duos Minks/Schaaf hatten wir Adolf Dresen vom Wiener Burgtheater geholt. Der hielt es mit Arthur Miller, dass in einer schlechten Welt das Theater sich für den Ruf nach einer besseren zur Verfügung halten müsse. Nachdem Dresen wegen Krankheit vorzeitig ausgeschieden war, konnte als Nachfolger mit Günther Rühle ein Theaterkritiker von Rang gewonnen werden. Rühle verdankten wir auch das mutige Engagement von noch nicht abgestempelten Regietalenten wie Einar Schleef, Dietrich Hilsdorf oder Michael Gruner, die beileibe keine Chorknaben waren.

Der Opernbrand

Ein mit 50 000 Mark von den DDR-Behörden freigekaufter »Regimegegner« steckte am 12. November 1987 unsere Oper in Brand. Bei seiner Vernehmung entpuppte sich der Brandstifter statt als Regimegegner der DDR als notorischer Krimineller. Der Mann hatte Zugang in die Theaterdoppelanlage gesucht, weil er diese als eine »factory« identifiziert hatte. Er war durch ein nicht verschlossenes Kippfenster eingestiegen, in der Hoffnung, in einem der Spinde Stullen zu finden, »weil ich Hunger hatte«. Da es sich aber um Spinde von Orchestermusikern handelte, hatte er seinen knurrenden Magen mit Partituren nicht stillen können. Schlicht aus Frust war der Hungerleider zum Brandstifter mutiert.

Als ich um vier Uhr früh den Tatort erreichte, fand ich den Komponisten John Cage verwirrt und verwaist am Bühneneingang auf seinen Koffern hocken. Just am Abend vorher hatte ich mit dem »Meister der Stille« im Restaurant Fundus über die Partitur zu seinem neuen Werk EUROPERAS 1 & 2 gesprochen. Feuerwehrmänner hatten den immer freundlich lächelnden Komponisten aus dem Opern-Etablissement für prominente Hausgäste aus dem dritten Stock an die frische Luft komplimentiert. In seiner Not auf eine neue Bleibe hoffend, fragte John Cage: »Wo ist Gary?« Mein Gott, Gary Bertini hatten wir ganz vergessen. Der ebenfalls sofort herbeigeeilte Oberbürgermeister ließ den Dirigenten mit seinem Dienstwagen aus Schwanheim zum Tatort holen.

Oberbürgermeister Wolfram Brück berief ad hoc einen Krisenstab ein, dem die Intendanten Günther Rühle und Gary Bertini, der Technische Direktor Max von Vequel, der Bühnengeschäftsführer Günter Hampel sowie die beiden Dezernenten für Kultur und für Bau angehörten, um erste Entscheidungen zu treffen. Schon nach einer Stunde war klar, die Oper würde ins Schauspiel umziehen, weil es dort einen verwaisten Orchestergraben gab. Ein altruistischer Günther Rühle war einverstanden, dass das Schauspiel Gastrecht im leer stehenden Bockenheimer Straßenbahndepot genießen würde, falls uns die Uni und das Land das denkmalgeschützte Depot überließen.

Dank des Elans des Baudezernenten Hans-Erhard Haverkamp war die neue Spielstätte innerhalb von nur sieben Wochen spielreif umgerüstet. Mit einer genialen Regieleistung von Peter Palitzsch als Gast wurde mit Marlowes LEBEN EDWARDS DES ZWEITEN VON ENGLAND die Eröffnung einer heute nicht mehr wegzudenkenden neuen Bühne gefeiert. Schon bald konnten in diesem fantastischen Ambiente stilbewusste, extravagante Inszenierungen wie Bob Wilsons »wunderwirkliche Theaterwelt« (Stadelmaier) oder Einar Schleefs neu erfundener FAUST I bewundert werden.

Bereits wenige Tage nach dem Brand hatten sich eilfertige Investoren öffentlich mit dem Vorschlag zu Wort gemeldet, den »Luftraum« über dem Operngrundstück zu kaufen. Im Gegenzug versprachen sie, die Oper im unteren Bereich ihres geplanten Hochhauses auf ihre Kosten wiedererstehen zu lassen. Die Oper als buchstäbliche Untermieterin eines Büromonsters, welch entsetzlicher Gedanke! Außerdem hätte der Spielbetrieb sich um mindestens vier Jahre verzögert.

Gegen diese Art merkantilen Eifers hatten wir es leicht, den Anfängen einer Subkulturalisierung zu wehren, zumal die Allianz-Versicherung die vollen Kosten des Wiederaufbaus zu übernehmen bereit war. 200 Millionen zahlte eine kulante Allianz für den Wiederaufbau des Opernhauses und damit auch für einen um zehn Meter aufgestockten Bühnenturm, in dessen Windschatten Eins-zu-eins-Probenräume sowohl für das Frankfurter Opern- und Museumsorchester als auch für das Forsythe-Tanztheater hinzugewonnen wurden.

Herzog Blaubarts Burg, 2010. ML: Constantinos Carydis, R: Barrie Kosky / Robert Hayward (2. v. l.), Statisterie

Oper

Oper Frankfurt

Eine Fortsetzungsgeschichte

von Hans-Klaus Jungheinrich

Einleitung: Eilschritt durch ein Halbjahrhundert

50 Jahre Operngeschichte – ein bedeutender Zeitraum. Er umfasst ein knappes Viertel der Zauberflöten-Rezeption, rund ein Drittel der Wirkungsgeschichte von Tristan und Isolde, nicht viel weniger als die Hälfte derjenigen der berühmtesten Stücke von Strauss und Puccini. Bei Händel und Monteverdi lässt sich von einer durchgehenden Rezeption gar nicht sprechen. Sie wurden in den letzten 50 Jahren überhaupt erst für ein breiteres Verständnis erschlossen und in einer unbegradigten, der Barockdramaturgie entsprechenden Praxis wahrgenommen. Im vergangenen Halbjahrhundert klärte sich auch, was von der Moderne auf der Opernbühne Bestand haben dürfte – von exponierten Fixpunkten wie Moses und Aron, Saint François d'Assise und Die Soldaten bis zu beträchtlichen Teilen des Œuvres von Benjamin Britten und Hans Werner Henze.

Nicht alle Zeiten waren für die Entwicklung der Opernkultur gleichermaßen von Belang. Auch dieser Part der Allgemeingeschichte verlief in unterschiedlichen Rhythmen – mit Zonen konvulsivischer Aufbäumungen und Auslaufphasen der Bestandssicherung, der gleichsam ungestört und routiniert vor sich hin brummenden Betriebsamkeit. So pointiert, wäre Operngeschichte tatsächlich eine der produktiven Krisen, des selbstkritisch-reflektierenden Sich-Fortbewegens von einem Erneuerungsschub zum anderen. Eine blühende Opernkultur stellt sich zwar als Spiegel gesellschaftlichen Reichtums dar, aber unhinterfragt generöse Budgetisierung scheint noch lange keine Garantie für künstlerische Großtaten. Diese entstehen wohl eher aus dem stets wachen Bewusstsein heraus, dass die Ressourcen beschränkt sind und Erfolge erkämpft sein wollen – in der Kunst ist das gewohnte Maß an Anstrengung durchaus zu wenig, die Emphase erheischt immer und immer wieder ein ultimatives Aufgebot der angespannten Kräfte. Das heißt nicht, einer in dauernder Etat- und Planungsunsicherheit belassenen »Opernästhetik des Schreckens« das Wort reden. Zumal, wenn an dieser Front zu viel Krieg herrscht, im Ergebnis eher risikolose Allerweltsspielpläne herauskommen.

TRISTAN UND ISOLDE, 1977. ML: Christoph von Dohnányi, R: Nikolaus Lehnhoff / Ursula Schröder-Feinen, Spas Wenkoff, Rudolf Constantin

Probleme dieser Art sind zu allen Zeiten aktuell gewesen, wenngleich das Geld in den letzten der vergangenen 50 Jahre eine wohl immer größere Rolle spielt – auch als Indiz einer vielleicht brüchiger werdenden Legitimationsbasis. Freiweg lässt sich sagen: Eine Gesellschaft, die die Künste nicht großzügig fördert, tendiert zur Barbarei. Das braucht nicht infrage gestellt zu werden. Dabei ist es aber doch ein bedenkenswertes Faktum, dass Oper zu den teuersten und am meisten subventionierten Bereichen der »Hochkultur« gehört. Diese wird insgesamt nur als ein minoritäres Phänomen rezipiert – viel weniger als die kommerziell funktionierende »Populärkultur« oder der allerdings ebenso von gesamtgesellschaftlichen Aufwendungen getragene wie nach marktwirtschaftlichen Kriterien lancierte Sport.

Die Reputation der Oper stellt sich heute etwas widersprüchlich dar. Wenn ich mich zurückzuversetzen versuche in die Zeit unmittelbar vor »unseren« 50 Jahren, dann erinnere ich mich an eine im damaligen Bildungsbürgertum (der Sphäre meiner Frankfurter Kindheit und Jugend) weit verbreitete Aversion gegen das »gesungene« Theater. Musikliebhaber, vor allem die damals noch häufigeren gebildeten Dilettanten, die selbst ein Instrument spielten und Hausmusik pflegten, favorisierten

Rudolf Constantin mit Chordamen bei Proben zu Macbeth, *1976*

Kammermusik und Sinfonik. Wer dem Theater verfallen war, meinte in der Regel das Schauspiel, das gesprochene Drama. Der dezidierte und gewissermaßen intellektuelle Umgang mit Oper bezog sich in Deutschland traditionsgemäß vor allem auf Richard Wagner. Peinlicherweise hatte sich der Wagnerianismus in der Hitlerzeit gründlich diskreditiert – ein Eindruck, dem das Neu-Bayreuth der Wagner-Enkel rüstig, aber nicht ohne Rückschläge entgegenzuarbeiten vermochte. Meinesgleichen wollte, obwohl süchtig nach Wagner-Musik, mit dem Altwagnerianertum nichts zu tun haben. Nach dem Jahrtausendende zu hat sich die einst homogene Schicht der Bildungsbürger im Übrigen nahezu aufgelöst, und was an hochkulturell Interessierten noch oder neu vorhanden ist, scheint nun mehr »zusammengerückt« – Oper gerät in dieser Perspektive zum selbstverständlichen Bestandteil eines kulturellen Fundus, der zwar nicht mehr als universalistisches Bildungsprogramm zelebriert, aber in seiner diversifiziert-zersplitterten Erscheinungsweise als ein imaginäres hochkulturelles Ganzes erlebt werden kann. Die Schrumpfform davon ist das beträchtliche Prestige von Hochkultur und speziell auch Oper, ist gar – horribile dictu – deren Auswirkung als »Standortvorteil« innerhalb einer von puren Wirtschaftserwägungen motivierten Bewertung. Demnach gebührt der brillanten Bankenstadt Frankfurt auch eine brillante Oper. Oder gefällt uns etwa die nach gegenläufiger Logik zynische Variante: Solange Frankfurt als Bankenzentrum weit und breit konkurrenzlos

CARMEN, 1973. ML: Christoph von Dohnányi, R: Jean-Pierre Ponnelle / Josef Hopferwieser, Anja Silja

paradiert, hat es eine als »Standortvorteil« dienende herausragende Oper eigentlich gar nicht nötig?

Der anfangs apostrophierte »bedeutende« Zeitraum der letzten 50 Opernjahre meint aber ganz allgemein auch das in dieser Phase überdurchschnittlich wirksame Veränderungspotenzial. Einiges – es machte sich auch in Frankfurt bemerkbar – kann an dieser Stelle schon stichwortartig erwähnt werden. Am auffälligsten war wohl der Prozess der wachsenden musikalischen Professionalisierung und der theatralischen Perfektionierung. Ersteres ergab sich als Reflex auf die allgegenwärtigen Tonträger, Letzteres im perpetuierten Umgang mit Meisterwerken, die ein schier unendliches Potenzial an Ausdeutungsmöglichkeiten boten – wodurch sich ein weites, ausdifferenziertes Feld der Interpretation öffnete. Da tummelte sich dann das, was, nicht immer mit sonderlichem Respekt, als »Regietheater« namhaft gemacht wurde – zu oft eine Gelegenheit für eskapistisches oder exzentrisches Pfauenradschlagen, insgesamt aber doch der faszinierende Beweis für die Unabgeschlossenheit und Vieldeutigkeit der verlebendigten Opernkunst. Des Weiteren waren die letzten 50 Opernjahre gekennzeichnet durch Fluktuationen des Repertoirebegriffs: Zwischen der Skylla des Stagione-Prinzips der Aufführungsserien einzelner Stücke und der Charybdis des aufwendig präsenten Großrepertoires mit täglich wechselnden Werken setzte sich in Deutschland mehr oder weniger der probate Kompromiss des »latenten«, von Fall zu Fall durch »Wiederaufnahmen« aufgefrischten Repertoires durch (so wird es

Die Soldaten, 1981. ML: Michael Gielen, R: Alfred Kirchner / Ensemble

inzwischen auch in Frankfurt gehandhabt, wo aber auch scheinbar jederzeit abrufbare Standardopern wie Tosca und La Traviata jetzt nicht mehr ohne Proben eingesetzt werden). Zudem sind die Spielpläne im verflossenen Halbjahrhundert »internationaler« geworden, vor allem durch die fast flächendeckende Berücksichtigung der Originalsprache. Der gute alte Troubadour als Trovatore auf Italienisch, die (samt den philologisch korrekt restaurierten Dialogen) französische Carmen, erst recht der russische Boris Godunow – anfangs sah es so aus, als wollte sich das gegen den Widerstand des murrenden Abonnementspublikums nicht durchsetzen lassen. Die ingeniöse Erfindung der Übertitelungen (Mehrarbeit für die Dramaturgien) machte der Not ein Ende und beförderte offensichtlich allenthalben die wünschenswerte Akzeptanz. Vergessen wir aber nicht, dass eine Zauberflöte oder ein Figaro in der Landessprache in der prompten Einlösung sprachkomödiantischer Drastik einen ästhetischen Eigenwert aufweist und deshalb als Besonderheiten durchaus gepflegt werden sollte (Walter Felsensteins Theaterkonzeption der Komischen Oper Berlin basiert auf diesem Effekt theatralischer Unmittelbarkeit). Die vergehende Zeit und der Druck der neu hinzukommenden Opern führten auch in den letzten Jahrzehnten dazu, dass Werke und ganze Werkgattungen von der »Furie des Verschwindens« erfasst wurden. Liebenswertes aus dem deutschen Repertoire verschwand nahezu oder ganz: die wohl nicht sehr »exportfähigen« komischen Opern von Albert Lortzing, die reizvoll deutsch-italienisch gesprenkelten schlanken Commedia-dell'Arte-Adaptationen von Ermanno Wolf-Ferrari. Im internationalen Vergleich nimmt das deutsche Repertoire sozusagen einen mittleren Platz ein zwischen dem relativ leicht transferierbaren italienischen oder französischen und dem tendenziell weniger zugänglichen slawischen, das es wegen der höheren Sprachbarriere schwer hat, nicht in der Isolation zu verharren. Die weltweite Präsenz der tschechischsprachigen Janáček-Opern – Milan Kunderas Skepsis vor der künstlerischen Wirkungslosigkeit einer »kleinen« Sprache sah das nicht voraus – belegt den Sonderstatus dieser auf ihre Art beispiellos »modernen« Werkgruppe sehr eindringlich. Unabhängig von Sprachproblemen setzte sich in den Opernhäusern eine durchgreifende »Vermittlungsarbeit« durch; Einführungsveranstaltungen, früher eine Seltenheit, gehören heute zum Standard. Und kaum ein Theater (Frankfurt schon gar nicht) versäumt es, Oper und Jugendliche methodisch zueinander zu bringen und so das Publikumsreservoir von morgen zu sichern. Die Formen opernkultureller Teilhabe sind dabei allerdings in Veränderung begriffen – die Dominanz des »abonnierten« festen Theaterplatzes könnte langfristig abnehmen zugunsten mobilerer und spontaner Entscheidungen –, das einigermaßen konsistente »bürgerliche« Opernpublikum mutiert demnach in ein schwerer identifizierbares pluralistisches. Bleibt zu hoffen, dass auch die Alterszusammensetzung dauerhaft »stimmt«.

50 Jahre Frankfurter Operngeschichte – eine lange Zeit voller Veränderungen also. Auch aus den Frankfurter Spielplänen sind die ehemals obligatorischen Operetten weitgehend verschwunden – fast einzig die FLEDERMAUS repräsentiert nun das einst stolz unterhaltsame Genre. Es wirkte schon exterritorial und hatte gleichsam Experimentcharakter, als Christoph von Dohnányi in den 70er-Jahren (inspiriert von der charismatischen Sängerdarstellerin Anja Silja) DIE LUSTIGE WITWE und MY FAIR LADY aufs Programm setzte. Unangefochten blieb das Phänomen Jacques Offenbach, dessen glückliche Bühnenrealisierung allerdings auch in Frankfurt (seit Felsensteins Remake seines Berliner RITTER BLAUBART in den 1960er-Jahren) nicht mehr recht gelang. Bernd Loebes Wiederbelebungsversuch der pikanten Trouvaille EIN WALZERTRAUM von Oskar Straus zeigte sich interessant, aber nur von mäßiger Zündkraft.

Die letzten 50 Frankfurter Opernjahre im Geschwindmarsch: Sie wurzeln noch in der Ära Harry Buckwitz, dessen Aufmerksamkeit (auch als Regisseur) sich zunehmend der Oper zuwandte. 1952 holte Buckwitz für neun Jahre den dynamischen Georg Solti als GMD nach Frankfurt, der sich hier als einer der glänzenden Operndirigenten seiner Zeit profilierte, aber niemals einen Hehl daraus machte, dass er Frankfurt vor allem als Sprungbrett für eine Karriere im internationalen Opernbetrieb und im Schallplattengeschäft betrachtete. Lovro von Matačić, eine stämmige und knorrige Persönlichkeit, in München, Mailand und Wien hochgeehrt, von 1961–1966 Soltis Nachfolger, hatte mit seinem eher konservativen altösterreichischen Gesamthabitus nördlich des Mains keine sonderlich guten Karten. Sogar vorzeitig abgebrochen werden musste die kurze GMD-Zeit von Theodore Bloomfield, der sich mit dem Orchester überwarf. Der Prinzipal Buckwitz, nach anderthalb Jahrzehnten an der Theaterspitze geradezu ein Frankfurter Urgestein, übergab das Generalintendantenszepter im besonderen Jahr 1968 an Ulrich Erfurth, der damit schnell in den Autoritäts- und Demokratisierungsstrudel geriet, der von den jungen Schauspielmachern ausging. Die organisatorische Trennung von Oper und Schauspiel (Erfurth wurde ihr Bauern-, korrekter: ihr Königsopfer) zeitigte im Opern-Windschatten eine künstlerisch autarke Operndirektion Christoph von Dohnányis, der in seinen neun Frankfurter Jahren

Le nozze di Figaro, 1974. ML: Christoph von Dohnányi, R: Christoph von Dohnányi / Ude Krekow, Gabriele Fuchs, Ellen Shade

viel erreichte und (zusammen mit seinem Adlatus, dem späteren langjährigen Londoner Opernmanager Peter Mario Katona) vor allem eine stattliche Reihe von Sängertalenten entdeckte. Dohnányi kümmerte sich nicht zuletzt um die szenische Erneuerung des Repertoires und zeigte auch mit eigenen Inszenierungen (Fidelio, Rheingold, Figaro) seine ins Theatralische reichende Künstlerbegabung. Pech hatte er mit einem Ring-Vorhaben, für das er mutigerweise als Regisseur den jungen Peter Mussbach herangezogen hatte; vor allem die Empörung einer gestandenen und machtvoll agitierenden Frank- furter Wagner-Heroine machte dieser Sache bereits nach der als erstes gespielten, teilweise spektakulär verbildlichten Götterdämmerung ein vorzeitiges Ende. Dass Dohnányi dann nochmals Mut hatte und in seiner vorletzten Saison Hans Neuenfels mit Giuseppe Verdis Macbeth betraute, war nach dessen Nürnberger Troubadour-Triumph zwei Jahre zuvor dann doch keine übertriebene Waghalsigkeit mehr.

Dohnányis intelligenter und connaisseurhafter Umgang mit Oper war in gewisser Weise eine gute Vorbereitung auf die zehn folgenden Opernjahre von Michael Gielen und Klaus Zehelein. Beide fühl-

FIDELIO, 1976. ML: Christoph von Dohnányi, R: Achim Freyer / Christoph von Dohnányi /
Hermann Winkler und Hildegard Behrens (vorne), Ensemble

ten sich einer avantgardistischen Ästhetik verpflichtet; die »gemäßigte« Moderne (auch Henze und Britten und der eklektizistisch-synkretistische Kraftakt der FRAU OHNE SCHATTEN) hatte in ihrem Programm keinen Platz. Sehr strenge Kriterien reduzierten die Chancen für Uraufführungen – einzig Hans Zenders STEPHEN CLIMAX gelang die Überschreitung dieser Schwelle. *Exempla classica* der neuesten Opernkunst wie Bernd Alois Zimmermanns SOLDATEN und Luigi Nonos AL GRAN SOLE CARICO D'AMORE richteten Maßstäbe auf. Den Löwenanteil hatten bekannte Repertoirestücke in ganz neuer, manchmal provokativer Sichtweise inne (Neuenfels mit AIDA). Radikale szenische Interpretationen waren nicht mehr (wie bei Dohnányi) vereinzelte Attraktionen, sondern die Regel. Für ingeniöse Szenografien sorgten etwa Ruth Berghaus, Hans Neuenfels, Alfred Kirchner, Christof Nel, Horst Zankl. Die Gielen-Jahre waren auch eine Hoch-Zeit exzeptioneller Sängerdarsteller wie William Cochran, Walter Raffeiner und Anja Silja.

Bei ihrem Ende 1987 war die Gielen-Ära (als letzter Coup gelang noch ein fulminanter RING in der Inszenierung von Ruth Berghaus) schon so etwas wie eine deutsche Opernlegende. Klar, dass es jeder Nachfolger schwer gehabt hätte, in solch große Fußstapfen zu treten. Der von seinem Amtsantritt an als Intendant firmierende Dirigent Gary Bertini hatte in jeder Weise wenig Fortune. Schon in seinen ersten Tagen nötigte der fürchterliche Zufall des Opernbrandes zum Umzug des gesamten Apparats ins benachbarte Schauspiel (und für zwei Projekte in die Alte Oper), wo der Bertini'schen Lust an großen Opernformaten von vornherein ein Dämpfer aufgesetzt war. Als Dirigent erwies sich Bertini vielseitig interessiert und kompetent; sein Interesse für das Bühnengeschehen war nicht sehr groß, das Spektrum der von ihm herangezogenen Szeniker eher diffus. Bertini hatte nach Querelen mit dem Orchester und knapp dreijähriger Amtszeit einen glücklosen Abgang.

Lebhafter bedauert wurde die ebenfalls zu kurze Zeitspanne, in der Sylvain Cambreling nach einem Interregnum mit Hans Peter Doll die Geschicke der Frankfurter Oper leitete. In einem Wirrwarr von Ungeschicklichkeiten und Intrigen setzte sich Cambrelings interner Gegner, der schon als Mitarbeiter von Michael Gielen und William Forsythe mit dem Betrieb wohlvertraut gewordene Manager Martin Steinhoff, durch und wurde über den Jahrtausendwechsel für sechs Jahre alleiniger Frankfurter Opernintendant. Eine Phase mannigfacher Schwankungen und Verunsicherungen, die sich auch aus Steinhoffs ehrlichem Bemühen ergaben, Oper in einer Zeit gesellschaftlicher Umwälzungen und finanzieller Nöte neu zu situieren. Schwer zu rechtfertigen waren indes die drastisch (und ökonomisch wohl unnötigerweise) heruntergefahrenen Premieren- und Aufführungszahlen. Bedeutende und splendide Gesamtleistungen (etwa die Nicolas-Brieger-Inszenierungen von Paul Hindemiths Cardillac und Henzes Verratenem Meer) gab es gleichwohl, doch solche Einzelereignisse konnten den Anschein eines eher »kalt« administrierten Hauses nicht konterkarieren. Das änderte sich beim neuen und derzeitigen Intendanten Bernd Loebe, einem freundlich-hausväterlichen Naturell, von Grund auf. In Verbindung mit einem klaren künstlerischen Konzept ergab sich daraus eine von Jahr zu Jahr wachsende Qualitäts- und Akzeptanzsteigerung, die den Frankfurter Musiktheatermachern denn auch (wie schon unter Cambreling 1996) 2003 das *Opernwelt*-Prädikat »Oper des Jahres« eintrug. Seit 2004 firmieren die Städtischen Bühnen insgesamt als eine GmbH, seit 2010 mit drei gleichberechtigten Geschäftsführern: den beiden künstlerischen Intendanten Bernd Loebe und Oliver Reese sowie dem gemeinsamen administrativen Chef Bernd Fülle.

Und diese 50 Jahre – um an den Anlass unseres Jubiläumsbuches anzuknüpfen – sind mit einem bestimmten Theaterort verbunden, dem mainnahen gemeinsamen Gebäudekomplex für Oper und Schauspiel, dessen sämtliche drei Bühnen (das Kammerspiel nur sporadisch, das Schauspiel während der drei durch den Opernbrand ausgelösten Notjahre) ihre Operntauglichkeit bewiesen. Für viele Frankfurter Theaterfreunde, aber auch für eine große Zahl betriebstreuer oder wechselnder Mitarbeiter ist dieses Haus zu einer künstlerischen Heimat geworden.

Die letzten Jahre der Ära Harry Buckwitz (1963 – 1968)

Im letzten Drittel seiner insgesamt 16-jährigen Theaterleitung setzte sich Frankfurts Generalintendant der Unbequemlichkeit aus, seine umfänglichste Theaterstätte in eine riesige Baustelle verwandelt zu sehen. Der entstehende Komplex beeinträchtigte den Opernbetrieb nur unwesentlich. Nach wie vor teilte sich die Oper das Große Haus – es war Weihnachten 1951 mit Wagners MEISTERSINGERN eröffnet worden – mit dem »großen« Schauspiel (das hier aber viel geringere Aufführungsfrequenzen hatte) und dem Ballett. Die meisten Schauspieltermine fanden bis 1963 im Börsensaal statt, auch viele Bertolt-Brecht-Aufführungen, mit denen Frankfurt in den Jahren des Kalten Krieges nahezu als einzige westdeutsche Theaterstadt aus der Phalanx der Brecht-Boykotteure ausscherte – ein historisches Verdienst des erzliberalen, aber auch in strategischen Manövern nicht unbewanderten Buckwitz. Keiner hätte ihm, der sich ähnlich rührig für amerikanische Bühnendichter (etwa Thornton Wilder) einsetzte, eine DDR-Affinität unterstellen können; eher als Affront gegen die Ostberliner Kulturvögte war zu verstehen, dass er Paul Dessaus Brecht-Oper DAS VERHÖR DES LUKULLUS kurz nach dem Ostberliner Fehlstart 1952 in der ursprünglichen, im Ulbricht-Staat verpönten Fassung herausbrachte und nicht in der (allerdings von den listigen Autoren nur geringfügig) modifizierten mit dem Titel DIE VERURTEILUNG DES LUKULLUS. Buckwitz hatte die Lukullus-Oper, wie fast ausnahmslos alle in seiner Ära gespielten Brecht-Stücke, selbst inszeniert, hatte sich überhaupt auch als Regisseur mehr und mehr dem Musiktheater zugewandt und damit durchaus ein Zeichen gesetzt hinsichtlich der zunehmenden Wichtigkeit des Faktors Opernregie. Immer häufiger hatte Buckwitz für die Oper bedeutende Gastregisseure herangezogen (regelmäßig Günther Rennert, zweimal Wieland Wagner, einmal Walter Felsenstein), dabei aber das Prinzip der routinemäßiger arbeitenden »Hausregisseure« (Hans Hartleb, Erich Witte) noch nicht durchbrochen.

Als ein besonders spektakulärer Glücksgriff galt zu Beginn der Buckwitz-Zeit die Gewinnung des damals 39-jährigen Georg Solti für Frankfurt. Nazizeit und Krieg hatten dem jungen ungarischen Juden sehr viel mühsamere Aufstiegsjahre beschert, als sie den nachmaligen begabten Debütanten zu widerfahren pflegten; in der Schweiz hatte er sich als Emigrant mit kargen musikalischen Tätigkeiten begnügen müssen, und die ihm in den Nachkriegsjahren gewidmete gespannte Aufmerksamkeit der Musikstadt München kollidierte bald mit dem Veto einer einflussreichen »kulturtragenden« Personengruppe, die mit dem vielleicht übertriebenen Spitznamen »Orff-Mafia« belegt wurde. Die Fama von Soltis Wundertaten in der Bayernmetropole drang auch ins liberale Frankfurt, in dem es zwar kaum mehr ein traditionell weltoffenes und fortschrittsfreundliches jüdisches Bürgertum gab (Hitlers Rassenwahn hatte es vertrieben oder ausgelöscht), wo freilich aber auch Machtansprüche einer klerikal-reaktionären Clique fehlten oder einflusslos blieben. Georg Solti gab sich als Musiker von vulkanisch-leidenschaftlichem Temperament; gleichwohl frönte er keinem altmodischen Romantizismus, sondern erwies sich als klar disponierender und analytisch scharfer Partiturexeget. Mit der gleichen fiebrigen Intensität, die er als Pult-Persönlichkeit ausstrahlte, betrieb er seine dirigentische Weltkarriere. Frankfurt wurde für ihn, bildlich gesprochen, zum letzten Vorzimmer vor dem Prachtsaal der musikalischen Superstars. Nicht, dass er seine Frankfurter Verpflichtungen lustlos oder flüchtig abgeliefert hätte – alle seine Museumskonzerte oder Opernabende hatten den Stempel des Außergewöhnlichen, oft auch das Signum einer überwältigenden musikalischen Erfülltheit. Gleichwohl war bekannt, dass Solti irgendwann und wohl leider sehr bald für Frankfurt verloren gehen würde. Gerade dafür liebte ihn das Publikum. Die Vermutung, ein derartiger Kulturheros sei ein wenig zu groß für unsere Stadt, imponiert uns offenbar mehr als die Gewissheit, dieser Künstler bleibe uns

Wolfgang Rennert

für immer erhalten und werke in aller Gemütsruhe auf seine lokale Alterspension zu. Bei Soltis öffentlicher Verabschiedung im Großen Haus 1961 referierte Buckwitz launig und gespielt vorwurfsvoll das angebliche Gerücht, der neun Jahre als Frankfurter GMD firmierende Solti habe sich in Wirklichkeit während dieser ganzen Periode allenfalls neun Tage im Haus blicken lassen. Nein, das stimmte wirklich nicht. Der Schreiber dieser Zeilen, damals ein Jugendlicher, hat ihn mindestens an 100 Abenden »live« in Frankfurt erlebt. Nicht ganz irrelevant aber ist eine Episode aus späterer Zeit, als Solti, inzwischen Chef des Chicago Symphony Orchestra und viel beschäftigter Schallplattenstar, für einmal wieder nach Frankfurt zurückkam und das Sinfonieorchester des HR in einem Gastkonzert leitete. Am Ende der Generalprobe dazu wandte sich Solti an die Orchestermusiker und sprach sie sinngemäß so an: »Nun ja, es geht eben nicht besser, als es geht, aber wir wollen es morgen so gut machen, wie wir's halt können.« Ein derart gnädig herablassender Dirigententonfall würde die heutigen Qualitätsmusiker solcher Klangkörper erst recht befremden.

Die frische Anschubkraft Soltis ließ einen Musiker in den Hintergrund treten, der sich um die musikkulturelle Aufbauarbeit nach dem Kriege in unserer Stadt große Verdienste erworben hatte: den älteren GMD Bruno Vondenhoff (1896–1966), einen gebildeten, kultivierten, feinsinnigen Künstlertyp von großer Noblesse und untadeliger Könnerschaft, der in den ersten Jahren Soltis mit regelmäßigen Aufführungen in Oper (Boris Godunow, Lohengrin) und Konzert (Bruckner) noch präsent war, bevor er, als Opernschulleiter an die Frankfurter Musikhochschule berufen, nach einem tragischen Unfall ums Leben kam. Eine Dirigentenfigur, die seit 1953 in Frankfurt heranwuchs, war der Kölner Wolfgang Rennert, der jüngere Bruder des Inszenators Günther Rennert. Er überdauerte als Frankfurter Opernkapellmeister nicht nur die Solti-, sondern auch die Matačić-Jahre und war bis zum Amtsantritt von Christoph von Dohnányi hier tätig. Zusammen mit der wunderbaren lyrisch-dramatischen Sopranistin Anny Schlemm (zeitweise seine Ehefrau) brachte er die meisten Opern von Giacomo Puccini auf den Frankfurter Spielplan. Markante Akzente setzte er auch mit modernen Opern wie dem Prinz von Homburg von Henze und The Photo of the Colonel von Humphrey Searle. Noch nicht sehr ausgeprägt zeigte sich in der Frankfurter Zeit Rennerts Faible für die großen epischen Formate von Wagner und die Klangequilibristik von Strauss, womit er dann bis ins neue Jahrtausend als einer der international renommierten Anwälte des spezifisch »deutschen« Repertoires figurierte.

Unähnliche Partner: Buckwitz und Matačić

Der theatergeschichtliche Einschnitt, den die Eröffnung der Doppelanlage am heutigen Willy-Brandt-Platz bedeutete, war eingebettet in die schöne und so gut wie unangefochtene Kontinuität der Buckwitz-Amtszeit und markierte etwa die Mitte der fünf Jahre währenden GMD-Tätigkeit des aus Kroatien stammenden Lovro von Matačić, eine freilich nicht ganz unumstrittene Frankfurter Musikperiode. Matačić war auf Anhieb eine anziehende Persönlichkeit, der Prototyp des »General«-Musikdirektors, durchaus mit gebührend quasi-militärischer Konnotation, freilich in der K.-und-k.-Variante einer ins Verbindliche gemilderten Disziplin und balkanisch gewürzten Bärenhaftigkeit. Wer Matačić an seinen besten Abenden als Tristan-Dirigent erlebte, nahm am Ausdruck einer ansonsten kaum gekannten Dämonie teil. In Frankfurt schienen die glanzvollen Jahre Matačićs aber schon vorbei – seltsamerweise, denn kurz zuvor hatte man ihn in München noch mit einer märchenhaften Così erlebt. Nicht unwahrscheinlich, dass es einfach an der gegenseitigen Liebe fehlte – Matačić wurde mit dem Frankfurter Musikklima nicht »warm« und das Frankfurter Publikum nicht mit ihm. Er war über 60, als er mit Buckwitz zusammengespannt wurde. Eine von der Altersrelation ganz andere Konstellation als die einstige mit Georg Solti. Ausschlaggebender noch: Lovro von Matačić war, auch wenn er sich um Anpassung an ein liberal-fortschrittliches Kulturklima bemühte, ein Konservativer, im besten wie im weniger guten Sinne ein »Mann von gestern«, den man mit seinem traditionalistischen Partiturverständnis durchaus als einen »Anti-Mahler« hätte bezeichnen können, wenn das nicht doch seinem mehr auf altväterlichen Charme als auf Schlamperei gegründeten Naturell bitter Unrecht getan hätte. Matačić war einer der Letzten, die Bruckners Sinfonien noch in den antiquierten Schalk / Loewe-Bearbeitungen spielten (in Frankfurt hielt er sich klugerweise damit bedeckt), und selbstverständlich kredenzte er Monteverdis L'incoronazione di Poppea in unserer Stadt noch in der orchesteropulenten, romantisierenden Kraack-Version (der Gerechtigkeit halber muss gesagt werden, dass es bis dahin noch keine durchgreifenden Barockopernaufführungen mit dem »authentischen« Klangbild gegeben hatte; die dementsprechende Praxis befand sich vor Harnoncourt / Dreses Zürcher Monteverdi-Zyklus noch in den Kinderschuhen).

Lovro von Matačićs Einstandspremiere war 1960 Leos Janáčeks Jenufa gewesen, das Musikdrama »aus dem mährischen Bauernleben«, das bereits in der Zwischenkriegszeit als erstes Bühnenwerk dieses Komponisten (und als zweite tschechische Oper nach der Verkauften Braut überhaupt) bedeutende Aufmerksamkeit erlangte. Der slawische Maestro zeigte damit eigentlich ein gutes Gespür: Janáčeks Stern war im Aufsteigen, und nur ein paar Jahre später brachten deutsche Opernhäuser (etwa Köln) mehr oder weniger komplette Janáček-Opernzyklen; auch Frankfurt war in den 1970ern mit Katja Kabanová und dem Schlauen Füchslein aktiv. Heute gilt das Opernœuvre dieses dritten tschechischen Musik-»Klassikers« (neben Bedřich Smetana und Antonín Dvořák) als ein zentrales Element des musikalischen 20. Jahrhunderts. Matačićs programmatische Entscheidung für Jenufa hätte bei gutem Willen also auch als halbwegs eine Pioniertat gewürdigt werden können – aber dazu konnte sich der damals tonangebende *FAZ*-Musikkritiker Ernst Thomas nicht verstehen. Dessen Verstimmtheit mochte aber auch durch die interpretatorische Akzentuierung Matačićs befördert worden sein – eine gewissermaßen mehr auf dramatische Knalleffekte und folkloristische Genusswerte anstatt auf strukturelle Aspekte ausgerichtete Wiedergabeart. Als sich Matačić dann auch noch mit einer in finster-muffige ägyptologische Optik getauchten selbst inszenierten Zauberflöte hervorwagte (ein Jan Assmann als deren potenzieller fachbegeisterter Fürsprecher war noch nicht in Sicht), war das Befremden noch auffälliger: Zog nun eine Opa-Ästhetik in die Frankfurter Oper ein? Beileibe nicht! Es war auch Harry Buckwitz selbst, der sich um die szenografische Aktualität in seinem Opernhaus bekümmerte, was sich freilich erst in seinen letzten Intendantenjahren mit ganzen Serien von Regie-Hämmern manifestierte (wir werden gleich darauf zurückkommen).

Die von den neuen Bauelementen sozusagen eingemummte Oper, das bisherige Große Haus also, hatte sich bei der Inbetriebnahme der Gesamtanlage im Auditorium nicht erheblich verändert: Ein paar Sitzplätze waren geopfert worden, aber die weit zur Bühne vorgezogenen drei Ränge blieben erhalten (und damit mussten weiterhin, bis heute, erhebliche Sichtbehinderungen auf den Seitenplätzen der beiden oberen Ränge in Kauf genommen werden). Kein Zweifel, diese den Hoftheater-Proportionen nacheifernde Nachkriegskonzeption konnte sich nicht mit theaterbaumeisterlichen Schickheiten der etwas späteren Jahre messen (manche von ihnen verfielen freilich schnell auf andere Weise in Obsoleszenz). Es zeigte sich, dass die vergleichsweise bescheidene – weder alte Pracht à la München, Mailand oder Wiesbaden noch moderne Dignität wie Hamburg, Helsinki oder Oslo vermittelnde – Ausstrahlung der Frankfurter Oper durch außergewöhnliche Leistungen auf der Bühne sehr leicht zu kompensieren war. Mit der Vollendung des für Schauspiel und Oper gemeinsamen (durch die einheitliche Glasfront, im Volksmund »Aquarium« genannt, verbundenen) Hauses reifte auch die naheliegende Idee, in den kommenden, vom Baustress befreiten und zu voller betrieblicher Losfahrt fähigen Zeiten ein Mammutvorhaben wie die Neuinszenierung des Wagner'schen Nibelungen-Rings anzugehen. Dieser war seit den Kriegsjahren (da zelebrierte ihn Franz Konwitschny noch in der alten, nachmals zerstörten und 1981 als Konzerthaus wiederaufgebauten Oper am Rande des Westends) in Frankfurt nicht mehr gegeben worden, wohl aber in den kleineren, sehr Wagner-rührigen Nachbarhäusern Wiesbaden und Mainz. Warum sollte das im viel potenteren Frankfurt nicht gelingen? Nun, es klappte einfach nicht. Als wenn ein proletenhafter Alberich-Fluch die Bankenstadt Frankfurt belegt hätte. Bereits Georg Solti hätte, wie er es mit anderen Opern (Arabella) tat, gerne ausführlich mit dem Ring in Frankfurt für seine anstehende DECCA-Gesamtaufnahme geübt, doch es blieb bei einer vereinzelten Walküre (ein anderes nicht realisiertes Solti-Vorhaben war eine französischsprachige Frankfurter Pelléas-et-Mélisande-Inszenierung, wofür die Zeit angesichts der nach wie vor unumstößlichen Aufführungen in landessprachlichen Übersetzungen noch nicht gekommen war). Ein paar Jahre nach Solti wurde dieser Faden wieder aufgenommen, und Hausregisseur Erich Witte stand erneut zur Verfügung. GMD Lovro von Matačić, ein rüstiger Wagnerianer von altem Schrot und Korn, hätte mitgezogen. Doch wieder blieb es bei einem vereinzelten Versuch: dem Rheingold im Mai 1963. Als Wotan amtierte dabei einer der auratischsten Frankfurter Opernsänger jenes Jahrzehnts, der abgründig sonore Heldenbariton Leonardo Wolovsky, ebenfalls ein unvergesslicher Holländer. Er verlieh seinen Partien eine unverwechselbar schwerblütige, ins Dämonische reichende Wucht. Der aber eher aufs Bewegliche und mirakulös Komödiantische gerichteten Rheingold-Dramaturgie erbrachte das eine womöglich allzu einseitige Gewichtung, doch lag es in erster Linie an völlig unzureichender personenregielicher Durcharbeitung, dass sich aus dieser Perspektive absehbar kein Voll-Ring runden ließ. Man darf vermuten, dass die Tetralogie ohnedies nicht zu den bevorzugten Optionen von Harry Buckwitz zählte, sonst hätte er ihre Realisierung prominenter ins Werk gesetzt. Mit einem nicht undankbaren Seufzer lässt sich heute Buckwitz' Haltung verstehen: Der Ring des Nibelungen hat sich zunehmend auch im neuen Jahrtausend als ein allzu abgewetzter Prüfstein für die zusammengefassten Energien eines Opernhauses erwiesen. Fast möchte man sagen: eher Alibi als Nachweis künstlerischer Bärenstärke.

Lovro von Matačić (1963 – 1966): Musikerphysiognomie mit slawischem Background

Ein GMD mit slawischem Hintergrund sah sich gleichsam auch in der Pflicht, russische Stücke zu präsentieren, und so brachte Matačić 1963 Mussorgskis rares Meisterwerk CHOWANSCHTSCHINA mit Leonardo Wolovsky als düster-beherrschendem Iwan Chowansky und der samtig-dunklen Altstimme von Ursula Boese als Marfa. Szenisch ungleich ermunterter wirkte 1965 Tschaikowskis PIQUE DAME (ebenfalls von Matačić dirigiert) mit dem wiederholt markant in Frankfurt hervortretenden Gastregisseur Bohumil Herlischka. Matačić zeigte sich aber durchaus vielseitig und brachte Strauss' ARIADNE AUF NAXOS mit der noch jungen, aber 1962 schon Bayreuth-erfahrenen Anja Silja in der Titelpartie (seit ihrem Debüt in den drei Frauenrollen von HOFFMANNS ERZÄHLUNGEN 1955 mit Georg Solti war sie in Frankfurt keine Unbekannte mehr), ferner zum Spielzeitbeginn 1963/64 Mozarts ENTFÜHRUNG, wieder mit Anja Silja (Konstanze), Anfang 1964 mit Herlischka eine musikalisch etwas teutonische CARMEN, ein halbes Jahr später den ersten italienisch gesungenen TROVATORE in Frankfurt und im selben Jahr noch Monteverdis L'INCORONAZIONE DI POPPEA. Das war, ungeachtet der kurz danach schon »überholten« Orchesterversion, eine Trouvaille und für Frankfurt eine aufregende Novität – Entdeckung einer frappierend dramatisch anmutenden Barockrhetorik, deren vokaler Rezitationsstil noch nicht das Geringste mit der Händel'schen Arie / Rezitativ-Dichotomie zu tun hat. Ein Blick auf die Besetzungsliste zeigt, dass sich damals (wie auch in Soltis Ära) Spitzensänger in Frankfurt zusammenfanden: als Poppea die charaktervolle Belcantosängerin Evelyn Lear, als Ottavia die bereits im Timbre leicht abgedunkelte Puccini-Sängerin Anny Schlemm, als Ottone der klar artikulierende Bariton Ernst Gutstein, ein vielfach bewährter Frankfurter Bühnenprotagonist, von dem stets jedes gesungene Wort zu verstehen war. Vor allem aber blieb ein namhafter, für diese Produktion ver-

Lovro von Matačić

pflichteter Gast aus Stuttgart im Gedächtnis: der Nero von Gerhard Stolze, dem Charaktertenor mit der unverwechselbar hellen, eng mensurierten, leicht bleckenden Stimme. Gerhard Stolze, auch ein ultimativer Loge-Darsteller, starb leider viel zu früh.

Lovro von Matačićs letzte Frankfurter Einstudierung galt Carl Maria von Webers FREISCHÜTZ (1966), und der geriet nicht gerade zu einer dirigentischen Sternstunde. Man braucht zu diesem Urteil nicht unbedingt den Vergleich mit dem sozusagen aus dem Schlaf gerissenen Weber-Klang der Carlos Kleiber'schen FREISCHÜTZ-Interpretationen heranzuziehen. Was die schleppenden, dröhnenden Tempi anbetrifft – aber nur diese –, so hätte sich Matačić vielleicht besser wie Kleiber (in Stuttgart) mit Walter Felsenstein zusammengetan. Die Sängerequipe war freilich wieder imposant: Waldemar Kmentt als Max, Gundula Janowitz als Agathe, Heinz Hagenau, als schwarzer Bass ein Frankfurter Dauerstern, in der

Bösewichtrolle des Kaspar. Mit feiner Ironie blies Harry Buckwitz als Regisseur den Staub von diesem romantischen deutschen Nationalheiligtum. Ein aufgeschlagenes altes Buch, auf das Bühnenportal projiziert, war als überdeutliches Distanzierungsmoment, gleichsam als Symbol für einen Brecht'schen Verfremdungseffekt und als »Rahmen« dieser szenischen Interpretation, hinlänglich aussagekräftig. Die Opernregie von Harry Buckwitz – sie bewährte sich auch an Verdis MACBETH (1962) und HERZOG BLAUBARTS BURG von Béla Bartók (1964) – hatte nicht den Aplomb, den damals schon junge Regietheater-Draufgänger wie Bohumil Herlischka und Hans Neugebauer verbreiteten, aber sie nötigte mit behutsam innovativen Ingredienzien und einer immer überdurchschnittlichen, vom Schauspiel geschulten Personenführung Respekt ab. Man könnte es cum grano salis auch so sagen: Mit seinen stets reich belebten, dem »Kulinarischen« nicht abholden Brechtiaden qualifizierte sich Buckwitz wie von selbst auch als Opernszeniker.

Mehr als die älteren Kapellmeister der Matačić-Zeit, der Österreicher Alexander Paulmüller und der aus Ostberlin nach Frankfurt gewechselte Hans Löwlein, schob sich Wolfgang Rennert als musikalisch bestimmende Kraft vor – auch mit der Kontinuität seiner Anwesenheit und der Vielzahl dirigierter Aufführungen. Nachdrücklicher profilierte sich Paulmüller als Premierendirigent nur mit dem neoveristischen Opus EIN BLICK VON DER BRÜCKE (1962), komponiert von Renzo Rossellini, dem Bruder des berühmten Filmregisseurs Roberto Rossellini. Harry Buckwitz, so lässt sich im Hinblick auf diese Familien-Zelebrität aus dem italienischen VIP-Dunstkreis mutmaßen, hatte gelegentlich eben auch einen Sinn fürs Mondäne. Hans Löwlein betreute in der Saison 1963/64 die beiden Einakterabende (jeweils zur Hälfte Oper und Ballett) HERZOG BLAUBARTS BURG / LES NOCES (Bartók / Strawinsky) und L'HEURE ESPAGNOLE / DAPHNIS ET CHLOÉ (Ravel) sowie in der Spielzeit darauf Hindemiths großen historisch-künstlerbiografischen Bilderbogen MATHIS DER MALER, der in der Nachkriegszeit bereits im Börsensaal auch als Versuch einer

CARMEN, 1964. ML: Lovro von Matačić, R: Bohumil Herlischka / Regina Sarfaty, Arturo Sergi

kunstpolitischen Stellungnahme angesichts wüster Zeiten (der Bezug aufs Bauernkriegsgeschehen spielt natürlich auf die Nazigräuel an) zur Diskussion gestellt worden war. Diesmal verkörperte Ernst Gutstein eindrucksvoll die Titelrolle, und als Ursula gewann die viel in Frankfurt beschäftigte lyrische Sopranistin Maria Kouba, auch eine berührende (CARMEN-)Micaëla, erneut die Herzen der Hörer und Zuschauer.

Wolfgang Rennert vervollständigte seinen Frankfurter Puccini-Zyklus 1963 mit MANON LESCAUT, noch einmal mit der nun deutlicher ins Voluminöse reichenden Sopranstimme von Anny Schlemm. In der Spielzeit darauf war sie als Feldmarschallin im ROSENKAVALIER zu hören – mit, wenn man so sagen darf, dem schweren Altgold eines voll ausgereiften und technisch exquisit geführten Organs. Wolfgang

L'Incoronazione di Poppea, 1964. ML: Lovro von Matačić, R: Günther Rennert / Gerhard Stolze, Franz Crass

Rennert konnte mit diesem musikkomödiantischen Großformat ebenfalls ein auf bedeutende Weise arriviertes Können und mustergültige Strauss-Kompetenz vorweisen. Die vom Gastregisseur Otto Schenk (der sich zu noch weiteren Stelldicheins in Frankfurt bereitfand) mit routiniertem Wiener Schmackes versehene Inszenierung beschäftigte, wie die Buckwitz-Oper zunehmend, auch namhafte Gastvokalisten – hier die Basslegende Oskar Czerwenka als Ochs von Lerchenau. Matačićs Carmen, Regina Sarfaty, war der Octavian, die zierliche, noch von Georg Solti »entdeckte« Sylvia Stahlman die Sophie. Die Konstellation Rennert/Schenk/Stahlman ergab sich nochmals bei der Opernerstaufführung Dame Kobold des Österreichers Gerhard Wimberger, einer schnell vergessenen Harmlosigkeit (1964). Zweifellos ihren Höhepunkt erreichte Wolfgang Rennerts Frankfurter Dirigentenlaufbahn im Juni 1965 mit der spektakulären Walter-Felsenstein-Inszenierung von Offenbachs Ritter Blaubart, selbstverständlich nach der Rezeptur der Komischen Oper Ostberlin in deutscher Sprache. Wie bei seiner Hamburger Traviata oder dem Stuttgarter Freischütz, war Felsenstein auch beim Blaubart keineswegs gesonnen, von der Perfektion seiner in Berlin gezeigten Interpretation abzurücken und einen Neuansatz zu suchen – so könnte man das Frankfurter Ereignis als eine bloße Rekonstruktionsarbeit relativieren. Ein Ereignis blieb es trotzdem, vor allem für das Publikum in und um Frankfurt, das kaum wohlfeilerweise regelmäßig an den sagenumwobenen Felsensteiniaden in der DDR-Hauptstadt jenseits der Mauer teilnehmen konnte. Was aber tat sich da auf der Frankfurter Opernbühne, deren drastische Ankurbelung zu ei-

Der Freischütz, *1966. ML: Lovro von Matačić, R: Harry Buckwitz / Waldemar Kmentt (stehend) und Ensemble*

ner entfesselten Bildherstellungsmaschine man niemals vorher so erlebt hatte! Und wie nochmals um sozusagen einen Quantensprung endgültiger schienen Bühnenpersonen gelungen wie Anny Schlemm als Boulotte, jetzt ein praller Genius weiblicher Erz-Komödiantik, an dem man sich nicht sattsehen und -hören konnte! Zweifellos hatte die Darstellungskunst dieser Sängerin in vielfacher Zusammenarbeit mit Felsenstein in Berlin noch eine neue Dimension hinzugewonnen. Ein hoch motiviertes Sängerensemble (Ernst Gutstein, Hermann Winkler, Sylvia Stahlman) machte es dem in schöner Empathie auf Felsensteins Intentionen eingehenden Rennert leicht, auch musikalische Qualität zu erreichen. Sehr wenig »pariserisch« wurde man da alles in allem charmiert, sehr »deutsch« am Kragen gepackt: Auch für Offenbach hatte Felsensteins drastisch-naturalistische Ästhetik ihr besonderes, durchaus bleihaltiges Gewicht. Unerhört war diese Theatererfahrung allemal, auch mit ihren quer zur Stilistik der »Moderne« stehenden Merkmalen – und ihrer heroischen Angespanntheit, die notorischen Unvollkommenheiten und Sterblichkeitsreste des Theatermachens vergessen zu machen.

Obgleich Lovro von Matačić als Frankfurter Opernmaestro nicht unfleißig war (1965 realisierte

WOZZECK, 1966. ML: Pierre Boulez, R: Wieland Wagner / Gerd Nienstedt, Hermin Esser

er noch einen TANNHÄUSER mit dem Felsenstein-nahen, analytisch begabten DDR-Opernszeniker Joachim Herz und Claire Watson, einer der Lieblingssängerinnen Soltis, als Elisabeth), wurde ihm dann doch ein wenig die Schau gestohlen von den Gastdirigenten André Cluytens und Pierre Boulez, die Wieland Wagner 1965 beziehungsweise 1966 nach Frankfurt mitbrachte. Der Wagner-Enkel überzeugte mit der Berg-Oper WOZZECK mehr als mit dem Verdi-Stück OTELLO, in dessen Sturmszene er den Chor – akustisch äußerst problematisch – in engen, höhlenartigen Kulissenvertiefungen segmentierte, so dass vokale Durchschlagskraft fehlte. Beide Male verkörperte Wieland Wagners Adeptin Anja Silja die weiblichen Hauptrollen. Kurz vor WOZZECK machte Frankfurt die Bekanntschaft der lärmig-grotesken frühen Schostakowitsch-Oper DIE NASE mit Rennert und Herlischka. Denkwürdig war der Abend auch deshalb, weil in der markanten Episodenrolle des Feuerwehrhauptmanns (wie bei etlichen anderen Frankfurter Produktionen als Nebenfigur) ein Bass-Sänger mit bizarrer Ausstrahlung und überschäumender Darstellungslust auffiel: Iwan Rebroff, der dann leider schnell der Opernkunst verlorenging und als Entertainer der »russischen Seele« große Kasse machte.

DIE NASE, *1966. ML: Wolfgang Rennert, R: Bohumil Herlischka / Iwan Rebroff, Albert Weikenmeier*

Theodore Bloomfield

Ein Interregnum: Theodore Bloomfield (1966 – 1968)

Pendelschläge sind im Getriebe der Institutionen ein probater produktiver Anstoß; so war es nicht verwunderlich, dass die konservative Aura des Lovro von Matačić den Wunsch nach einem entschiedener der Moderne zugeneigten Nachfolger weckte. Zumindest als solcher empfahl sich der Amerikaner Theodore Bloomfield, auch wenn er nicht zu den international bereits Namhaften oder als brisanter »Geheimtipp« Gehandelten zählte – nach seinem Frankfurter Abgang im zweiten Amtsjahr verschwand er denn auch geradezu unbemerkt in der Versenkung. Als Gast und »auf Probe« hatte er zu Spielzeitanfang 1965/66 mit Così fan tutte einen vorzüglichen Eindruck gemacht – es hätte dabei schwerlich etwas schiefgehen können, weil Buckwitz ihm ein mehrheitlich mit prominenten Gästen bestücktes Sängersextett dazu offerierte (Gundula Janowitz, Regina Sarfaty, Heinz Hoppe, Victor Braun, Renate Holm, Oskar Czerwenka). Eine nicht unfragwürdige Maßnahme bei einem Werk, das in Frankfurt (mit seinem bis dato noch ziemlich intakten Sängerfundus) leicht auch mit »Bordmitteln« hätte gestaltet werden können. Nach seinem regulären Amtsantritt im Herbst 1966 hatte Bloomfield in der Oper zwar mehr Fortune als bei den Museumskonzerten, aber keine die Matačić-Zeit oder gar die Solti-Ära in den Schatten stellenden Erfolge: Aida und die für Frankfurt überfällige Brecht/Weill-Oper Aufstieg und Fall der Stadt Mahagonny (Buckwitz war damit etwas später als das Landestheater Darmstadt; in der Folge zeigte sich

La Bohème, 1967. ML: Theodore Bloomfield, R: Kurt Horres / Ensemble

dieses Werk weltweit erfolgreich), Puccinis Bohème und als weitere Novität Brittens Albert Herring, dann zu Beginn 1967/68 noch den Dallapiccola/Strawinsky-Kurzopernabend Nachtflug und Oedipus rex. Spätestens im zweiten Jahr erwies sich das Vertrauensverhältnis Theodore Bloomfields zum Orchester (und zu anderen Mitarbeitern des Hauses) als zerrüttet. Wolfgang Rennert und einige Gastdirigenten hielten die Stellung und brachten das angelaufene Opernjahr mit Anstand zum Abschluss (La Traviata; die russische Spezialität Fürst Igor gewissermaßen noch aus dem planerischen Nachlass Matačićs; La Damnation de Faust von Berlioz mit dem beschwingten Szeniker Hans Neugebauer, der Jahrzehnte vorher in Frankfurt als Regieassistent begonnen hatte).

LA DAMNATION DE FAUST, *1968. ML: Wolfgang Rennert, R: Hans Neugebauer / Pari Samar*

Wieder ein Frankfurter Glücksfall:
Christoph von Dohnányi (1968 – 1977)

Ein Segen für Frankfurt, dass ohne größeren Vorlauf operndirektorale Abhilfe geschaffen werden konnte. Der 40-jährige Christoph von Dohnányi hatte ein auf die Frankfurter Verhältnisse anscheinend exakt passendes Künstlerprofil. Als jüngster deutscher GMD in Lübeck und danach in gleicher Funktion im bedeutenderen Kassel (dort schickte sich Ulrich Melchinger kurz darauf an, die Wagner-Rezeption durch pionierhafte Regietaten in Überholung Neubayreuther Ergebnisse voranzutreiben) hatte er genügend »Galeerenjahre« hinter sich, um als gestandener Metierkenner amtieren zu können. Frankfurts Oper war ihm zudem vertraut, weil er hier, noch fast als Jugendlicher, neben Hans Drewanz (dem langjährigen Darmstädter GMD) als musikalischer Assistent Soltis begonnen hatte. Der Berliner Christoph von Dohnányi, aus einer Familie von Widerstandskämpfern gegen den Naziterror stammend (der Großvater gehörte zudem zu den bedeutenden Tonsetzern Ungarns), repräsentierte zweifellos einen »neuen Dirigententypus«, der eindeutiger durch Sachautorität als mit grandseigneuraler Attitüde zu überzeugen trachtete. Die ältere Befehl / Gehorsam-Struktur, die noch in der Solti-Generation (erst recht bei den früheren Pulttyrannen wie Arturo Toscanini, George Szell oder Hermann Scherchen) funktionierte, wich in der Epoche Dohnányis einer konsensuelleren Arbeitsweise, wobei die schwer definierbare Rolle des »Charismas« nicht geleugnet werden muss. Nach Ansicht Michael Gielens war Carlos Kleiber (etwa gleichaltrig mit ihm und Dohnányi) der einzige wirklich »geniale« Dirigent seiner Generation – fähig, über alles in den Proben Erarbeitete hinaus und womöglich sogar dagegen spontan erfüllte »Glücksmomente« zu erreichen. Dohnányi, ein nüchternes Naturell, aber ein akribisch-feinsinniger Arbeiter am Detail, erwies sich in seinen neun Frankfurter Opernjahren als ein »Spezialist für vieles«, womit er mitnichten als ein gleichermaßen das

Christoph von Dohnányi

gesamte Repertoire bestreitender Allroundmusiker figurierte. Ob er sich der Schönberg-Schule annahm (in der Oper stemmte er, als Novität für Frankfurt, im Herbst 1970 Moses und Aron), ob er leichte Musengewichte balancierte wie Die lustige Witwe und My Fair Lady (1972 beziehungsweise 1973), ob er die von ihm geschätzten »harten« Strausse zu Gehör brachte (Die Frau ohne Schatten 1969, Elektra 1971) – immer war Besonderes zu erwarten. Mehrfach unterstrich Dohnányi sein Verdi-Faible: mit Rigoletto bereits in seinem ersten Jahr (1968), mit Falstaff (1972) und ganz zum Schluss noch mit Otello (1977). Dreimal übernahm er auch die Stabführung bei Mozart-Opern. Für seinen Frankfurter Einstand wählte er im Herbst 1968 die Zauberflöte – ein auch unter sozusagen betrieblichen Gesichtspunkten geschickter Schachzug, weil er, einschließlich des Chores, einen Großteil der sängerischen Ressourcen des Hauses mobilisierte. Seine siebte Saison 1974/75

DIE ZAUBERFLÖTE, 1968. ML: Christoph von Dohnányi, R: Filippo Sanjust / Jutta Goll, Christiane Ufer, Trude Resch, Alberto Remedio

eröffnete er mit einem Mozart-Doppelakzent: COSÌ FAN TUTTE, vom hochbegabten jungen Regietalent András Fricsay mit beißendem Hinweis auf frivol frauenverachtende Dimensionen der Handlung interpretiert (in enger Frequenz wurde diese Oper in Frankfurt mehrmals neu inszeniert; die letzte Premiere lag erst neun Jahre zurück, und bei Solti wurde sie zweimal neu aufs Programm gesetzt). Fast eskapistisch mutete es an, dass Dohnányi Bergs zweite Oper LULU (Regie: Rudolf Noelte) noch kurze Zeit (1970) vor der absehbaren Pariser Uraufführung der von Friedrich Cerha »rekonstruierten« Komplettfassung bewusst als zweiaktigen Torso (mit als dramaturgisch geraffte Filmsequenz eingebrachter Orchestersuitenmusik) zur Aufführung brachte – wie um diesen Fragmentstatus als unaufgebbare Alternative zur ihrerseits nicht monopolistisch überzeugenden dreiaktigen Version wachzuhalten.

Wie in den vorangegangenen Jahren war zunächst auch bei Dohnányi die Sechszahl der jährlichen Premieren im Opernhaus obligatorisch; davon wurde in den letzten drei Dohnányi-Jahren durch Verminderung um eine Neuproduktion abgegangen. Im darauf folgenden Gielen-Jahrzehnt schwankte die Anzahl der »großen« Premieren im Opernhaus in der Regel zwischen vier und sechs, wozu sporadisch noch »kleine« Produktionen andernorts kamen. Zwar nicht mehr bei Gielen, aber bei Dohnányi fand auch die »klassische« Wiener Operette noch eine Nische im Spielplan – abseits der Dohnányi'schen Spezialitäten gab es 1969 Millöckers BETTELSTUDENTEN und 1971 den ZIGEUNERBARON

COSÌ FAN TUTTE, 1974. ML: Christoph von Dohnányi,
R: András Fricsay / Trudeliese Schmidt, John Stewart,
Hildegard Behrens, William Workman

LULU, 1970. ML: Christoph von Dohnányi, R: Rudolf Noelte /
Anja Silja, Josef Hopferwieser, Leonardo Wolovsky,
James Harper

von Johann Strauß, beides dirigiert von Gabor Ötvös in zünftigen Inszenierungen von Paul Vasil beziehungsweise Hellmuth Matiasek. In der magyarisierten Strauß-Landschaft tummelten sich hochkarätige Stimmen wie Júlia Várady (Saffi), der sängerdarstellerisch elegante Tenor Josef Hopferwieser (Barinkay) sowie, als vokal stämmiger Zsupán, der Spielbass Georg Stern, ein – wenn das Wortspiel erlaubt ist – besonders beliebter Dauerstern im Frankfurter Sängerensemble.

Christoph von Dohnányi war selbstbewusst genug, neben sich eine dirigentische »Vaterfigur« herauszustellen, deren außergewöhnliches Format in den Musikmetropolen erst allmählich erkannt wurde: Günter Wand, viele Jahre Kölner Gürzenich-Kapellmeister, der in den letzten beiden Jahrzehnten des Jahrtausends eine staunenswerte, nahezu singuläre Alterskarriere absolvierte. Wand bekam 1969 DON GIOVANNI anvertraut (in der etwas unentschiedenen Regie-Optik von Ulrich Brecht) und 1971 Glucks ORFEO ED EURIDICE. Hier hatte Wand zwei Protagonistinnen, die neben der Sopranistin Éva Marton zu den wichtigsten Sänger-»Entdeckungen« Dohnányis und seines »Wünschelrutengängers« Peter Mario Katona gehörten: die betörend lyrische Liniengestalterin Ileana Cotrubaş (Euridice) und die machtvolle, über ein breites Spektrum von Kolorierungen und Nuancen verfügende Mezzosopranistin

DER FEURIGE ENGEL, 1969. ML: Christoph von Dohnányi,
R: Václav Kášlík / Anja Silja, Rudolf Constantin

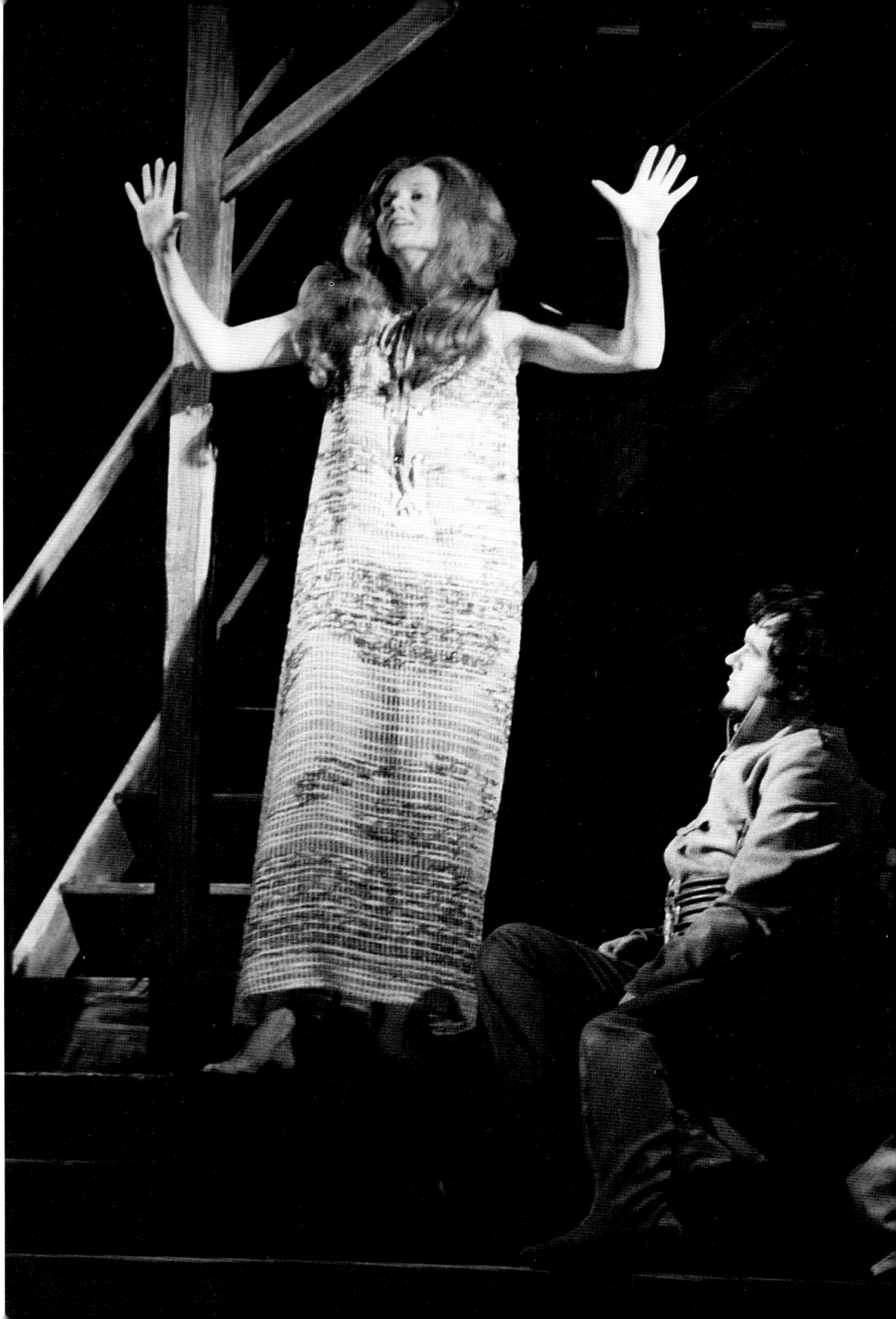

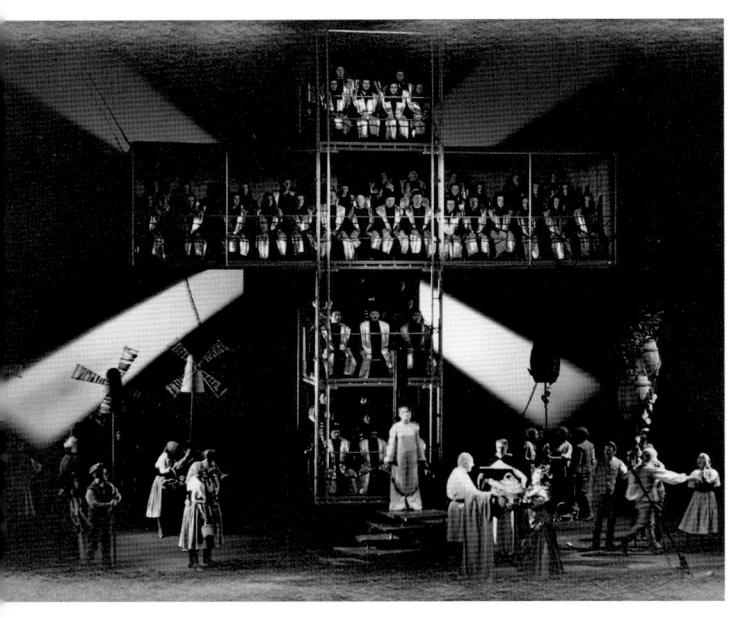

JOHANNA AUF DEM SCHEITERHAUFEN, 1968. ML: Robert Satanowski, R: Friedrich Petzold / Ensemble

FAUST, 1971. ML: Christoph von Dohnányi, R: Bohumil Herlischka / Ensemble

Agnes Baltsa (Orfeo). Die in diesem Zeitraum dank der Findigkeit der Opernmacher besonders reiche Frankfurter Sängerpalette fand vehemente farbliche Erweiterung durch Persönlichkeiten wie Hildegard Behrens, eine (allzu?) rasch ins Wagnerheroische wachsende jugendlich-dramatische Sopranstimme, den vielseitig versierten Tenor Hopferwieser oder den soignierten Bariton Rudolf Constantin, der mit dem fachverwandten älteren Leonardo Wolovsky wetteiferte. Als späterhin noch Frankfurt-treue Opernkünstlerinnen etablierten sich die charaktervolle Altistin Soňa Červená und die intelligent-spröde Sopranistin June Card. Verloren ging Frankfurt leider, auch durch seinen frühen Tod, der einst von Solti für Frankfurt gewonnene Tenor Ernst Kozub, eine heldische Stimme von eigener, auf fast paradoxe Weise schwebend-metallischer Substanzialität; Kozub sang immerhin noch den Kaiser in DIE FRAU OHNE SCHATTEN (1969). Als sängerdarstellerisch einzigartiger Wagner-Tenor (Parsifal, Stolzing 1973), aber auch als leidensfähig-leidenschaftlicher Canio (PAGLIACCI, 1975) und als Mozart-Idomeneo lenkte William Cochran in der zweiten Hälfte der Dohnányi-Ära die Aufmerksamkeit auf sich. Sozusagen einen Sonderstatus hatte damals in Frankfurt Anja Silja (längere Zeit Christoph von Dohnányis Ehefrau), deren spezifischer Bühnenpräsenz auch etliche Rara der Opernliteratur gewidmet wurden. So kreierte sie die Geister sehende Renata in Sergej Prokofjews FEURIGEM ENGEL (1969), die Titelrolle in Luigi Cherubinis MÉDÉE (1971), die Hanna Glawari in der LUSTIGEN WITWE (1972) und Die Frau in Schönbergs Monodram ERWARTUNG (1974), das, zusammengespannt mit Bartóks HERZOG BLAUBARTS BURG, in der wunderbar ruhigen Regie von Klaus Michael Grüber und suggestiven Bildern von Max von Vequel zu den herausragenden Eindrücken jener Jahre zählte. Die komödiantische Prachtrolle der Eliza Doolittle in Frederick Loewes frühem Musical-Meisterwerk MY FAIR LADY war ebenfalls Anja Silja zugedacht gewesen, doch eine Schwangerschaft verhinderte den schönen Plan. Johanna von Koczian war ein vollwertiger Er-

HERZOG BLAUBARTS BURG, *1974. ML: Christoph von Dohnányi, R: Klaus Michael Grüber / Janis Martin, Ingvar Wixell*

satz. Die sonderbare Attraktion einer in den beiden Hauptpartien von Schauspielern »getragenen« Oper markierte noch den Spielzeitbeginn 1968: Arthur Honeggers JOHANNA AUF DEM SCHEITERHAUFEN mit Kirsten Dene und Hannsgeorg Laubenthal. Als szenografische Pointe brannte sich ein bühnenfüllendes, das Chorkollektiv bergendes Kreuz (dieses aparte Bild erdachte der mit Frankfurt wohlvertraute Hein Heckroth für den Regisseur Friedrich Petzold) ins Gedächtnis. Der wuchtige welsche Opernoratorien-Solitär lässt sich gegebenenfalls assoziieren mit einer anderen Singularität im Dohnányi-»Jahrneunt«, mit Albert Lortzings WILDSCHÜTZ (1973), inszenatorisch liebe- und lustvoll präpariert von Hans Neugebauer – einem famosen Exemplar der weithin verschwundenen Gattung Spieloper; es wurde im Jahrzehnt darauf in Frankfurt noch einmal inszeniert und dann nicht wieder.

MY FAIR LADY, *1973. ML: Christoph von Dohnányi, R: Hans Neugebauer / Herbert Bötticher, Johanna von Koczian*

MOSES UND ARON, 1970. ML: Christoph von Dohnányi, R: Václav Käslík / Ensemble

BORIS GODUNOW, 1976. ML: Christoph von Dohnányi, R: Gilbert Deflo / Ensemble

Dohnányi-Schwachpunkte

Musikalisch rangierte Dohnányis Frankfurter Oper weltstädtisch und auf in jedem Sinne hohen Niveau; die szenischen Resultate wirkten oft weit weniger dezidiert. Einerseits war die Bemühung um musiktheatralische Verlebendigung im Prinzip erkennbar, wenn auch nicht als rigoros umgesetztes Erneuerungsprogramm (wie im nächsten Jahrzehnt bei Gielen und Zehelein). Andererseits fiel Dohnányi aber gewissermaßen wieder hinter Buckwitz' spätere Intentionen zurück, indem er das Prinzip regelmäßiger Quasi-Hausregisseure restituierte. Man kann verstehen, dass Künstler sich nach einer befriedigenden Kooperation gerne wieder zusammentun – zu prüfen wäre dabei, ob wirklich eine inspirierende Kontinuität dabei zustande kommt oder doch eher bloße Routine. Bevorzugte Dohnányi-Szeniker wie Filippo Sanjust, Václav Käslík oder später Gilbert Deflo konnten durchaus einmal überzeugen, schienen sich aber dann oft zu wiederholen und zu verbrauchen. Sanjusts Markenzeichen (er war immer zugleich auch Bühnenbildner) war eine auffällig »luftige« Optik, die etwa der ZAUBERFLÖTE Klarheit und Anmut verlieh oder die MEISTERSINGER VON NÜRNBERG mit weder teutonisch-martialischen noch butzenscheibenhaft-hutzeligen Ingredienzien ausstattete, sondern ihnen ein angenehm impressionistisches Feininger-Flair mitteilte. Als zwingendes dramaturgisches Movens war das manchmal aber zu wenig: bei RIGOLETTO ebenso wie bei LOHENGRIN (1970) oder gar PARSIFAL. Man erlebte gepflegte und geschmackvolle Ausstattungen in zumeist exquisiter Ausleuchtung und bequem in Rampennähe postierte Sängerakteure – also nicht gerade heißblütige Musikdramatik. Etwas anders ging der mehr mit Multimedia-Reizen operierende Václav Käslík vor, Gründer des berühmten Prager Theaters Laterna magika. Im FEURIGEN ENGEL wirkten seine Rezepturen noch frisch und bezwingend; bei Offenbachs LES CONTES D'HOFFMANN (1970) uferte es dagegen in verwirrendes Geflimmer aus. Erst recht hätte man sich für so große Quader wie MOSES UND ARON oder Verdis

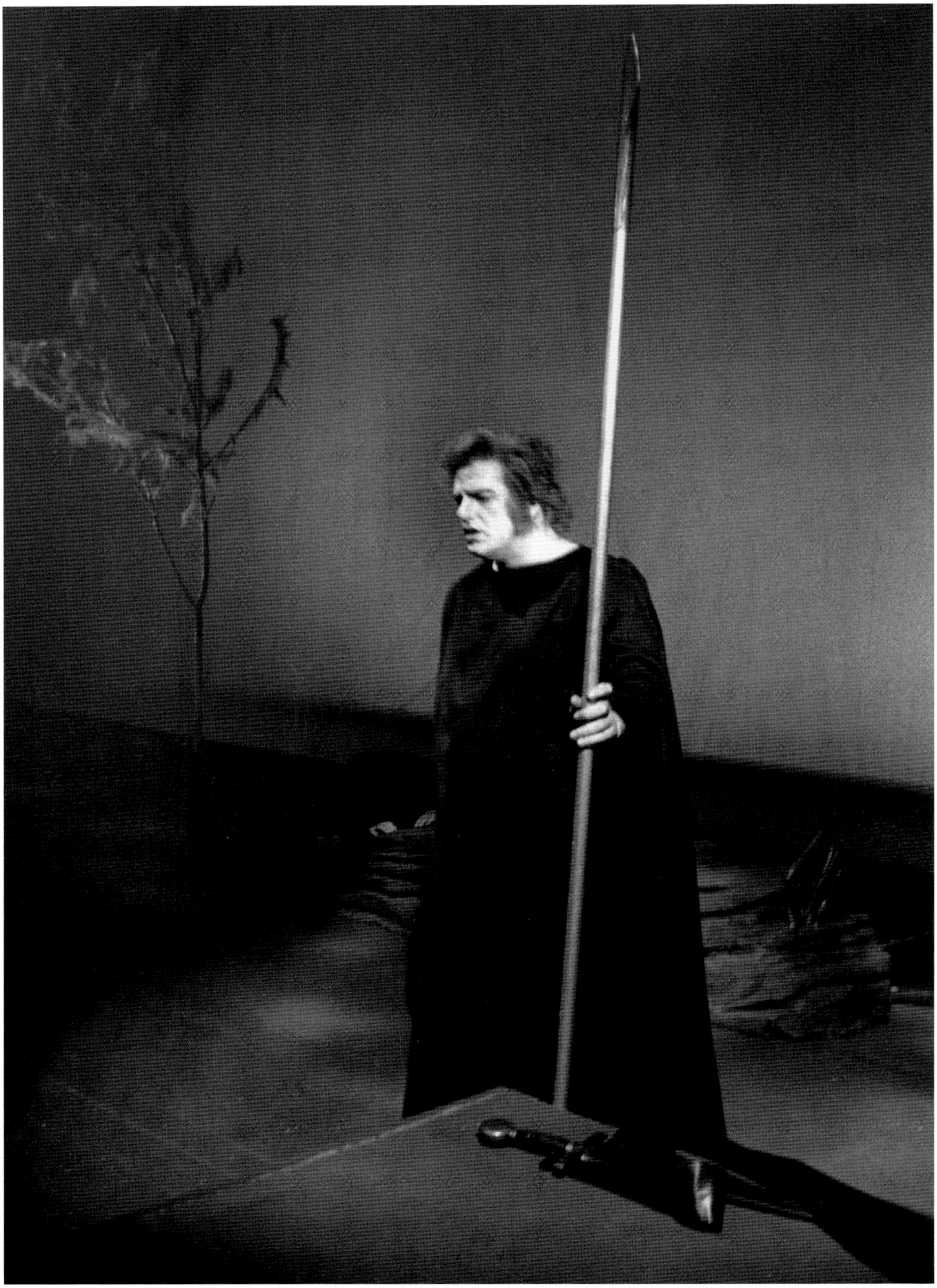

GÖTTERDÄMMERUNG, 1975. ML: Christoph von Dohnányi, R: Peter Mussbach / Dieter Weller, Rudolf Constantin, Jeannine Altmeyer

DON CARLO (1970) eine ambitioniertere Annäherung gewünscht, auch eine subtilere, durchdringendere für Tschaikowskis EUGEN ONEGIN (1971) und eine weniger knallig »amerikanisierte« TURANDOT (1972). Gleichsam die Positionen unauffälliger szenischer Exekutanten nahmen später Rudolf Steinboeck bei FALSTAFF (1972) und ARABELLA (1973) sowie Gilbert Deflo mit einer lahmen LIEBE ZU DEN DREI ORANGEN von Prokofjew (1975) und BORIS GODUNOW (1976) ein, Letzterer immerhin im originalen Orchesterkolorit, aber szenisch befremdlich miniaturisiert als eine Art »Volksdrama im Puppentheaterformat«.

Auch Dohnányi wurde von dem Ehrgeiz gepackt, in Frankfurt einen Wagner-RING zusammenzuklopfen. Er hatte ihn bislang noch nicht dirigiert. Die inszenatorische Seite des Vorhabens versprach eine Sensation: Verpflichtet wurde der blutjunge Peter Mussbach, der gerade mit einem unkonventionell-aufgemischten BARBIER VON BAGDAD (Peter Cornelius) in Augsburg debütiert hatte. Schon um sich von den

PARSIFAL, 1973. ML: Christoph von Dohnányi,
R: Filippo Sanjust / William Cochran

Peter Mussbach

gescheiterten Versuchen Soltis und Matačićs möglichst weit abzusetzen, begann man im März 1975 mit der tetralogischen Schlussstrecke. Der unbefangen in die GÖTTERDÄMMERUNGS-Premiere Hereingekommene nahm verblüffend Heterogenes auf der Bühne wahr: Einige der großen Szenen mit den Hauptpersonen muteten völlig uninszeniert an als Konzert in Kostümen. In anderen hingegen entfaltete sich eine sonderbar eindringliche Bildersprache, so vor allem beim Finale, zu dem sich die Bühne füllte mit einer das im Graben sitzende Orchester gleichsam doublierend abbildenden stumm-unbeweglichen Figurenmasse. Besser informiert, musste man das Ganze als ein gestückeltes Sammelsurium von konzeptionell schlüssigen, eher unkonformistischen Bestandteilen einerseits und hastig verhindert Anstoßerregendem andererseits verstehen. Als Anstoßerregte stellte sich vor allem die profunde hochdramatische Sopranistin Daniza Mastilovic heraus, ein gestandenes Ensemblemitglied, als Frankfurter (Strauss-)Elektra ebenso deftig präsent wie als substanzreiche Brünnhilde. Als Letztere blockierte sich diese ingrimmige Gegnerin der Mussbach-Arbeit auch ihren eigenen weiteren Auftritt, und Dohnányi (der als verantwortlicher Opernchef selbstverständlich das nominelle Recht hatte, einer vermeintlich unglücklichen Premiere durch kurzfristige Eingriffe vorzubauen) stoppte die Mussbach-Unternehmung. Eine Niederlage für das musikalische »Regietheater«, aber auch alles andere als ein Triumph für Dohnányi, dem man in diesem Fall ein verkniffen-kleinmütiges Taktieren attestieren mochte. Peter Mussbach offenbarte sich wenig später als (bis mindestens zum Millenniumswechsel) einer der interessantesten, bewundertsten deutschen Opernszeniker. Opernhäuser sind langsame, zu plötzlichen Manövern schwer fähige Ozeandampfer, und so war die holprig aufgenommene Wagner-Fahrt nach dieser ersten Station doch noch nicht beendet. Ein Jahr später musste vertragsgemäß noch ein RHEINGOLD folgen – eine Abwicklung; schade eigentlich, denn der Hausherr selbst hatte so mit Verve und Witz inszeniert (und souverän dirigiert), dass man das Beharren auf dem Unbeendeten bedauerte, denn einwandfrei hätte man ihm einen selbstgefertigt vollgerundeten RING zugetraut.

Die Bassariden, 1975. ML: Klauspeter Seibel, R: Hans Werner Henze / Ensemble

Dohnányis wohlbestelltes Haus

Die zeitgenössische Oper war bei Dohnányi bemerkbar vertreten, so mit zwei bis dahin in Frankfurt unbekannten Henze-Werken, die Klauspeter Seibel (neben Gabor Ötvös, Reinhard Schwarz und Peter Schrottner ein wichtiger Kapellmeister jener Ära) dirigierte und der Komponist selbst sorgfältig inszenierte: Der junge Lord (1972) und Die Bassariden (1975). Milko Kelemens Camus-Vertonung Der Belagerungszustand (1970) blieb ein eher peripherer Eindruck, woran auch die Regie des Generalintendanten Ulrich Erfurth wenig änderte. Dieser, der ehemalige künstlerische Leiter der über Hessen hinaus angesehenen Bad Hersfelder Festspiele, war als Generalintendant bereits in den Sog der Mitbestimmungsdiskussionen geraten, deren »Achtundsechziger«-Windstöße ihm vom Schauspiel her ins Gesicht bliesen, wo besonders vom politisch motivierten Personentrio Peter Stein / Claus Peymann / Dieter Reible Demokratisierungsenergien ausgingen, die mit ihren Folgerungen allerlei juristische und symbolische Nüsse zu knacken aufgaben – auch für den neuen, durchaus für linke Tendenzen aufgeschlossenen Kulturdezernenten Hilmar Hoffmann (der als Gründer der Oberhausener Filmtage eine Schlüsselfigur der seinerzeit neuesten deutschen

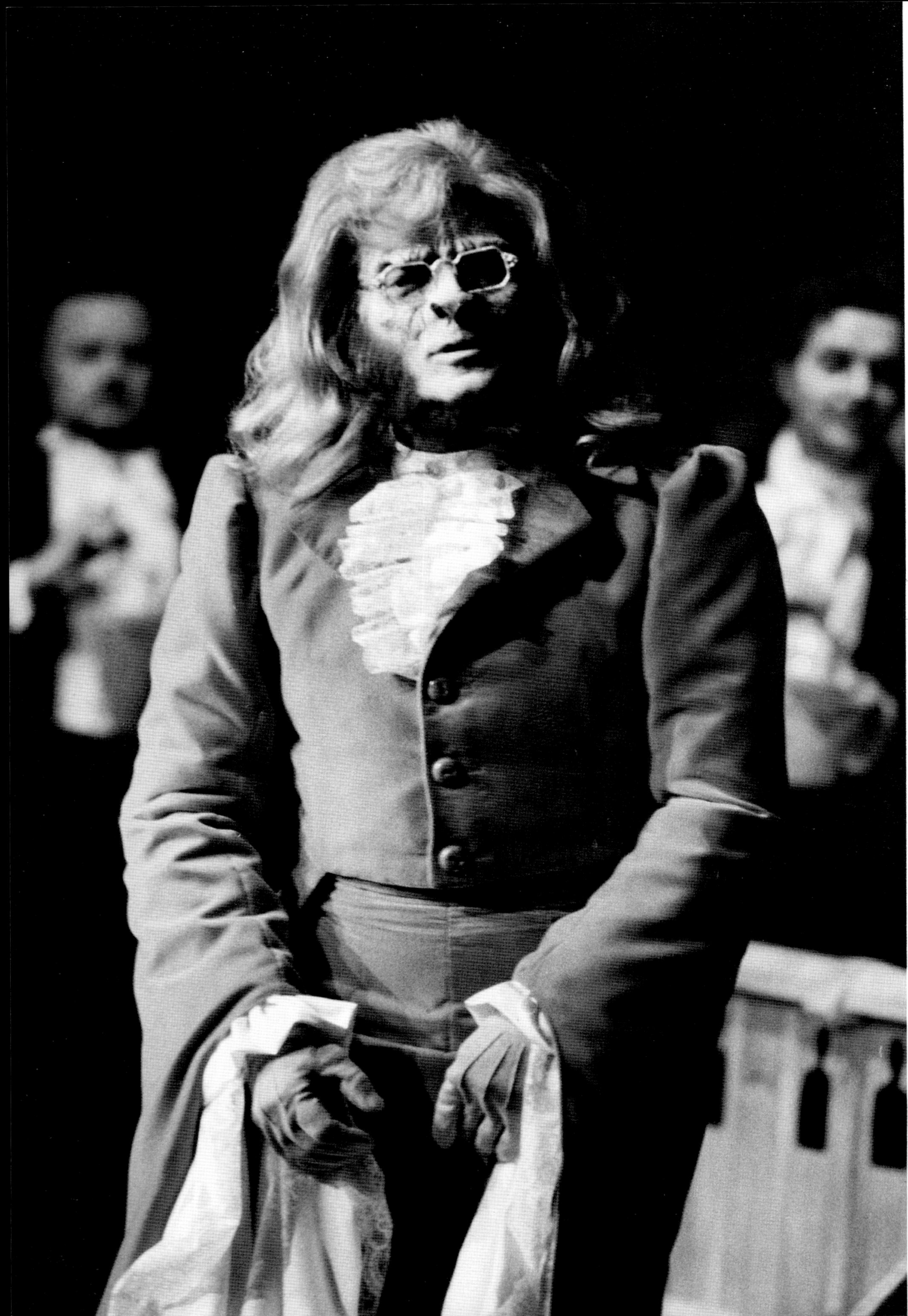

Katja Kabanová, 1974. ML: Peter Schrottner, R: Volker Schlöndorff / Hildegard Behrens, Soňa Červená

Filmgeschichte gewesen war). In der Unruhe, von der die Städtischen Bühnen erfasst wurde, erwies sich die Funktion eines Generalintendanten am ehesten als entbehrlich, was kaum etwas mit Erfurths Person zu tun hatte (zugegeben, eine ähnlich brillant melierte Manager/Künstler-Figur wie Buckwitz war er nicht), sondern mit der angesichts der gegebenen Situation obsolet gewordenen Rolle. Auch die Oper ließ sich ohne einen zusätzlichen Hierarchen selbstständig organisieren und leiten, und dafür war Dohnányi, der von den Machtkämpfen um das Schauspielmodell indirekt profitierte, die geeignete Persönlichkeit.

Zwei Höhepunkte der Dohnányi-Zeit sind neben dem stillen, erratischen Triumph der Bartók/Schönberg-Inszenierung Klaus Michael Grübers noch zu

Der junge Lord, 1972. ML: Klauspeter Seibel, R: Hans Werner Henze / Paul Kötte

MACBETH, 1976. ML: Carlo Franci, R: Hans Neuenfels / Rudolf Constantin, Hana Janku

würdigen: Janáčeks KATJA KABANOVÁ (1974) mit dem Regisseur Volker Schlöndorff, einem eigenständig und plausibel zu Werkinterpretation befähigten Realisten, und dem Dirigenten Peter Schrottner (später GMD in seiner Heimatstadt Graz und langjährig als Kapellmeister in Stuttgart tätig), der die intrikate Partitur in eine wunderbare Balance zwischen harscher Modernität und expressivem Klangsensualismus brachte und dabei auch in unbestechlicher Tempowahl minuziös den »sprachmelodischen« Nerv der Musik traf. In der Titelrolle war Hildegard Behrens, mühelos von lyrischen zu dramatischen Evokationen ausfahrend, zu jenem Zeitpunkt eine beglückende sängerische Entdeckung. Alles in allem vielleicht die gelungenste, abgerundetste Opernproduktion der Dohnányi-Amtszeit. Gegen deren Ende bekam dann Hans Neuenfels (er war einer der Aufmerksamkeit heischendsten Regisseure des Frankfurter Schauspiels gewesen) Gelegenheit, seine nach dem sensationellen Nürnberger TROUBADOUR zweite Verdi-Inszenierung zu präsentieren: MACBETH (1976). Dohnányi übertrug die musikalische Leitung einem bewährten Routinier der Italianità, dem Gastmaestro Carlo Franci. Da war die Premiere vorab wenigstens musikalisch auf der sicheren Seite. Die gewiss nicht unprovokativen, aber im Endeffekt dem heißblütigen Musikstrom und der ungekämmt kruden Shakespeare-Fantastik adäquaten szenischen Verunsicherungen riefen zwar Erstaunen, aber keine Entrüstung hervor. Bereits dieser MACBETH wurde in Frankfurt ein »Kultstück«, für das sich eine kleine »Gemeinde« formierte, die möglichst keine Vorstellung ausließ. Rudolf Constantin und Hana Janku als mörderisches Hauptpaar durchschritten die Aufführung und ihren üppig erotischen und trivialmythischen Spuk mit einer Unbeirrbarkeit, die das nahezu inkommensurable Geschehen auf ihre Art unwiderstehlich kommentierte. Bei seinem Abschied im Sommer 1977 konnte Dohnányi zufrieden sein. Er hatte den Frankfurtern eine farbige, abwechslungsreiche Opernzeit beschert und das Haus wohlbestellt hinterlassen. Im Rückblick bezeichnete er die Frankfurter Jahre als eine für seine Laufbahn besonders glückliche Zeit. Zweifellos fühlte er sich hier mehr als einst Solti als ein »Angekommener«. Das Haus und die Stadt stellten nun sicherlich mehr dar als anderthalb Jahrzehnte vorher. Eine Künstlerkarriere bedeutete Dohnányi aber auch nicht bloß den *Gradus ad parnassum* zu immer glänzenderen Positionen. Nach Frankfurt hatte er an der Hamburger Oper mehr zu kämpfen. Mit der Leitung des Cleveland Orchestra versah er sodann einen Traumjob an der Weltspitze des Musikbetriebs. Danach den NDR-Sinfonikern verbunden zu sein, mochte ihn auch menschlich besonders erfüllen, weil er damit Nachfolger des von ihm verehrten Günter Wand wurde, den er relativ früh auch dem Frankfurter Publikum nahegebracht hatte.

Michael Gielen (1977 – 1987):
Facetten einer innovativen Entschiedenheit

Diesmal kein »Pendelschlag«: Mit Michael Gielen, dem folgenden Frankfurter Operndirektor, wurde ein ähnlich »moderner« Künstlertyp verpflichtet, freilich ein im Vergleich zu Christoph von Dohnányi viel exponierterer Anwalt des avanciert Zeitgenössischen, der auch als Komponist markant involviert war. Der damalige *FAZ*-Musikkritiker Friedrich Hommel, bei einem vom Kulturdezernenten präsidierten Findungsgespräch wie einige andere seiner hiesigen Kollegen beratend dabei, plädierte für Carlos Kleiber – dieser bindungsscheue Paradiesvogel hätte, wenn er überhaupt auf die Offerte eingegangen wäre, eine Kontinuität in der Mainmetropole aus diesen oder jenen Gründen oder grundlos bald wieder aufgekündigt. Gielen, der ihn aus gemeinsamen frühen Exiljahren in Buenos Aires gut kannte, hätte ihn als Gast gelegentlich gewinnen können – widrige Zufälle verhinderten auch das, was auf jeden Fall zu bedauern ist. Michael Gielen, 1977 bei Amtsantritt 50 (also ein Jahr älter als Dohnányi bei seinem Weggang), war sofort mit dem Posten des Frankfurter Opern- und Konzertdirektors einverstanden; die folgenden zehn Jahre quittierte er stets unumwunden als Kammlinie seiner Laufbahn, der mit der Cheftätigkeit beim SWF- beziehungsweise SWR-Sinfonieorchester in Baden-Baden und Freiburg dann eine auch für sein Tonträger-Erbe bedeutende Lebensphase noch folgte. Vor Frankfurt hatte Gielen etwa in Stockholm, Amsterdam und Brüssel Opernerfahrung gesammelt, aber besonders namhaft geworden war er international als unerschütterlicher »Spezialist« für schwierige, sperrige neue Musik – seiner breiteren und tieferen künstlerischen Anschauung lag daran, sich nicht dauerhaft mit einer derartigen Einschränkung abzufinden. Für seinen Wiedergabestil ließ sich eine Devise Hermann Scherchens reklamieren: »Alles durchsichtig machen.« Klarheit, Konturenschärfe, Attacke –

Michael Gielen

die Grundimpulse des Gielen'schen Musikmachens entsprachen weit mehr der »sachlichen« Traditionslinie Mendelssohn/Strauss/Toscanini als der »romantischen« von Wagner/Mahler/Furtwängler. Obgleich es sich dabei um den »ewigen« Antagonismus zwischen Rationalität/Objektivität und Ausdruckszwang/Subjektivität handelt, vulgo zwischen Kopf und Bauch, wurde die Vorgehensweise Gielens gerne mit der »Moderne« identifiziert, in Distanz zu marktkonformeren traditionalistischen Phänomenen bis hin zum Karajanismus. Ein hellsichtiger Gielen-Fan charakterisierte dessen bohrend-intensive Luzidität einmal so: Es klingt, wie wenn einer an der verschlossenen Klotür rüttelt. Ein rüdes Gleichnis – aber womöglich erhellender (auch in Bezug auf romantisch-expressive Unterströme einer derart besonderen Musikalität) als langatmige Beschreibungen oder Ableitungen.

Michael Gielen, den etwa die Orchestermusiker eher mit den scharfzüngigen, witzig-zynischen als

Christof Bitter

Hans Neuenfels

den gemütlichen Seiten des Wienertums kennenlernten, achtete als Opernchef darauf, von zuverlässigen Mitarbeitern umgeben zu sein. Als »zweiten Mann« an der künstlerischen Spitze berief er Christof Bitter, einen mit der neuen Musik eng vertrauten Verlagsmann des Mainzer Hauses Schott, der als Sohn des noch neben Bruno Vondenhoff wirkenden Kapellmeisters Werner Bitter zugleich auch sozusagen mit und in der Frankfurter Oper aufgewachsen war. Es zeigte sich aber bald, dass Bitters Vorstellungen von den Gielen'schen Visionen weit abwichen; insbesondere aber stachen sie ab gegen die strubbligere Produktionsästhetik des neuen Chefdramaturgen Klaus Zehelein, eines durch die Schule Theodor W. Adornos gegangenen philosophiegestählten Frankfurters. Zehelein verkörperte den Typus eines intellektuellen Theatermannes, der sich mit braver Theorie-Zulieferung nicht begnügen, sondern selbst bei der Realisierung innovativer Bühnenoptik aktiv sein wollte (noch Dohnányis wichtigster Dramaturg Klaus Schultz, hernach Intendant in Aachen und am Münchner Gärtnerplatztheater, hatte seinen Hauptruhm als Kreator extraordinär-bibliophiler Programmhefte errungen). Unverhohlen machtbewusst betrieb Zehelein die Durchsetzung seiner Prämissen. Er wurde damit auch zum entscheidenden Einflussfaktor für Gielen. Es ist wenig übertrieben, wenn man es so formuliert: Zehelein machte aus dem exzellenten Operndirigenten Gielen einen integralen Theatermann. Gewissermaßen logisch, dass Zehelein an die zweite Stellen rücken musste und zum stellvertretenden Operndirektor wurde. Im Laufe der zweiten Spielzeit schied Bitter aus. Es wurde aber kein Abgang im Unfrieden; als Musikabteilungsleiter in Baden-Baden sorgte Bitter dafür, dass Gielen dort 1988 die Chefdirigentenstelle bekam. Die ersten beiden Frankfurter Gielen-Jahre machten aber gerade deshalb einen noch etwas karierten Eindruck, weil sich da zwei unterschiedliche Konzeptionen nebeneinander darzustellen versuchten – die eher biedere, auf kultivierte Art großstädtische des metiergeschmeidigen Christof Bitter und die kompromisslos der konkreten Utopie der »unerhörten Augenblicke« (die Formel wurde zu einem berühmten Slogan der Gielen-Oper, fast ebenso bekannt wie Alexander Kluges auf Oper gemünztes Diktum »Kraftwerk der Gefühle«) nachjagende von Klaus Zehelein, die wohl auch das eigentliche Desiderat des Gielen'schen Künstlertums bedeutete, sich zumindest damit unauflöslich verband. Im Einzelnen zeigten sich die Diskrepanzen anhand der Premieren 1977/78 und 1978/79 folgendermaßen. Zunächst der »Bitter-Strang«: Schon die zweite Produktion der Einstandsspielzeit changierte ins Mittlere, in künstlerische Abspannung, wenngleich Leoš Janáčeks Partitur Das schlaue Füchslein musikalisch höchste Anforderungen stellt und vom neuen Kapellmeister Ralf Weikert ansprechend wiedergegeben wurde. Die Titelrolle wurde, gewissermaßen vorab in nominalistischer Authentizität, von Gabriele Fuchs sehr schön verkörpert. Die Szenografie des englischen Routiniers Jonathan Miller, halbherzig zum Bilderbuchmäßigen hindriftend (aber ohne naturalistischen Felsenstein-Furor), ließ jeden Anhauch der für das singuläre Werk so charakteristischen und von rätselhaften Realismus-Einsprengseln (die alternden Dorf-Honoratioren) schraffierten naturmystischen Grandeur vermissen. Was ein glühender Anziehungspunkt hätte werden können, war bald vergessen. Nein, das war beileibe kein Markstein der ansonsten vielerorts dramatischen Janáček-Rezeption. Kurz danach spendete die Tannhäuser-Inszenierung Virginio Puechers wiederum bühneninterpretatorisches Trockenbrot, während Gielens entflammte Musikwiedergabe (mit einem zugkräftigen Sängerensemble, aus dem Dunja Vejzovic, kurz darauf eine leidenschaftliche Azucena, hervorragte) Begeisterung hervorrief. Ein wenig exterritorial und unvorausehbar blass der sich anschließende Trovatore mit dem Regisseur András Fricsay, der bei Dohnányi eine so vielversprechend schneidende Così abgeliefert hatte – seine Verdi-Lusche konnte man abhaken als einen Ausreißer, wie er immer wieder mal im nicht völlig von Unwägbarkeiten freizuhaltenden Theaterwesen vorkommen kann. Also sofort verziehen, zumal mit dem die zweite Spielzeit im Oktober 1978 eröffnenden Offenbach-Abend La Vie Parisienne sich die Bitter-Linie zu größtmöglichen Höhen aufschwang, zu einem kulinarischen Theaterschmaus der Sonderklasse mit dem weltstädtischen Regie-Cuisinier Jérôme Savary – gewiss kein Neuansatz in Sachen Offenbach, aber die meisterhafte Befolgung einer virtuosen und in ihrer Art unübertroffenen, durchaus auch einen Offenbach-Nerv treffenden Rezeptur. Beklagenswert fade aber Jonathan Millers Fliegender Holländer (1979), zumal Lisbeth Balslev in der Rolle der Senta unentwegt an die so viel durchschlagendere Bayreuther Lesart Harry Kupfers erinnerte, in deren Zentrum sie stand. Dass die Gielen-Mannschaft mit dem Opernœuvre von Richard Strauss nichts Besonderes im Sinn zu haben schien, dokumentierte das musikalisch korrekte, szenisch (Ekkehard Grübler) aber nicht überdurchschnittlich engagierte Capriccio (1979); ähnlich dann noch La Traviata (Siegfried Schoenbohm) in der dritten Gielen-Spielzeit.

Michael Gielens inszenatorischer Wunschpartner bei seiner ersten Frankfurter Premiere war der Wiener Landsmann Hans Hollmann, bei dem er Geistesverwandtschaft vermutete, der dann später – wiewohl an vielen anderen Opernhäusern rührig – mit ihm zusammen jedoch nicht mehr in Erscheinung trat. Hollmann präsentierte im Herbst 1977 eine doch recht extravagante Don-Giovanni-Optik, wobei er sich, wie fast immer, auf einen stark inspirierenden Bühnenbildner stützte, diesmal auf Andreas Reinhardt, mit dem zusammen er eine an filmische Zoom-Techniken erinnernde Dramaturgie wechselnder Bildformate und Bildausschnitte realisierte, eine fruchtbare Methode, dem Gegensatz von forttreibender »Handlung« und kontemplativen Arien- beziehungsweise Ensemble-Strecken in dieser Mozart-Oper zu begegnen. Natürlich fokussierte sich die Aufmerksamkeit vor allem auf die musikalische Interpretation, deren sachlicher Impetus allenthalben bemerkt und begrüßt wurde, einschließlich der philologisch eindeutigen Entscheidung für die »Prager« Werkfassung, die ja auch ein asketisches Moment enthält, weil in ihr eine vom Publikum hochgeschätzte Tenorarie fehlt.

Es wäre falsch, in den avancierten Gelungenheiten der Gielen-Anlaufzeit ausschließlich eine zu Bitters Optionen gegenläufige Zehelein- oder Gielen / Zehelein-Programmatik zu erblicken. Auch Bitter hatte einen »modernen« Impuls, wenn auch einen meist moderateren. Zweifellos hatte er einen Anteil daran, Nikolaus Harnoncourt für zwei spezielle Produktionen an das Frankfurter Haus zu binden. Der führende Präzeptor der »originalen Aufführungspraxis« hatte in Zürich zusammen mit dem dortigen Intendanten Claus Helmut Drese und dem Regisseur und Bühnenbildner Jean-Pierre Ponnelle einen »authentischen« Monteverdi-Zyklus realisiert und schickte sich gleichenorts an, Mozarts große Opern ähnlich zu renovieren. In Frankfurt war dringend ein entschiedener Anschluss an diese wichtige und entdeckungsreiche Tendenz des letzten Jahrhundertdrittels nötig; kompendiöse Taten à la Zürich schienen nicht möglich, aber je eine Händel- und eine Rameau-Oper mit Harnoncourt mochten, als Partes pro Toto geplant, dennoch deutlich wahrgenommen werden. Die Produktionen von Händels GIULIO CESARE (1978) und Jean-Philippe Rameaus CASTOR ET POLLUX (1980) waren auch deshalb spektakulär, weil sie mit Horst Zankl einen (leider früh verstorbenen) Szeniker beschäftigten, dessen anarchische Energie und virtuose Imaginationsgewalt (im Verein mit den Bühnenbildern Erich Wonders) den Reichtum des Phänomens Barockoper unbegradigt und als ein atemberaubend erratisches Wunder gegenwärtig machten.

Die Beschäftigung mit der dezidierten musiktheatralischen Moderne, die alle Welt von ihm erwartete, sparte Gielen für das Ende seiner ersten Spielzeit auf; er brachte (inszenatorisch sekundiert von Jürgen Flimm) Luigi Nonos drei Jahre vorher in Mailand uraufgeführten oratorischen Revolutionsbilderbogen AL GRAN SOLE CARICO D'AMORE als Erstaufführung in Frankfurt heraus. Eine sorgfältige Ensembleleistung mit Säulen des Frankfurter Sängerteams wie June Card, Margit Neubauer, Soňa Červená und Heinz Meyen. Auch das Orchester agierte in Höchstspannung. Die Fachwelt war des Lobes voll. Zu diesem Zeitpunkt war die Gielen'sche Opernleitung in Frankfurt aber noch nicht unbefehdet. Gegner des wohl immer wieder auch irgendwie unbequeme Seiten zeigenden Operndirektors aus dessen betrieblicher Umgebung drängten den damaligen Oberbürgermeister Walter Wallmann (CDU) zum Besuch einer Nono-Vorstellung, um ihn in flagranti von der Nichtswürdigkeit solchen »kommunistischen Mists« zu überzeugen. Das Stadtoberhaupt zeigte sich hernach aber anders beraten und sprach nur mehr hochachtungsvoll vom »großen Künstler Gielen«. Anschwärzungsversuche dieser Art bei politischen Persönlichkeiten Frankfurts gab es in der Folgezeit dann nicht mehr. Das gute Einvernehmen zwischen Stadtoberhaupt und Oper manifestierte sich dann noch einmal besonders im weiteren Verlauf von Petra Roths Amtszeit und mit den Opernmännern Bernd Loebe, Paolo Carignani und Sebastian Weigle.

Michael Gielens schöner Plan, dem bei seiner Berliner Uraufführung 1966 vermurksten, prononciert experimentellen großen Musiktheaterstück

DON GIOVANNI, *1977. ML: Michael Gielen, R: Hans Hollmann / Michael Devlin*

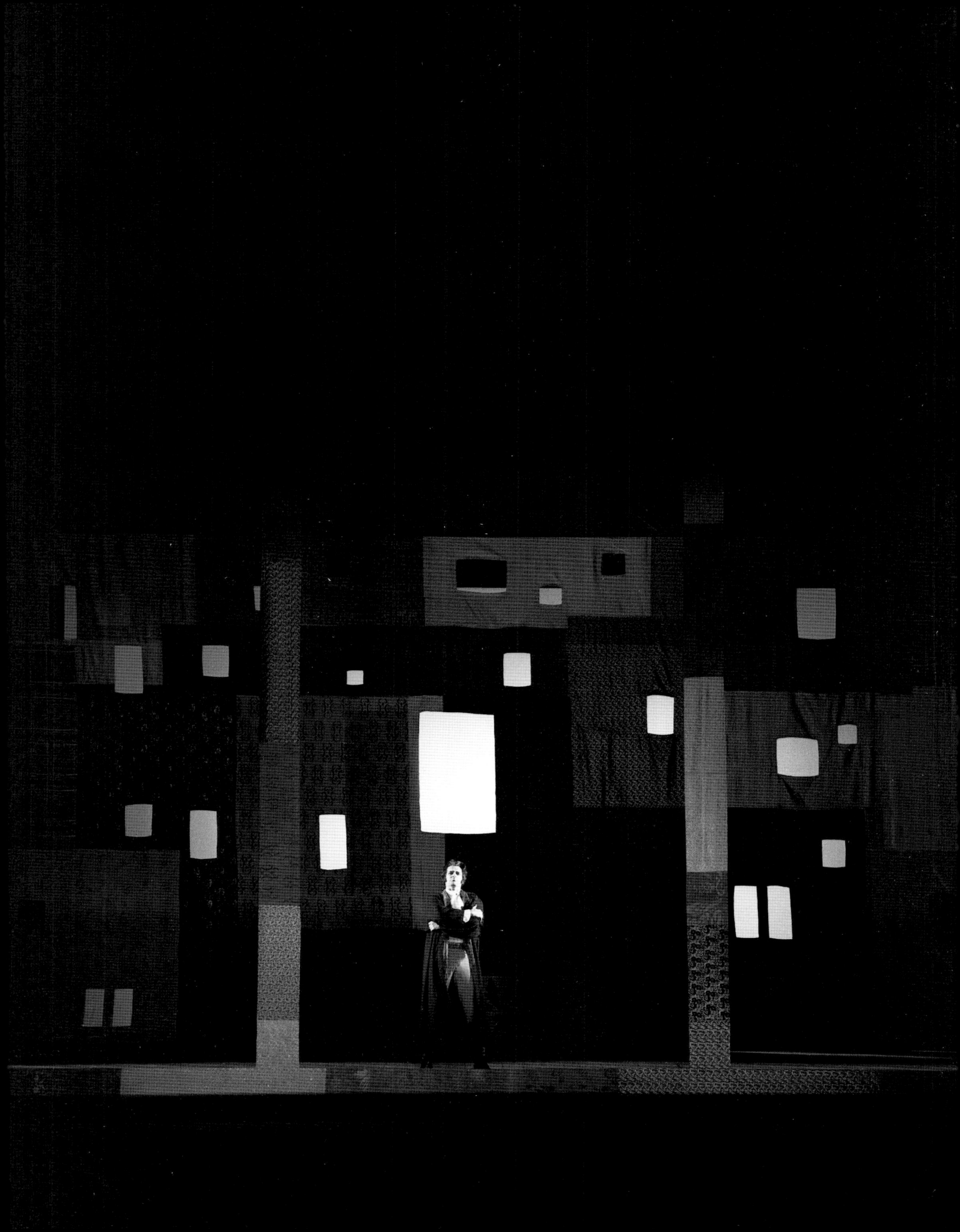

DOKTOR FAUST, *1980. ML: Friedrich Pleyer, R: Hans Neuenfels / Statist, Günter Reich*

AMERIKA des österreichischen Komponisten Roman Haubenstock-Ramati (1919–1994) eine Rehabilitierung zu verschaffen, kam aus irgendwelchen Gründen nicht zustande. Schade, denn Gerhard Brunners Grazer Zweitaufführung 1992 (Dirigent: Beat Furrer) und ein neuerlicher Versuch in Bielefeld 2004 zeigten das Werk hernach als durchaus lebensfähig. Übrigens kam auch eine weitere Kafka-Oper, DAS SCHWEIGEN DER SIRENEN des Frankfurters Rolf Riehm, deren Umrisse sich in der Umgebung Gielens bildeten, hier noch nicht zum Zuge, sondern erst während Zeheleins Stuttgarter Intendanz. Eine eigenartig skrupulöse Dialektik mochte die Frankfurter Opern-Innovatoren beherrschen: Das avanciert Neue sollte mit dem Anspruch der Unwiderleglichkeit überzeugen – ohne einen solchen Perfektionsstempel ließ man es ganz beiseite. Man sieht, wie sich der kompromisslose Rigorismus auch gegen eigene Intentionen wenden kann. Als Pendant oder adäquater Ersatz der AMERIKA-Oper ließ sich die stattdessen ins Programm genommene Franz-Schreker-Trouvaille DIE GEZEICHNETEN gewiss nicht legitimieren. Sie wurde eine »Wiedergutmachung« anderer Art. Galt sie doch dem inhalts- und motivreichsten Stück eines »Schwellenkünstlers« zwischen Spätromantik und Moderne, dessen raffiniert-sensualistisches

Klangfluidum und hochprofessionalisierte Instrumental-Alchemie auch einen Adorno nicht kalt gelassen hatten. Die naiv-egomane Fixierung des Bühnendichters Schreker – er fühlte sich doppelbegabt wie Richard Wagner oder August Bungert – auf erotisch erhitzte Künstler-Schicksale oder Künstler-Pseudo-Schicksale war nach zwei Weltkriegen und dementsprechenden ästhetischen Umwälzungen nicht mehr eins zu eins genießbar; der schräge und böse Blick des modernen »Regietheaters« hatte dazu die nötigen Belebungs- und Verfremdungseffekte parat. Hans Neuenfels in Frankfurt (1979) und Günter Krämer einige Jahre später in Düsseldorf halfen den GEZEICHNETEN auf die Beine, und wie! In dieser neuen Sicht ließ sich wahrlich von einem der »Schlüsselwerke des 20. Jahrhunderts« (Ulrich Schreiber) sprechen. Hans Neuenfels mobilisierte ein einprägsames, unvergessliches Personenpanoptikum – Günter Reich, Werner Götz, Barry Mora, June Card, Elsie Maurer, Willy Müller. Die Renaissancesphäre der Handlung wich einer »zeitlosen« Vergegenwärtigung; die exquisite Max-Ophüls-Schwüle wurde triftig ins Trivial-Pornografische transferiert. Das kalte szenische Bühnen-Ambiente unter der latenten Bedrohung faschistischer Aufmärsche brach sich am allgegenwärtigen Déjà-vu-Charakter der von Gielen kongenial, aber hellwach realisierten Musik. Er hatte sich bei dieser Gelegenheit erstmals mit Schreker (soll man ihn als einen Wiener Schönberg-Antipoden apostrophieren oder nicht doch lieber als kompositorische Nischen-Existenz?) beschäftigt und favorisierte danach Schrekers KAMMERSINFONIE in seinen Konzertprogrammen.

DIE GEZEICHNETEN, eine Erfolgsproduktion, aber ein Schreker-Unikat der Gielen-Ära. Immerhin gab es eine komplementäre (Wieder-)Entdeckung: Ferruccio Busonis späten, von Philipp Jarnach vollendeten DOKTOR FAUST (1980), ebenfalls phänomenal und geradezu magisch verbildlicht von Hans Neuenfels und seinem Ausstatter Dirk von Bodisco. Zentral für diese Faustiade wurde die Reisemetapher mit den beiden freund-feindlichen Protagonisten Faust und Mephisto – einer grandiosen, auch schwarzkomö-

DOKTOR FAUST, *1980. ML: Friedrich Pleyer, R: Hans Neuenfels / William Cochran, Günter Reich*

diantische Akzente setzenden Bühnen-Männerkumpanei zwischen dem unverwechselbar viril-baritonal profilierten Günter Reich und dem immer leicht gepresst intonierenden, dabei stets gleichsam einen expressiven metallischen »Mehrwert« vermittelnden Heldentenor William Cochran. Solche glückhaften Personenkonstellationen sind in einem Theatergängerleben ganz selten – für mich denke ich dabei höchstens noch an die gemeinsamen Auftritte von Rudolf Asmus (Bariton) und Werner Enders (Tenor) in einigen Berliner Felsenstein-Inszenierungen.

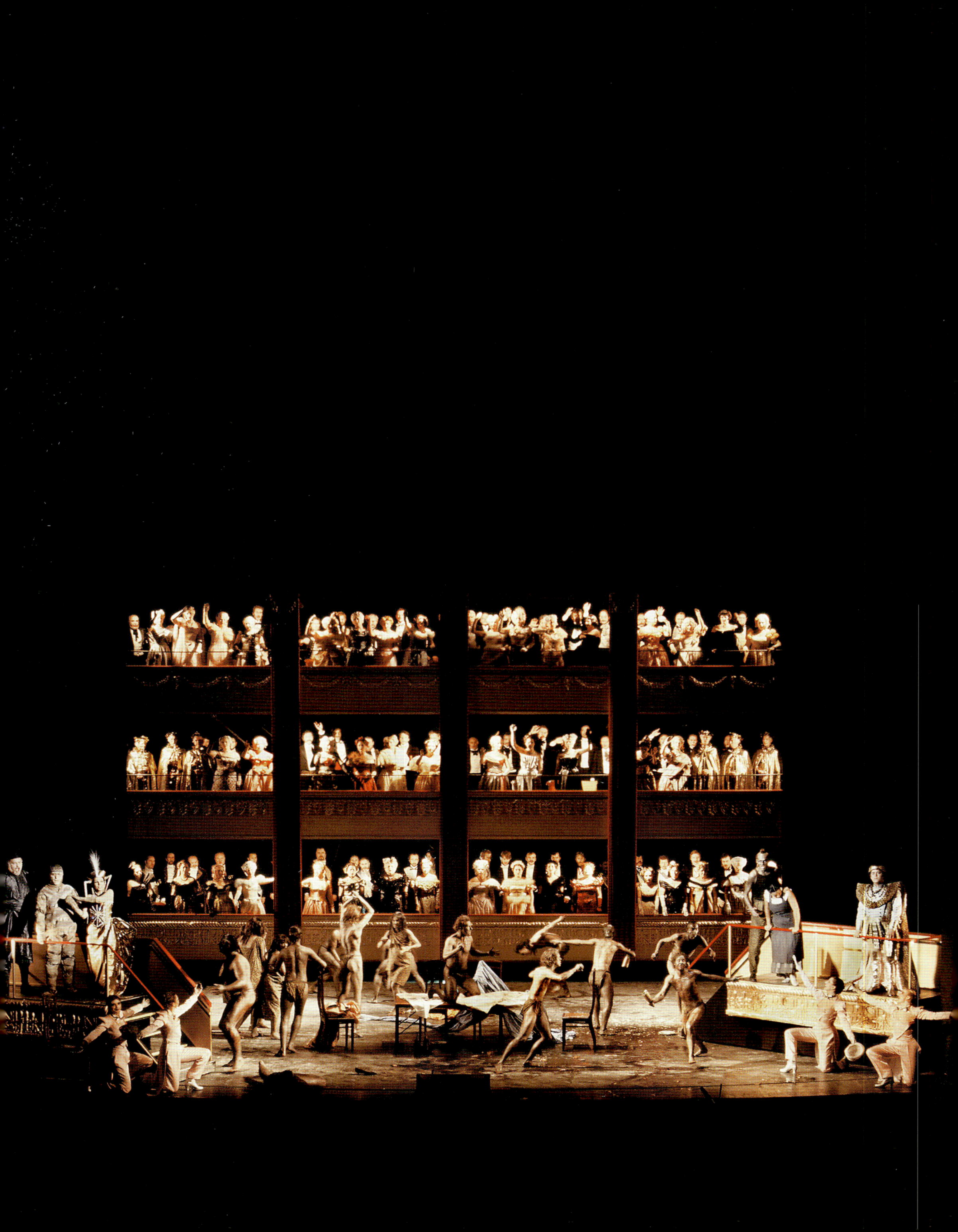

Die Entführung aus dem Serail, *1981. ML: Michael Gielen, R: Ruth Berghaus / Ensemble*

Die legendäre Aida: Klippe und Rettung

Dritter und letzter Neuenfels-Markstein wurde Aida (1981), und fast hätte das zum entscheidenden Stolperstein des erst ab da eindeutig akzeptierten (zumindest nicht mehr spürbar angefeindeten) Gielen-Direktoriats werden können. Im Vorfeld der Premiere klingelte eine sonst um Operninterna unbekümmerte Boulevardzeitung den vermeintlichen Skandal aus, während dieser Verdi-Aufführung obliege es dem, ach jeminee, vom fürchterlichen Spielleiter missbrauchten Chor, mit Hähnchenteilen auf der Bühne herumzuschmeißen. Und ganz nebenbei noch: die prinzessliche Titelfigur, als Putzfrau vorgeführt, igittigitt! Wer dann die volle Aufführung in ihrer gefühlsintensiven Logik unvoreingenommen – oder besser noch: mit Neuenfels' Bühnensprache einigermaßen vertraut – an sich vorüberziehen ließ, konnte sich vielfältig animiert fühlen von der Rabiatheit, mit der hier ein scheinbar bloß repräsentatives Opern-Prunkbild als Schlüsselszene gewaltgestützter staatlicher Autorität erschlossen und Aidas ägyptisches Exil als Ort menschlicher Entwürdigung gezeigt wurde (Gielen legte vom Pult her die Triumphmusik so überdreht frenetisch an, dass sie für alle

Aida, *1981. ML: Michael Gielen, R: Hans Neuenfels / Ensemble*

Lulu, 1979. ML: Michael Gielen, R: Harry Kupfer / Slavka Taskova

genauer Zuhörenden ins Schreckenerregende umkippte). Der Frankfurter Opernchor, in dem hier beobachteten 50-jährigen Zeitraum einer der zuverlässigen und bedeutsamen Faktoren der Opernarbeit, hatte sich nicht nur jeweils möglicherweise schroff wechselnden inszenatorischen Stilen zuzugesellen (etliches an verschärftem Aktionismus wurde ihm von Statisten oder einem besonders trainierten Bewegungschor fallweise abgenommen), sondern war auch zunehmend damit befasst, durch die Bevorzugung der Originalsprache sich polyglotter Anstrengungen zu unterziehen. Mit solcherart Anforderungen steigerte sich unweigerlich die geistige Beweglichkeit der sich kontinuierlich verjüngenden Sängerkollektive, und es wurde ein insgesamt ganz neues professionelles Niveau erreicht.

Gielens dritte Spielzeit begann im Oktober 1979 mit der »neuen« dreiaktigen Berg-LULU – natürlich konnte niemand etwas dagegen haben, dieses immer mehr Repertoire-Dignität gewinnende *exemplum classicum* der Opernmoderne in der aktuellen komplettierten Form hier kennenzulernen. Als szenischer Partner war Harry Kupfer erstmals in Frankfurt zu erleben, Felsensteins Nachfolger an der Komischen Oper Ostberlin. Seine beiden Arbeiten für die Gielen-Oper (hinzu kam 1980 eine MADAMA BUTTERFLY) hatten im Kontext von Frankfurter Inszenierungs-Aufmischern wie Neuenfels, Berghaus, Nel oder Kirchner keinen ganz leichten Stand; es zeichnete sich schon die »Delle« in Kupfers Theaterlaufbahn ab, die ihn für ungefähr zwei Jahrzehnte in den Hintergrund treten ließ. Dass dies nicht, wie bei manch anderem »ausgebluteten« Kollegen, den endgültigen Rückzug Kupfers bedeutete, zeigten seine jüngsten Großtaten an der Frankfurter Loebe-Oper. Eindeutig zum »experimentellen« Sektor von Gielens Musiktheatersektor gehörte der LELIO titulierte Berlioz-Abend (1980), eine szenisch von Michel Beretti und dem Choreografen Fred Howald betreute Werkmontage, ein Solitär des 19. Jahrhunderts abseits jeglicher gewohnter Opernästhetik.

Im Mai 1980 stellte sich Gielen zum ersten Mal zusammen mit der DDR-Regisseurin Ruth Berghaus vor: Die Zauberflöte im abstraktionistischen Bühnenbild von Marie-Luise Strandt, das ein Gerüst mit Treppen und Stegen zeigte und so den Schauplatz »offen« hielt. Kein Ort für Kindermärchen oder betuliche Parabel; hier geht's um die Mechanik politischer oder individueller Machtkämpfe auf allen Ebenen. Anderthalb Jahre später ein weiterer Mozart-Hammer. Die brachiale Vokabel bietet sich tatsächlich an, weil bei dieser Entführung aus dem Serail keine duftig-leichte Singspiel-Petitesse in zierlicher Spaghettibarock-Optik kredenzt, sondern eine von Gefühlsaufruhr aufgewühlte, grimmige Komödie mit doppeltem Boden gebracht wurde – man darf das wörtlich nehmen, denn zusammen mit ihrem bühnentechnisch versierten Ausstattungsmitarbeiter Max von Vequel (als langjähriger technischer Direktor der Frankfurter Oper so etwas wie ein notorischer Ermöglicher auch aberwitziger Bildideen) hatte die Szenikerin sich zu einer instabilen, bedrohlich schwankenden Spielfläche entschlossen als einem Symbol allgegenwärtiger Irritation und Gefahr. Übrigens lag das Motiv eines *clash of cultures* dabei noch jenseits des Berghaus'schen Interpretationshorizonts, eine seitdem auf der Hand liegende Dimension, die ihrerseits den geradsinnig aufklärerischen Anstrich der lustspielhaften Orient-Huldigung unterlaufen mag. Im März 1982 war Janáčeks Sache Makropulos an der Reihe, wobei Anja Silja die Hauptrolle sang; als Cassandre war sie dann auch in der 1983 sich anschließenden Berghaus-Inszenierung der monumentalen Troyens von Berlioz zu hören. Zu dieser gewaltigen theaterplanerischen Organisationsleistung hatte, wie bei Makropulos, Hans Dieter Schaal ein architektonisch anspruchsvolles Bühnenbild beigesteuert. Die letzten gemeinsamen Gielen/Berghaus-Jahre standen vor allem im Zeichen Wagners. Den Anfang machte Parsifal (1982) mit dem sein leicht abgedunkeltes und etwas breiiges Material in stupender Expressivität einsetzenden Walter Raffeiner (auch ein früh Verstorbener), einem sängerdarstellerisch ähnlich präsenten

Parsifal, *1982. ML: Michael Gielen, R: Ruth Berghaus / Walter Raffeiner*

Ruth Berghaus, Max von Vequel und Ensemblemitglieder bei Proben zu Die Walküre, *1986*

Ruth Berghaus (r.) und Ensemblemitglieder bei Proben zu Die Sache Makropulos, *1982*

Ausnahmetenor wie William Cochran. Beide agierten zusammen auf der Bühne in Alfred Kirchners Inszenierung der Soldaten (1981) von B. A. Zimmermann, eines herausragenden modernen Werkes, dessen – nach mancherlei Querelen und einer die Notationsweise vereinfachenden Partiturbearbeitung – sensationell gelungene Uraufführung Michael Gielen schon 1965 in Köln dirigiert hatte. Alfred Kirchner – eine für die Gielen-Jahre ebenfalls maßgebende Inszenatorenfigur. Er überzeugte 1979 mit einer harten, geradlinigen Jenufa (mit Cochran als impulsivem Laca und dem »leichteren« John Stewart als Filou Števa), aktivierte 1982 das dramatische Potenzial in Verdis Un ballo in maschera, akzentuierte Tschaikowskis Eugen Onegin (1984) jenseits kulissenhafter Gesellschaftsdarstellung als intimen Seelenroman (in der Partie der Tatjana ließ die somnambul-lyrische Sopranistin Helena Doese aufhorchen) und gab der einzigen großen Opernuraufführung der Gielen-Zeit Bühnengestalt: der James-Joyce-Hybridisierung Stephen Climax (1986)

von Hans Zender, einem Werk, dessen »nichtnarrative« Struktur in deutlichem Abstand zur handlicheren »Literaturoper« dem ästhetischen Gewissen Gielens und Zeheleins ohne Einschränkung entsprach.

Bedeutend schrieb sich auch schon der junge Szeniker Christof Nel in die Gielen-Jahre ein: mit einem erwartungsgemäß ausgenüchterten Freischütz (1983) und einem fulminant komödiantisch erhitzten Falstaff (1985), dessen Titelsänger Louis Quilico einen echten, in demonstrativer Nacktheit prangenden Riesenbauch trug; die von Gielen schwungvoll geleitete Aufführung präsentierte zudem Ellen Shade als mitreißende, warm timbrierte Alice Ford und das Comeback der wunderbaren alten Bekannten Anny Schlemm als Mrs. Quickly. Nels dritter Streich war 1985 eine dem Dunstkreis bunter Postkarten-Folklore entzogene Verkaufte Braut, deren Schwarzweiß-Optik an Stummfilm-Expressionismus in Pappkulissen erinnerte; die Besetzung des Wenzel mit dem Liedersänger Christoph Prégardien rückte

Proben zu LES TROYENS, *1983*

diese oft knatterig gezeichnete Figur nach der Intention Smetanas so weit wie möglich von einer Dorfdeppen-Karikatur weg. Vor dem »leichteren« Genre drückte sich das Gielen-Team auch im Übrigen keineswegs; die talentierte Renate Ackermann (Gioachino Rossinis TURCO IN ITALIA und Lortzings WILDSCHÜTZ, beides 1983 mit der munteren Hildegard Heichele; dann 1984 DON PASQUALE mit Günter Reich und Barbara Bonney) gab einen kräftigen Vorgeschmack auf die inszenatorische Frauenpower, die im neuen Jahrtausend im Opernwesen so erfrischend aufblühte. Ebenfalls mehr oder weniger

DON PASQUALE, 1984. ML: Peter Hirsch, R: Renate Ackermann /
Carlos Krause, Jerrold van der Schaaf, Barry Mora,
Günter Reich, Barbara Bonney

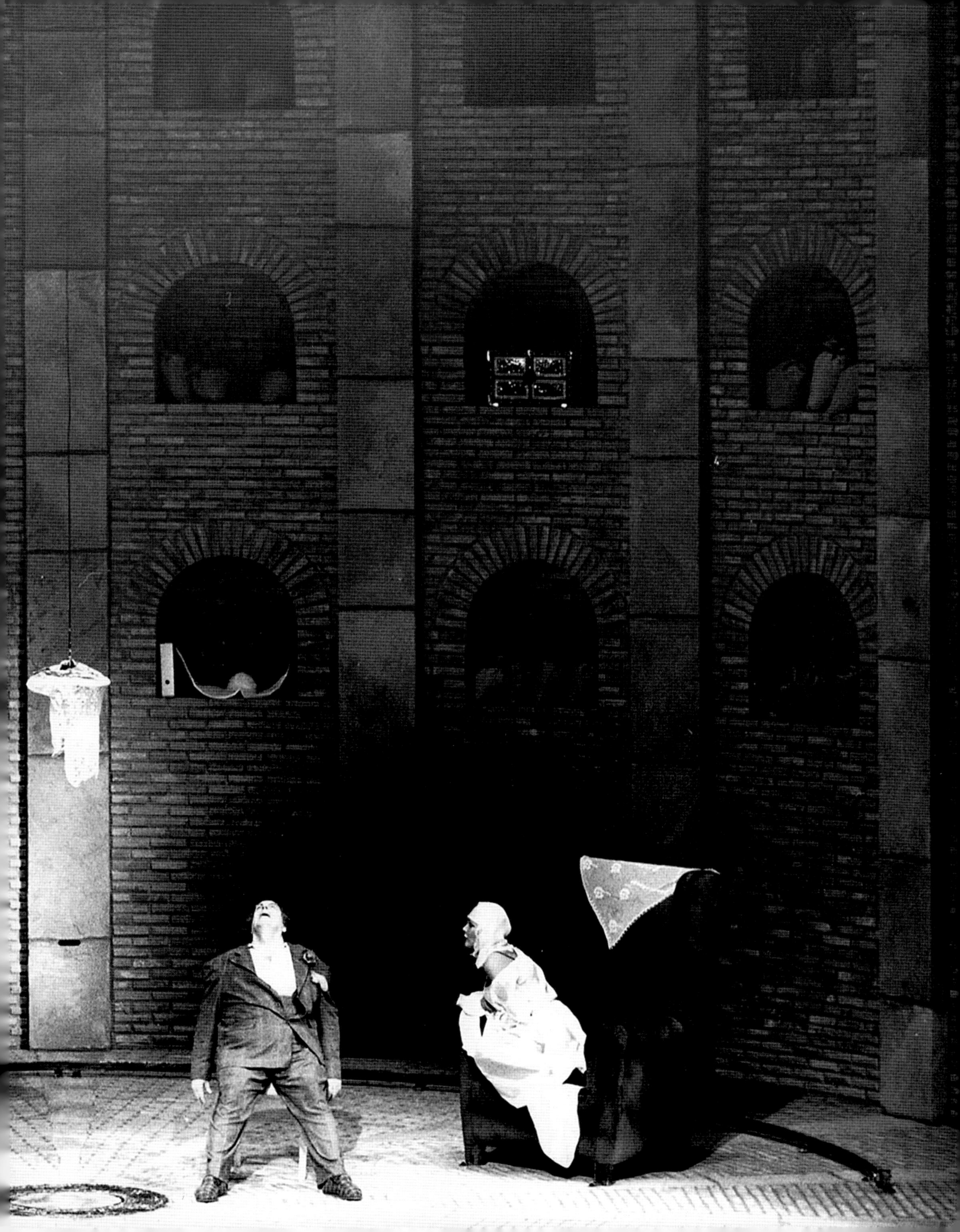

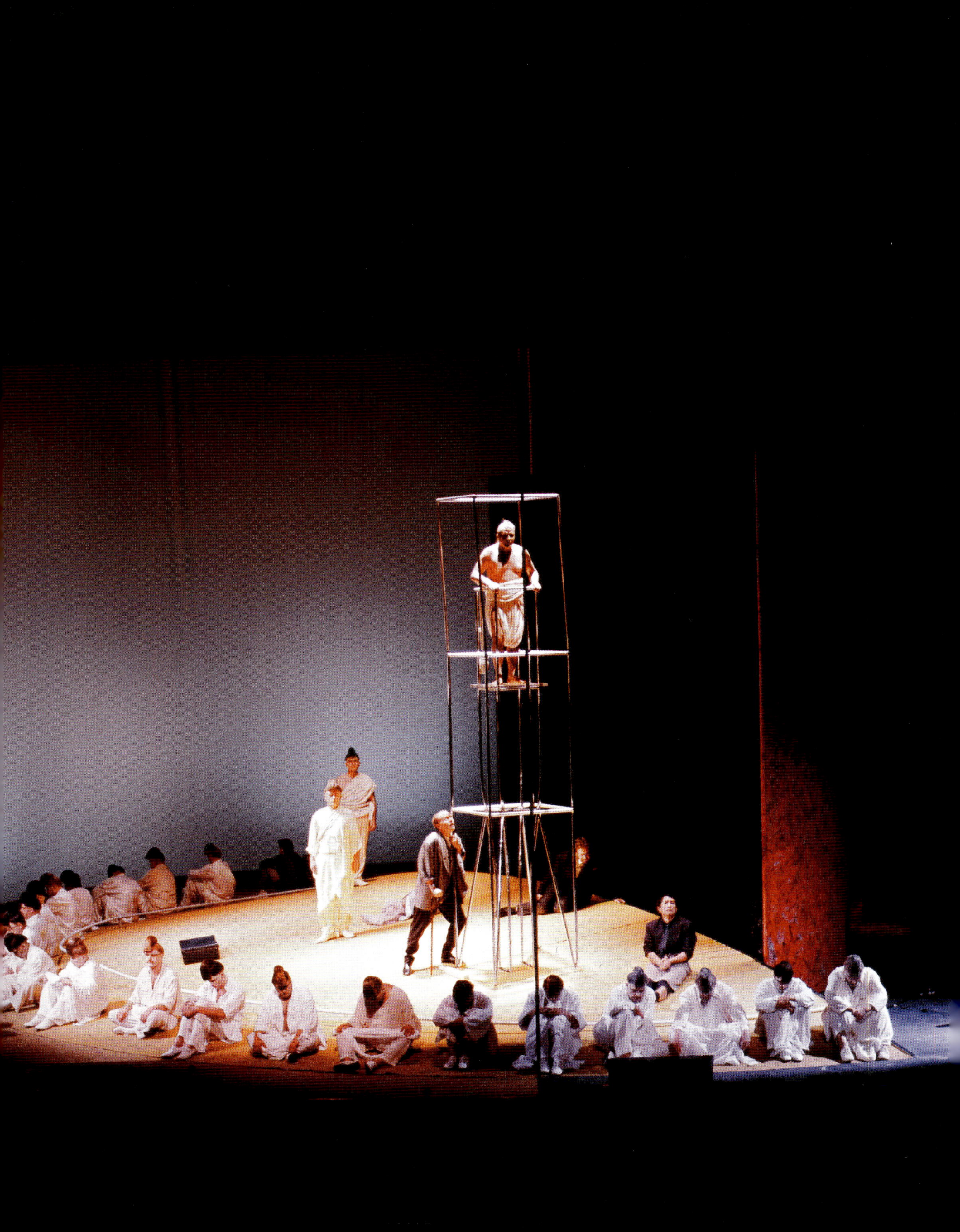

Nan Christie und ein Ensemblemitglied bei Proben zu Die Soldaten, *1981*

leichthändig zeigten sich Arbeiten von Jürgen Tamchina wie Der Zigeunerbaron (1984) und Orpheus in der Unterwelt (1986). Die erhöhte Aufmerksamkeit für Offenbach trug ihre vielleicht schönste Frucht mit einem von Tamchina inszenierten Einakterabend (Monsieur Beaujolais, 1982) in den Kammerspielen, die noch ein paar Mal für kleinere Opernproduktionen in Anspruch genommen wurden (in späteren Jahren stand dafür das sehr viel mehr Variabilität bietende Bockenheimer Depot zur Verfügung).

Episodisch blieben die Regieverpflichtungen von Hansgünther Heyme (Puccinis Manon Lescaut, 1983) und Wolfgang Glück, dessen Ariadne-auf-Naxos-Szene (1981) mit der markanten elektrischen Normaluhr immerhin eine Bühnenmetapher für die zeitökonomische Fremdbestimmung der Strauss/

Stephen Climax, *1986. ML: Peter Hirsch, R: Alfred Kirchner /
Ian Caley (oben), Ensemble*

DER WILDSCHÜTZ, 1983. ML: Michael Luig, R: Renate Ackermann / William Workman und Artur Korn (vorne), Ensemble

Hofmannsthal'schen Kunstversöhnungs-Fiktion gab (»Punkt neun«, heißt es ja im Libretto, sei das Feuerwerk anberaumt, bis zu dem die Theateraufführung im Hause des »steinreichen Mannes« strikt ihr Ende finden müsse). Einen Haupt-Strauss nahm sich Gielen persönlich vor: den ROSENKAVALIER (1985) – leider nicht mit Ruth Berghaus, die damit erst 1992 in Frankfurt von Hans Peter Doll betraut wurde, sondern mit dem Normalgewicht Philippe Sireuil, aber einer Traumbesetzung; betörender und charaktervoller als mit Helena Doese (Marschallin), Gail Gilmore (Octavian) und Barbara Bonney (Sophie) war das Frauenterzett selten zu vernehmen. Ein vereinzelter, aber mächtiger Akzent war ganz zum Schluss der

JENUFA, 1979. ML: Michael Gielen, R: Alfred Kirchner / William Cochran, June Card

Gielen-Zeit Jürgen Goschs karge, dichte, auf exquisit giftige Weise komödiantische Mozartarbeit LE NOZZE DI FIGARO (1987). Glucks ALCESTE (1982) und Strawinskys THE RAKE'S PROGRESS (1983, mit übergroßem Bühnenmobiliar) hatte Karl Kneidl, Regisseur und Bühnenbildner zugleich, in tendenziell monumentaler Eindringlichkeit realisiert. Eine BOHÈME (1984) von Volker Schlöndorff blieb falb. Als vorzügliche jüngere Kapellmeister bewährten sich neben Michael Gielen vor allem Ralf Weikert, Michael Luig, Friedrich Pleyer, Judith Somogyi, Antonio Pappano und Michael Boder – Persönlichkeiten, die fast alle später in gewichtigen GMD-Positionen anzutreffen waren.

Le nozze di Figaro, 1987. ML: Peter Hirsch, R: Jürgen Gosch / Nan Christie, Tom Fox

Les Contes d'Hoffmann, 1985. ML: Michael Boder, R: Herbert Wernicke / Ensemble

Gielen und Ruth Berghaus:
Alles spitzt sich auf den Ring zu

Angesichts der anhaltenden Ring-Hausse, die sich jetzt bis in kleinere Opernhäuser hinein auswirkt und vor allem auch die Region Rhein/Main/Neckar sozusagen flächendeckend erfasst, ist es vielleicht übertrieben, einem Unternehmen wie dem Gielen/Berghaus-Ring (er kam in den letzten Spielzeiten zwischen 1985 und 1987 zustande) eine größere chronistische Importanz zu geben. Dafür lassen sich aber, ganz abgesehen von der Aufführungsqualität, zwei Gründe namhaft machen. Zum einen war es – man kann sich nur wundern darüber – der erste komplette Nachkriegs-Ring an unseren Städtischen Bühnen. Ein wenig Wagner-Idiosynkrasie nach den Nazijahren mag dabei im Spiele gewesen sein, etwa beim klugen Buckwitz, und das ehrt Frankfurt ja auch – gegenüber den auf glattere »Kontinuität« setzenden Nachbarhäusern wie Wiesbaden und Mainz. Damit hatte aber Dohnányis Scheitern am Ring nichts mehr zu tun. Wie dem auch sei, in den Gielen-Jahren war die Zeit gekommen, den Bann zu brechen und zu zeigen, dass die Herstellung dieser Tetralogie auch hiesigenorts keine Hexerei bedeutete, sondern – paradox gesagt – einen ganz normalen Kraftakt. Zum andern ist das Memorieren dieser Wagner-Leistung auch deshalb angezeigt, weil ihr ein beklagenswertes weiteres »Schicksal« beschieden war. Da die Götterdämmerung erst wenige Monate vor dem Spielzeitende 1986/87 Premiere hatte, konnte der ganze Ring nur ein einziges Mal zyklisch gezeigt werden. Die auch mit Axel Mantheys raffiniert geschachtelten Bühnenbildern in der kühl geklärten Personenregie von Ruth Berghaus außerordentliche Produktion wurde nach den Sommerferien von der neuen Intendanz Bertini bewusst nicht mehr berücksichtigt – sie wäre infolge des Opernbrandes dann freilich sowieso unmöglich gemacht worden. Es stimmte wehmütig, wenige Wochen nach der Götterdämmerungs-Premiere bereits Zeuge von deren offenbar unwiderruflicher Derniere zu werden – das prompte Ende der mammutösen Wagner-Tat koinzidierte mit dem auch sonst abschiedsschmerzlich stimmenden Ende der zehnjährigen Gielen/Zehelein-Opernperiode. Dass sie nicht unbedingt schon hätte storniert werden müssen, da eine mögliche Vertragsverlängerung anscheinend nur infolge einiger Missverständnisse nicht zustande kam, offenbarte sich als eine verdrießliche Tatsache. Gewiss, es mag in Frankfurt immer Elemente gegeben haben, denen das Gielen-Konzept nicht passte. Der Frankfurter Kulturdezernent Hilmar Hoffmann, stets ein loyal interessierter Opernfreund, hatte wenig später auch seinerseits Gelegenheit, der harmonischen Zusammenarbeit mit Gielen nachzutrauern.

Im Kontext der Ring-Begleitumstände lässt sich auch über Planungsdefizite diskutieren. Nie kam in jenen Jahren eine Zusammenarbeit der Frankfurter Oper mit Radiostationen oder Tonträgerfirmen zustande, die zu akustischen Mitschnitten oder gar Opernfilmversionen von so legendär gewordenen Aufführungen wie Die Gezeichneten, Doktor Faust, Aida oder eben auch dem Ring hätte führen können.

Michael Gielen, Axel Manthey, Ruth Berghaus, Klaus Zehelein

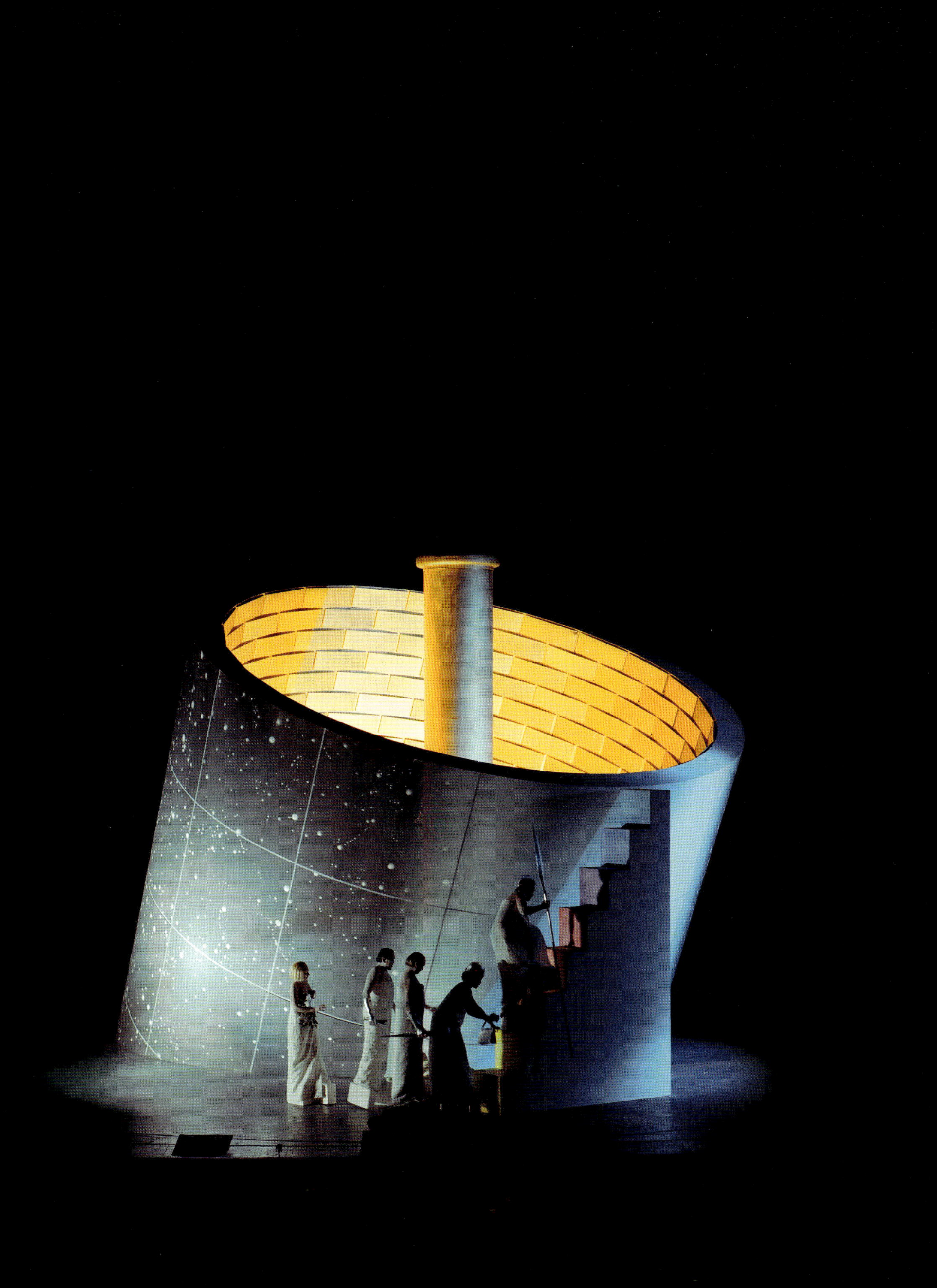

Die Loebe-Intendanz brachte in dieser Beziehung viel mehr auf den Weg, selbstverständlich auch die veritable Einspielung des Weigle/Nemirova-Rings. Die jeweils auf die neuen Premieren zentrierte produktive Aufmerksamkeit des Gielen-Teams nahm übrigens auch Mängel im Repertoire-Alltag in Kauf. So erlebte ich einmal eine grottenschlechte Neujahrs-Séance des Parsifal (noch in der Sanjust-Inszenierung) mit haarsträubenden Orchesterschmissen.

Insgesamt muss man das Gielen-Jahrzehnt jedoch als eine für Frankfurt sehr anregende Periode bezeichnen. Das Opernhaus war bis zum Sommer 1981, bevor die Alte Oper neu eröffnet wurde, auch Heimstätte der Museumskonzerte, die Gielen ähnlich schlüssig und mit wohldosiert »modernem« Akzent programmierte wie zuvor Dohnányi. Der theatergeschichtliche Ruhm war mit Händen zu greifen; Frankfurt avancierte weltweit als eine musiktheatralische Pionierstadt. Damals wirkte dezidiert innovative Opernarbeit à la Gielen/Zehelein noch einzigartig – nicht ihr geringstes Verdienst wohl die Tatsache, dass sie (wie die Regiehandschriften eines Neuenfels, einer Berghaus) weit in die Opernlandschaft ausstrahlten. Vielleicht mehr als der äußere Erfolg war wohl das an dieser Art des Opernmachens beeindruckend, was man emphatisch als »kunstmoralische Standfestigkeit« bezeichnen könnte. Das war nicht glatterdings mit Intellektualismus zu identifizieren, entsprach aber unbedingt einem intelligenten und radikalen Umgang mit den Werken – gemäß der von Adorno gerne zitierten Wanderer-Sentenz Wagners: »Was anders ist, das lerne nun auch!« Dieser für Gielen und Zehelein gültige Imperativ wurde dergestalt beherzigt, dass einem neuen Opernschaffen nur in dessen exemplarischsten Modellen Raum gegeben, das Vernachlässigte und Randständige (auch, wie in jeder Frankfurter Opernperiode, in gelegentlichen konzertanten Wiedergaben) ebenfalls eher in homöopathischer Indikation verabreicht wurde, die geläufigen und hochberühmten Repertoirestücke sich aber in großer Zahl »gegen den Strich« interpretiert vorstellten – damit war wohl am sichersten für »Publikumsaufreger« gesorgt, wobei die Vermittlungskunst darin bestand, zu suggerieren, dass genau das und nichts anderes die jeweils aktuelle »Bühnenwahrheit« sei, der sich der in die Aufführungssituation Einbezogene zu stellen habe.

Götterdämmerung, *1987. ML: Michael Gielen, R: Ruth Berghaus / William Cochran, Manfred Schenk, Ensemble*

Das Rheingold, *1985. ML: Michael Gielen, R: Ruth Berghaus / June Card, Adalbert Waller, Barry Mora, Gail Gilmore, Bruce Martin*

Gary Bertini

RUSALKA, *1989. ML: Imre Palló, R: David Pountney / Allan Glassman, Clarry Bartha*

Die Zeit mit Gary Bertini (1987 – 1990)

Es war der israelische Dirigent Gary Bertini (gleichen Alters wie Gielen), der von Hilmar Hoffmann als Gielen-Nachfolger ab Herbst 1987 gekürt wurde. Ausschlaggebend war dabei das Votum von Karl Rarichs, einem mit dem Frankfurter Musikbetrieb lange vertrauten, umsichtigen Strippenzieher, der sich von dem WDR-Chefdirigenten vor allem Ersprießliches für die Konzerte der von ihm observierten Museumsgesellschaft erhoffte, wobei er die geringen Opernerfahrungen Bertinis außer Acht ließ. Dieses Manko machte sich bald nur zu deutlich bemerkbar. Gielen hatte bei seinem Amtsantritt mit generöser Selbstverständlichkeit an die verdienstvolle verflossene Dohnányi-Ära angeknüpft und auch fast das ganze Ensemble übernommen. Gary Bertini insinuierte dagegen, die Oper in Frankfurt gewissermaßen neu erfinden zu wollen. Äußeres Signal schien dabei die pompöse Geste, sich den Titel eines »Opernintendanten« zuzusprechen (Dohnányi und Gielen hatten sich bescheidener »Operndirektor« nennen lassen), was ihm in solcher Funktion natürlich im Prinzip zu konzedieren war. Eindeutig falsch beraten war er freilich, als er für seine kolossalische Auftaktpremiere, die beiden an einem Abend vereinigten Gluck-IPHIGENIEN, die ranzige Bühnenoptik eines altgedienten griechischen Filmfabulierers (des ALEXIS-SORBAS-Regisseurs Michael Cacoyannis) bemühte. Das sah aus wie in Palermo oder wie vielleicht in Frankfurt zu Zeiten Kaiser Wilhelms (waren das, was auf der Bühne sang, wirklich die Stimmen von Clarry Bartha, John Bröcheler, Marjana Lipovšek?). Das unwohlwollende publizistische Echo mochte Bertini aufscheuchen: Er ließ die verrümpelte Inszenierung sozusagen schreddern und die beiden Opern getrennt in moderner Passform neu inszenieren, um die saubere musikalische Einstudierung zu »retten« – wobei allerdings die verblüffende Monumental-Kombination verlorenging. Die Originalinszenierung wäre freilich sowieso von einem traurigen Ereignis gekippt worden, das der schon im Vorfeld nicht sehr glücklichen Bertini-Intendanz bereits in ihren ersten Tagen die unverdiente Einbuße einer Zufallskatastrophe bescherte.

IPHIGÉNIE EN AULIDE, *1989. ML: Gary Bertini, R: Uwe Schwarz / Renate Behle, Curtis Rayam, Ensemble*

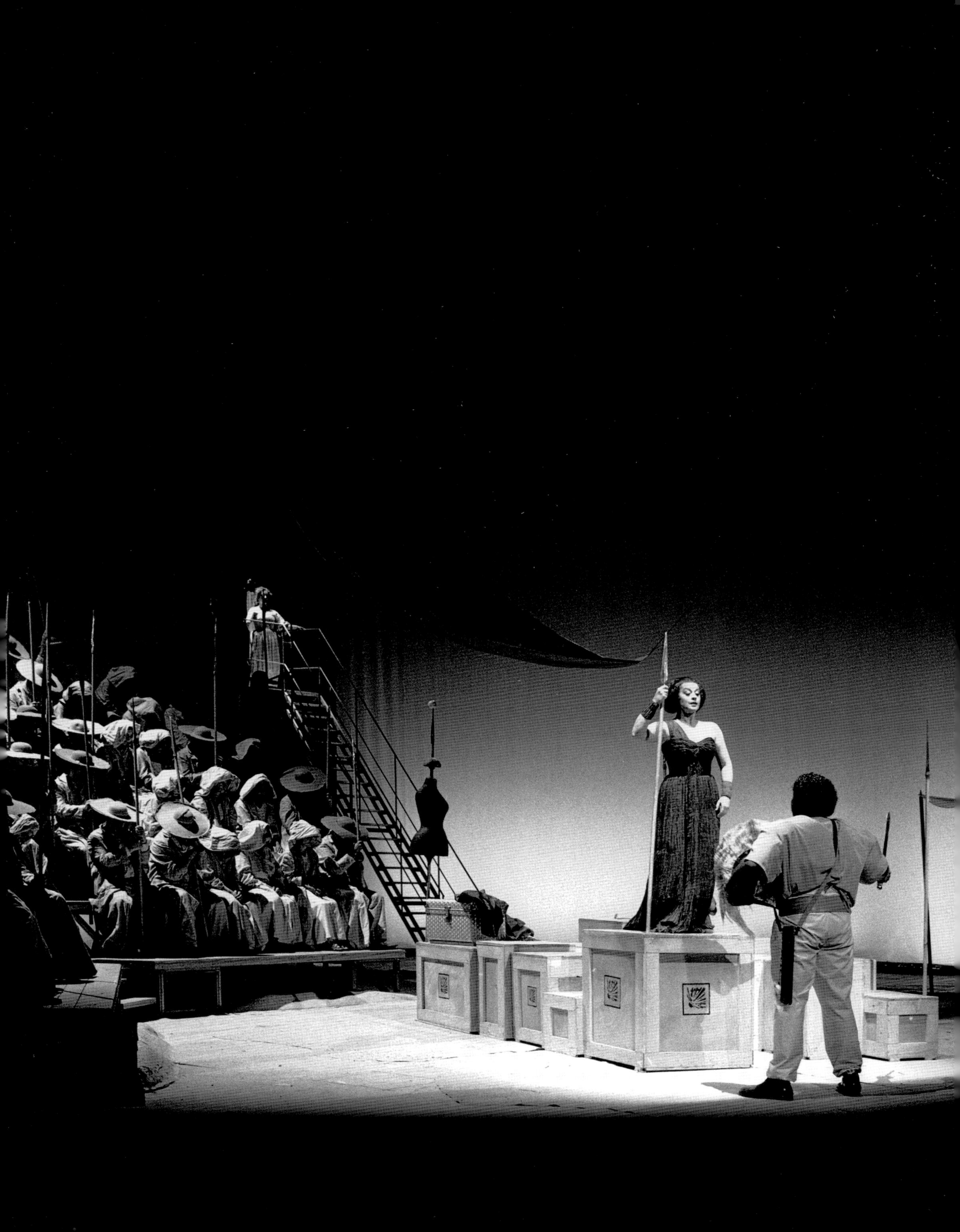

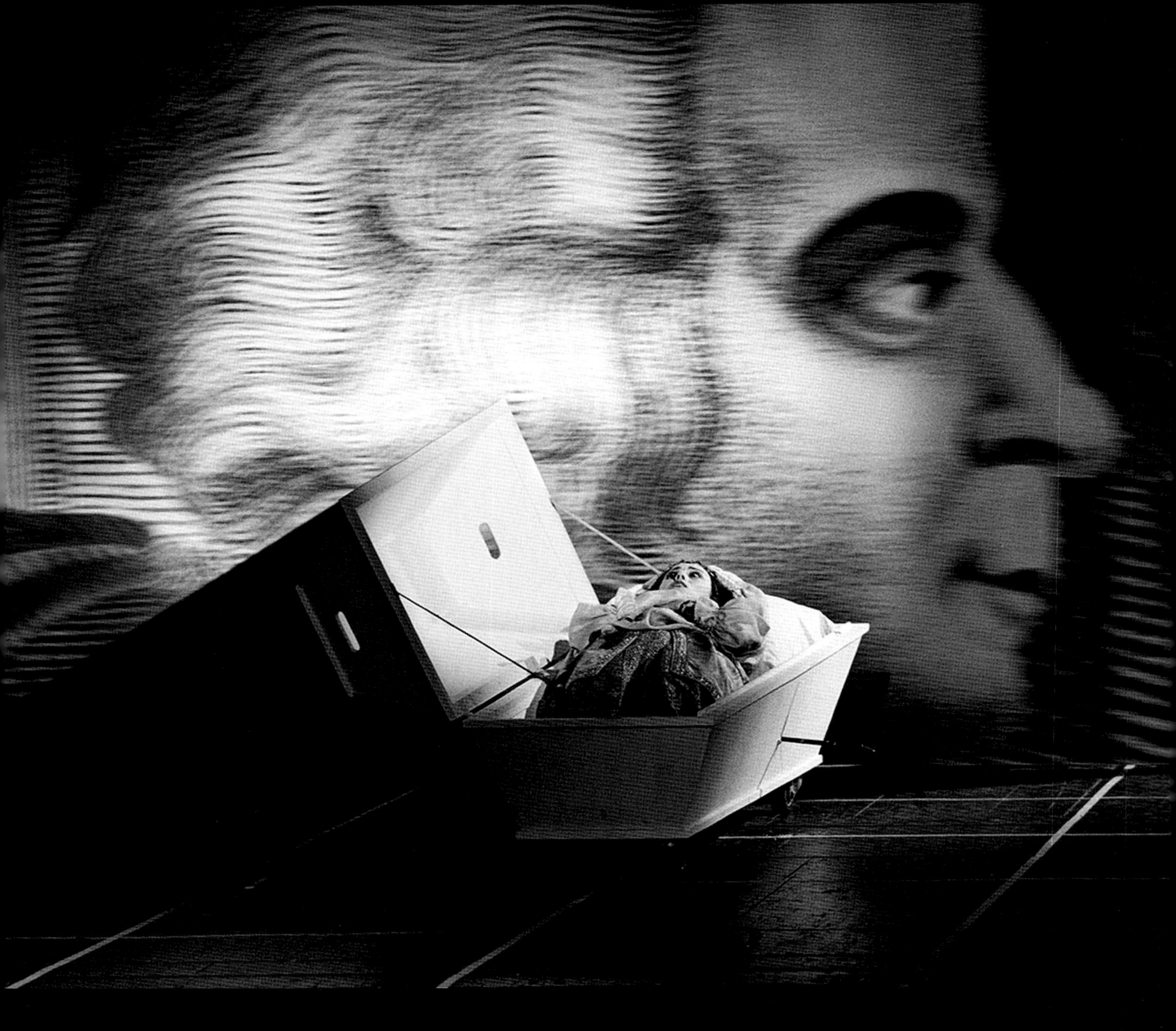

Die Oper brennt ab. Aber sie brennt nicht.

Am 11. November 1987 kampierte ein Obdachloser, der sich nächtens Einlass verschafft hatte, im Opernhaus und setzte es – aus Enttäuschung darüber, dass er im Gebäude nichts Verzehrbares fand – in Brand. Das Haus brannte beileibe nicht so lichterloh wie bei ähnlichem Anlass damals das venezianische Theater La Fenice, doch waren die Schäden so beträchtlich, dass das Bühnenhaus von Grund auf neu aufgebaut werden musste; bei dieser Gelegenheit wurde die Bühnentechnik dann aufs Modernste hochgerüstet und der Zuschauerraum erneut etwas gefälliger gestaltet. Das alles brauchte mehr als drei Jahre; erst im April 1991 konnte das vertraute Haus (eingeweiht mit einer ZAUBERFLÖTE) wieder bespielt werden. Da war Gary Bertini längst aus Frankfurt weggezogen.

Improvisationstalent war nach der Tat des armen Feuerteufels gefragt. Das Bertini-Team machte also rüstig weiter; die meisten Produktionen tagten für die nächsten Jahre nebenan im Schauspielhaus, das sich in löblicher Solidarität mehr oder weniger ganz aus seinem angestammten Domizil drängen ließ. Mit nur geringfügiger Verspätung ging das labyrinthische Projekt EUROPERAS 1 & 2 des amerikanischen Kult-Avantgardisten John Cage über die Ausweichbühne, dessen vokale und instrumentale Zufallsoperationen der 75-jährige Autor selbst mit szenischen Bildern in Korrelation brachte. Ein in seiner Art unüberholbares Experiment, das die trainierten Frankfurter Ensemblekünstler (wie June Card, Anny Schlemm, Heinz Hagenau) für einmal zu gleichsam apart an unsichtbaren Fäden gezogenen Sängerdarsteller-Autisten machte. Das Vorhaben verdankte sich zwei gesottenen Cageianern, Heinz-Klaus Metzger und Rainer Riehn, deren Verpflichtung als

EUROPERAS 1 & 2, *1987. ML: Gary Bertini, R: John Cage / Christina Andreou*

ELEKTRA, *1988. ML: Richard Armstrong, R: Herbert Wernicke / Olivia Stapp, Anny Schlemm, Helena Doese*

Chefdramaturgen (sie hatten vorher dem Musiktheater niemals nahe gestanden) zunächst neugierige Verwunderung erregte. Da sie nach dem geglückten Cage-Coup unverzüglich ihren Job aufkündigten, klärte sich die Sache. Es war nicht die einzige kuriose Personalie der Bertini-Zeit.

Was die inszenatorische Kolorierung seiner Opernjahre betrifft, war Bertini durchaus lernfähig. Er holte von Gielen unberücksichtigte Kapazitäten wie Alfred Dresen (Liebermanns DER WALD, 1989) und Thomas Langhoff (Brittens A MIDSUMMER NIGHT'S DREAM, 1989); er zog Peter Mussbach erneut und nun allseits akzeptiert heran (IL BARBIERE DI SIVIGLIA, 1988; ARIADNE AUF NAXOS, 1989). Er gewann Herbert Wernicke – dessen einzige bisherige Frankfurter Arbeit ein etwas minimalistischer Offenbach-HOFFMANN bei Gielen gewesen war –, der als ingeniöser Raumorganisator der Bestgeeignete schien, die Alte Oper fernab aller Guckkastenoptik mit ELEKTRA (1988) und MOSES UND ARON (1990) zu beleben. Johannes Schaaf bekümmerte sich um Schostakowitschs pfiffige NASE (1990 mit William Cochran und Alan Titus), was beinahe die schöne Chaosseligkeit der ehemaligen Herlischka-Inszenierung ausstrahlte. Mit einem Heinz-

COME AND GO, *1989. ML: Ingo Metzmacher, R: Peter Mussbach / Ensemble*

Holliger-Abend (COME AN GO, 1989) in den Kammerspielen exponierten sich Mussbach und, erstmals in Frankfurt, der Dirigent Ingo Metzmacher.

Für Gary Bertini war eine auf Provisorien zurückgeworfene Situation besonders frustrierend, da er sich lange auf eine »große« Opernarbeit vorbereitet hatte (mit Beschränkungen war er nach Frankfurt wieder als Opernleiter in Israel konfrontiert). Für das Schauspielhaus (oder andere Spielstätten) gelang es ihm kaum, eine spezifische Dramaturgie oder ein Interesse für besonders geeignete »mittlere« Opernformate zu entwickeln. Das hätte durchaus spannende Entdeckungen einbringen können. Die einzige dieser Art war vielleicht die Zarzuela (spanische Art einer populären Vorstadt-Operette) EL BARBERO DE SEVILLA von Miguel Nieto / Gerónimo Giménez (1989). Als ein typischer Kompromiss zeigte sich der von Bertini selbst dirigierte Verdi-OTELLO (1988).

MOSES UND ARON, 1990. ML: Gary Bertini, R: Herbert Wernicke / Ensemble

Rudolf Noelte, bekannt dafür, sich als Inszenator auf exquisite Weise unauffällig zu machen, war hier einigermaßen trickreich darum bemüht, die Diskrepanz zwischen einer tendenziell »großen« Oper und dem verkleinerten Aufführungsmaßstab ins Unmerkliche zu verwischen.

Gary Bertini schien ein musikalischer »Alleskönner«; seine unterschiedslos waltende professionelle Sicherheit konnte beeindrucken, mochte aber auch ihr Problematisches haben. Wenn einerseits »mit Herzblut« Musik gemacht wird, nimmt man andererseits – wie bei Gielen – Repertoirelücken gerne in Kauf. Von Bertini behaupteten die Orchestermusiker, dass er »nie auf die Bühne schaut«. Das wurde später auch Carignani nachgesagt, galt wohl auch schon für Solti, der quasi autark seine »innere« Musikbühne inszenierte. Obwohl Bertini mehr ein Mann des Orchesters als ein souveräner Theaterma-

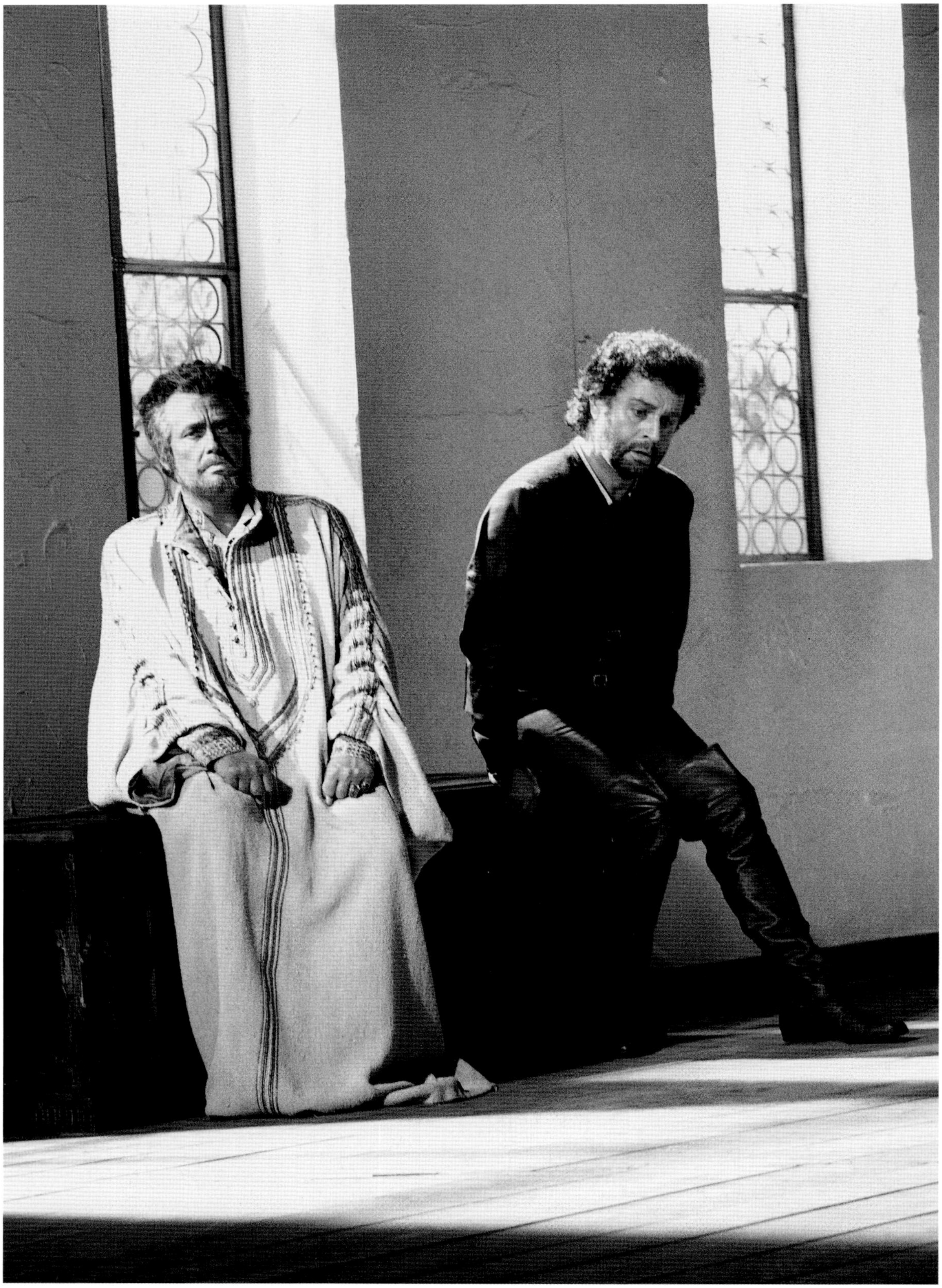

Heinz-Klaus Metzger (vorne l.), Rainer Riehn (vorne 2. v. l.) und Rudolf Noelte (hinten 2. v. r.) bei Proben zu OTELLO, *1988*

nager hätte sein können, fand er auch dort angesichts wachsender innerbetrieblicher Widerstände keinen Rückhalt. Es war das Orchester, das ihn schließlich im Dezember 1990 mit einem – juristisch wenig erheblichen – Misstrauensvotum vertrieb. Die Verhältnisse am Haus waren nahezu zerrüttet. Das Sängerensemble war unzureichend beschäftigt oder reduziert worden. Eine nennenswerte Produktionsdramaturgie war nicht vorhanden; die Gastkünstler sahen sich als »Zulieferer«, die am Hause schwerlich einen Ansprechpartner fanden. Der Blick auf solide oder überdurchschnittliche Premieren konnte nicht darüber hinwegtäuschen, dass die Opernfrequenz im Schauspielhaus überwiegend mit Ladenhütern aus der Gielen- und sogar der Dohnányi-Zeit bestritten wurde.

OTELLO, *1988. ML: Gary Bertini, R: Rudolf Noelte /*
René Kollo, Franz Grundheber

AUFSTIEG UND FALL DER STADT MAHAGONNY, 1990. ML: Steven Sloane, R: Arie Zinger / Michal Shemir

Ein umfänglicher Neuanfang wäre schön gewesen. Aber so richtig gut wurde es für die Oper noch sehr lange nicht. Was kam, konnte man als Flickschusterei bezeichnen. Hilmar Hofmann war als Kulturdezernent abgetreten (auch er ein von Bertini Enttäuschter, gar Düpierter); die Nachfolgerin Linda Reisch, eigentlich interessiert und glücklichenfalls eine ausdauernde Verhandlungspartnerin, zeigte sich auf dem Frankfurter Parkett ziemlich unsicher (wirkliche Statur für diesen Posten hatte erst der Nach-Nachfolger Felix Semmelroth wieder). Nach Bertinis plötzlichem Abgang wurde also ein »Nothelfer« aus dem Hut gezaubert, der aus Offenbach stammende Theaterveteran Hans Peter Doll, der als

DIE ZAUBERFLÖTE, 1991. ML: Marcello Viotti,
R: Wolfgang Weber / Michael Vier, Alexandra Coku

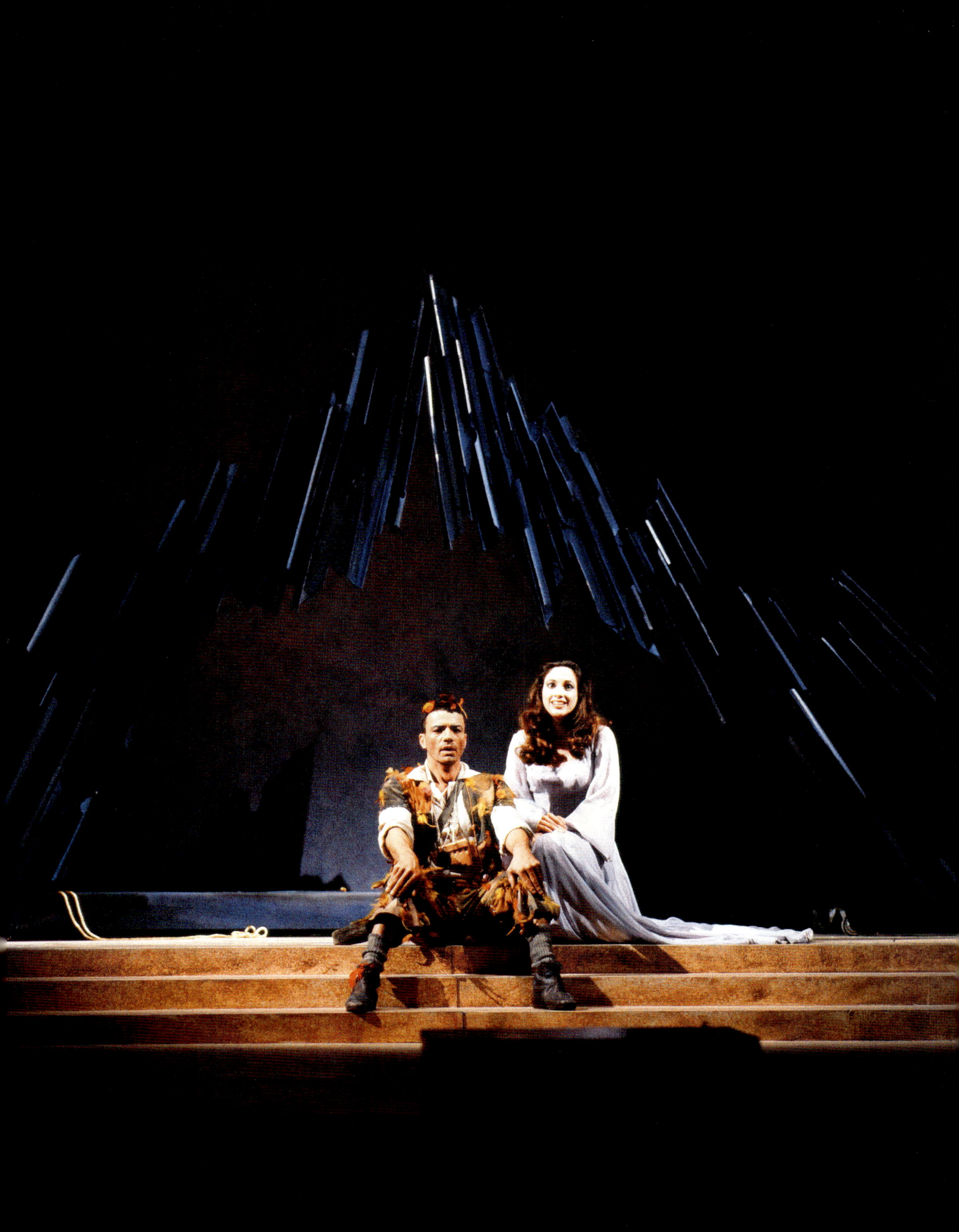

NIXON IN CHINA, 1992. ML: Kent Nagano, R: Peter Sellars / Ensemble

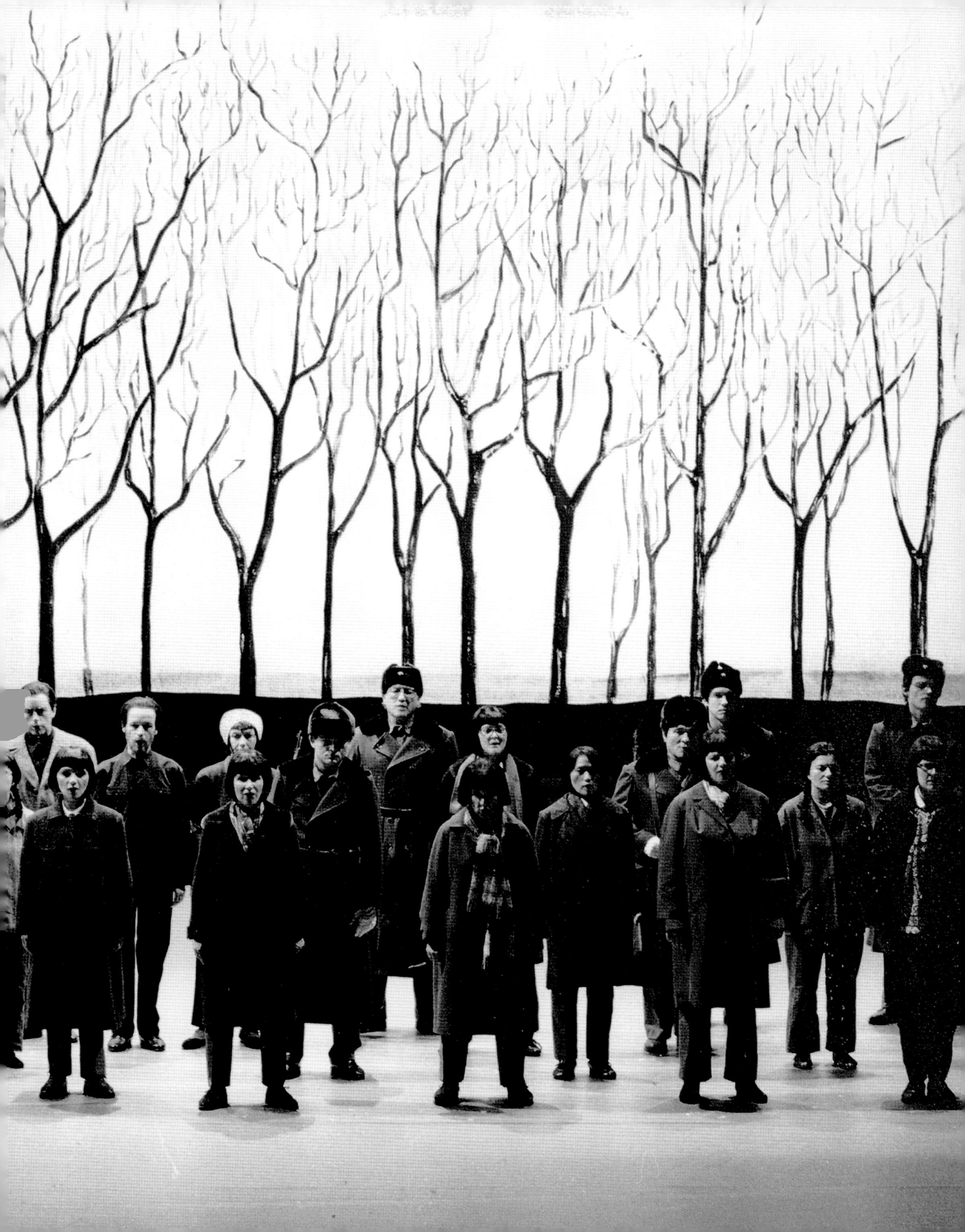

NIXON IN CHINA, 1992. ML: Kent Nagano, R: Peter Sellars / John Duykers (M.), James Maddalena (r.), Ensemble

ehemaliger Stuttgarter Intendant viel Rühmliches geleistet hatte (ein historisches Verdienst seiner Amtszeit: die Aufführung aller Henze-Opern, darunter des ungekürzten voluminösen KÖNIG HIRSCH). Doll, eine bei aller künstlerischen Entschiedenheit bescheidene, integrativ-liebenswürdige Persönlichkeit, sah sich in seiner Frankfurter Altersrolle wohl vor allem als mittelfristigen Steigbügelhalter für den begabten und förderungswürdigen Martin Steinhoff. Bescheiden und ohne den geringsten hochfahrenden Anstrich auch die Eingangspremiere im neuerstandenen Opernhaus: DIE ZAUBERFLÖTE mit der schlichten Regieoptik von Wolfgang Weber und dem Gastdirigenten Marcello Viotti. Als kommissarischer GMD wurde Hans Drewanz gewonnen, der nur eine einzige Premiere leitete, die allerdings phänomenal realisierte Aribert-Reimann-Oper TROADES (1992). Neu für Frankfurt waren in dieser Zeit die Minimal-music-Welterfolge NIXON IN CHINA (John Adams) und EINSTEIN ON THE BEACH (Philip Glass) in Szenografien von Peter Sellars beziehungsweise Robert Wilson, beides Juli 1992. Austauschbare

TROADES, 1992. ML: Hans Drewanz, R: Kurt Horres / Isolde Elchlepp

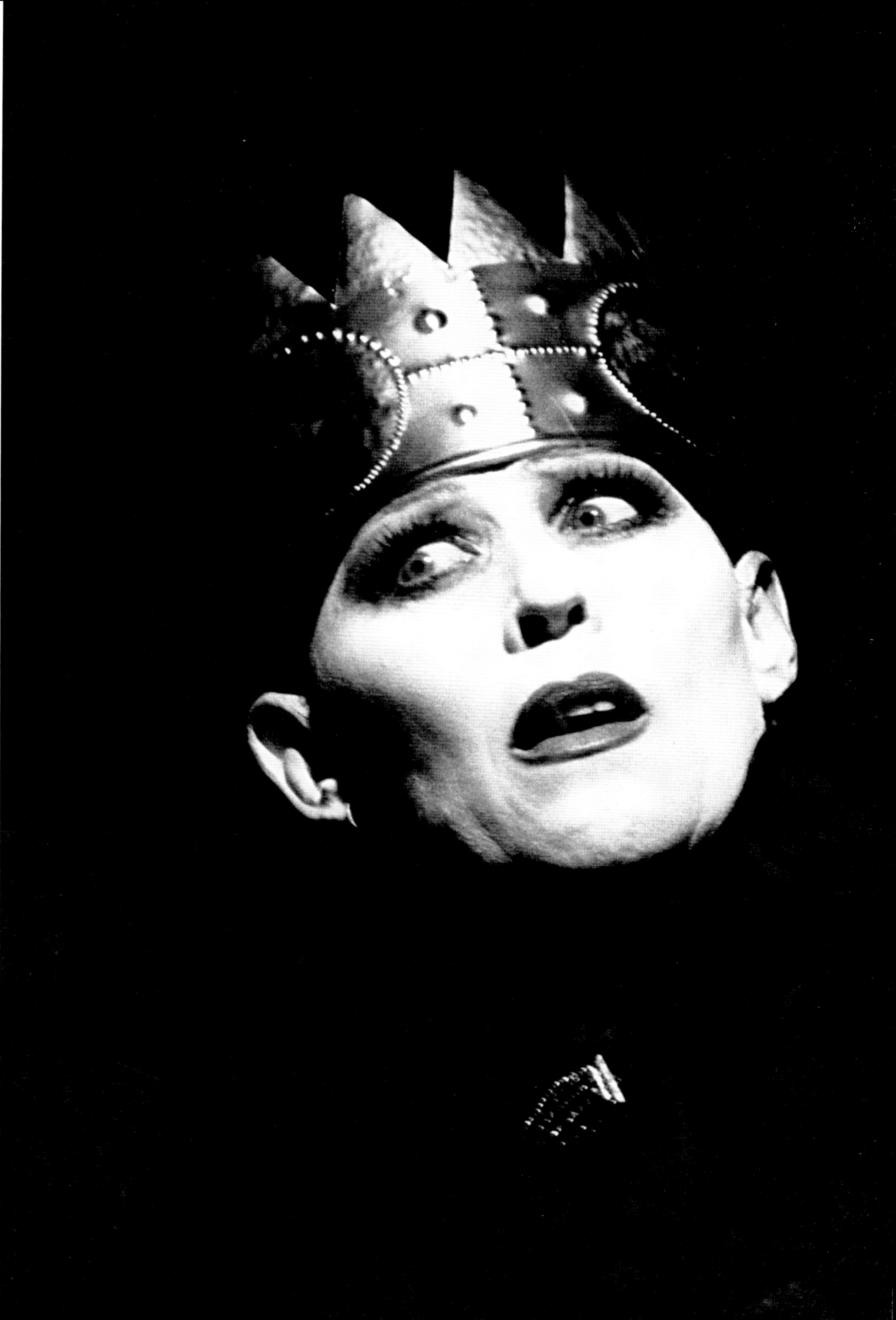

LADY MACBETH VON MZENSK, 1993. ML: Eberhard Kloke, R: Werner Schroeter / Kristine Ciesinski, Ensemble

DIE MEISTERSINGER VON NÜRNBERG, 1993. ML: Michael Boder, R: Christof Nel / Alan Titus, William Cochran, Hans-Jürgen Lazar, Andrea Trauboth, Margit Neubauer

Allerwelts-Produktionen? Man konnte auch gutmütiger sagen: überfällige Frankfurt-Präsentation von weltstädtischen Theaterkonzeptionen. Etwas sehr Frankfurt-Spezifisches hatte dagegen zweifellos die ROSENKAVALIER-Inszenierung von Ruth Berghaus (1992). Sie hätte sicherlich noch besser in die Gielen-Ära gepasst. Hieran war auch eine wieder ermunterte Dramaturgie (der noch für Bernd Loebes Arbeit maßgebliche Norbert Abels) beteiligt. In Werner Schroeters eindringlich magisch-realistisch imaginierter LADY MACBETH VON MZENSK (1993) von Dimitri Schostakowitsch wurde die Hauptrolle unvergesslich inkarniert von Kristine Ciesinski. In derselben Spielzeit machten die MEISTERSINGER VON NÜRNBERG (1993) in Christof Nels durchdachter szenischer Interpretation auch als theatralische Organisationsleistung staunen – wo kamen in dem scheinbar auf Null zurückgefahrenen Sängerreservoir plötzlich die vielen potenten Männerstimmen her? Eine Aufführung des Doll-Interims, Giuseppe Verdis LA TRAVIATA (1991) mit dem Fernsehregisseur Axel Corti, erwies sich als so handlich, dass sie – in vielfach variierenden Besetzungen – über zwei Jahrzehnte auf dem Spielplan blieb. Ganz ohne solche »Passepartout«-Produktionen läuft ein Opernbetrieb eben nicht.

DER ROSENKAVALIER, 1992. ML: Spiro Argiris, R: Ruth Berghaus / Ildikó Komlósi und Deborah Polaski (vorne), Tomas Möwes und Ilse Gramatzki (hinten)

Der französische Arbeits-Berserker: Sylvain Cambreling (1993 – 1997)

Im Herbst 1993 galoppierte alles auf einen spektakulären Neustart zu. Mit großem Einsatz hatte Linda Reisch für eine Zweierlösung geworben: Martin Steinhoff und der nordfranzösische Dirigent Sylvain Cambreling sollten in Frankfurt gleichberechtigt und kooperativ die Opernleitung innehaben. Die Kulturdezernentin ahnte nicht, dass sie damit einen Sprengsatz angebracht hatte. Er glomm wiederum knapp vier Jahre. Dann löste sich Cambreling vorzeitig aus seinem Vertrag. Der Hauptgrund dafür waren von der Stadt Frankfurt oktroyierte Budgetkürzungen, die Cambrelings künstlerische Möglichkeiten immer mehr einschnürten. Der Ausweg, eventuell das Stagione-Prinzip einzuführen, zog weitere Diskussionen und Unstimmigkeiten nach sich. Steinhoff taktierte den finanziellen Pressionen gegenüber offenbar flexibler. Der Weg war nach Cambrelings Demission frei zu einer alleinigen Intendanz von Steinhoff, die dann weitere fünf Jahre währte. Der Dirigent und der Manager, sie hatten sich rasch auseinandergelebt. So etwas kommt vor. Cambreling, als Brüsseler GMD international berühmt geworden, verfügte über ungeheure Kapazitäten und war insbesondere für zeitgenössische Musik höchst engagiert – das qualifizierte ihn ja auch nicht zuletzt dafür, Gielen-Nachfolger beim SWR-Sinfonieorchester Baden-Baden und Freiburg zu werden. Cambreling, ein quirlig-passionierter Künstlertyp, hatte wohl wenig Neigung dazu, sich ins kameralistisch Kleingedruckte zu vertiefen. Dies war eher die Spezialität Steinhoffs, der angesichts einer gleichsam eigendynamisch verlaufenden gegenseitigen Entfremdung wider seinen Partner die Karte des mahnenden, sparbewussten Realisten ausspielte und sich damit nach und nach auch in der städtischen Kulturpolitik beliebt machte. Man darf Steinhoff – so viel Menschenkenntnis war dem ihm gewogenen Hans Peter Doll wohl zuzutrauen – nicht als notorischen Intriganten missverstehen, der zielstrebig den Rivalen weggebissen hätte. Es ging wohl eher um zwei sehr unterschiedliche Vorstellungen von Opernkultur. Steinhoff, zweifellos ein Intellektueller, machte sich viele Gedanken darüber, auf welche Weise der Oper in einer sich wandelnden Gesellschaft und angesichts ständig steigender Betriebskosten eine dauerhafte Legitimationsbasis zu sichern sei. Er verstieg sich – von modisch-allgemein grassierenden neoliberalen Privatisierungsrezepten angetörnt – dabei auch zu der Idee, dass man Chor und Orchester doch »outsourcen« könne, um die Kosten zu senken. Ein für ihn symptomatischer Irrtum; er verwies auf die Unfähigkeit, die Gefahren einer zentrifugalen betrieblichen Dynamik zu erkennen. Nein, ein als warmherziger Prinzipal für Haus und Mitarbeiter sorgender Chef war Steinhoff kaum. Eher einsamer Vordenker für die zeitgemäße Vermittlung einer Kunstform, die er vielleicht selbst nicht allzu glühend liebte. Mehr ungeteilte Reputation als für seine eigentliche Opernarbeit erntete er womöglich als Planer hochkarätiger kulturwissenschaftlicher »Opernkonferenzen«. Das Betriebsklima wurde in den Steinhoff-Jahren zunehmend kälter.

Sylvain Cambreling

WOZZECK, 1993. ML: Sylvain Cambreling, R: Peter Mussbach / Ronald Hamilton, Kristine Ciesinski

Doch zurück zum impetuösen Frankfurter Beginn Cambrelings. Er galt im Oktober 1993 dem Berg'schen WOZZECK mit Dale Duesing und Kristine Ciesinski in den Hauptrollen – eine fulminante Gesamtleistung, auch mit der bildstarken Szenografie von Peter Mussbach, die das Arme-Leute-Drama negierte und mit monumental-surrealistischen Arrangements (Mussbach war diesmal sein eigener Bühnenbildner) den Aspekt des spektakulär avancierten Meisterwerks hervortrieb. SIMON BOCCANEGRA mit John Bröcheler und dem Regisseur Matthias Langhoff war einen Monat später kein geringerer Eindruck. Lange erwartet in Frankfurt auch eine hochgespannte Interpretation von Janáčeks AUS EINEM TOTENHAUS (1994) – auch hier gewann Mussbach dem elenden Lager-Ambiente legitim überhöhende Schauwerte ab. Geradezu exzentrisch dann im März 1994 die Herbert-Wernicke-Studie des an einem Abend zweimal gespielten Bartók-Einakters HERZOG BLAUBARTS BURG – in präzis aufeinander bezogenen variierten, perspektivisch gegenläufigen Erzählstrukturen (wieder war Kristine Ciesinski eine neben dem Bariton Henk Smit eindringliche Protagonistin). Cambreling hatte am Anfang seiner Amtszeit gleich vier anspruchsvolle Premieren hintereinander dirigiert – Beispiel einer staunenswerten Arbeitskraft. Es blieb nicht dabei. Zu Saisonende war mit ihm noch PELLÉAS ET MÉLISANDE, nach einer szenisch etwas

DER BARBIER VON BAGDAD, *1994. ML: Hans Zender, R: Veit Volkert/Barbara Mundel / Hubert Delamboye, Ensemble*

nichtssagenden Produktion in der Dohnányi-Frühzeit zum ersten Mal wieder in Frankfurt zu sehen – noch dazu kapital als antipsychologisches Kammerspiel auf die Bühne gebracht von Christoph Marthaler. Die restlichen Neukreationen galten einer angesichts ihrer vorherigen Häufigkeit vielleicht etwas überflüssigen ELEKTRA mit dem tüchtigen Kapellmeister Guido Johannes Rumstadt und dem gar nicht überflüssigen, vielmehr höchst willkommenen BARBIER VON BAGDAD (1994) von Peter Cornelius. Dieses Großwerk orientalisierender musikkomödiantischer Eloquenz hatte in dem Dirigenten Hans Zender einen berufenen Anwalt, während die Regie von Veit Volkert und Barbara Mundel in ihrer wahllos-überquellenden Cartoon-Optik schon den Irrweg zu weiteren Arbeiten in gleicher oder ähnlicher Konstellation (OBERON und SAMSON ET DALILA, beide 1995) wies.

Die zweite Cambreling-Saison begann mit dem Paukenschlag eines binnen sechs Tagen im authentischen Bayreuth-Rhythmus zyklisch durchgezogenen Wagner-RINGS unter der Stabführung von Cambreling. Herbert Wernicke hatte das szenische Gebäude der Tetralogie so rabiat »entkernt«, dass fast nur noch ein großer Konzertflügel als leitmotivisch allgegenwärtiges Requisit zu sehen war. Das perfekt ab- und eingestimmte Vokalistenteam verwies indes auf die Vorarbeit zu dieser Einstudierung im Brüsseler Opernhaus. Den sehr begrüßens-

Das Rheingold, 1994. ML: Sylvain Cambreling, R: Herbert Wernicke / Hubert Delamboye, Georg Tichy

werten Transfer wichtiger Aufführungen von einem Opernhaus ins andere praktizierte später auch Bernd Loebe – mit Augenmaß, denn es gilt doch immer auch, die generelle Eigenständigkeit eines Hauses nicht zu verwischen. (Goldrichtig, dass Loebe die Basler Neuenfels-Inszenierung von Othmar Schoecks Penthesilea mit der eminenten Tanja Ariane Baumgartner 2011 nach Frankfurt brachte.) Der Brüsseler Ring in Frankfurt, auch ein Trost für den schmählich schnell entschwundenen einstigen Gielen/Berghaus-Ring? Wernickes singulärer Wagner-Gang in den Minimalismus brauchte sich andererseits keinem Vergleich zu stellen. Cambreling dirigierte gleich viermal Mozart in Frankfurt: Don Giovanni (1994), Lucio Silla (1995) sowie Idomeneo und Le nozze di Figaro (beides 1996). Mussbach wurde (auch bei Mozart) sein meistbeschäftigter Regisseur. Das vielfarbige Dirigentenbild komplettierte sich in Frankfurt mit Luisa Miller, Die lustige Witwe und Boris Godunow (alle drei 1996) und dem szenisch gewitzten Fidelio (1997) mit Marthaler. In gerade einmal vier Jahren eine enorme Ernte!

IDOMENEO, *1996. ML: Sylvain Cambreling, R: Johannes Schütz / Reinhild Hoffmann /
Chris Merritt, Debora Beronesi, Elzbieta Szmytka*

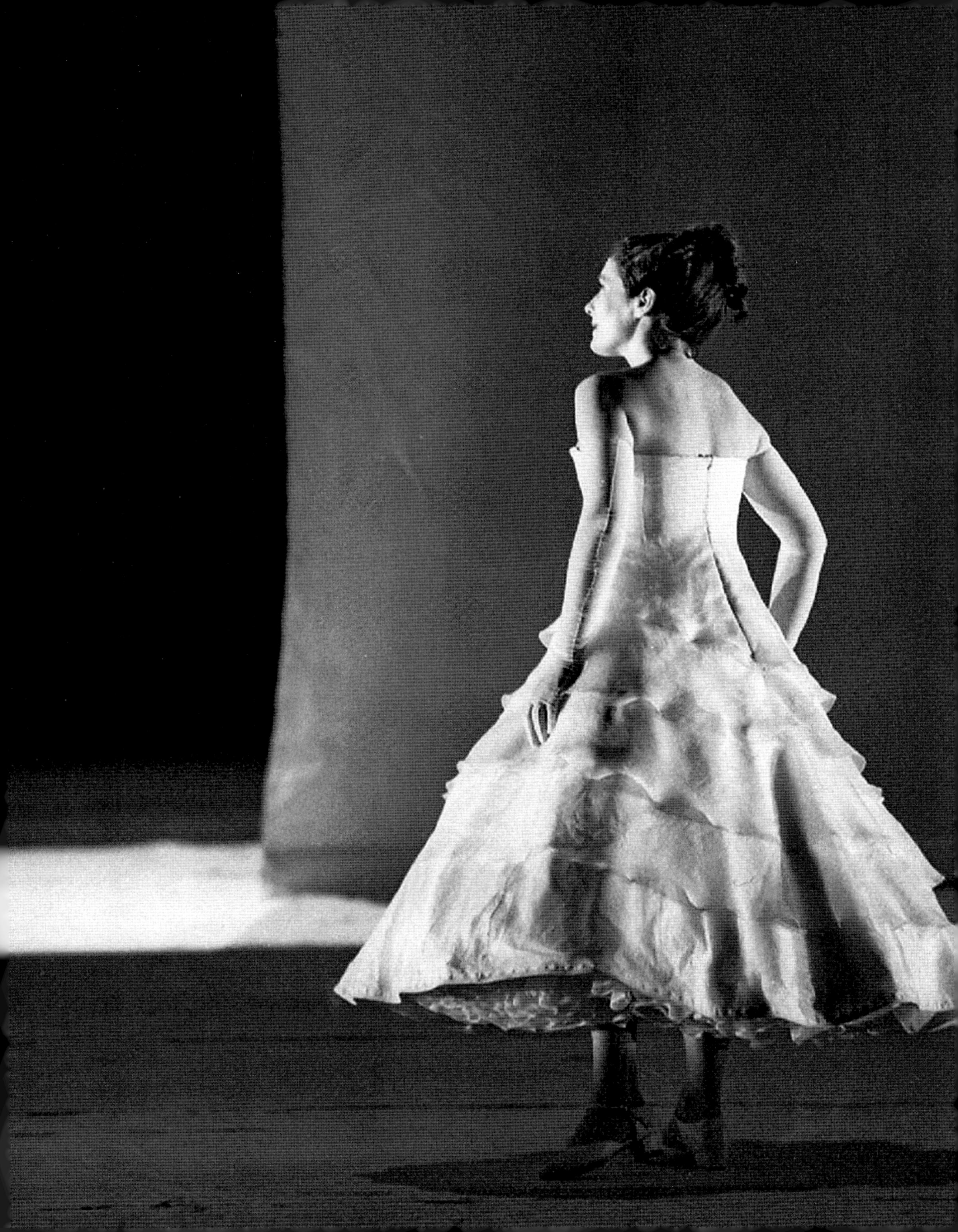

Es wird kühler:
Martin Steinhoffs Intendanz (1990 – 2002)

Die Alleinherrschaft Steinhoffs hob an mit einem mäßig einprägsamen FREISCHÜTZ (Dezember 1997). Der als vorläufiger GMD rekrutierte Klauspeter Seibel (hier schon bekannt aus der Dohnányi-Ära) übernahm LA BOHÈME mit Alfred Kirchner und EUGEN ONEGIN (beides 1998) mit Rosamund Gilmore, die seitdem noch vielfach originell als Inszenatorin in Frankfurt hervortrat. Fürs moderne Repertoire empfahl sich der Dirigent Bernhard Kontarsky mit Henzes BOULEVARD SOLITUDE (1998), Adriana Hölszkys WÄNDEN (2000), die Hans Hollmann knallig und trotzdem wirr auf die Bühne brachte, und Henzes VERRATENEM MEER (2002). Eines der wichtigsten Werke der letzten Jahrzehnte, Heinz Holligers SCHNEEWITTCHEN (1998), war mit Juliane Banse freilich »nur« als Übernahme aus Zürich zu erleben. Um bei der Märchen-Materie zu bleiben: Humperdincks HÄNSEL UND GRETEL tauchte in derselben Saison 1998/99 in der szenisch erfrischten Version von Andreas Homoki auf. Zu Steinhoffs regelmäßigen Inszenatoren gehörten auch der konzentriert arbeitende Nicolas Brieger und der versierte Kurt Horres. Jüngere Dirigententalente wie Guido Johannes Rumstadt (zugleich Leiter der Opernfestspiele im zauberhaften Zwingenberg am Neckar), Roland Böer, Johannes Debus und Catherine Rückwardt hielten den Betrieb aufrecht. Für die meisten Sänger wurde die Frankfurter Oper zu so etwas wie einem Durchgangsbahnhof. So traf in einer 1998 von Klauspeter Seibel dirigierten, von Alfred Kirchner inszenierten ZAUBERFLÖTE (wieder einer – nach der erst sieben Jahre zurückliegenden vorigen) ein Vokalensemble aufeinander, von dem die wenigsten sonst noch einmal in Frankfurt zu hören waren. Außer allerdings Britta Stallmeister, die schon damals als Pamina große Sympathien erwarb, wie zuvor bereits Barbara Zechmeister (seit ihrer Titelrolle in Grigori Frids TAGEBUCH DER ANNE FRANK, 1997) und Johannes Martin Kränzle (zuerst als Lescaut der Henze-Oper BOULEVARD SOLITUDE) – mithin

Martin Steinhoff

»Entdeckungen« der Steinhoff-Periode, die zu den integralen Faktoren auch noch des folgenden Loebe-Jahrdutzends (und womöglich weit darüber hinaus) wurden. Wer als auswärtiger Besucher die Frankfurter Oper jener Phase ausschließlich aus der Premieren-Perspektive erlebte, konnte wohl nicht viel auszusetzen haben.

Gleichwohl stand die Gewinnung eines neuen GMD an, der für größere musikalische Kontinuität einstehen und womöglich ein Mehr an Glamour gewährleisten konnte. Dieser war 1999 gefunden mit Paolo Carignani, einer hochgewachsenen, eleganten Erscheinung, die trotz ihrer fast donquijotesken Fragilität ein großes Maß an gesammelter spiritueller Energie ausstrahlte. An seinen guten Tagen bot Carignani ein alle Probensorgfalt überschießendes Surplus charismatisch-spontaner musikalischer Beglückung. Der TRISTAN seiner späteren Frankfurter Zeit etwa: nicht das kennerisch ausgekostete Paradestück eines alten Fuchses, sondern jünglingshaft durchlebtes, dabei exakt disponiertes Leidenschaftsdrama, wie zum ersten Mal erlebt – und tatsächlich hatte Carignani dieses Wagner-Werk vorher ja noch nicht dirigiert. Die Wagner-Nennung deutet darauf, dass Carignani nicht bloß ein typischer italienischer Dampf-Maestro war, sondern sich, wie die Generation Abbado / Muti, vielseitiger orientierte im internationalen Repertoire. Davon bekamen die Besucher der Museumskonzerte allerdings noch mehr mit als die Frankfurter Opernfreunde, denen Carignani aus dem modernen Fundus lediglich LULU (schon im zweiten Loebe-Jahr 2003) präsentierte. Das Gespann Steinhoff-Carignani schien nicht schlecht zusammenzupassen. Um es in sicher allzu boshaft-simplizistischer Übertreibung zu sagen: Der eine hatte an Organisation, der andere an Oper kein gesteigertes Interesse; so kamen sie sich zunächst nicht ins Gehege. Aber eine dauerhafte Basis blieb das dennoch nicht. So war es Carignani, der, im zunehmenden Streit mit Steinhoff, Bernd Loebe als »Berater« und Vermittler nach Frankfurt holte. Nachdem Loebe als von der Stadt bestallter Intendant aber Carignanis »Vorgesetzter« wurde, ergaben sich naturgemäß Konflikte, die nach und nach eine gemeinsame Arbeit behinderten und unmöglich machten.

Carignani hatte sich im Frühjahr 1999 vorgestellt mit den sozusagen von Gottvater selbst zusammengefügten Verismo-Kraftpaketen CAVALLERIA RUSTICANA und PAGLIACCI (in der Inszenierung von Altmeister Giancarlo del Monaco), und er hatte einen vielversprechenden Eindruck gemacht. Vertieft wurde dieser in der Saison 1999/2000 durch den FLIEGENDEN HOLLÄNDER, Puccinis MANON LESCAUT und IL TROVATORE. In der letztgenannten der geflissentlich überwiegend mit Gastsängern besetzten Aufführungen fiel der neue, später für Frankfurt so langjährig bedeutsame Name des Baritons Željko Lučić auf. Gelegentlich war damals aber auch noch ein Frankfurter Urgestein wie June Card (als Hölszky-Mutter oder Knusperhexe) zu erleben. Der interessante und

Paolo Carignani

wichtige Opernklassiker aus dem frühen 20. Jahrhundert, Hindemiths CARDILLAC, wurde wiederum mit lauter Gästen bestückt, und sogar so eine notorische Ensembleoper wie COSÌ FAN TUTTE realisierte sich mit von weit hergeholten Vokal-Experten, darunter dem fabelhaft lyrischen Jonas Kaufmann – Johannes Martin Kränzle (Guglielmo) und Barbara Zechmeister (Despina) konnten sich in dieser Umgebung glänzend behaupten; die Stimme der koloraturgewandten Sopranistin hat in den darauf folgenden Jahren nichts von ihrer Biegsamkeit verloren. Mehr als die beiden Carignani'schen Verdi-Dirigate FALSTAFF und NABUCCO interessierten in der Saison 2000/01 die auf Novitäten erpichten Opernfreunde der erste Monteverdi in der »authentischen« Klanggestalt, L'INCORONAZIONE DI POPPEA in einer szenischen Umsetzung von Rosamund Gilmore (mit raffi-

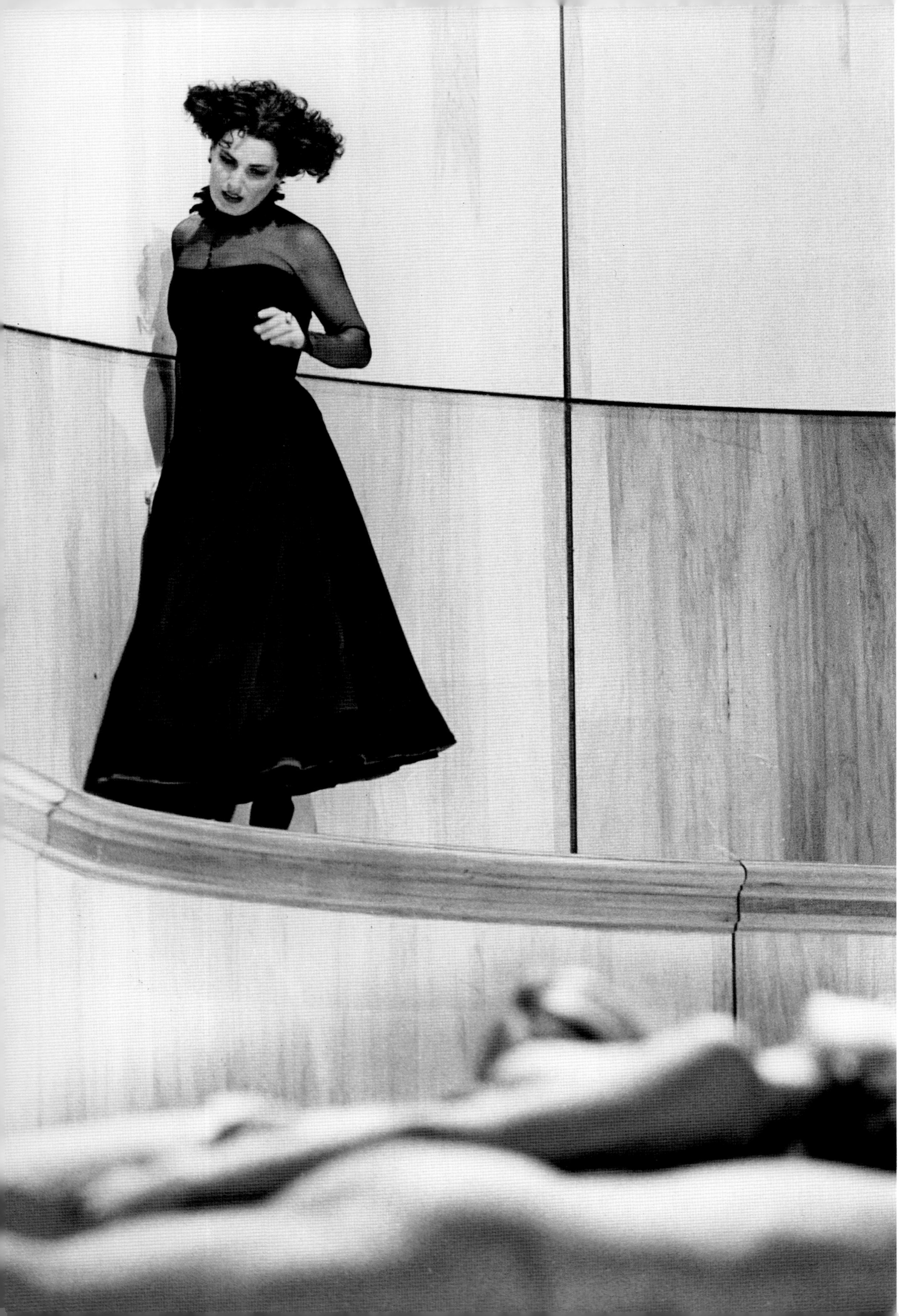

DIE EROBERUNG VON MEXIKO, 2001. ML: Markus Stenz, R: Nicolas Brieger / Annette Elster (r.), Ensemble

niert abstrahierendem Bühnenbild von Carl Friedrich Oberle), die sich als Alternative stark von der magisch-realistischen Stuttgarter Version Jossi Wielers und Anna Viebrocks absetzte, und, wenige Jahre nach der Uraufführung, Wolfgang Rihms EROBERUNG VON MEXIKO mit dem Team Markus Stenz (musikalische Leitung) und Nicolas Brieger (Regie). Ein Puccini-Doppelschlag eröffnete die letzte Steinhoff-Spielzeit 2001/02: TOSCA mit Alfred Kirchner und MADAMA BUTTERFLY mit Christof Nel. Die Erstere überdauerte noch viele Opernjahre als »Longseller«, die Letztere erwies sich als verhältnismäßig kurzlebig – waren daraus Schlüsse zu ziehen über die unterschiedlich »pflegeleichte« Einstudierungs-Fasson zweier strukturell und in ihrer Publikumsgunst so wenig verschiedener Opern?

L'INCORONAZIONE DI POPPEA, 2000. ML: Rinaldo Alessandrini, R: Rosamund Gilmore / Francesca Provvisionato

Mit fünf bis sechs »großen« Produktionen war die Premierenzahl bei Steinhoff im Vergleich zu Dohnányi und Gielen etwa gleichgeblieben, ja, sie hatte sogar leicht zugenommen, wenn man die ausgelagerten »kleinen« Projekte hinzurechnet, etwa die mit Schülern des Lessing-Gymnasiums in deren Anstalt auf die Beine gebrachte Jugendoper Dr. Popels fiese Falle (2002) des bewundernswert notenschreibgewandten Frankfurter Tonsetzers Moritz Eggert (Sohn der langjährigen Theaterfotografin Mara Eggert und des Schriftstellers Herbert Heckmann) oder einen Kurzopernabend mit Werken von Wenjing und Furrer (2000) im erstmals dafür erschlossenen, später in den Loebe-Jahren regelmäßig von der Oper Frankfurt bespielten Bockenheimer Depot. Auch angesichts wachsenden Budgetdrucks sah sich Steinhoff freilich veranlasst, die Zahl der Repertoirevorstellungen zu reduzieren. Die nicht gerade gloriose Platzausnutzung und Abonnentenentwicklung schienen eine Dynamik zu bestätigen, die schließlich darauf hinauslaufen konnte, großstädtische Oper nur noch als Wochenendattraktion bereitzustellen. Natürlich war Steinhoff nicht der einzige besorgte Theatermann, dessen geheime Denkspiele vielleicht bei dem fatalen Resultat endeten, dass eine schließlich völlig ohne Vorstellungen auskommende, in sich ruhende Opernpraxis die billigste sei, wenn auch keine preiswerte, gar preiswürdige. Sehr weise und dienstmüde, aber durchaus noch kein alter Mann, mochte sich Martin Steinhoff von seinem Frankfurter Amt im Sommer 2002 zurückziehen. Die Möglichkeit eines »Was anders ist, das lerne nun auch« lag da wohl jenseits seines Horizonts. Sein Weggang dürfte von Resignation begleitet gewesen sein, war aber den verschusselten oder staubwolkigen Abbrüchen Bloomfields und Bertinis ganz unähnlich. Ein Erinnerungs-Prachtband, den er anfertigen ließ (darin gefallen sich Theaterherrscher am Ende ihrer Amtszeit selbstbespiegelnd gerne), trug, in Anlehnung an ein früheres Frankfurter Opernbuch (Durchbrüche, 1987), den Titel Aufbrüche. Nun ja.

Bernd Loebe (Intendant seit 2002): Lernen, um zu konsolidieren

Wie verblüffend nah der ein paar Zeilen weiter oben zitierte Wagner-Spruch seiner Beherzigung war, wurde sofort beim Amtsantritt des neuen Opernintendanten Bernd Loebe klar. Er erbrachte den Beweis, dass vernünftige, fruchtbare, zukunftsorientierte Theaterarbeit nicht durch permanentes Zurückweichen vom öffentlichen Terrain funktioniert, sondern am besten mit offensiven Strategien. Es ist wie bei der deutschen Eisenbahn: Die Ausdünnung der Verkehrsfrequenz brachte manchen Kurs um eine sinnvolle Nutzung, die das Modell »Stundentakt« dann sofort wieder stabilisierte. Auch Loebe richtete eine Art »Stundentakt« ein, indem er die Zahl der jährlichen Neuproduktionen auf acht (eine davon oft eine Übernahme) erhöhte; dazu kamen vermehrt Bespielungen des Bockenheimer Depots, das damit zu einer immer reizvolleren Dépendance des Hauses am Willy-Brandt-Platz avancierte – nicht zuletzt seiner Möglichkeit wegen, für jede Inszenierung eine neu zu erfindende Raumlösung anzubieten. Das ergab eine dramaturgisch besonders gelungene Optik bei Barockopern und modernen Werken. Die Aufführungsziffern erhöhten sich, die Abonnentenzahlen stiegen um mehr als die Hälfte von 8000 auf inzwischen 12 200 (was angesichts der Erosion »bürgerlicher« Kulturgewohnheiten besonders erstaunte), die Platzausnutzung kletterte bis 2012 auf 87 Prozent und zeigte, wie gut gerade ein vielgestaltiger Spielplan vom Publikum »angenommen« wurde – diese Lektion war eigentlich nicht schwer zu lernen. Am drastischsten hatte sie Alexander Pereira (der Frankfurter Lehrjahre bei Olivetti und der Bachgesellschaft hinter sich hatte) als Zürcher Opernintendant demonstriert, unterstützt von potenten privaten Sponsoren. Mit dem Patronatsverein besitzt die Frankfurter Oper einen unschätzbar wertvollen Freundeskreis aus getreuen Theaterbegeisterten, die so manches Vorhaben großzügig unterstützten und ermöglich-

Bernd Loebe

ten. Segensreich auch das Engagement der musikbegeisterten Oberbürgermeisterin Petra Roth, die Kultur bis zu ihrem Rücktritt 2012 zur »Chefsache« machte und kaum einmal einer Opernpremiere fernblieb. Es ist ein Gebot der Klugheit, dass auch in neuen politischen Konstellationen dieser Rang der Frankfurter Bühnen nicht verspielt werden darf.

Bernd Loebe, ein echter Frankfurter! Jahrgang 1952, hatte er sich zunächst dem Musikjournalismus zugewandt, war Mitarbeiter der *FAZ* und dann Radioredakteur beim Hessischen Rundfunk gewesen. An der Brüsseler Oper, auch nach dem Weggang Gerard Mortiers noch einem herausgehobenen Ort der vitalisierten Musiktheatralik, hatte er intime betriebliche Einblicke bekommen und sich insbesondere mit dem Phänomen des Sängerischen beschäftigt. Operngesang und Bühnendarstellung – das ist zwar idealtypisch als eine dialektische Einheit zu verstehen, doch gibt es in der Praxis – wie auch in der Einschätzung vieler Opernfans – mancherlei Reibungsflächen und Diskrepanzen. Das sprichwörtliche »Regietheater« steht in dem Ruf, über genuine sängerische Darstellungsformen achtlos hinwegzuwalzen (Tendenzen dazu waren schon der genialen »Schauspieleroper« Felsensteins anzumerken). Am anderen Pol verfehlt der steife oder klischeemäßig gestikulierende Rampensänger mit Sicherheit den dramatischen Nerv seiner Kunst. Die Wahrheit liegt in einer Mitte, die nicht als Kompromiss zu verstehen ist, vielmehr als – etwas kompliziert gesagt – gegenseitige Erfüllung des Theatralischen und des Vokalen aneinander und ineinander. Was natürlich wieder eine sehr dialektische Definition ist. Sei's drum. Für Bernd Loebe, der bereits im HR durch liebevolle Sängercharakterisierungen auffiel, vertiefte sich in Brüssel die Einsicht, dass es zuerst und zuletzt die Stimmen sind, die das Besondere und Essenzielle der »künstlichen« Kunst Oper ausmachen. Die Fama eines Sänger-Entdeckers, eines sehr pfleglich die Förderung und Entwicklung von Stimmen betreibenden Experten, kennzeichnet Loebe auch noch in seinen Frankfurter Intendantenjahren.

Loebes Habitus ist weniger intellektuell geprägt als derjenige Steinhoffs. Mit einem Theatermann wie Hans Peter Doll verbindet ihn eine gleichsam patriarchalische, ganz unprätentiöse Ausstrahlung und die Herzensbeziehung zum Metier, zum opernkünstlerischen Erbe in all seinen Facetten. Damit unterscheidet er sich auch von ästhetisch selektiver motivierten Opernmachern wie Gielen und Zehelein. Auch gehört er einer Generation zu, die kein »emphatisches« Verhältnis mehr zur Moderne aufrechtzuerhalten vermochte, geschweige, dass sie sich irgendeiner Lagermentalität zuordnete. So gibt es in den Spielplänen Loebes keine Leerstellen oder Tabus (darin ist er d'accord mit seinem universalistischen Dramaturgen Norbert Abels). Besondere persönliche Akzente sind vielleicht nicht auf Anhieb zu erkennen, markieren die Programmatik aber doch deutlich. Obenan steht nicht die neuerliche Befragung des Kernrepertoires – sie wurde in Frank-

furt seit Dohnányi oder Gielen ja nie vernachlässigt. Loebe geht es beinahe noch mehr um Stücke, die vielleicht unbegründet nur eine marginale Rolle im Repertoire spielen, nicht zum Zuge kamen oder verschwunden sind. Dieser Spezies könnte man so Unterschiedliches zurechnen wie Aribert Reimanns Lear, Eugen d'Alberts Tiefland, Strauss' Daphne, Chabriers L'Étoile, Oskar Straus' Ein Walzertraum, Schoecks Penthesilea, Paul Dukas' Ariane et Barbe-Bleue, Ildebrando Pizzettis Murder in the Cathedral und Samuel Barbers Vanessa. Die drei letztgenannten Beispiele sind in dieser Beziehung besonders interessant. Das hochbedeutende Maeterlinck-Werk von Dukas stand immer zu Unrecht im Schatten von Debussys gleichfalls der symbolistischen Maeterlinck-Sphäre zugehörigem Pelléas, obwohl es sich davon durch eine viel mehr ins Dithyrambische gelenkte Tonsprache abhebt; die Uraufführungen der melodiösen Pizzetti- und Barber-Stücke ihrerseits fanden in den entscheidenden Jahren der »seriellen« Avantgarde statt, die zugleich solche einer Legitimationskrise des zeitgenössischen Opernschaffens waren, was es »gemäßigten« Lösungen bis hin zu Henze, Reimann und Giselher Klebe schwer machte. Bei Pizzetti und Barber ging es gewissermaßen um Ehrenrettungen (sie überzeugten zumindest ansatzweise), bei Dukas darum, die Blaubart-Oper (in der übrigens die männliche Titelfigur, eine herrlich feministische Pointe, nur mit wenigen Takten zu hören ist) in ihrer operngeschichtlichen Bedeutung herauszustellen.

Die vielseitige Offenheit der Loebe'schen Ästhetik implizierte, dass Frankfurt als ein Eldorado des avancierten neuen Opernschaffens (so etwas versuchte Udo Zimmermann um die Jahrtausendwende in seinem Leipziger Intendantenjahrzehnt mit etlichem Erfolg; am Berliner Provinzialismus scheiterte er später damit) sich nicht einseitig nach vorne brachte oder ins Rampenlicht setzte. Aber was heißt inzwischen schon »avanciert«, was »vorne«? Eher scheint's doch so, dass erzählende und nichtdiskursive Opernmodelle mittlerweile »pluralistisch« nebeneinander bestehen. Hier Beat Furrers Blinde, dort Jörg Wid-

Così fan tutte, 2008. ML: Julia Jones, R: Christof Loy / Barbara Zechmeister, Michael Nagy, Johannes Martin Kränzle, Topi Lehtipuu

manns Babylon. Natürlich haben erzählhandlungspralle Opern wie Babylon oder Detlev Glanerts in Frankfurt (als Auftragswerk) erstmals präsentierter Caligula (2006) den Publikumsgeschmack eher auf ihrer Seite, während das Spröde und Sperrige (mit einem dubiosen Wort gesagt: das Formalistische) vor allem einem »heroischen« Anspruch der Theatermacher entspricht. Auch für Loebe bleibt es attraktiv. Der mehrmals verschobene Plan, Helmut Lachenmanns Mädchen mit den Schwefelhölzern auch in einer Frankfurter Fassung zu bringen, wird sicherlich noch realisiert werden, ebenso die in Arbeit befindlichen Siren Samples von Rolf Riehm. Stockhausens siebentägiges Licht-Monument wird vermutlich auch in Frankfurt nicht erstrahlen, was man bedauern mag; freilich hat Bernd Loebe auch nicht die Mittel, das dafür wohl notwendige, blitzneu intergalaktische Opernhaus zu bauen.

Die Walküre, 2010. ML: Sebastian Weigle, R: Vera Nemirova / Terje Stensvold, Susan Bullock

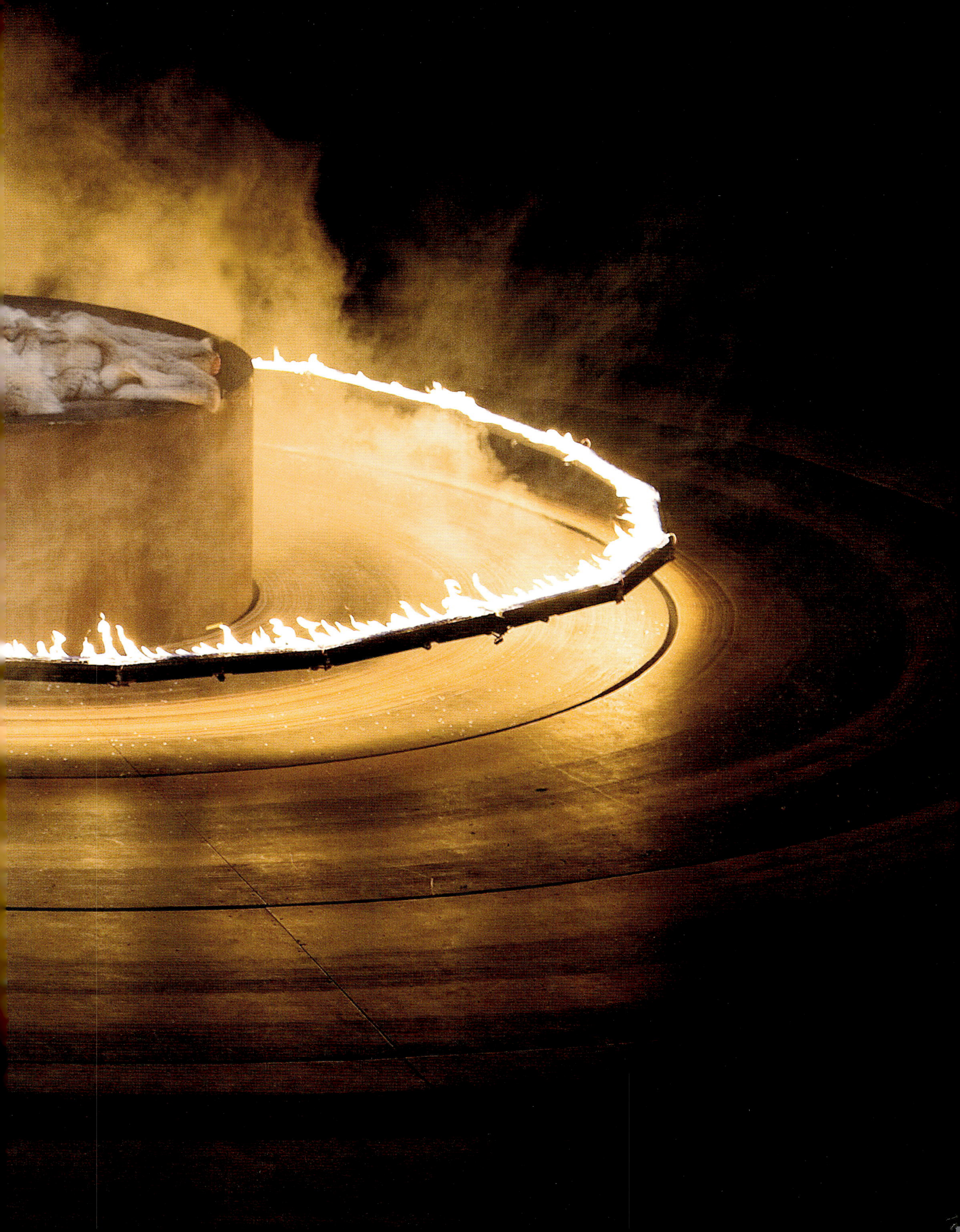

Von Carignani zu Weigle:
ein etwas stürmischer GMD-Wechsel

Dem für seine Mitarbeiter immer zu sprechenden Frankfurter Opernhausherrn würde man gerne die Ehrenurkunde einer *anima candida* mit Eichenlaub und ohne Schwerter dedizieren, doch war es offensichtlich nicht möglich, dass er sich mit einem so gegensätzlichen Naturell wie Paolo Carignani auf Dauer in ein und dasselbe Joch einspannen ließ. Eine Zeitlang grummelte es aus dem Opernhaus, und die jeweiligen Parteigänger transportierten jeweils andere Aufgeregtheiten. Um zu reibungslos voller Fahrt zu gelangen, bedurfte der Frankfurter Operndampfer eines neuen Musikkapitäns, und Loebe fand ihn bald in Sebastian Weigle, dem bisherigen Musikchef des Opernhauses in Barcelona. Nach immerhin neun Frankfurter Opernjahren schied Paolo Carignani, dem viele Opernfreunde aus Frankfurt und dem Vordertaunus gewiss nachtrauerten. Das machte ihnen der Könner Sebastian Weigle indes zunehmend schwerer.

Noch aber steht die summarische Chronik der zusammen mit Loebe absolvierten Carignani-Taten an. Da war im Oktober 2002 die Einstandspremiere des neuen Intendanten, Schuberts FIERRABRAS, eine blühend frühromantische Partitur voller Überraschungen und Schönheiten. Tilman Knabes umsichtige Regie erbrachte den Beweis, dass die noch sehr erinnerliche glanzvolle szenische Wiedererweckung (als solche darf Ruth Berghaus' vorangegangene Wiener Inszenierung gelten) eines völlig unbekannten Meisterwerkes kein Hinderungsgrund für eine spannende Zweitaufführung zu sein braucht. Am Dirigentenpult verstand es Carignani, aus den virtuosen Ensembles und den veritablen Chören gewaltige Funken zu schlagen. In derselben Spielzeit imponierte der GMD mit TRISTAN UND ISOLDE (2003, Regie: Christof Nel) und fand den gehörig schmiegsamen Massenet-Sound in MANON (2003, zu einer bemerkenswert unanstößigen Inszenierung von Calixto Bieito). Er dirigierte die Großformate LULU und MEFISTOFELE (Letzteren in der Optik von Dietrich Hilsdorf) sowie COSÌ FAN TUTTE, des Weiteren Strauss' ELEKTRA (2004), Monteverdis L'ORFEO (2005) und Verdis MACBETH (2005). Ein Viergespann aus Verdi, Mozart, Monteverdi und Wagner (UN BALLO IN MASCHERA, LA CLEMENZA DI TITO, COMBATTIMENTI, PARSIFAL) beschäftigte Carignani 2005/06. In der Saison darauf folgten noch TANNHÄUSER (mit Vera Nemirova und dem als Sensation empfundenen Frankfurter Debüt Christian Gerhahers als Wolfram), SIMON BOCCANEGRA und IL RITORNO D'ULISSE IN PATRIA. In seinem Abschiedsjahr betreute Carignani neben der Dukas-Oper noch FIDELIO (beides 2008).

Sebastian Weigle

DIE FRAU OHNE SCHATTEN, *2003. ML: Sebastian Weigle, R: Christof Nel / Elizabeth Connell, Ensemble*

BILLY BUDD, *2007. ML: Paul Daniel, R: Richard Jones /
Peter Mattei*

GÖTTERDÄMMERUNG, *2012. ML: Sebastian Weigle,
R: Vera Nemirova / Claudia Mahnke, Susan Bullock*

Mit Sebastian Weigle hatte Loebe schon in seinem ersten Frankfurter Jahr zusammengearbeitet: bei der FRAU OHNE SCHATTEN (2003), die von Nel ohne exotisierenden Ausstattungsspuk als Beziehungsdrama inszeniert worden war; bereits hier fielen Weigles Faible zur klanglichen Differenzierung, seine große Zusammenhänge organisierende, hellhörige Musikalität auf. Das sind wohl optimale Voraussetzungen für das, was man etwas altbacken einen »Orchestererzieher« zu nennen pflegt, worunter man heute längst keinen autoritären Zuchtmeister mehr versteht, eher einen klugen Manager des kollegialen Einvernehmens und einen ins Detail gehenden Probierer. Die hochprofessionellen Musiker des Opernhaus- und Museumsorchesters können Weigle umso mehr als einen Primus inter Pares und einen der Ihren wahrnehmen, weil er, die »Mechanismen« des symphonischen Zusammenwirkens von der Pike an studierend, als Orchesterinstrumentalist (Hornist) seine musikalische Laufbahn begonnen hatte. Ein weiteres Mal war Weigle noch im Gaststatus (aber schon als designierter GMD im Gespräch) am Opernhaus tätig gewesen: bei Tschaikowskis PIQUE DAME (2005) mit dem für Frankfurt immer unentbehrlicheren Szeniker Christian Pade. Wagner und Strauss sind in der Oper durchaus als bedeutende Schwerpunkte des Weigle'schen Schaffens merklich, doch weit weniger demonstrativ, ja exklusiv, als etwa bei Christian Thielemann. Weigles offizieller GMD-Einstand galt Reimanns LEAR (2008), einem fürwahr erratischen Brocken. Natürlich ließ Weigle sich Straussiaden wie ARABELLA (2009) und DAPHNE (2010) nicht wegdirigieren, und auch die Großbaustelle des Wagner-RINGS fesselte ihn von Mai

CHOWANSCHTSCHINA, *2005. ML: Kirill Petrenko, R: Christian Pade / Simon Bailey*

2010 (RHEINGOLD) bis Januar 2012 (GÖTTERDÄMMERUNG). Diesmal war das Projekt eingebettet in Jahresprogramme mit bis zu zwölf Neuproduktionen (einschließlich derer im Bockenheimer Depot). Zum Vergleich: Im letzten Gielen-Jahr hatte es außer den SIEGFRIED- und GÖTTERDÄMMERUNGS-Premieren nur noch eine einzige »große« (FIGARO) gegeben. Man könnte meinen, das RING-Abenteuer sei mittlerweile eine Sache, die ein (auch mit Probenmöglichkeiten) wohlausgestattetes Haus quasi nebenbei erledige. Ein Trugschluss. Minuziöse Planung ist der entscheidende Faktor. Die russische Regisseurin Vera Nemirova bot im Gegensatz zu Ruth Berghaus' giftig-lehrhaftem, abstrahierendem, aber auch überraschend »humanistischem« Ansatz (mit der herausgehobenen Gutrune als schuldig-schuldloser Frauenikone) einen lebhaften Figuren-Kosmos mit anarchischen Zügen und lustvoll ausgekosteten Bizarrerien, also unumschweifige Theatralik – auf weite Strecken eine »hedonistische« Perspektive, dann aber auch wieder dramatisch mit Wucht zupackend. Weigle dann als (auch im Tempomaß) ruhiger, unerschütterlicher Steuermann durch die Ereignisfluten. Gerne überließ er sich auch der traumverlorenen, eingedunkelten Lyrik der nachwagnerschen KÖNIGSKINDER (2012) von Humperdinck, der irisierenden Fantastik von Prokofjews seltenem SPIELER (2013) und dem Wagner-inspirierten Spätstil Verdis bei OTELLO (2011).

Die bedeutenden Kapazitäten der jetzigen Oper Frankfurt machen, dass auch ein so profilierter und arbeitsamer GMD wie Sebastian Weigle nicht allein das musikalische Geschehen am Haus konturiert. Die ältere Dirigentenhierarchie der deutschen Theater

Daphne, *2010. ML: Sebastian Weigle, R: Claus Guth /*
Lance Ryan, Daniel Behle, Maria Bengtsson

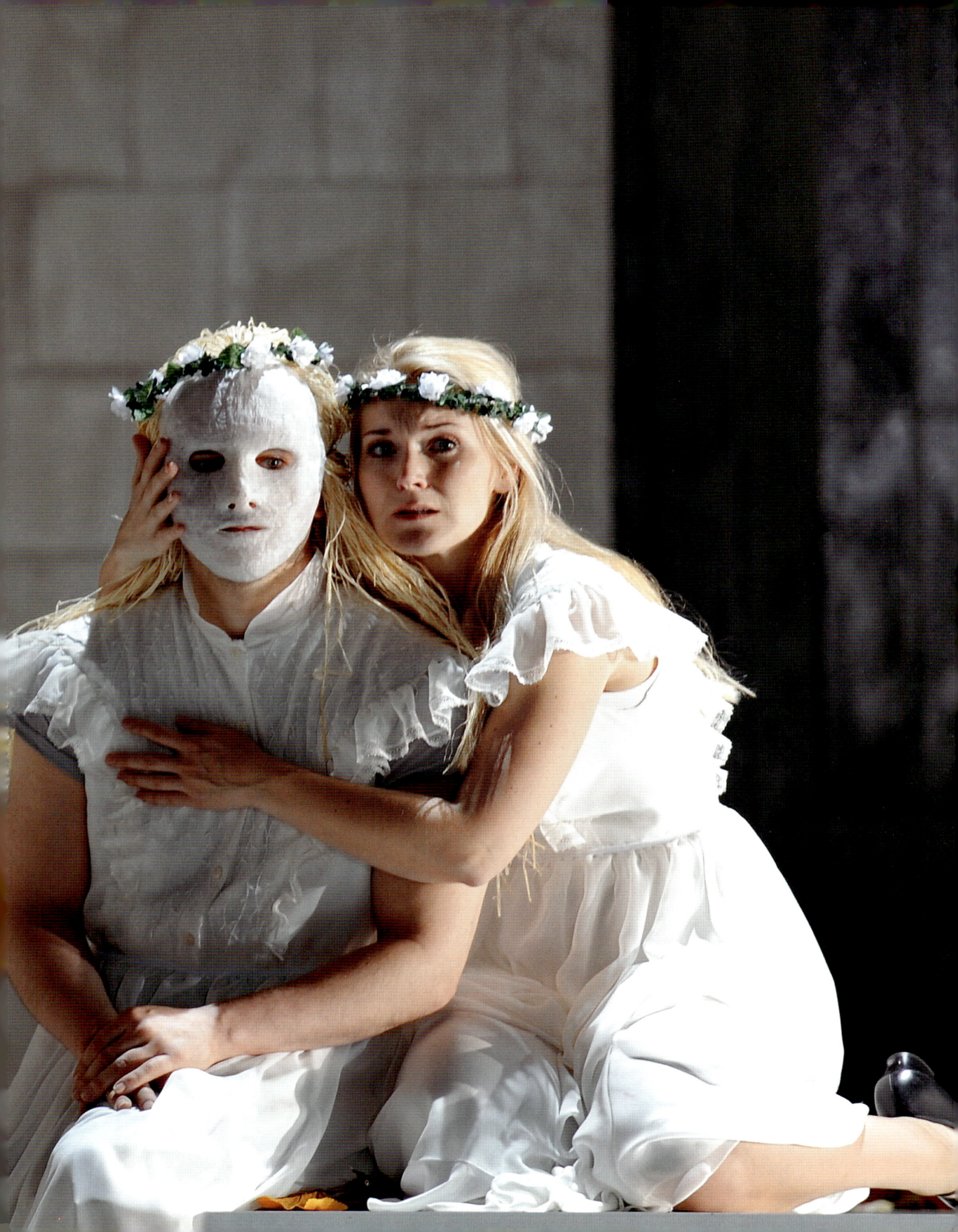

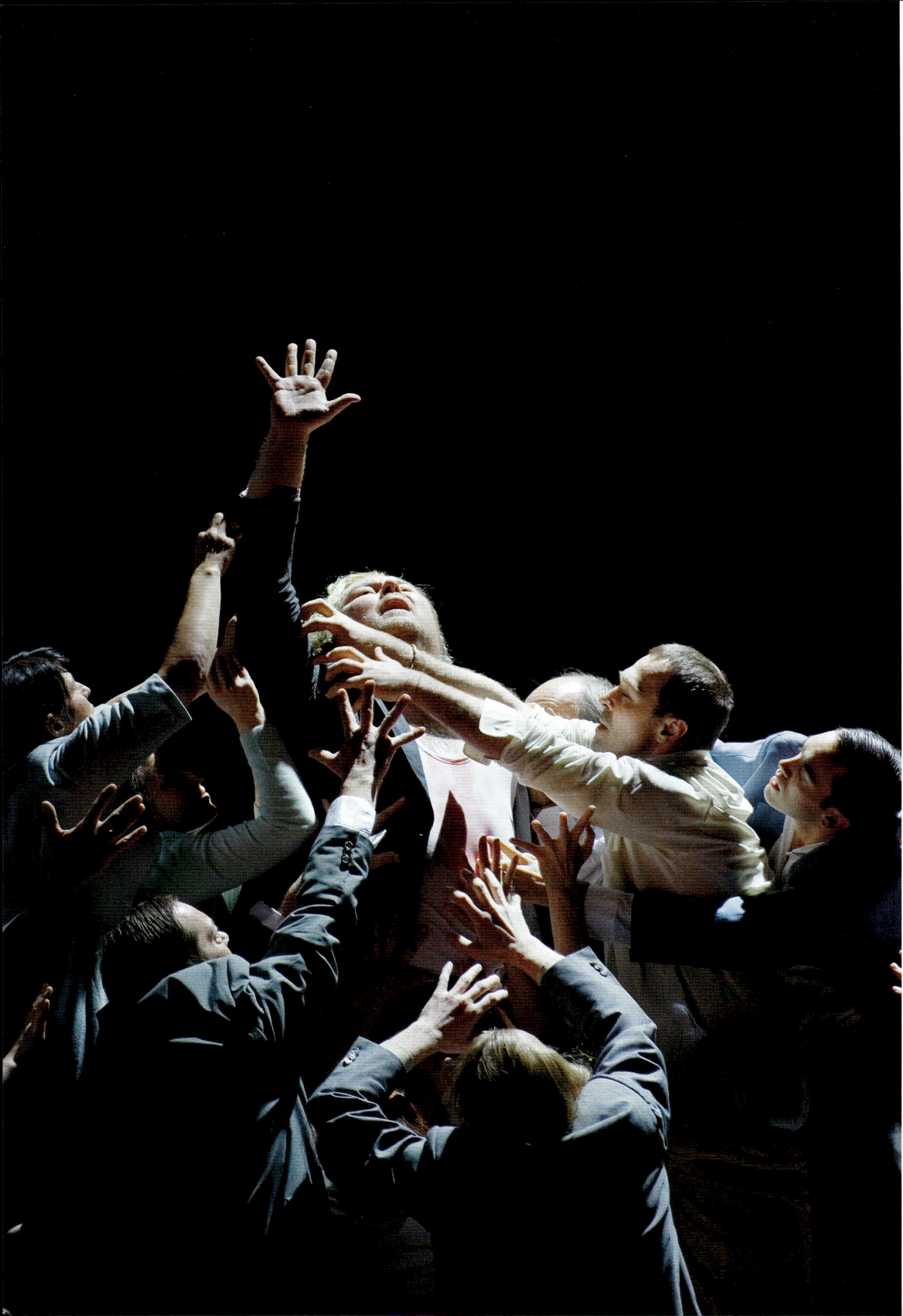

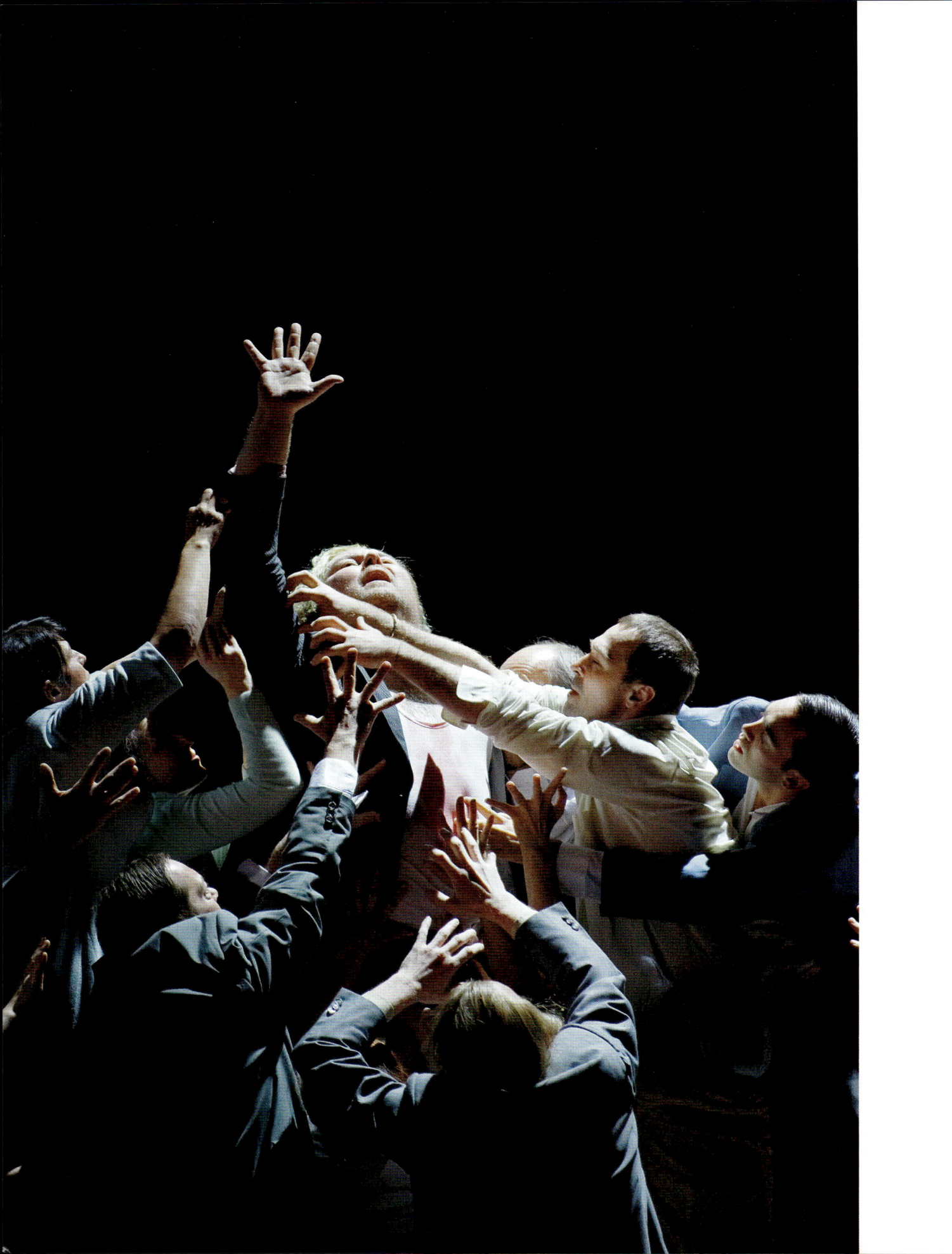

(ein GMD, dem ein erster und zweiter Kapellmeister usw. untergestellt sind) wurde von Loebe offiziell fallengelassen und durch ein »Netzwerk« von etwa 15 regelmäßiger ans Haus gebundenen Gastdirigenten ersetzt. Ganz bewusst sieht sich Loebe auch als »Dirigentenfinder«. Kirill Petrenko zum Beispiel trug zu aufregenden Abenden bei: als Dirigent etwa der düster-monumentalen CHOWANSCHTSCHINA (2005) wie als beredter musikalischer Anwalt von Pfitzners PALESTRINA (2009), der nach mehr als 50 Jahren in Frankfurt wieder neuinszeniert wurde: von Harry Kupfer zusammen mit dem Bühnenbildner Hans Schavernoch in einer interpretatorisch »starken«, den Konflikt Künstler/Politik vor dem Hintergrund des Stalinismus – verblüffend schlüssig – verschärfenden Sicht. Als ein zweigleisiger »Spezialist« von hohen Graden etablierte sich zunehmend der Frankfurter Kapellmeister Erik Nielsen – mit Stücken des 20. Jahrhunderts wie Reimanns MEDEA (2010), Brittens CURLEW RIVER (2005) und Eötvös' ANGELS IN AMERICA (2009) ebenso wie mit Händels GIULIO CESARE IN EGITTO (2012), dessen Originalklang-Eindruck nach dreieinhalb Jahrzehnten gewissermaßen viel ungezwungener und »natürlicher« wirkte als die Frankfurter Pioniertat Harnoncourts in der Gielen-Ära. Die allmähliche Erschließung des Opernœuvres von Händel (wie weiterer Exempla seiner Epoche) ist ein schöner »Running Gag« der aktuellen Frankfurter Opernarbeit. Neben weiterhin mit dem Haus verbundenen Kapellmeistern wie Andrea Marcon, Johannes Debus, Julia Jones und Roland Böer ist das markante Wiederauftreten von Friedemann Layer zu würdigen; er dirigierte feinnervig die Neuinszenierung der SACHE MAKROPULOS und des Debussy'schen PELLÉAS ET MÉLISANDE (beides 2012). Bertrand de Billy band sich als »ständiger Gastdirigent« bis 2018 an das Frankfurter Haus. Die verletzungshalber von

KULLERVO, 2011. ML: Hans Drewanz, R: Christof Nel / Ashley Holland (M.), Ensemble

Weigle abgegebene finnische Spezialität KULLERVO von Aulis Sallinen (2011) war bei Hans Drewanz in besten Händen. Ein Ereignis für sich, dass ein mitteleuropäisches Opernhaus sich so eingehend und bildstark (Regie führte kein Geringerer als Nel) einem solchen scheinbar abseitigen Phänomen widmete. Auch die Shakespeare-Oper THE TEMPEST (2010) des Engländers Thomas Adès war eine diskussionswürdige, ja eine zündende Entdeckung aus der – von hiesiger Perspektive her betrachtet – Randzone der musikalischen Moderne.

Nicht mehr als Außenseiter kann Benjamin Britten betrachtet werden, der insgesamt wohl bedeutendste Opernkomponist der letzten Jahrhundertmitte. Früher in Frankfurt nur sporadisch vertreten, bildet er nun ein deutliches Zentrum im Loebe-Repertoire, auch mit seinen kleineren Arbeiten, vor allem aber mit exponierten Stücken wie THE TURN OF THE SCREW (2002), DEATH IN VENICE (2006) und BILLY BUDD (2007). Ein anderer wichtiger Baustein ist das slawische, insbesondere das russische Opernidiom. Smetanas VERKAUFTE BRAUT (die bisher letzte Szenografie stammt von Stein Winge, 2006) gehört selbstverständlich zum eisernen Bestand, ebenso wie das Musiktheater von Leoš Janáček, das, obwohl aus der heimatlich-mährischen Folklore hervorgewachsen, den Rahmen des Nationalkulturellen längst gesprengt hat. KATJA KABANOVÁ war 2004 unbedingt wieder einmal »fällig«, und Anselm Webers Inszenierung (Dirigent: Lothar Zagrosek) zeigte, dass auch ohne die dezidiert sozialkritische Komponente Volker Schlöndorffs ein aufrüttelndes Gefühlsdrama möglich war. JENUFA erlebte 2005 ihre seit Matačić sage und schreibe fünfte Neuinszenierung – eine ähnliche Frequenz war sonst kaum den großen Mozart-Opern beschieden. Etwas unauffälliger gingen die AUSFLÜGE DES HERRN BROUČEK (2008) vorbei, deren verwegene, Zeit und Raum durchschüttelnde Skurrilitäten eines rabiateren Zugriffs bedurft hätten. Aus Nikolai Rimski-Korsakows reichem, lohnendem, im Westen ungenügend bekanntem Opernschaffen wurde nicht nur die wuchtige, für die Marfa-Sängerin Britta Stallmeister mit einer

PALESTRINA, 2009. ML: Kirill Petrenko, R: Harry Kupfer / Ensemble

veritablen Wahnsinnsarie aufwartende ZARENBRAUT (2006) präsentiert, sondern in derselben Spielzeit noch der aparte Einakter MOZART UND SALIERI, mit dem Mozart-Requiem zusammengebunden als eine legendenhaft-biografische Bühnenfantasie (Regie: Benjamin Schad). Auch Prokofjew gehört zu den weithin unentdeckten bühnenkompositorischen Kontinenten; mit dem SPIELER (2013) wagte sich Frankfurt erfolgreich auf dieses Terrain vor. Die deutschen Schwellenwerke zwischen Spätromantik und Moderne zählen zu dem, worauf sich die besondere Aufmerksamkeit von Bernd Loebe und seinem Team richtet. Von Franz Schreker führte er schon bald nach seinem Amtsantritt den SCHATZGRÄBER (2002) auf. Alexander Zemlinsky kam 2007 mit seinem bekanntesten Gespann, den griffigen, sehr gegensätzlichen kürzeren Opern EINE FLORENTINISCHE TRAGÖDIE und DER ZWERG, erstmals zum Zuge. Die szenische Realisierung hiervon stammte von Udo Samel, der zuvor auch drei Schubert-Abende in den Kammer-

SIMON BOCCANEGRA, *2007. ML: Paolo Carignani, R: Christof Loy / Pavel Smirnov (l. kniend),*
Johannes Martin Kränzle (l. stehend), Željko Lučić (M.)

spielen gestaltet hatte. Das gut vertretene italienische Repertoire wurde nicht von den Hauptwerken Verdis und Puccinis dominiert; zur Aufführung kam auch Entlegeneres, darunter an einem der in dieser Ära beliebten Einakterabende Puccinis nicht zu unterschätzendes Frühwerk LE VILLI, kombiniert mit Leonis L'ORACOLO (2009 eine weitere Talentprobe für die mit ARIANE schon zu Ansehen gelangte Regisseurin Sandra Leupold). Denkwürdig verlief die Premiere der Verdi-Oper I MASNADIERI im November 2008. Nicht,

dass der Regisseur Benedikt von Peter bereits so Frappierendes geboten hätte wie gut zwei Jahre später mit seiner Hannoveraner LA TRAVIATA. Zur zwiespältig kuriosen Attraktion geriet ein anderer Faktor. Ein kurzfristig anberaumter Streik verhinderte die tätige Anwesenheit des Orchesters. So fand die Wiedergabe kurzerhand mit Klavierbegleitung statt. Als einmaliges Ereignis eine aparte, nicht nur ärgerliche Publikumserfahrung – weniger lustig, sie sich als Regelfall vorzustellen.

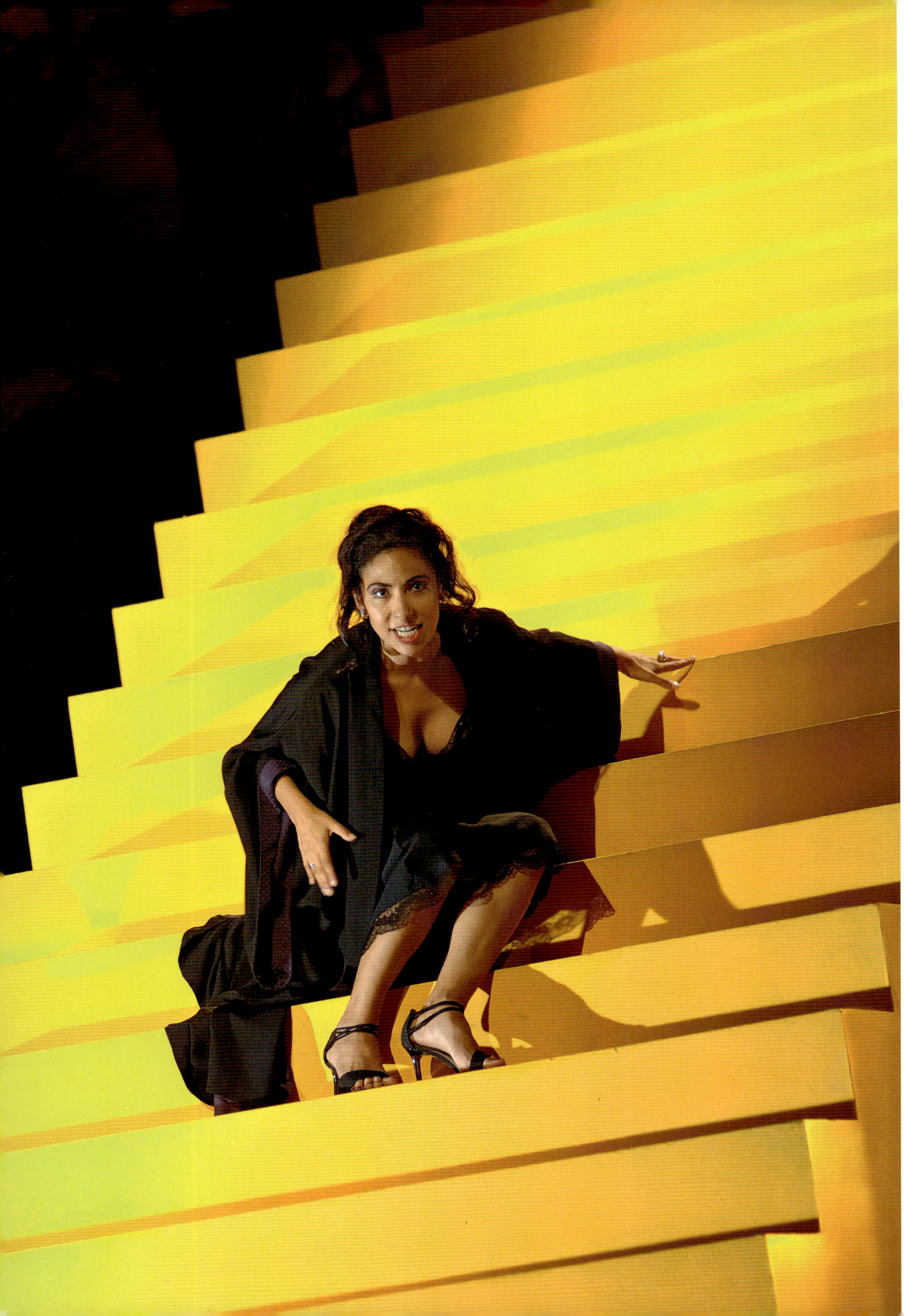

Normalität des Außergewöhnlichen

Das bei Loebe beträchtlich gewachsene Opernvolumen trug auch wieder zur Stabilisierung und Vergrößerung des Sängerensembles bei. Dieses ist nicht mehr auf die Art fixiert, dass sämtliche Stimmfächer vollständig besetzt wären, um dann die Realisierung aller anfallenden Rollen mit hauseigenen Kräften bestreiten zu können. Die »Fächer« und ihre Zuordnung auf Opernpartien stammen noch aus einer Zeit, in der Opernvorstellungen mehr oder weniger ganz nach musikalischen Kriterien geplant und arrangiert wurden. Natürlich sind die Fächer nicht obsolet geworden; nie und nimmer wird es dazu kommen, dass man den Parsifal einem Bassbuffo anvertraut, nur weil dieser die ideale Figur dafür mitbringt. Dennoch gehört es zum Stolz eines größeren Opernhauses, für seine Vorhaben jeweils die Protagonisten auszuwählen, die ihm optimal erscheinen, und sie mit besonderen Verträgen für einzelne Stücke oder eine bestimmte Anzahl von Aufführungen zu binden. Der innere Ring der fest engagierten Sänger, der äußere der mit anderen Häusern geteilten oder »frei« auf dem Sängermarkt zirkulierenden, okkasionell verpflichteten – ein ähnlich praktikabler Kompromiss wie die auch in Frankfurt funktionierende Spielplanrhythmik aus Repertoire- und Stagione-Elementen.

Im Rahmen unserer kursorischen Chronik, die sich nicht in Aufzählungen verlieren, sondern passabler Lesestoff bleiben soll, ist es nicht möglich, jede der insgesamt nahezu 350 Premieren im Beobachtungszeitraum von 50 Jahren zu erwähnen. Und erst recht können wir nicht alle markant aufgetretenen Sängerdarsteller dokumentieren. Die Auswahl der Hervorgehobenen ist subjektiv, wohl auch ungerecht. Wenn man die allergrößten Beglückungen der letzten Jahre an sich vorüberziehen lässt, denkt man sicher sofort an Christian Gerhaher, den man schon jetzt, da der Zenith seiner Laufbahn gerade erst erreicht scheint, als eine Jahrhunderterscheinung bezeichnen möchte, an Kapazität und Vielseitigkeit an einen Fischer-Dieskau nahezu heranreichend, an Opernbegabung ihn noch übertreffend. Sein hintergründiger Eisenstein in Christof Loys extravaganter Frankfurter FLEDERMAUS (2011), sein geradezu psychopathisch angenagter, dabei vokal untadeliger Pelléas in der Debussy-Oper (2012) suchen als Rollenverkörperungen ihresgleichen. Dasselbe gilt von dem amerikanischen Charaktertenor Kurt Streit, dem Premieren-Palestrina der Pfitzner-Oper (auf der CD singt er nicht) und dem Loge im RING: ganz gewiss kein Sänger für alles und jedes, sondern immer ein ganz besonderer, autoritativer Bühnen-Attraktor von spezifisch schneidendem Vokalduktus. Anders der Bariton Johannes Martin Kränzle, der in so vielen Partien in Frankfurt zu hören war – vom FIDELIO-Pizarro bis zum MAKROPULOS-Prus, vom BOCCANEGRA-Paolo bis zum PALESTRINA-Morone: Und immer ist man überzeugt, niemals sei gerade diese Figur besser und »wahrer« sängerdarstellerisch erfüllt worden. Der leichtgewichtige Mime-Tenor von Peter Marsh, der MEDEA-Jason und der Giulio Cesare von Michael Nagy, der Berlioz-Méphistophélès von Simon Bailey in LA DAMNATION DE FAUST (2010) – man möchte sie nicht missen. Ebenso wenig die charaktervollen Frauenstimmen von Silvana Dussmann (UN-BALLO-IN-MASCHERA-Amelia und TITO-Vitellia) und Michaela Schuster (als Kundry oder CALIGULA-Caesonia).

Die Riege der Regisseure zeigt sich vielgestaltig und auf hohem Niveau. Es fällt schon auf, wenn einiges schwächer gerät – wie Dale Duesings LES CONTES D'HOFFMANN (2010) oder Johannes Eraths OTELLO (2011). Immer wieder auch einmal werden neue Namen ausprobiert (David Hermann, Jan Bosse, Axel Weidauer, Katharina Thoma). Für Frankfurt neu war Jens-Daniel Herzog mit einem überraschend spannenden, von Bertrand de Billy dirigierten LOHENGRIN (2009). Der niemals als Langweiler fungierende

AGRIPPINA, 2006. ML: Felice Venanzoni, R: David McVicar / Juanita Lascarro

DIDO AND AENEAS, 2010. ML: Constantinos Carydis, R: Barrie Kosky / Anna Ryberg, Sebastian Geyer, Paula Murrihy, Britta Stallmeister (liegend), Ensemble

Keith Warner sah sich in Frankfurt nicht nur als Sachwalter des englischen Repertoires (ohne ihn wäre die Adès-Oper als Gesamtleistung nicht so eingeschlagen), sondern gab auch einer für das Haus so wichtigen Produktion wie Weigles GMD-Einstand LEAR imponierende szenische Umrisse. Das Comeback Harry Kupfers, des großen alten Mannes der DDR-Inszenatorenschule, zeigte auch nach PALESTRINA in LA DAMNATION DE FAUST und DER SPIELER nichts Verbrauchtes. Eine der persönlichsten, nachdrücklichsten Regiehandschriften überhaupt prägte auch die spätere Frankfurter Opernarbeit Loebes: die interpretatorisch avancierte und klare Räume strukturierende Inszenierungskunst von Claus Guth, exemplifiziert an einem Puccini-TRITTICO (2008), wo die Schiffsmetapher als Klammer für drei Stücke diente, die nun in der Tat nicht mehr als ein Gebinde schöner Beliebigkeiten erschienen, sondern als Bestandteile eines integralen Triptychon-Zusammenhangs. Der in psychologischen Vergangenheiten grabende Clou der DAPHNE-Exegese (2010) konnte alte Frankfurter Operngänger an die Neuenfels'sche AIDA-Archäologie erinnern. Ein künstlerischer Erfolg für Guth – trotz des von der vorigen PELLÉAS-Inszenierung herüberragenden Marthaler-Schattens – die detailreiche, konturenscharfe Neuinterpretation dieser Debussy-Oper, in der auch die betörende, quasi somnambul geführte Sopranstimme von Christiane Karg in der zweiten Titelrolle Spitzenformat zeigte.

Mit ihren hochgespannten musikalischen Kräften, ihrer szenografischen Ambitioniertheit, auch ihrer gediegenen technischen Ausrüstung, gehört die Oper Frankfurt fraglos zu den »führenden« Musikbühnen Mitteleuropas. Anders als etwa in München, steht spektakelnde Prachtentfaltung für ein sich selbst feierndes Schickeria-Publikum nicht im Vordergrund. Natürlich wäre es gelogen, wenn man dessen Existenz für Frankfurt völlig abstreiten wollte – es ist in unserer Bankenstadt ja unvermeidlich und sogar prickelnd, dass in illustren Premieren eine aufgekratzte Sekt- und »Adabei«-Stimmung waltet. Man muss also nicht damit hadern, dass, wie ein wenig in der Gielen-Zeit, keine knirschende Anspannung zu beobachten ist und man oft die leise Vermutung hat, es stehe Spitz auf Knopf, ob die Sache auseinanderbricht oder triumphal gelingt. Frankfurts Oper ist in der Ära Loebe im Vergleich zu den Gielen-Jahren sicher »ruhiger« geworden – auch, wenn mit mehr Tempo an »parallelen« Produktionen gearbeitet wird als manchmal früher. Die Palme einer in Neuland sich vorschiebenden Opernrezeption kann Loebe nicht mehr gleichermaßen wie Gielen und Zehelein in Anspruch nehmen. Das fiel schon Zehelein in seinen anderthalb Stuttgarter Jahrzehnten schwerer. Loebe amtiert in einer Zeit der (abgesehen von allen widrigen Finanzsorgen und Budget-Strangulierungen) »konsolidierten« Opernkultur. Es herrscht Konsens, dass Oper eine den Verstand und die Sinne bedeutend illuminierende Kunstform ist – vielleicht nicht nur die teuerste, sondern auch die an Motiven und Wahrheiten reichste, die zu pflegen als gesellschaftliche Aufgabe ansteht. »Was anders ist, das lerne nun auch« wird als Postulat deshalb nicht überflüssig. Die Lernschritte werden vielleicht kleiner und bescheidener. Oder es kommt auch noch ganz anders. Lassen wir uns überraschen. Prinzipiell gilt auch für die Opernkunst Leopold von Rankes Devise, jede Epoche sei »unmittelbar zu Gott«, was für unsere Bedürfnisse so übersetzbar ist, dass es jeder Generation aufgegeben sei, ihre eigene, im umfassendsten Sinne »interpretatorische« Sicht auf das Überlieferte zu entwickeln. Es ist ja auch ein gutes Indiz für allgemeinkulturelle Lernfähigkeit, dass Oper

PELLÉAS ET MÉLISANDE, *2012. ML: Friedemann Layer,*
R: Claus Guth / Christian Gerhaher, Christiane Karg

nun vielerorts mit ähnlicher Verve vonstatten geht wie in Frankfurt. Was die Stilistik und Qualität der Aufführungen betrifft, so ist Frankfurt gar nicht so sehr verschieden von Zürich oder Hamburg, ja von Bayreuth oder Salzburg, und womöglich begegnet man hier denselben Regisseurnamen wie auch schon in Mainz oder Halle. Dennoch ist Loebes Arbeit im Ganzen gesehen auch unverwechselbar. Man kann das nicht zuletzt an Strategien nachzeichnen, die doch fast auf das Herstellen von »Unikaten« hinauslaufen: dem Respekt vor vernachlässigten Werken aller Zeiten; der wünschelrutengängerischen Findigkeit, in einem scheinbar ausgebrannten Szeniker wie Harry Kupfer das Potenzial neuer, überraschender künstlerischer Energien zu erkennen.

Maria Stuart, 2011. R: Michael Thalheimer / Stephanie Eidt, Valery Tscheplanowa

Schauspiel

1963 – 1972

Der General und sein Erbe

Die Ära Harry Buckwitz und die Nachfolge Ulrich Erfurth

von Günther Rühle

Stolz war die Stadt. Am 14. Dezember 1963 war der siebenjährige Kampf für das neue Theater in Frankfurt zu Ende. Prächtig stand das gläserne Haus, Hülle für Oper und Schauspiel, am prominenten Platz – unter den Neubauten im Land ein Glanzstück. Fassadenlose Moderne. Die Eröffnung: ein Festtag.

Stolz war der Generalintendant Harry Buckwitz. Seiner Insistenz war viel, fast alles zu danken. Der Bau stand nicht nur auf gutem städtischem Grund. Er war ge- und begründet durch die Arbeit und das Glück dieses Mannes, der 1951 in die noch ruinierte Stadt gekommen war, als der pfennigzählende Stadtrat beschlossen hatte, das Theater zu schließen. Die Bürger widersprachen, sie wollten das Theater, gegen die Not der Zeit. Harry Buckwitz war gerufen, es als Generalintendant, also Herr aller Dienste, zu führen. Jetzt, zwölf Jahre später, übernahm er das neu errichtete Haus. Das Frankfurter Theater galt wieder etwas im Land. Selbst die Oper, die der neue General erst für eine antiquierte Kunst, dann für eine lukullische Abteilung hielt, war mit dem jungen Generalmusikdirektor Georg Solti glückhaft besetzt. Das ausgebrannte Schauspielhaus wurde für sie wieder hergestellt, Solti begründete bald neu ihren Ruhm.

Der Generalintendant hatte Kopf und Herz fürs Schauspiel. Bis zum Spielverbot 1937 war er selbst Schauspieler (Faust in Augsburg). Fast zwölf Jahre lang – seit 1951 – hatte er auf der Behelfsbühne in der Börse, dem sogenannten Nudelbrett, mit einer imponierenden Mannschaft nicht nur interessantes, auch bewegendes, oft aufregendes, mitunter erschütterndes und auch kühnes Theater gemacht. Und das gegen die wachsende, starke Konkurrenz im Darmstädter Theater, wo Gustav Rudolf Sellner zur gleichen Zeit angetreten war und eine radikale Moderne zu erproben schien, die bald viele Frankfurter in den Bann schlug. Sellner baute selbst Kunstwerke als Attraktionen seiner Bühne. Buckwitz sammelte Stücke und Menschen und bot an, was er als wichtig erachtete. Er hatte beim Theaterfürsten

FAUST I, *1963. R: Heinrich Koch / Hans Caninenberg, Hans Dieter Zeidler*

Saladin Schmitt in Bochum noch die Achtung vor der Klassik gelernt und nach dem Krieg in München an den Kammerspielen die Theaterverwaltung geprobt. Aus der Arbeit mit Erich Engel, dem Brecht-Freund, hatte er den Impuls zum zeitnahen, zeitkritischen Theater mitgebracht und vom Remigranten Brecht, den er 1950 in München traf, die Überzeugung, dass publikumskonformes Theater langweiliges Theater ist; dass man am Horizont und schon jenseits des Zeithorizonts des Publikums spielen muss. Nur so hat es Funktion. Die Frankfurter Wahl erwies sich als gut.

Der General

Der Generalintendant – »General« nannte man ihn bald im Haus, schlanke Erscheinung, exakt gekleidet, starke, leicht dröhnende Stimme, autoritative Strahlung, ein Herr, Tendenz patriarchalisch, bürgerlich, doch linksliberal inspiriert – wusste, dass man in Frankfurt das heroische Deklamationstheater der NS-Zeit nicht mehr wegspielen musste, das hatten Richard Weichert und Heinz Hilpert schon getan. Es war die Zeit, in der es galt, Themen zu setzen, neues Denken in Gang zu bringen und den Gesichtskreis wieder zu weiten. In seiner Antrittsrede 1951 hatte er seine Aufgabe so definiert: den »invaliden Frankfurter Betrieb wieder gesund machen, Richtlinien und Impulse geben, Enthusiasmus entzünden, Initiator sein«. Er hielt sich daran.

Er holte Lothar Müthel als Schauspieldirektor. Das war 1951 ein Wagnis. Müthel war bei Gründgens am Staatstheater Berlin, nach 1938 Burgtheaterdirektor gewesen und hatte im NS-Staat eine prominente Rolle gespielt. Er war aber ein sicherer Inszenator großer, klassischer Stücke; seine Beziehungen und Kenntnisse waren wichtig für den Ensembleaufbau. Im Hause blieb Regisseur Richard Weichert, aus Berlin zurückgekehrt, in den 20er-Jahren Intendant in Frankfurt; er konnte alles und mit Temperament,

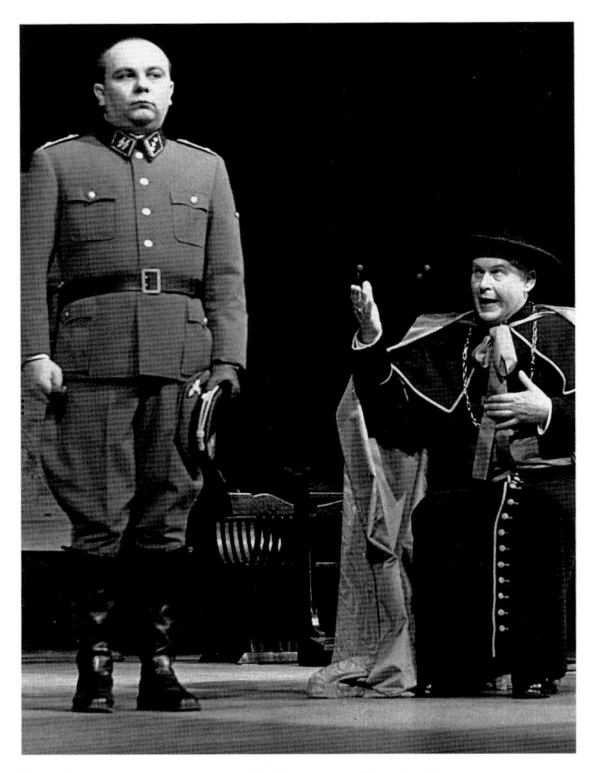

DER STELLVERTRETER, 1964. R: Imo Moszkowicz /
Hans Korte, Hannsgeorg Laubenthal

SEID NETT ZU MR. SLOANE, 1965. R: Hesso Huber /
Käte Stave, Jodoc Seidel, Alwin Michael Rueffer

vom Klassiker bis zur Klamotte. Es erschienen im Lauf der ersten Jahre als Regisseure: der alt-geübte Berliner Ernst Legal, Heinrich Koch (Sellners ehemaliger Schauspieldirektor in Hannover), Paul Verhoeven aus München. Wer Anfang der 50er-Jahre Theater machen wollte, kam ohne die Kräfte aus dem Dritten Reich nicht aus. 1950 war die Entnazifizierung abgeschlossen, alles wurde Vergangenheit. Buckwitz führte ein offenes Haus. Er war selbst ein Rückkehrer in die Szene. Als Leo Mittler aus dem Exil zurückkam, inszenierte er bei Buckwitz (DAS HEISSE HERZ von John Patrick u.a.). Zurück aus Amerika kam auch Erwin Piscator; der gestempelte Kommunist hatte es schwer in diesen Jahren des Kalten Krieges. Erst inszenierte er Sartres IM RÄDERWERK, später Sternheims 1913, Hans Henny Jahnns Atomstück DER STAUBIGE REGENBOGEN, Sartres DER TEUFEL UND DER LIEBE GOTT und von Genet DER BALKON. Fritz Kortner setzte 1956 Max Frischs GRAF ÖDERLAND in Szene, der durchdrehende Staatsanwalt war Bernhard Minetti. Rudolf Noelte brachte Shaws PYGMALION auf die Bühne. Das waren immer Besonderheiten in einem auch ansonsten anspruchsvollen Programm. Die Theater waren damals Schleusen für die aufgestauten Stücke von draußen, von Wilder, O'Neill, Williams und Miller, von Anouilh, Sartre, Camus, Claudel, Mauriac, Eliot, Fry bis zu Beckett und Ionesco. Für Stücke also, die Blicke eröffneten in die bisher feindlichen Länder, die ein anderes Denken und Empfinden vermittelten, mit den neuen Themen neues Bewusstsein bildeten. Man brauchte dafür Regisseure, die sich auf die wechselnden Themen, Formen und Spielweisen einlassen konnten. Der sorgfältige, literarisch sehr gebildete Gerhard F. Hering, der muntere Arno Assmann, der ernste Imo Moszkowicz u.a. inszenierten sich in Frankfurt in ihre späteren Karrieren.

DER SPIELVERDERBER, 1967. R: Heinrich Koch / Richard Bohne, Werner Eichhorn, Franz Gary

Spannungen des Spielplans

Buckwitz, der nie der erste und beste Regisseur im Haus sein wollte (oder es nicht zugab), dachte für die Präsentation seines Spielplans in polaren Spannungen. Müthel hatte die Ära Buckwitz mit Goethes EGMONT eröffnet, Buckwitz folgte gleich mit Giraudoux' DIE IRRE VON CHAILLOT; Müthel machte groß die IPHIGENIE IN DELPHI von Gerhart Hauptmann und Buckwitz setzte wieder DER GUTE MENSCH VON SEZUAN von Brecht dagegen. Müthel inszenierte HAMLET und Buckwitz die Uraufführung des WILHELMUS, PRINZ VON ORANIEN von dem ehrwürdigen Fritz von Unruh. Gegen Müthels PRINZ VON HOMBURG setzte Buckwitz das Kriegsstück von Charles Morgan DIE UNSICHTBARE KETTE. Als Heinrich Koch später Schauspieldirektor war, wurde es kaum anders. Koch: Ibsens PEER GYNT, Buckwitz: FRANK DER FÜNFTE von Dürrenmatt. Koch: Kleists PENTHESILEA, Buckwitz: Frischs ANDORRA. Zur Eröffnung des neuen Hauses wurde die Konfrontation besonders deutlich.

Müthel und Koch bauten das klassische Repertoire. Buckwitz war für die Gegenwart zuständig (klassisch nur, wenn es sozial knallte: Er machte bald eine sehr gute Inszenierung der RÄUBER). Das waren Stationen eines konkurrierenden Kampfes, in dem das Schauspiel in Frankfurt zu einer Bühne wurde, die mit Barlogs Theater in Berlin, mit Stroux in Düsseldorf, mit Schweikart in München vergleichbar war. Diese drei führenden Bühnen (diesseits von Gründgens in Hamburg) hatten das gleiche Ziel: Neubau des klassischen Repertoires und Anschluss an die Welt. Bei Buckwitz kam ein Drittes hinzu: ein kritisches Verhältnis zu den dramatischen Vorgängen auf der Bühne und in der Welt einzuüben. Das reichte weit. Von Wilders WIR SIND NOCH EINMAL DAVON-

DIE DREIGROSCHENOPER, *1965. R: Harry Buckwitz / Hans Korte, Edith Teichmann (r.)*

Don Juan oder Der steinerne Gast, 1966. R: Jean-Pierre Ponnelle / Rudolf Krieg, Peter Eschberg, Franz Kutschera

gekommen über Hexenjagd bis zu Robert Penn Warrens Blut auf dem Mond (amerikanischer Präsidentenwahlkampf), ein Herzstück von Buckwitz' zeitnahem, oft politisch wirkendem Programm, mit dem er die Neigung zum literarischen Theater gerne überschritt. Buckwitz' Maxime hieß: »Nicht in Reminiszenzen schwelgen, Vorstöße in die Zukunft wagen.«

Bertolt Brecht

Mit seiner beharrlichen Durchsetzung Brechts im Westen gab Harry Buckwitz das Beispiel. Im Kalten Krieg wurde Brecht mit der DDR identifiziert. Es hieß, er stütze das kommunistische Regime »drüben«. Die erste Aufführung in Deutschland von Brechts Der gute Mensch von Sezuan war in Frankfurt 1952. Im Frankfurter Stadtrat verlangte man die Absetzung von Brechts Stück. In der Stadt wurden Proteste organisiert. Im April 1955 (Brecht war gerade vor Ort) kam die westdeutsche Erstaufführung vom Kaukasischen Kreidekreis, im März 1957 die Uraufführung der Gesichte der Simone Machard und danach die Mutter Courage mit Therese Giehse. Im Mai 1959 Schweyk im Zweiten Weltkrieg (mit Hanns Ernst Jäger und Lola Müthel, unvergesslich) und im Herbst 1960 Galileo Galilei. Hans Dieter Zeidler spielte den Galilei. Zeidler war ein kräftiger, mächtiger, aber auch wieder zarter Kerl, der erste Schauspieler im Haus. In Kochs Grabbe-Inszenierung war er ein exzellenter Hannibal. Die Uraufführung von Shakespeare / Brechts Coriolan inszenierte Heinrich Koch. Frankfurt war der Hauptort für Brecht. Man sah hier mehr von ihm als in seinem Berliner Ensemble.

ROMULUS DER GROSSE, *1965. R: Heinrich Koch /*
Hannsgeorg Laubenthal, Rosemarie Gerstenberg

An Bereitschaft zum Konflikt fehlte es in Frankfurt nicht. Als noch alle im Schrecken vor Hochhuths STELLVERTRETER, der den Papst anklagte, erstarrt waren, entschloss sich Buckwitz zur ersten Nachaufführung. Imo Moszkowicz inszenierte das brisante Stück unmittelbar nach Eröffnung des neuen Theaters. Den Pater Riccardo spielte Michael Degen, den Papst Pius XII. Hans Caninenberg. In der Aufführung hielt man den Atem an. In der Stadt ließen die Proteste nicht auf sich warten. Das Theater in Frankfurt war seit den 20er-Jahren, neuerdings wieder von Brecht her, an emotionale Brandung gewöhnt.

Der in seinem Anspruch an Arbeit, Haltung und Moral konservative Harry Buckwitz öffnete das Theater auch früh für Ionesco und Beckett, die er selbst nicht mochte. Zuständigkeit: Heinrich Koch. Buckwitz' gereizter gesellschafts- und sozialkritischer Impetus und Heinrich Kochs ästhetisch-geistig anspruchsvolle Inszenierungen (wie Claudels DER TAUSCH und MITTAGSWENDE oder Lord Byrons KAIN) und seine Lust am Grotesken und am Experiment machten damals das Gesicht des Frankfurter Theaters aus. Buckwitz' Kernsatz hieß: »Es ist wichtiger, was man spielt, als wie man es spielt.« Kochs schweigende Antwort hieß: »Erst das Wie macht sichtbar, was man spielt.« Sie waren gute Partner, auch im Gegensatz. Die Premieren wurden dadurch in der Stadt wieder zum spannenden Erlebnis.

Das alles gab – von Müthels Inszenierung des WALLENSTEIN bis zu Kochs schöner, großer Inszenierung von Dürrenmatts BESUCH DER ALTEN DAME (mit Roma Bahn) – dem Verlangen, dem Schauspiel ein eigenes Haus zu bauen, den nötigen Nachdruck. Nach jahrelangen Debatten kam 1959 endlich das Ja. Für das neue Theater fiel sogar (fast schmerzlos) die schöne Jugendstilfassade des in den Neubau einzubeziehenden alten Schauspielhauses. Denn aus dem ästhetischen Zukunftsgeist der 50er-Jahre baute man ein gläsernes Wunschhaus für die 60er. Es repräsentiert bis heute, wie groß man damals vom Theater in der neuen Gesellschaft dachte. Man hatte und hat bis dato keinen anderen Namen dafür als das unmögliche »Theaterdoppelanlage«.

Ein gläsernes Wunschhaus

Stolz führten Generalintendant und Schauspieldirektor, führten Buckwitz und Koch schon im Frühjahr 1963 das fast fertige Haus vor: große Foyers, gemeinsame Werkstätten. Die eingebaute Oper hatte – alter Stil – erneuerte Ränge, 1200 Plätze. Im Schauspiel gab es jetzt ein großes Bergauditorium ohne Rang mit 900 Plätzen. Die Bühne: eine Raumbühne, weit und tief, die Auftritte von oben, unten, vorne, hinten und aus dem Zuschauerraum erlaubte, tief gelegt wie keine andere in Deutschland. Geeignet für Draufsicht, choreografische Regie, das Portal veränderbar, Rampe überbaubar, Vorbühne möglich durch Hubpodien, auch Arenabühne oder Guckkasten konnten hergestellt werden. Die Drehbühne verschiebbar, der Bühnenboden insgesamt zu heben. Durch Absenken entstanden variable Orchesterräume. Beträchtliche Seitenbühnen. Bildwechsel durch Heben, Senken, Schieben. Züge nach oben: auch technisch ein Wunderwerk. Und an der Rückseite des neuen Hauses gab es ein kleines Juwel: die Kammerspiele. Entsprechend der Tendenz zum kleinen Stück. Insgesamt waren das 600 Plätze mehr.

Die heitere Eröffnung war am Vormittag des 15. Dezember 1963. Da sprachen die Dichter aller Zeiten miteinander und Brechts Satz stach: »Des Menschen Schicksal ist der Mensch.« Abends glänzte das Haus im Licht: ein gläsernes, vom Publikum belebtes Gehäuse, Schau- und Kunstwunschkasten von außen. Von innen sah man, geborgen im Kunsthaus, draußen die Wirklichkeit der wachsenden Geldwelt: eine Kunststadt in der Geldstadt. Im lang gezogenen hohen Foyer gab es einen Himmel aus goldenen Wolken, ein Kunstwerk von Zoltán Kemény, dem Ungarn, das Stadtgespräch wurde und seitdem verstaubt. Und im Zentrum: das bestellte Bild von Chagall: die Welt als Zirkus. – Stolz war die Stadt.

Die Eröffnung huldigte Frankfurts Dichter: Heinrich Koch inszenierte Goethes FAUST I. Koch war ein Regisseur von Essenzen, von gefiltertem Text, weniger von Dramen und Menschen. Er las, sah und dachte anders: Sein Mephisto war ein wüster Kerl, ein Herr der Ratten und Mäuse, der gegen Gott Anspruch erhob auf die Erde. Eine Naturkraft, die den Geistmenschen Faust mit den zwei auseinanderstrebenden Seelen auf seine Natur herunterbrach und über Lebenslust und Gretchen-Eros in seinen Bann schlug. Geist und Natur: eine philosophische Spannung, kosmisch-irdisch angeboten. Mephisto war der kräftige Hans Dieter Zeidler, Faust der feinsinnig-geistige Hans Caninenberg: eine durchdachte Besetzung.

HERR PUNTILA UND SEIN KNECHT MATTI, 1966. R: Harry Buckwitz / Hans Dieter Zeidler, Peter Kuiper

Alles sehr subtil, zögerlich schön vorgebracht. Koch trug die Bemühung um ein geistiges Theater aus den 50ern noch weit in die 60er-Jahre. Sein FAUST II war der letzte, der bis jetzt in Frankfurt diesen poetischen Kosmos wirklich erlebbar machte.

Buckwitz setzte gegen FAUST Brechts DIE HEILIGE JOHANNA DER SCHLACHTHÖFE. Mauler, der Herr der Schlachthöfe, war der moderne Faust, der mephistophelische Schaffer, jenseits aller Humanität, mit der die Ungerechtigkeit in der Welt zwar zu mildern, aber nicht zu beseitigen ist. Der raue Franz Kutschera spielte den Mauler. Kutschera kam »von drüben«,

– 133 –

Volksbühne Ostberlin. Buckwitz nahm gern Schauspieler von drüben. Sie spielten konkreter. Goethe / Brecht: Das war eine Frankfurter Polarisierung. Die Eröffnung des Hauses war die Sternstunde der Buckwitz'schen Intendanz. Es stand das Haus für die Zukunft. Und in dieser als ihr Denkmal.

Die Kammerspiele: Ein kleines Juwel

Man merkte bald die Probleme. Es erwachte das kleinste Theater im Haus: die Kammerspiele. Mit Ionescos Der König stirbt, John Ortons Seid nett zu Mr. Sloane, Lorcas Doña Rosita bleibt ledig oder Nestroys Der Talisman hatte man bald kleine Trümpfe. Hier kamen die neuen Autoren mit ihren kleinen Stücken ans Licht. Hans Günter Michelsen mit Helm oder Lappschiess: eine Frankfurter Entdeckung.

Aber: Wie war im großen Schauspielhaus die weite Raumbühne zu füllen und zu beherrschen? Ein Problem bis heute. Heinrich Koch nutzte sie gern, für Faust II, für Romulus der Grosse. Und Hans Bauer für die vehemente Zimmerschlacht Wer hat Angst vor Virginia Woolf: Lola Müthel gegen Siegfried Wischnewski, unvergesslich. Doch vieles, wie Cristinas Heimreise von Hofmannsthal, verlor sich. Selbst Harry Buckwitz hatte Schwierigkeiten. In seinem Hamlet (mit Michael Degen – von dem er sich die Krönung seiner Regiearbeit erhoffte) erdrückten die Bauten die Personen. Brechts Dreigroschenoper brachte Buckwitz auf ein Volumen (Brecht-fern, gleichwohl beeindruckend), als inszeniere er große Oper. Buckwitz drängte gern ins Große. Er inszenierte oft, wie er seine Worte setzte, nicht brechtisch-nüchtern. Aber auf keiner deutschen Bühne sah man so viel von Brecht wie in Frankfurt. Im neuen Haus setzte er nach Brechts Hofmeister und Puntila eine packende Aufführung vom Aufstieg und Fall der Stadt Mahagonny in Szene. Er hatte Lust an der Oper bekommen. Vorsichtig, mit Kiss Me, Kate hatte er 1955 angefangen, drei Jahre später mit Scherchen schon Der Wüstling (The Rake's Progress) von Strawinsky gemacht, später mit Solti Fidelio. Und nach Soltis Abschied 1960 zum Beispiel Macbeth (hohe Besetzung: Inge Borkh, Theo Adam, Ernst Gutstein), Herzog Blaubarts Burg von Béla Bartók und 1966 den Freischütz. Als Opernregisseur musste Buckwitz sich gegen Wieland Wagner, Hans Hartleb, Walter Felsenstein, Otto Schenk und Jean-Pierre Ponnelle behaupten: lauter erste Kräfte. Sie machten die Frankfurter Oper. So »zweispurig« war Buckwitz doch auch künstlerisch der General im Hause – und reichte schon darüber hinaus: Er inszenierte inzwischen in Recklinghausen, München, Genf und London. Der Apparat in Frankfurt »lief«. Zwei Jahre nach der Eröffnung des neuen Hauses hatten die Bühnen 778 000 Besucher, 88 Prozent Platzausnutzung in der Oper, 80 Prozent im Ballett und 94 Prozent im Schauspiel: Traumwerte! 995 Vorstellungen pro Spielzeit, 2540 Plätze jeden Abend. Es war eine Theaterfabrik, die man gebaut hatte.

Nach der Bauabrechnung kam die Betriebsrechnung. Das Geld reichte nicht. Der Gesamtetat lag bei 13,6 Millionen Mark. Das war bald zu wenig. 2,2 Millionen waren nachzubewilligen, auch sie reichten nicht. Buckwitz musste Gehaltserhöhungen von acht Prozent auffangen. Er brauchte weitere 900 000 Mark und kämpfte mit der Stadt. Als er auf ein »Nein« stieß, schlug er vor, die Theater zu schließen. Die Verhandlungen nervten. Es kam damals, 1965/66, vieles zusammen.

Ein schroffes Ende

Seit 1963 veränderte sich das Theater in Westdeutschland. Hochhuths Stellvertreter war ein Zeichen. Noch lief das bisherige Theater gut. Helmut Käutner inszenierte noch einmal glanzvoll Des Teufels General, den Hilpert in Frankfurt 1948 zum ersten Mal in Deutschland gezeigt hatte. Koch hielt mit dem Prinzen von Homburg und Iphigenie Anspruch und Linie bis zuletzt, obwohl er an den neuen kleinen »absurden« Autoren Spaß hatte. Damals kam ein Stück ins Haus, das nicht nur Buckwitz mit Befremden zur Kenntnis nahm. Das war kein Theater mehr, wie er, Buckwitz, es verstand: nämlich klare, schicksalhafte Handlung, deutliche Personen, dra-

HAMLET, 1965. R: Harry Buckwitz / Michael Degen (r.), Siegfried Wischnewski und Rosemarie Gerstenberg (hinten), Ensemble

matische Konstellationen, gesellschaftliche Relevanz. Er erzählte gern große Geschichten auf dem Theater. Gerade dieses Stück, das er verwarf, hatte Erfolg und setzte die Stadt in Stimmung, drüben im TAT. Es war die PUBLIKUMSBESCHIMPFUNG von Peter Handke. Regisseur: Claus Peymann, ein Feuerkopf.

Überall tauchten damals neue, junge Regisseure auf: Heyme in Wiesbaden, Zadek in Bremen, Peymann in Frankfurt, Stein in München. Buckwitz ärgerte sich über die Kritik in Frankfurt. Sie beklagte Spannungsverlust im Haus, Fehlgriffe im Spielplan, schlappe Vorstellungen. Nach seiner Inszenierung

Viet Nam Diskurs, 1968. R: Harry Buckwitz / Joachim Böse (M.), Peter Brombacher (2. v. r.), Werner Eichhorn (r.), Ensemble

von Brechts Puntila, die nur ein halber Erfolg war, sagte Buckwitz: Genug, mir reicht's, ich gehe, 1968 ist Schluss! Als er im Frühjahr 1967 aus Dallas (USA) zurückkam (er inszenierte dort Brechts Kaukasischen Kreidekreis), zeigte er den Frankfurtern mit Kleists Stück, dass der Krug zerbrochen war. Da begann schon die mühsame Suche nach einem Nachfolger. In die Schlussstimmung hinein inszenierte Buckwitz seinen starken Abgang: Von Max Frisch gab es ein neues Stück, Biografie. Buckwitz brachte die deutsche Erstaufführung auf die Bühne. Das intellektuelle Stück (Thema: Wer bin ich eigentlich?) kenterte trotz seiner guten Inszenierung an der neuen Zeitstimmung, die Anfang 1968 auf Protest, Aufstand, Ich-Bewusstsein und Gesellschaft aus war. Doch sein Schlussstück gab nochmals Feuer: Trotz schürte den Mut, das zu machen. Der Vietnam-Krieg schwappte in dieser Entscheidungsphase mit dem Fernsehen in die deutschen Wohnstuben. Die Stimmung war gegen den Vietcong. Buckwitz setzte noch einmal an und inszenierte den Viet Nam Diskurs von Peter Weiss. Ein Stück gegen die Amerikaner, für den Vietcong. Vietcong-Fahnen auf der Bühne – Proteste in der Stadt. Dieses Schlussstück charakterisierte den Weg des Buckwitz-Theaters. Das gesellschaftskritische Theater mündete ins Politische. Er bereitete den Weg. Es war für Buckwitz ein starker Abgang. Das Frankfurter Theater bekam noch einmal zentrale Bedeutung. 20. März 1968. Ein schroffes Ende. Trist wurde das Nachspiel.

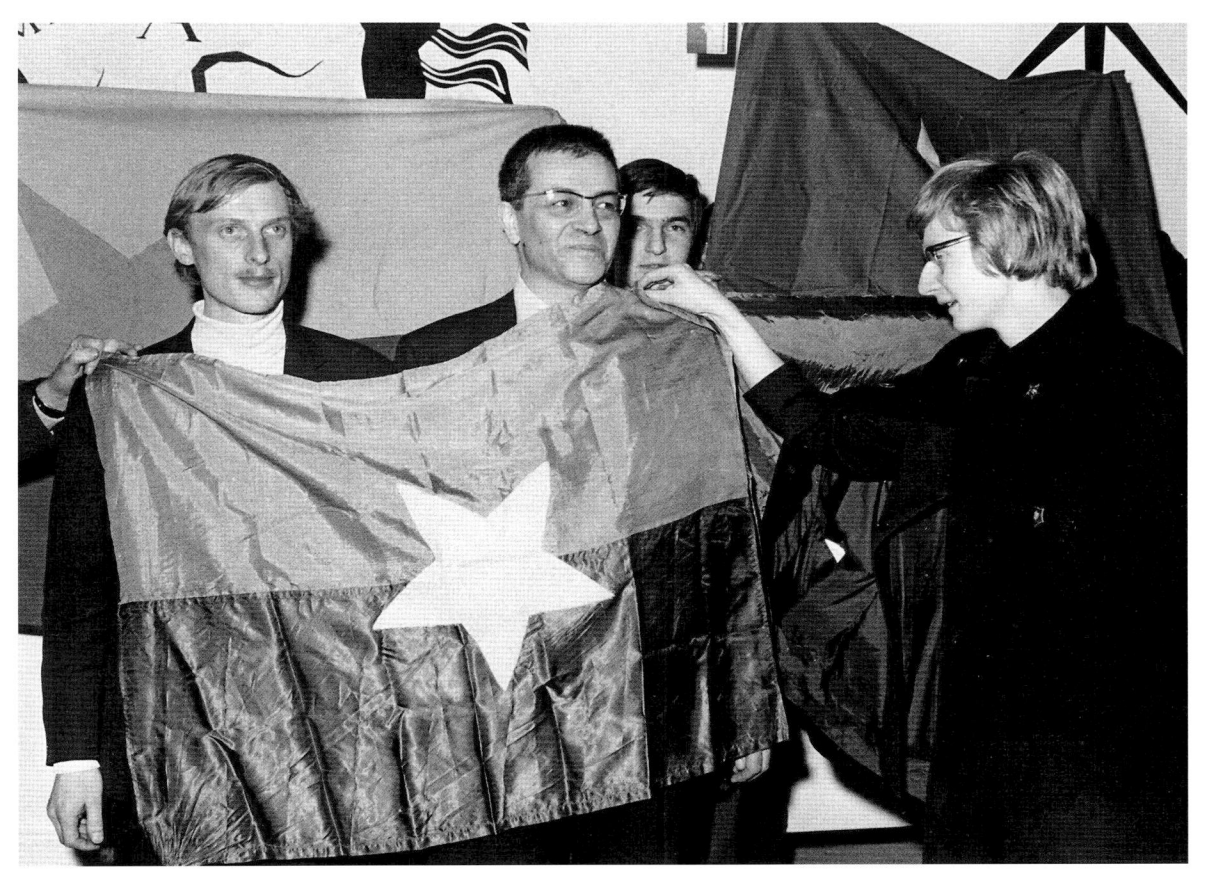

Peter Weiss (Mitte) nach der Uraufführung seines Stückes Viet Nam Diskurs, *1968. Eine Gruppe von Demonstranten entfaltet Vietcong-Fahnen auf der Bühne.*

Der Nachfolger

Ein Nachfolger für Buckwitz war inzwischen gefunden. Mühsam. Man einigte sich – nach einigen Absagen – auf die kleinstmögliche Lösung. Gewählt wurde ein umtriebiger Mann mit imponierender Vergangenheit, Stellvertreter von Gründgens, Regisseur in seinem Haus, zuletzt Vizedirektor des Burgtheaters: Ulrich Erfurth. Nicht ganz unbekannt in Frankfurt. Seelenwanderung von Karl Wittlinger hatte er in den Kammerspielen uraufgeführt. Zum Ausklang der Ära Buckwitz und als Übergang in seine eigene inszenierte Hannes Tannert die bewährteste Klamotte des deutschen Theaters, den Raub der Sabinerinnen. Man rätselt bis heute, was sich beide Intendanten da ausdachten. Bei Buckwitz (»Es ist wichtiger, was man spielt, als wie man es spielt«) kann es nur Trotz oder Hohn gewesen sein. Der Raub der Sabinerinnen war die letzte Vorstellung seiner Ära. Beide Intendanten planten den gemeinsamen Auftritt. In der Pause der Sabinerinnen, wenn Theaterdirektor Striese in der bunten Unterhose den Lachknaller gesetzt hatte – aber der neue Intendant kam nicht. Buckwitz sprach alleine. Er bedankte sich bei der Stadt für die eingeräumten Möglichkeiten, quittierte sich selbst, dass die 17 Jahre erfüllt waren von »lustvollem Sich-Engagieren« und seinem Bemühen, Oper und Schauspiel Frankfurt »internationalen Ruf« zu verschaffen. Er dankte vor allem den Technikern des Hauses, sprach von Enttäuschungen,

Intrigen, von der Mühe, »die jeweils richtige Fahne in den richtigen Wind zu hängen«. Vom Enthusiasmus der Rede von 1951 war nichts mehr zu spüren, Bitterkeit hing zwischen den Sätzen. Die anwesenden Verantwortlichen der Stadt durften sicher sein, der Nachfolger würde weder eine ERMITTLUNG noch einen VIET NAM DISKURS inszenieren. Peinvoller, demütigender konnte der Abschluss dieser im Ganzen doch starken Ära Buckwitz nicht sein. Der kommende Intendant strahlte bald von allen Litfasssäulen der Stadt. Man erschrak vor dem bärtigen Lächeln.

Fern der Gegenwart

Ulrich Erfurth kam mit Elan, als wolle er schnell die Stadt erobern. Er brachte Schauspieler aus dem Gründgens-Ensemble mit, kündigte Antje Weisgerber und Elisabeth Flickenschildt an. Er wollte ein dem Publikum nahes, belebtes Theater machen. Gerne hätte er Richard Münch als Schauspieldirektor gehabt, Gründgens hatte ihn einst entdeckt und aufgebaut. Ein starker, wirkungsvoller Schauspieler, inzwischen auch Regisseur. Dann entschied Erfurth sich doch für Dieter Reible. Reible hatte bei Buckwitz einige wenige Inszenierungen gemacht, eindrucksvoll KABALE UND LIEBE, mit der Entdeckung Kirsten Dene. Erfurth baute auf ihn, dass er die zeitkritische Tendenz der Buckwitz-Zeit weiterführe. Weder er noch Münch hatten Sinn dafür, und Reible hatte große Pläne. Er zeigte sich mitgerissen von den Vorgängen draußen. In Prag wurde gerade der Prager Frühling erstickt, Einmarsch der Russen und Hilfe aus der DDR. Hastig suchte Reible mit den Schauspielern zu Weiss' VIET NAM DISKURS etwas Entsprechendes, einen »CSSR-Diskurs«: Das Theater wollte eine schnelle Antwort. Aber man sah nur eine hastig zusammengestellte Collage, den politischen Fall dokumentierend, obwohl wichtige Dokumente fehlten. Eilfertige Hilflosigkeit enttäuschte ein junges, anscheinend neues Publikum.

Die offizielle Eröffnung der Ära Erfurth war Goethes GÖTZ VON BERLICHINGEN. Reible, nun politisch engagiert, mehrte und verstärkte die Bauernauftritte; Bauern zitierten Luther und Müntzer, die Zwischenszenen rückten Götz aus dem Zentrum, der Abend brauchte Kraft und verlor sie. Erfurth zeigte sich als Regisseur auf einer anderen Bahn: Er setzte DAME KOBOLD von Calderón in Szene, ein weibliches Lock- und Versteckspiel mit drehbarem Wandschrank. Franz Peter Wirth inszenierte das alte spanische Hurenstück LA CELESTINA von Fernando de Rojas für die Flickenschildt, eine starke Nummer, fern der Gegenwart. Reible eröffnete einen kritischen Shakespeare-Zyklus nach dem Modell von Strehlers SPIEL DER MÄCHTIGEN mit Shakespeares Richard II. Es waren saubere, kräftige Arbeiten, kostümiert, aber: trocken, ohne Inspiration. Ordentliches Stadttheater. Selbst Helmut Käutner kam mit Williams' CAMINO REAL (Sellners Glanzstück in Darmstadt, ein Traumspiel mit Don Quijote und literarischen Figuren) in Frankfurt nicht weit. Es war zu sehen: Das Theater blieb hinter den Vorgängen draußen zurück und war seinerseits nicht kräftig genug, standzuhalten. Das Interessante geschah draußen. Der junge Hans Neuenfels erschien in Heidelberg, Fassbinder in München, bald in Bremen, Zadek übernahm das Theater in Bochum. Ein Vorschlag aus der Frankfurter Kritik sollte Erfurth helfen (oder ihn retten): Ein junges Direktorium für Schauspiel wurde gebildet. Reible blieb, neu kamen Claus Peymann (vom TAT) und Peter Stein, der von den Münchner Kammerspielen wegen Geldsammelns für den Vietcong entlassen worden war. Beide hatten mit ihren Inszenierungen Aufsehen erregt. Erfurth sagte Nein und bemühte sich um einen Vertrag mit Münch. Dem wurde zugestimmt. Münch kam, und die Entfremdung des Theaters von den sich gerade in Frankfurt stark verändernden Szenen draußen verstärkte sich. Deshalb zählten auch gelingende Inszenierungen wie DIE HEIMKEHR von Pinter, Heiner Müllers PHILOKTET (Regie: Hans-Joachim Heyse)

DIE ACHARNER, 1969. R: Ulrich Brecht / Hans Richter (l.), Ensemble

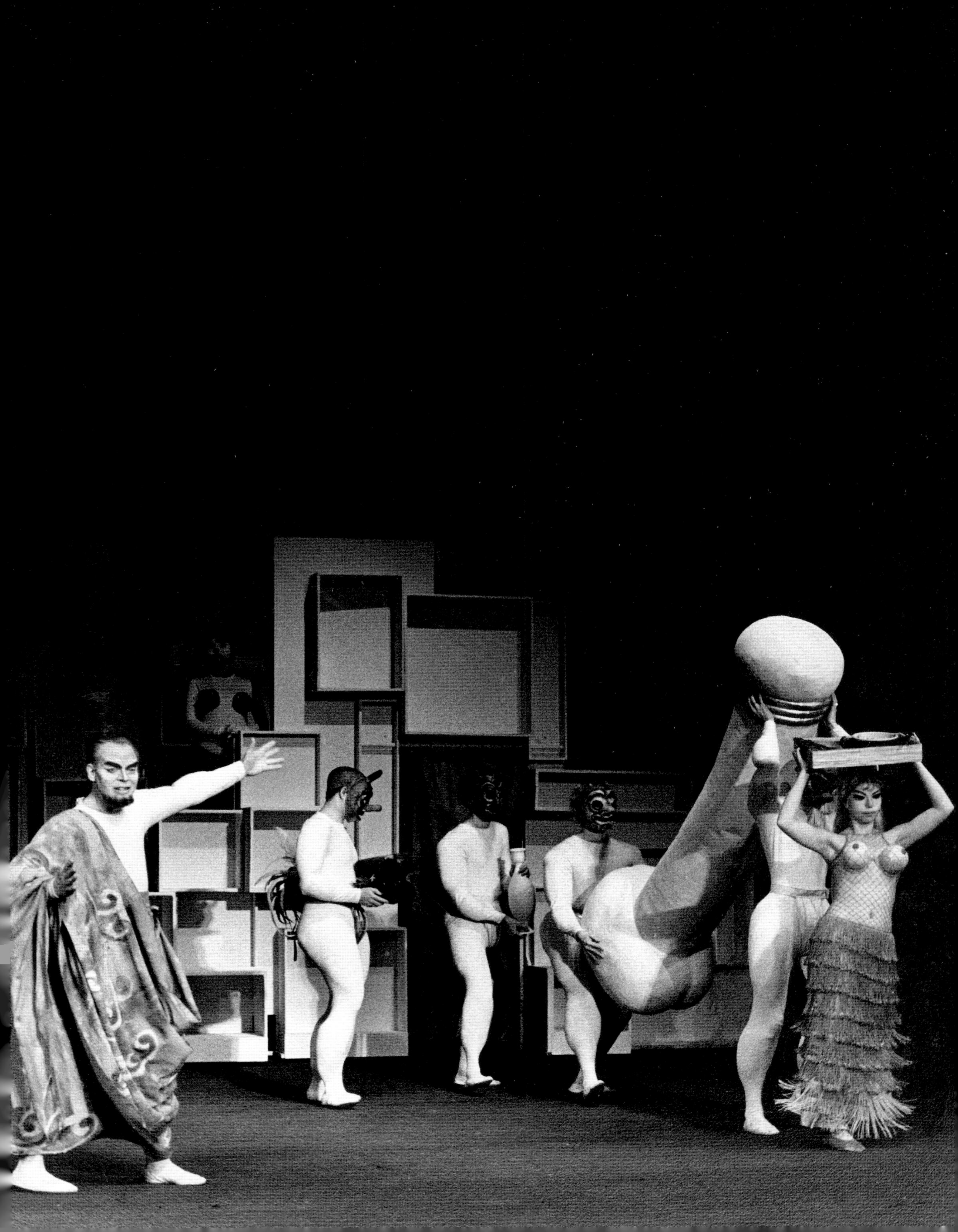

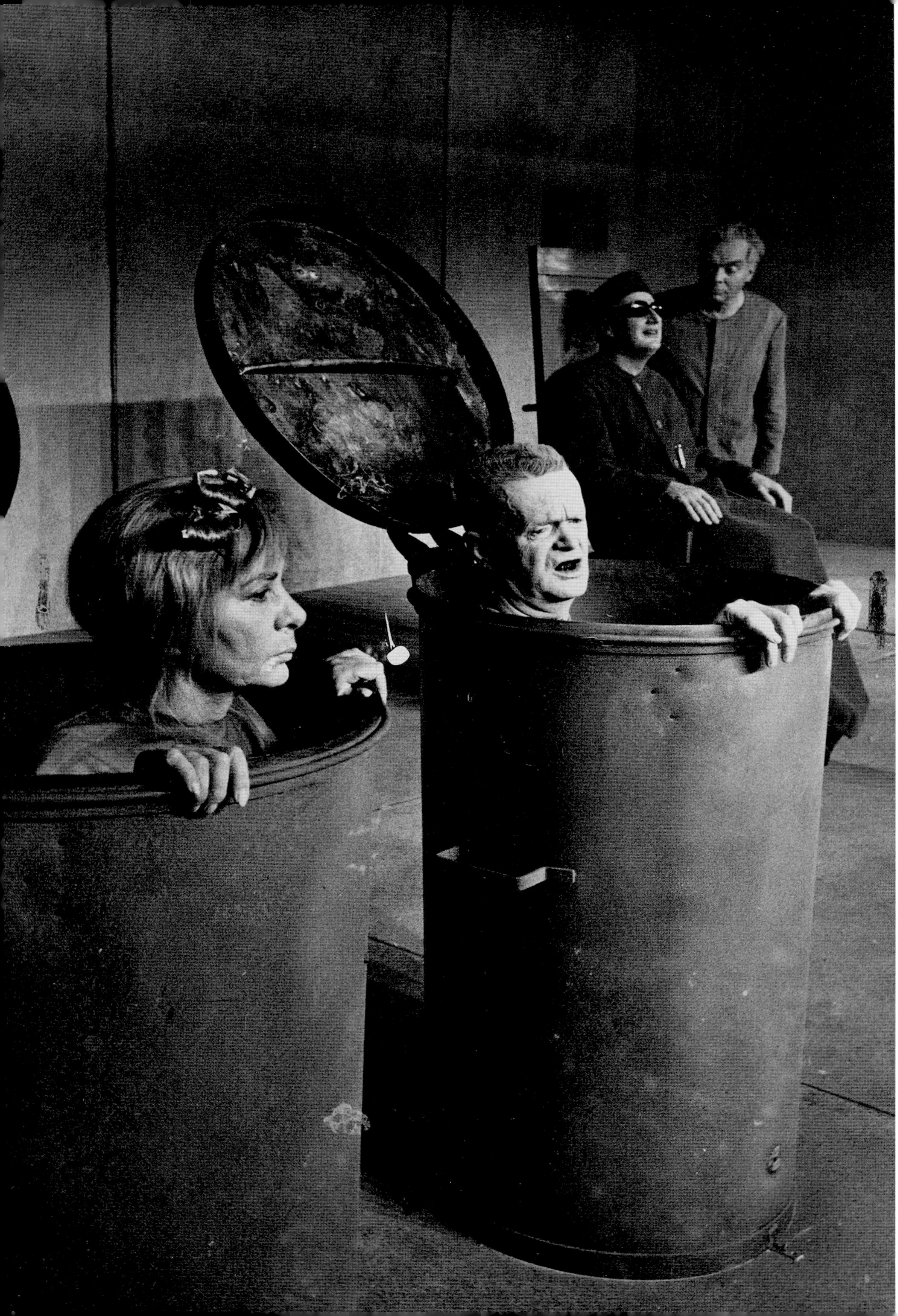

oder JAGDSZENEN AUS NIEDERBAYERN von Martin Sperr in den Kammerspielen nicht. Erfurth hatte dafür die Regisseure Hagen Mueller-Stahl, Hans-Joachim Heyse und Peter Striebeck geholt. Man sah weder Konzept noch entschiedene Position. 1970 begann die Diskussion über eine Ablösung Erfurths. Man erkannte: Erfurths Berufung war nicht nur sachlich falsch, sie passte hier, wo der SDS (Sozialistischer Deutscher Studentenbund) den Zeitgeist vorantrieb, nicht in die Zeit. Richard Münch gab nach einem halben Jahr auf. Im Magistrat begriff man: keine Vertragsverlängerung. Im Theater war schon die Mitsprache der internen Dienste durchgesetzt. Ende 1970 begannen die Verhandlungen mit der jungen Mannschaft aus Stuttgart, geführt von Brecht-Schüler Peter Palitzsch.

Für Ulrich Erfurth wurde die Frankfurter Zeit ein dunkles Lehrstück. Theater als gehobene Unterhaltung, bestückt mit Stars, ging nicht mehr. Hinter Buckwitz konnte man nicht zurück und für Vorwärts fehlten Intention, Wille und Kraft. Es zeigte sich: Theater in Frankfurt korrespondiert mit dem forciert in die Zukunft drängenden Geist der Stadt. Die Wahl des Nachfolgers schien von dieser Erkenntnis bestimmt. Der neue Kulturdezernent der Stadt, Hilmar Hoffmann, traf eine seiner ersten, richtigen Entscheidungen für Frankfurt. Er verpflichtete Peter Palitzsch, den Schüler Brechts, und gewann damit eine ganz neue Truppe von Regisseuren und Schauspielern. Das heißt: Er stellte die Verbindung zur Ära Buckwitz wieder her und sorgte für neues, forderndes Theater in Frankfurt.

ENDSPIEL, *1970. R: Werner W. Malzacher / Cläre Kaiser, Frank Rehfeldt, Alwin Michael Rueffer, Hans Richter*

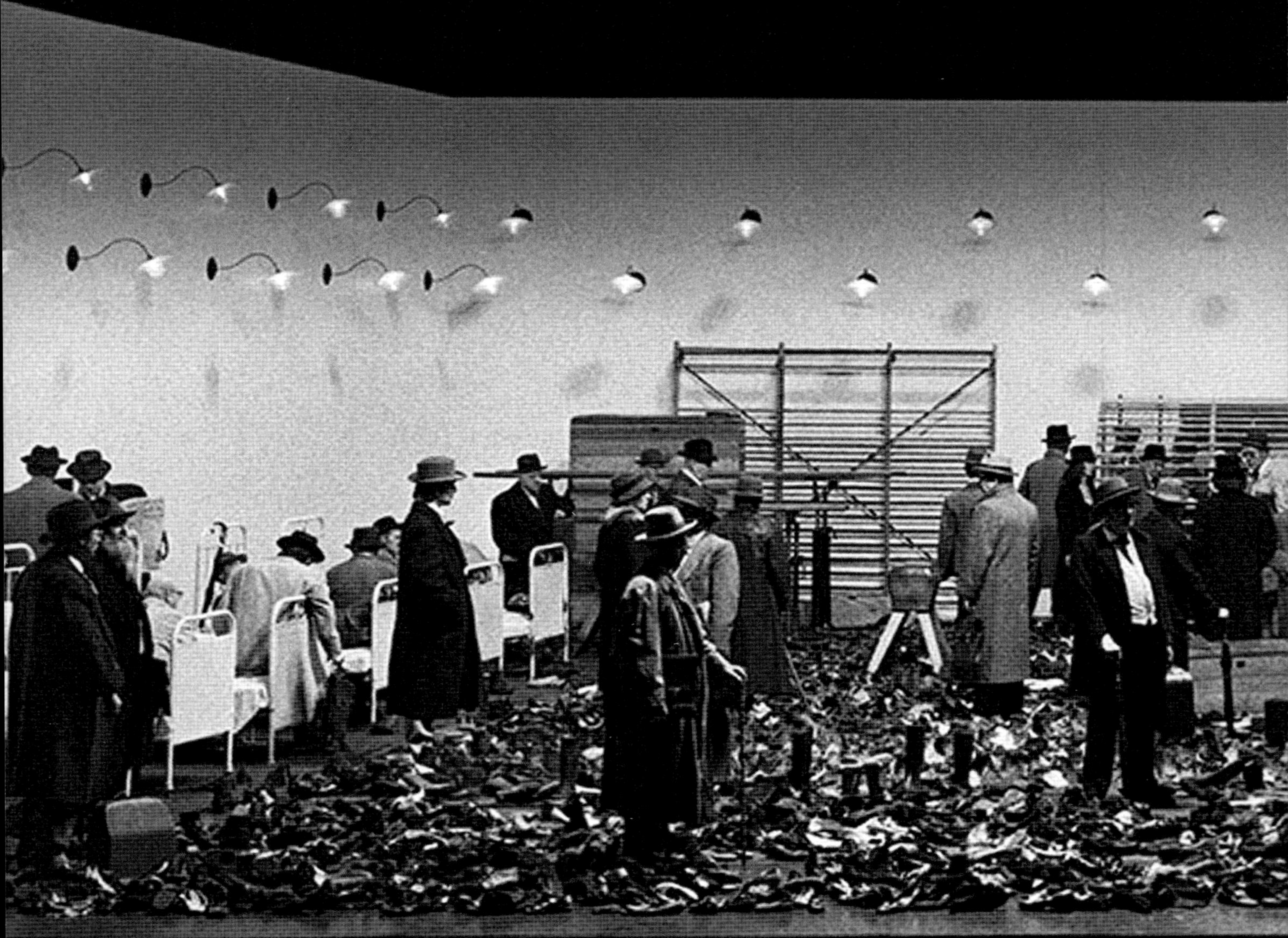

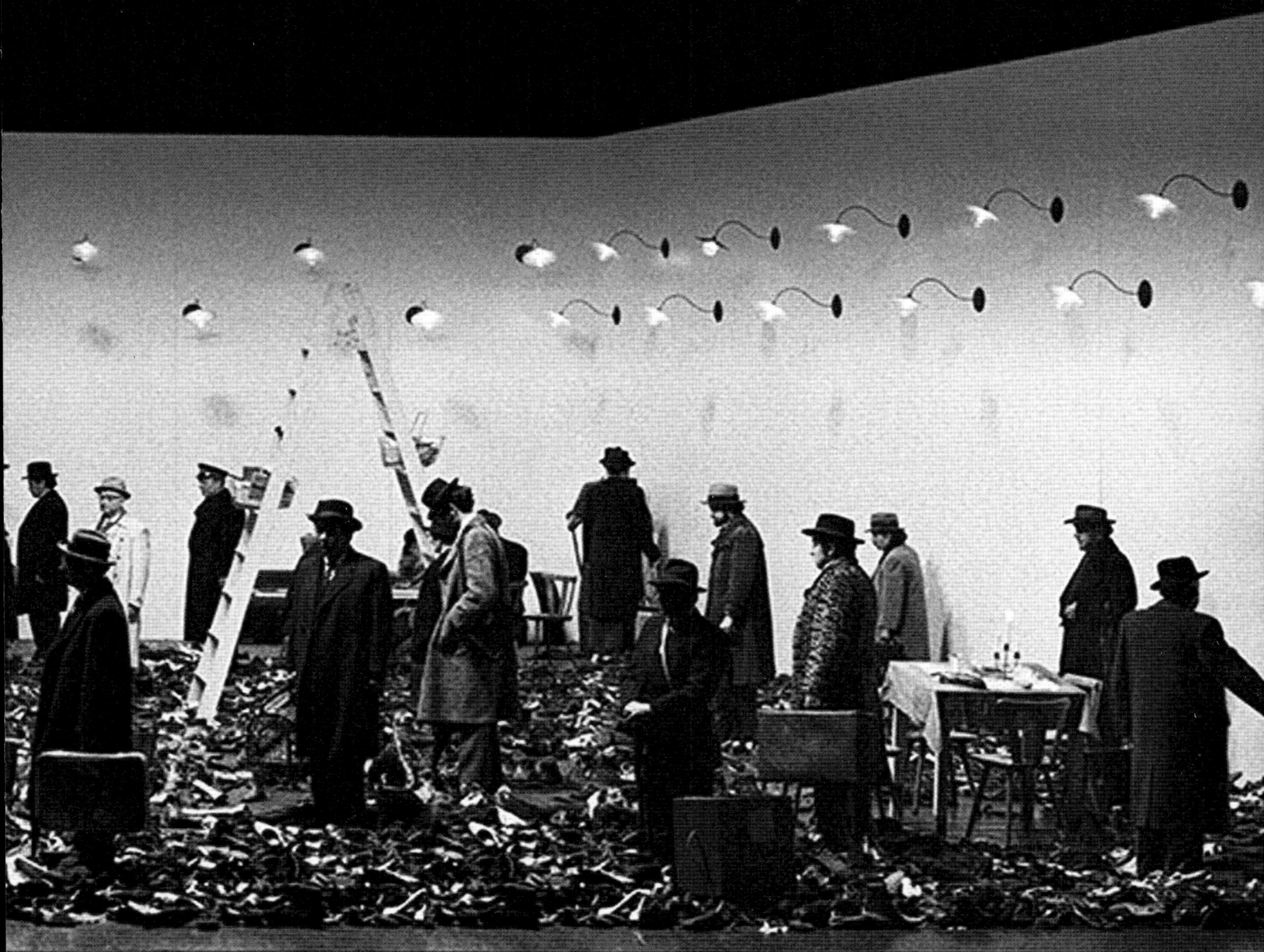

1972 – 1981

Das Frankfurter Experiment

Über den Traum der Vernunft und die Mitbestimmung

von Michael Eberth

»Die Macht an sich ist nicht diabolisch. Sie ist in vielen Fällen produktiv und hervorbringend. Die Macht ist in hohem Maße auch an der Produktion von Lust beteiligt.«
Byung-Chul Han

Die neuen Formen des Miteinander, die in den 70er-Jahren am Frankfurter Schauspiel erkundet wurden, entsprangen dem Glauben, dass ein neuer Typ Mensch auf der Bühne erscheinen wird, wenn die Spieler in die Entscheidungen einbezogen werden, die am Theater zu fällen sind. Der Traum von der Verwandlung setzte Energien frei, die das Spielen mit nie gekanntem Interesse an den Vorgängen in der Gesellschaft aufluden. Nach einer Zeit der Blüte verlor sich das schön Entfaltete aber in der Enttäuschung. Ohne eine Macht, die die schöpferischen Impulse gegen die Neigung zu Anarchie und Narzissmus verteidigt, lässt sich die Freiheit im Spielraum Theater nicht kreativ nutzen. »War da was?«, fragte die Truppe um Peter Palitzsch beim Abschied. Die Antwort liegt in der Legende verborgen, zu der sich verklärt hat, was auf und hinter den Bühnen neun Jahre lang ablief.

Das Rumoren in der Gesellschaft, das zu dem Frankfurter Aufbruch führte, begann am Ende der 60er-Jahre. Ein Student wurde erschossen, ein Kaufhaus in Brand gesteckt, ein Studentenführer von einer Pistolenkugel ins Illusionen versprühende Hirn getroffen. »Wir werden aber in diesem Land nur so viel Ordnung haben, wie wir Mitverantwortung ermutigen«, verkündete ein neu gewählter Kanzler im Bundestag. »Wir wollen mehr Demokratie wagen. Mitbestimmung, Mitverantwortung in den verschiedenen Bereichen unserer Gesellschaft wird eine bewegende Kraft der kommenden Jahre sein. Wir wollen eine Gesellschaft, die mehr Freiheit bietet und mehr Mitverantwortung fordert.« Für die geistige Szene formulierte der Philosoph Habermas, das Prädikat »wahr« dürfe nur zugesprochen wer-

LEAR, 1972. R: Peter Palitzsch / Elisabeth Trissenaar, Traugott Buhre, Elisabeth Schwarz

den, »wenn es alle am Diskurs Beteiligten dem Gegenstand zusprechen würden. Der vernünftige Diskurs aller ist die Bedingung für die Wahrheit der Aussage.«

Der neue Kanzler hatte sich auf ein Bündnis mit den Liberalen eingelassen. Sie zwangen ihn zu einer Politik der kleinen Schritte. Die Ungeduldigen seiner Partei, die mit den freien Geistern der außerparlamentarischen Opposition rivalisierten, wollten aber mit großen Sprüngen auf sich aufmerksam machen. Im Unterbezirk Hessen-Süd der SPD, einem »Sozialisten-Refugium« *(Der Spiegel)*, kam die Idee auf, einen Laborversuch mit dem Traum des Kanzlers zu machen und den Magistrat der Stadt Frankfurt anzuweisen, in seinen Theatern die Mitbestimmung einzuführen. Am Theater am Turm stellte sich der Intendant quer und wurde zur Abdankung gezwungen. Für das Schauspiel konnte der neue Kultur-

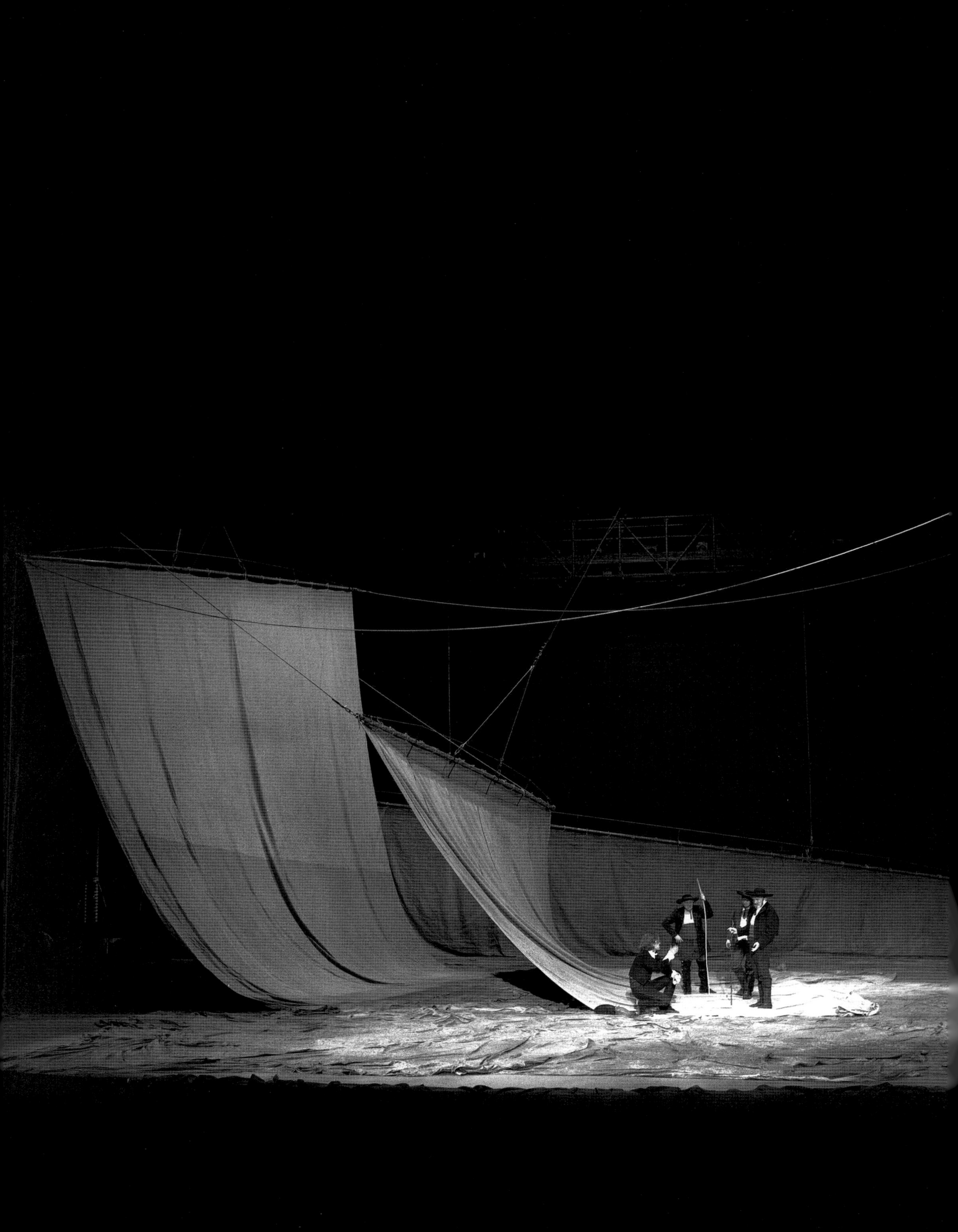

dezernent Hilmar Hoffmann den Brecht-Jünger Peter Palitzsch für das Modell einer Teilung der Macht am Theater gewinnen. Statt eines Intendanten sollten drei Direktoren das Schauspiel leiten: ein Regisseur, ein Bühnenbildner und ein Schauspieler.

Die Protagonisten des Aufbruchs

Palitzsch hatte sich als Stuttgarter Schauspieldirektor den Ruf eines Erneuerers erworben. Das half ihm, Regisseure wie Wilfried Minks und Niels-Peter Rudolph, die sich in der Theaterszene hervorgetan hatten, für das Experiment zu interessieren. Die Machtverhältnisse waren in dem Modell aber so unzureichend geklärt, dass einige der Interessierten nach ersten Verhandlungen absprangen. »Ich habe im Theater nie wieder so viel Gebrüll erlebt wie bei den Vorgesprächen in Stuttgart«, begründete der Dramaturg Klaus Völker seinen Rückzug von dem Projekt. So wurden neben Palitzsch der freie Regisseur Hans Neuenfels, der mehrfach in Stuttgart gearbeitet hatte, und der Dramaturg Horst Laube (als kluger, beredter, listenreicher, Konflikte genießender und entschärfender, in der eigenen Haltung nicht immer berechenbarer Bote zwischen Palitzsch und den in vielfältiger Formation sich bildenden Gegen-Lagern) zu Leitfiguren des Aufbruchs.

Alleinstellungsmerkmal

»Ich bin überzeugt davon, dass man die gesellschaftliche Situation innerhalb des Ensembles neu durchdenken muss und einführt, was wir Demokratie nennen, um das Endprodukt zu qualifizieren, d. h. gesellschaftlich zu machen«, schrieb Palitzsch in der Nullnummer des Theatermagazins, das sein Team statt des traditionellen Programmhefts ein-

BARBARISCHE KOMÖDIE, *1974*. R: Augusto Fernandes, *Szenenraum*

führte, »und das Endprodukt kann man nur qualifizieren, wenn alle Mitarbeiter in jeder Phase der Arbeit so weit als möglich in die Entscheidung *hineingezwungen* werden.« »In vielen Gesprächen waren wir uns in einem Punkt schnell einig«, schrieb Hilmar Hoffmann nach dem Scheitern des Experiments. »Scheitert die Mitbestimmung in Frankfurt, dann werden die Keime einer Demokratisierung auch an anderen Theatern bald ersticken.«

In Berlin und Stuttgart demonstrierten Theaterleiter der jüngeren Generation, dass sich ein Ensemble auch ohne Vereinbarung mit der Politik in die künstlerischen Entscheidungen einbinden lässt. Peter Stein gelang es in paralleler Entwicklung zum Frankfurter Experiment, die Schaubühne zum Mythos und Mekka der Theaterwelt zu machen. Claus Peymann und sein spielwütiges Ensemble provozierten die konservativen Gemüter mit Arbeiten, in denen das Ästhetische und das Politische nie gekannte Verbindungen eingingen. »Wir haben das ohne philosophischen Hintergrund betrieben«, erklärte Peymann im Hinblick auf das gescheiterte Frankfurter Experiment in einer Umfrage der *Frankfurter Rundschau*, »manchmal vielleicht einfach nur schlau: Wir haben uns zuallererst darauf verständigt, dass die Basis von Mitbestimmung die Information ist. Falsch finde ich das ideologische Brimborium, das alles zwanghaft macht. Das Theater hat die Aufgabe, große Künstler herauszustellen; andrerseits ist es seiner Natur nach kollegial. Das war immer schon so, auch zu Zeiten, die wir als diktatorisch empfinden.«

Dem Scheitern des Mitbestimmungsmodells am Schauspiel waren drei gescheiterte Versuche am Theater am Turm vorausgegangen. Trotzdem musste der Frankfurter Kulturdezernent den Nachfolgern der Palitzsch-Truppe einen fünften Versuch mit der Mitbestimmung aufzwingen, die zum Alleinstellungsmerkmal seiner Kulturpolitik geworden war. »Noch nie nach dem Krieg war das Theater so am Ende wie jetzt«, schrieb Peter Iden ein halbes Jahr nach dem Start der Nachfolger. »Ehe diese Misere sich zum Dauerzustand ausweitet, muss der Träger eingreifen.«

DIE SEE, 1974. R: Claus Peymann / Traugott Buhre, Robert Tillian

»Es ist eine ironische Pointe, dass dieser Magistrat am Ende unsrer Frankfurter Zeit wissen ließ, die Einrichtung der Mitbestimmung an dem Theater der Stadt sei von Anfang an illegal gewesen«, sagte Peter Palitzsch in einem Gespräch mit dem Theaterkritiker Peter Iden (in Peter Palitzsch. »Theater muss die Welt verändern«, 2005). »Damit wurde uns hinterher also nahegelegt, wir seien die ganze Zeit über ungesetzlich verfahren. Selbstverständlich habe ich das scharf zurückgewiesen. Eingedenk der unerhörten Anstrengungen, die uns das Frankfurter Modell abverlangt hatte, war der Vorwurf, wir hätten uns dabei juristisch mindestens in einer Grauzone bewegt, nichts anderes als eine Unverschämtheit der Lokalpolitiker.«

Die Schrecken des modernen Theaters

Im März 1972 war der Vietnam-Krieg der Amerikaner ins achte Jahr gegangen, im Juni waren die RAF-Aktivisten Baader, Meins und Raspe vor ihrem Frankfurter Waffendepot verhaftet worden, Anfang September hatten arabische Terroristen während der Olympischen Spiele in München das Quartier der israelischen Delegation überfallen. Die Verrohung, die in den Exzessen der neuen Gewalt zum Ausdruck kam, prangerte Palitzsch bei seinem Einstand Ende September 1972 mit einer Deutlichkeit an, die beim Publikum eine Schockwelle auslöste. Die Chronisten schwanken, ob es 100 oder nur 30 Besucher waren, die während der Premiere von

DIE UNVERNÜNFTIGEN STERBEN AUS, 1974. R: Rainer Werner Fassbinder / Edgar M. Böhlke, Kurt Raab, Matthias Fuchs, Jürgen Kloth

Edward Bonds LEAR das Theater verließen. Verbürgt ist, dass die Abwanderung des Publikums bereits vor der Premiere einsetzte. Die Ahnung, dass die Neuen das Theater nicht länger als »schmerzfreie Zone« behandeln würden, führte zu einer Massenflucht von Abonnenten. Die Städtischen Bühnen verloren auf einen Schlag 4000 Abonnenten und mussten die Abonnements von Schauspiel und Oper trennen, um einen Teil der Verschreckten für die Oper zu retten.

»Palitzsch gelingt in seiner Inszenierung die künstlerische Rechtfertigung der Zumutungen«, schrieb Günther Rühle in der *Frankfurter Allgemeinen Zeitung*. »Er stellt ein vorzügliches Ensemble vor. Noch zwei, drei Aufführungen von ähnlicher Qualität und das Frankfurter Schauspiel hat wieder ein Fundament.« »Vielleicht war der Krach nützlich«, meinte Benjamin Henrichs in der *Süddeutschen Zeitung*, »denn nun weiß Palitzsch genauer, was ihn in Frankfurt erwartet: ein offenbar völlig unsicheres, hilf- und maßstabloses, deshalb aggressives Publikum, verschreckte Bewohner der (von Erfurth hinterlassenen) Theaterwüste, die nun unvorbereitet mit den Schrecken des modernen Theaters konfrontiert werden, an die man sich anderswo längst gewöhnt hat.«

»Zur Selbstverständlichkeit wurde, daß nichts, was die Kunst betrifft, mehr selbstverständlich ist«, hatte Adorno, der bis zum Ende der 60er-Jahre in Frankfurt gepredigt hatte, in seiner ÄSTHETISCHEN

Frühlings Erwachen, 1974. R: Peter Palitzsch / Peter Danzeisen, Matthias Fuchs

Theorie geschrieben, »weder in ihr noch in ihrem Verhältnis zum Ganzen, nicht einmal im Existenzrecht.« »Das Wagnis hat also seinen Preis«, resümierte Peter Iden in der FR. »Ein in seinen theoretischen Überlegungen noch unentschiedenes, seiner ästhetischen Mittel noch nicht sicheres Team stellt sich einer Aufgabe, deren Lösung wohl doch mehr Selbstbewusstsein und mehr ›Programm‹ verlangt, als die Gruppe bisher hat entwickeln können.« Am Ende seiner Kritik räumte er ein, es gebe in Frankfurt nach Jahren, in denen es keine gegeben habe, jetzt wieder Kriterien.

Das erste Jahr

Hans Neuenfels konnte die vom Lear-Schock verschreckten Gemüter mit seinem Zugriff auf das Fegefeuer in Ingolstadt der Autorin Marieluise Fleißer besänftigen, deren Werk eben erst neu entdeckt worden war, musste aber schon nach der zweiten Arbeit bekennen: »Ich inszenierte Troilus und Cressida, mit Elisabeth Trissenaar als Cressida, Matthias Fuchs als Troilus, Peter Roggisch als Thersites – und ich erwischte nichts.« Palitzsch konnte mit drei Einaktern von Harold Pinter »zum ersten Mal überzeugend die Wirkung erreichen, die das neue Ensemble versprochen hat. Mit so viel Genauigkeit«, schrieb Peter Iden, »sind auf der Frankfurter Bühne seit Jahren nicht mehr Situationen entworfen, Rollen aufgebaut worden.«

Die Wende brachten die beiden Ibsen-Inszenierungen, mit denen Neuenfels den Frankfurtern im Januar 1973 signalisierte, dass die Neuen den Kanon des bürgerlichen Theaters nicht abschaffen werden. Auf die aus Stuttgart übernommene Nora folgte neun Tage später eine Hedda Gabler. Über die Nora schrieb Peter Iden, sie sei »von einem starken Stilwillen geprägt«, wie er »in Frankfurt seit den Arbeiten Peymanns am TAT nicht mehr zu sehen« gewesen sei. »Die beinahe enthusiastische Zustimmung des Publikums, durch die jedenfalls das Besucherproblem jetzt gelöst ist, beweist, dass ein derart entschiedenes Theater hier eine Chance hat.«

Die Neuen hatten zum Einstand zwei weitere Trümpfe zu bieten: Klaus Michael Grüber, am Ende des Jahrhunderts das unumstrittene Genie der deutschen Theaterszene, inszenierte Brechts Frühwerk Im Dickicht der Städte, und der argentinische Regisseur Augusto Fernandes betrat die deutsche Szene mit einem Traum und Leben des Prinzen Sigismund, in dem er Calderóns Das Leben ein Traum paraphrasierte. »Grüber verrätselte Brechts sowieso schon hermetisches Frühwerk Im Dickicht der Städte in abweisendes Gemurmel: hochmütig introvertiertes Theater«, schrieb Henning Rischbieter in *Theater heute*. »Nun das extravertierte des Fernandes, das

Emotionen, Triebe, Machtlust und -gier mit genuinen Theatermitteln, Schauspielerintensität vor allem, brillant und ungewöhnlich unterhaltsam veräußerlicht. Kurzweiligere Stunden habe ich seit langem nicht im Theater verbracht.«

Im Dickicht der Städte

»Die langsame Flut der Grüber'schen Produktionen schwemmt so viel Schönheit vor die Augen und vor das Ohr, dass der Text nur noch die Gleitschiene für Grübers Produkt ist«, schrieb Günther Rühle in der FAZ. »Grüber gießt sich in die Stücke hinein und lässt sich in sie hineinfließen. Der Bildfluss kann sich vom Betrachter bis zum Gefühl der Enttäuschung, ja des Verlassenwerdens entfernen. Selten treibt eine so vorzügliche Produktion auch ihre Gegenfrage so klar heraus: Darf das Theater so gut sein, dass es sich dem größten Teil des Publikums verschließt? Und: Ist es, wenn es das tut, überhaupt gut? Und ist, was sich verschließt, im Sinne Brechts überhaupt richtig? – Das Lob dieser Inszenierung singend, sage ich nein. Die Antwort des Theaters auf den stumpf gewordenen Aktionismus kann nun nicht neue Esoterik des Gefühls und der Phantasie und der schönen Tableaus sein. Die Frage der Vermittlung wird entscheidend – sie trifft voll diese Produktion, die nicht gesehen zu haben – vielleicht mancher bald bedauern kann.«

Auch die Frankfurter Kritiker, die dem Rang ihrer Blätter gemäß für die Nation formulierten, mussten ihre Identität in diesen Jahren des Umbruchs am Wandel der Erzählweisen ausrichten. Von den Höhen des Anspruchs aus, den sie sich vorgaben, konnten sie dem, was eine Gruppe von Gläubigen unter den erschwerten Bedingungen eines Laborversuchs auf die Bühnen des Frankfurter Schauspiels brachte, nicht immer gerecht werden. »Die Bedeutung der Unternehmung liegt darin, dass hinter ihren großen Schwächen eine neue Art von Theater sichtbar wird«, schrieb Iden über die Arbeit von Grüber. »Ein Abend wie dieser ist wichtig – nicht der abgelieferten Resultate, sondern der möglichen Folgen wegen. Die Bühne braucht die Freiheit zu solchen Versuchen. Es ist gut, dass das jetzt auch in Frankfurt wieder unternommen werden kann.«

Das zweite Jahr

»Als die neue Spielzeit anfing, ging es Schlag auf Schlag«, kommentierte der Bühnenbildner Klaus Gelhaar, der dem ersten Direktorium angehörte, den Lauf der Ereignisse in der Dokumentation War da was?. »Peter Iden verriss die Arbeit an Ratten total. Die Schauspieler setzten sich zusammen und berieten, wie das Produkt verändert werden könnte. Peter Palitzsch musste mit Frühlings Erwachen anfangen. Keine Zeit für neue Proben. Das Ensemble beschloss, die halbe Dekoration rauszuschmeißen. Ich wehrte mich mit Händen und Füßen. Mir war klar, was für einen Sturm der Entrüstung das bei der Technik hervorrufen würde. Es wäre ein Anlass gewesen, das ganze Unbehagen gegen unseren chaotischen, unrationellen Schauspielbetrieb zu äußern. So entlud sich der gesammelte Groll auf mich – als Bühnenbildner wie als Direktor. Ich würde die Ausstattungsabteilung zu autoritär führen, ich könne keine realistischen Bühnenbilder machen, mein Verhältnis zur Technik sei kaputt. Innerhalb von zwei Monaten war nichts mehr von der Siegerstimmung der ersten Spielzeit vorhanden. Alles vertan, nur noch Scherben, Bosheit, Suche nach Schuldigen. Die Beiratssitzungen waren immer dann gut besucht, wenn mit der Wucht von 60 Leuten das momentane Versagen einzelner gegeißelt werden sollte. In so einer Situation wäre viel Disziplin, Sensibilität und Solidarität nötig gewesen. Es war eine mühsame Arbeit, die Basis für eine Weiterarbeit wiederherzustellen.«

Urfaust

»Zuallererst mussten wir lernen, miteinander zu reden«, sagte Palitzsch im Rückblick über die Geburtswehen der Mitbestimmung im Gespräch mit Peter Iden. »Dabei fanden wir heraus, dass alle Fragen der Besetzung von Rollen ausgespart wer-

URFAUST, 1974. R: Kollektiv / Frank Rehfeldt, Jens Weisser, Norbert Kentrup, Peter Gavajada, Hermann Treusch, Christian Redl

den müssen. Schauspieler können nicht selber bestimmen, wer was spielen soll. Es lässt sich von einem Schauspieler, der von einem Regisseur als Hamlet in Aussicht genommen wird, die Selbstverleugnung nicht verlangen, die Rolle einem anderen zuzusprechen. Wo es um Entscheidungen für die Besetzung von Rollen geht, kann es am Theater kein gleiches Recht für alle geben. Es kommt letztlich den Regisseuren zu, die Unterscheidung zwischen Protagonist und Randfigur zu treffen.«

In der Realität führte der Versuch, ohne den einen Allmächtigen auszukommen, über die vom Modell gesetzten Grenzen oft weit hinaus: »Palitzsch wollte in der dritten Spielzeit den URFAUST machen, der Anfang Dezember rauskommen sollte, merkte aber, dass er nicht genug Bühnenproben kriegt, weil an den Vormittagen das Weihnachtsmärchen gespielt wurde, und wollte die Produktion absagen«, berichtete der Schauspieler Hermann Treusch. »Wir sagten zu ihm: Peter, wenn Du's nicht machen willst,

URFAUST, 1974. Kollektive Regie: Jürgen Kloth, Matthias Fuchs, Klaus Wennemann, Cornelia Niemann, Johanna Wichmann

machen wir's selber, setzten uns zusammen, wir waren dreiundzwanzig, und überlegten, wie wir es anpacken. Erst mal mussten die Rollen verteilt werden. Jeder durfte sagen, was er spielen will, dann wurde abgestimmt. Christian Redl und Klaus Wennemann wollten den Mephisto spielen. Die Wahl fiel auf Christian. Klaus war darüber so sauer, dass er aus der Produktion ausstieg. In Petersens Boot und als Fahnder hat er später eine tolle Karriere hingelegt. Den Faust wollten Matthias Fuchs und ich spielen. Ich bekam neun Stimmen, was ich unmöglich fand, Matthias sechs oder sieben. Dann ging es ans Inszenieren. Ein Faust und 21 Regisseure! Zu jedem Satz, den du gesagt hast, kamen 21 Kommentare! Irgendwann hab ich gebrüllt: Nur noch einer! Ihr könnt palavern, so viel ihr wollt, aber *einer* sagt mir dann, was ihr beschlossen habt! Ab da lief es gut. Matthias sagte mir, was ich nach Meinung der andren spielen soll, und ich hab versucht, mich daran zu orientieren. Nach der Generalprobe sagte Luc Bondy: Das können wir unmöglich rauslassen!, aber Palitzsch

sagte, wir brauchen die Produktion, und gab grünes Licht. Vor der Premiere sagten die Leute im Foyer: Schaun wir mal, was die Kinder machen! Entsprechend mäßig war der Erfolg. Beim Publikum wurde die Aufführung aber ein Renner. Ich lebte längst in Berlin, als ich immer noch nach Frankfurt fuhr, um den Faust zu spielen.«

Der gute Hirte

Die Geschichte der Künste des Nachkriegs ist auch eine Geschichte der Täuschungen. Was in der Zeit der Verblendung geschehen war, hätte lähmend gewirkt, wäre es nicht überdeckt worden mit Illusionen über die Spezies Mensch, die sich so furchtbar verirrt hatte. Eine der Illusionen ging von der Idee des Sozialismus aus. In ihrer real existierenden Abart verhieß sie eine Wende der Verhältnisse zum Besseren, schuf aber um der Wahrung von Macht und Prinzipien willen eine zweite Diktatur.

Peter Palitzsch hatte als junger Theatermann zum Kreis der Jünger Brechts am Berliner Ensemble gehört. Als die Mauer errichtet wurde, hatte er in Ulm inszeniert und war nicht in die DDR zurückgekehrt. Am Ende des ersten Krieges geboren, hatte er das Chaos des Nachkriegs, den wirtschaftlichen Bankrott seiner Eltern, die Exzesse der Nazis, den Zweiten Weltkrieg, die Bombardierung Dresdens, die Demütigungen der Gefangenschaft und die Spaltung des Landes in zwei feindliche Lager erlebt. Seine Erfahrungen hatte er zu dem Glauben verdichtet, dass der Gestrauchelte für Korrekturen besonders empfänglich ist. Das Theater war für ihn ein Instrument, mit dessen Hilfe die Welt sich verändern ließ. Dass er im Westen blieb, nachdem das Regime im Osten seinen wahren Charakter offenbart hatte, bewahrte ihn vor der Desillusionierung.

Dass er das eigene Interesse den Interessen des Kollektivs zuliebe zurücknahm, wie es die Mitbestimmung von denen verlangte, die bisher allmächtig gewesen waren, statt darauf zu beharren, »dass eine Person erfindet und bis zum Ende durchführt«, wie Peter Zadek es für sich in Anspruch nahm, mag darin begründet liegen, dass sein Glaube an die Veränderbarkeit der Welt brüchig geworden war. Der Hingabe dieses einen verdankt es die Frankfurter Politik, dass sie ihr Experiment über acht Runden bringen konnte. Dass er an seinen Überzeugungen festhielt wie ein Märtyrer, machte ihn in den Augen eines Kritikers zu »einer Art Schmerzensmann«.

Seine »bis zu einer gewissen Sprödigkeit vernünftigen Aufführungen stehen doch in einem Gegensatz zu der Vehemenz einer Ästhetik des Aufbruchs, wie sie vor allem Zadek, Minks, Stein, auch der von Hübner aus Mailand geholte Klaus Michael Grüber in Bremen entwickeln«, urteilte Peter Iden über den Regisseur. »In Hinsicht auf das neue Theater vor allem einer veränderten Lesart der Klassiker hält Palitzsch eine Position an der Peripherie.«

»Rückblickend würde ich sagen, dass, ablesbar an meinen Frankfurter Inszenierungen, der Weg mich von Brecht zu Pinter und Beckett geführt hat«, sagte Palitzsch im Gespräch mit Peter Iden. »Mehr und mehr verfinstert sich die Welt – in dieser Verfinsterung können einem die Lösungsvorschläge der Parabeln Brechts durchaus auch vorkommen wie beruhigende Kindermärchen, Kamillentee für die Aufstörungen durch das richtige Leben. Bei Pinter und Beckett erscheint die Wirklichkeit noch schärfer erfasst, noch dringlicher beschrieben. Was an Stücken nach Beckett kommt, nehme ich die Texte von Sarah Kane aus, wirkt auf mich nicht als weitere Vertiefung, sondern als Abweichung ins Oberflächliche.«

Der verwaiste Machtpol

»Die Macht an sich ist nicht diabolisch«, schreibt der Philosoph Byung-Chul Han in seinem Essay Transparenzgesellschaft, »sie ist in vielen Fällen produktiv und hervorbringend. Sie generiert einen Frei- und Spielraum zur politischen Gestaltung.«

In der Theaterszene gelang es in den 70er-Jahren nur Peymann und Stein, das Modell des Patriarchen, der sein Ensemble wie eine Familie um sich schart und nach eigenem Gusto bei Laune hält, auf kreative Weise zu überwinden. Nur sie beherrschten die Kunst, die künstlerischen Energien ihrer Spieler zu entfesseln und zugleich mit der Macht ihres Ego im Schach zu halten. Peter Palitzsch war diese Kunst fremd. »Ich bin sicher, dass ich ohne das Kriegserlebnis ein ganz anderer geworden wäre«, sagte er im Rückblick auf sein Leben. Den wirtschaftlichen Absturz seiner Eltern bezeichnete er als das andere Grunderlebnis, das ihn geprägt hat: »Ich sehe heute, in welch starkem Maß dieser soziale Einbruch meinen Sinn geformt hat für Verlierer, Unterlegene, Schwächere. Das geht bis zu dem Zögern, das mir oft nachgesagt wird: Es liegt wesentlich an dem frühen Erlebnis einer radikalen Veränderung der Lebenssituation, dass ich eben kein Siegertyp bin.«

Trotz aller Ernüchterung dachte Palitzsch nicht daran, vor der Zeit aufzugeben: »Wenn alle rudern, kann man den Achter nicht einfach verlassen.« Er hätte ihn aber steuern müssen, statt das Steuer denen zu überlassen, die ihr Ego auftrumpfen ließen, wo er das seine zurücknahm. Über dem Sohn, der den Schmerz der Welt auf sich nimmt, muss ein Vater thronen, der die Rolle des Strafenden spielt. Den Thron des Machthabers, der den Menschen nicht verklärt, sondern in seiner Neigung zu Hass, Eifersucht, Missgunst und reiner Zerstörung erkennt, ließ der von Krieg und Niederlagen gezeichnete Palitzsch aber verwaist. Es entbehrt nicht der Ironie, dass er einen der größten Erfolge seiner Ära einem Stück mit dem Titel Revolte im Erziehungshaus verdankt.

Sündenbock

Kollektive Prozesse führen mit der Zwangsläufigkeit der anthropologischen Konstante zur Stigmatisierung von Außenseitern. »Hans Neuenfels verwahrte sich gegen das Protokoll der letzten Beiratssitzung, das ihn falsch interpretierte«, heißt es in einem der Protokolle, in denen das Kollektiv sein Ringen um ein neues Verhältnis zur Macht dokumentierte, »gegen die invektive Macht, die ihn als einen nicht ans Haus Denkenden, sondern auf persönlichen

Machtzuwachs Bedachten diffamiere, und gegen die Anfrage, die er den Höchstpunkt an Kritik und Misstrauen gegenüber dem bisher Praktizierten nannte.« Die Stigmatisierung verlief in Frankfurt moderat. Das Kollektiv hatte Neuenfels viel zu verdanken. In dem aufs Gesellschaftliche fixierten Unternehmen sorgte sein aus dem Privaten schöpfendes Künstlertum aber für ständige Reibung.

»Ich bin ein Medium, dachte ich«, beschreibt Neuenfels in seinem Bastardbuch die innere Wanderung, die ihn zu Ibsens Nora führte. »Ich spürte die Annäherung des Textes, das Kribbeln, das er in mir verursachte, nicht die Geschichte, nicht die Figuren, vielleicht eher das Thema oder die Hülle, die es umgab, die es zu verbergen schien, denn es knisterte in all meinen Gliedern, als wäre ich ein augenblicklich entzündbarer Holzstoß. Plötzlich traten Umrisse von Personen auf. Noch waren sie nicht genau zu identifizieren. Sie flatterten wie Fledermäuse, manchmal alle zugleich. Meine Großeltern, meine Eltern – ebenso schnell verschwunden, wie sie gekommen waren, Überblendungen, und ich durfte – das spürte ich – sie nicht festzuhalten versuchen. Ich musste ihnen ihr Eigenleben lassen, unbedingt, und dann kamen Elisabeth und ich, jedenfalls erkannte ich unsere Schatten, und langsam begriff ich, dass der Text in mich eindrang wie eine Säure. Ich verhielt mich ganz still, hatte nur die Beine etwas geöffnet und die Arme etwas ausgebreitet, als ob ich empfangen würde.«

Der Medea-Skandal

In seinem Buch schildert Neuenfels auch, wie ihm der Stuttgarter Intendant Schäfer anbot, die Medea des Euripides zu inszenieren, und wie er das Angebot ausschlug, weil er sich für das Stück noch nicht reif genug fühlte. Auf dem Ägäischen Meer geriet er Jahre später in einen der plötzlich aufspringenden Stürme und sah sich einer Passage durch Todesangst ausgesetzt. Das Erlebnis bescherte ihm das Gefühl, dem Werk des Euripides jetzt gewachsen zu sein.

Schule mit Clowns, 1975. R: Hermann Treusch / Wilfried Elste, Barbara Sukowa, Heinz Werner Kraehkamp, Publikum

»Anfangs war die Frankfurter Medea ein lokaler Theaterskandal«, schrieb Hellmuth Karasek zwei Monate nach der Premiere im Spiegel. »Regisseur Hans Neuenfels hatte die Frauentragödie des Euripides, in der eine vom Gatten verlassene Ehefrau ihre Kinder mordet, mit zeitgemäßem Schmuck wie Päderastie und Penis, mit Kastration und Kraftausdrücken (Medea: ›Ich arme Sau‹) ausstaffiert – und das Premierenpublikum reagierte wie erwartet: Einige gingen vorzeitig, andere buhten, andere klatschten. Den Rest besorgte die Kritik: Ausnahmslos zerrupfte sie die Inszenierung, wobei Peter Iden in der Frankfurter Rundschau sein Verdikt am weitesten trieb: ›Die Aufführung ist sinnlos, widerwärtig, tatsächlich ekelhaft.‹ Das Frankfurter Schauspiel nahm, geschreckt durch die Reaktionen, die Inszenierung aus dem Abonnement und überantwortete sie dem freien Verkauf – so war angesichts der ohnehin oft ausgedünnten Frankfurter Theaterreihen ein

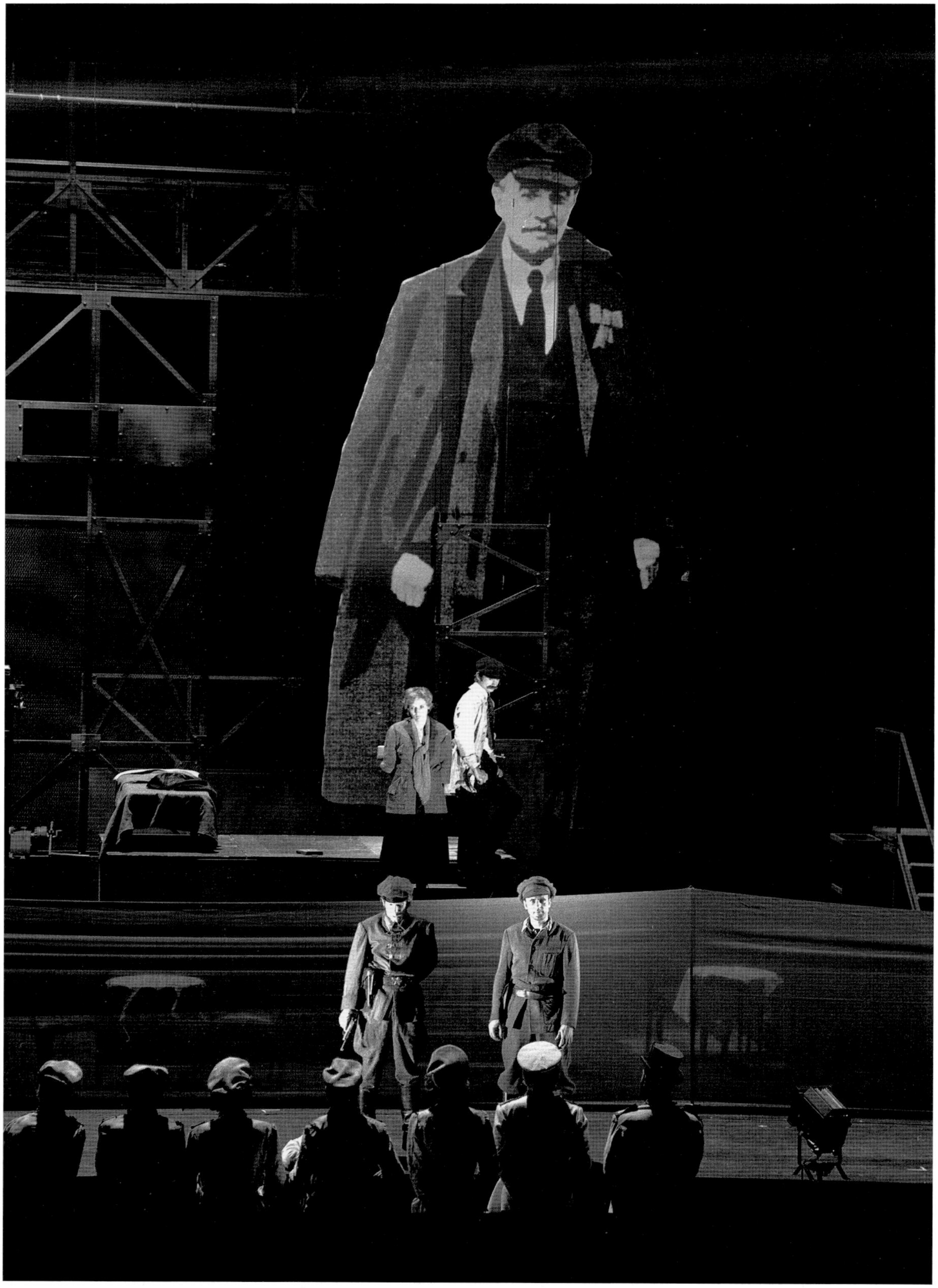

ZEMENT, 1975. Heiner Müller (2. v. r.) diskutiert mit dem Ensemble, Peter Palitzsch (r.), Horst Laube (3. v. r.)

schnelles Ende abzusehen. Doch es kam alles anders. Die MEDEA läuft, meistens ausverkauft, an der Kasse bilden sich Schlangen – ein für Subventionsbühnen ungewohnter Vorgang. Und nach den Vorstellungen drängt es das Publikum Abend für Abend zu Diskussionen.«

»Warum beschäftigt diese Aufführung eine ganze Stadt?«, fragte Günther Rühle in der FAZ. »Weil sie schlecht ist? Da wäre sie schnell weg vom Fenster. Weil man sie wegen ihrer Schockmaterialien abwehrt, aber doch nicht von ihr loskommt? Die Wirkungen gehen ins Unterbewusste. Neuenfels hat einen neurotisch geschärften Spürsinn für die schrecklichen Beziehungen der Geschlechter.«

»Das ist das Merkwürdige an der Neuenfels-Inszenierung und ihrer Wirkung«, resümierte Karasek. »Das Drama des Euripides wird schlüssig, zwingend, unverfälscht ›erzählt‹ und wirkt grade in der wiederhergestellten archaischen Schroffheit wie eine krasse Parabel zum Thema heutiger Frauenunterdrückung und Geschlechterfeindlichkeit. Die Leute erhitzen sich über ein Stück, das mehr als hundertmal so alt ist wie sie selbst, und diskutieren das Schicksal der Medea, als handle es sich um ihre Nachbarin – nicht das schlechteste Ergebnis, das Theater bewirken kann.«

ZEMENT, 1975. R: Peter Palitzsch / Ulrich Haß, Barbara Petritsch, Peter Danzeisen, Klaus Wennemann

MEDEA, 1976. R: Hans Neuenfels / Elisabeth Trissenaar

Achtundsechzigertum

Von den Autoren, die in den 70er-Jahren in und um Frankfurt lebten, spielte das Schauspiel Stücke von Wolfgang Deichsel, Peter Handke, Bodo Kirchhoff, Ursula Krechel, dem Zeichner und Autor Friedrich Karl Waechter und Urs Widmer. Waechters SCHULE MIT CLOWNS, vom Schauspiel in Auftrag gegeben und uraufgeführt, wurde zum Klassiker der poetischen Anarchie.

Nur Botho Strauß, der mit Stücken wie TRILOGIE DES WIEDERSEHENS und GROSS UND KLEIN, die in Berlin, Hamburg, Stuttgart und München spektakulär inszeniert wurden, zum neuen Fixstern der Szene aufstieg und der in dieser Zeit auch in Frankfurt lebte, wurde vom Schauspiel der Stadt ignoriert. Luc Bondy, der später an der Schaubühne zum kongenialen Uraufführungsregisseur für die Stücke dieses Autors wurde, stellte sich in Frankfurt mit der Uraufführung eines Stücks des Dramaturgen Horst Laube vor. Dessen DAUERKLAVIERSPIELER erfuhr in den Bühnenbildern von Erich Wonder ein Maximum an Zuwendung, konnte aber weder Presse noch Publikum überzeugen. »Wir waren die Sensibilisten«, schrieb Strauß Jahrzehnte später in einem Essay, als wollte er sich für die Missachtung rächen, »waren die Nacht- und Traumseite dieses amusischen Achtundsechzigertums. Vielleicht die letzte rein westliche Kunstströmung vor dem Barbareneinfall des Zynismus, des nostalgischen Marxismus aus Real-Ost. Die letzte Verklärung des Trivialen aus eigenen Augen.«

In Frankfurt hielt man sich an Brecht und Heiner Müller, der die Stücke von Strauß als »Gemurmel« abtat. »Was aber bleibt von Brecht, einem Dichter, dem die Revolution wichtiger war als Menschenleben?«, hielt Strauß dagegen. »Es bleibt einer, der die Dramaturgie des Theaters nachhaltiger verändert hat als jeder andere europäische Autor und der noch bis tief in die Mentalität und Empfindungskälte des heutigen Theaters beherrschend wirkt.« Wo fürs Bestimmen der Identität mehrere Modelle zur Auswahl stehen, geht die Entscheidung nicht ohne Verluste ab, die ins Innerste einschneiden.

Der Absturz

Auf die Zeit der Illusionen folgte der Absturz in die Ernüchterung. Der Visionär Willy Brandt wurde von dem Macher Schmidt abgelöst. Der Staat, der mehr Demokratie wagen wollte, offenbarte bei der Verfolgung seiner Gegner hysterische Züge. In den Theatern kamen Tendenzen auf, die mit Formen der Abkehr von der Sprache der Wörter experimentierten. Die Sprache der Bilder emanzipierte sich von der Allmacht der Projektionen. Der Tanz entwickelte eine Sprache des Körpers, die das reale Leben des Menschen in der Gesellschaft spiegelte. Die Zeit der Erklärer lief ab.

In Frankfurt verschwanden die Namen Bondy, Fernandes, Grüber (und nach dem MEDEA-Skandal zeitweise auch der Name Neuenfels) von den Spielplänen. An deren Stelle traten die Namen von Schauspielern und Regieassistenten aus den eigenen Reihen. Das Kollektiv entthronte die Repräsentanten des Unbedingten und verlieh die Macht denen, über die es selbst Macht hatte.

»Da war so was Feierndes, so eine Selbstgefälligkeit«, sagte Barbara Sukowa über eine Aufführung der Brecht'schen TAGE DER KOMMUNE, die unter Palitzschs Leitung kollektiv erarbeitet worden war. »Das hatte etwas von den Kunstwerken aus dem sozialistischen Realismus, so ein Sich-Selber-Feiern. Ich spürte so ein privates Glück von den Schauspielern, so ein Sich-Zunicken: Wir sagen das, was wir meinen. Da war gar kein Widerspruch mehr, da war nichts in Figuren unterschieden. Es hatte etwas von Goodwill.«

MEDEA, 1976. Diskussion mit Hilmar Hoffmann (stehend), Peter Iden (links auf dem Podium)

Der Horizont geriet außer Sicht. Ästhetische Wagnisse blieben aus. Die Ansprüche wurden bescheiden, Erfolge zur Ausnahme. Die Stimmung verdüsterte sich. Der Respekt vor dem Prediger Palitzsch schwand. Die Zahl derer, die ihr Glück anderswo suchten, nahm zu. Das Modell, das dazu dienen sollte, den Schauspieler kreativer zu machen, schrumpfte zum Stadttheater.

Der Kleinmut erfasste auch die, die vorangehen sollten. Palitzsch inszenierte Laube (DER ERSTE TAG DES FRIEDENS), Laube inszenierte Heiner Müller (LEBEN GUNDLINGS), Palitzsch inszenierte Heiner Müller (ZEMENT) und Dorst/Laube (GONCOURT ODER DIE ABSCHAFFUNG DES TODES). Das Glück der Verdichtung, das Frank-Patrick Steckel mit Barlachs ARMEM VETTER in den spektakulären Bühnenbildern von Axel Manthey und Christof Nel mit der ANTIGONE von Sophokles/Hölderlin im spektakulären Bühnenbild von Erich Wonder gelang, wurde zur Ausnahme.

»Kein funktionierendes Theater, das in Frankfurt«, schrieb Benjamin Henrichs am Ende der fünften Spielzeit in der *Süddeutschen Zeitung*. »Im Moment sieht man nur Einzelbewegungen, kaum einen

DER ARME VETTER, 1977. R: Frank-Patrick Steckel / Ensemble

Zusammenhang. Aber vielleicht spiegelt diese zerfahrene Situation die Schwierigkeiten, Theater zu machen, genauer wider, als es die Betriebsamkeit von einem sogenannten funktionierenden Betrieb tut.«

Ein Rettungsversuch

Karlheinz Braun, Frankfurter von Geburt und einer der Vorkämpfer der neuen Formen des Miteinanders (der von ihm gegründete Verlag der Autoren ist eine der wenigen Initiativen aus der Zeit des Aufbruchs, die den Niedergang der Illusionen überlebt haben), trat in der fünften Spielzeit ins Direktorium ein. Sein von kreativem Elan gestützter Optimismus konnte den Absturz aber nicht aufhalten. Ein Traum war geplatzt. Eine Hoffnung hatte getrogen. Die Enttäuschung fraß sich so tief in die Gemüter, dass kein Predigen sie überwinden konnte. Das Miteinander zeigte die hässlichen Seiten. Der Prediger Palitzsch wurde zum Prügelknaben.

Am Ende ein Aufbäumen. Das Ensemble-Projekt DAS GESETZ DES HANDELNS, das an einem Abend 13 Produktionen vereinte, versuchte, die Resignation in der Überforderung aufzuheben, der Regisseur Thomas Langhoff aus Ostberlin entfesselte auf den Proben zu Tschechows DREI SCHWESTERN eine Spielfreude, die man erloschen glaubte, und Hans Neuenfels offenbarte mit seiner IPHIGENIE, mit der sich die Truppe um Peter Palitzsch von Frankfurt

GLAUBE LIEBE HOFFNUNG, *1977*. R: Christof Nel / Rotraut de Neve (M.), Ensemble

verabschiedete, dass er in den Jahren der Prüfungen zu einem Künstler herangereift war, der nur noch der eigenen Stimme vertraut. »Kunst ist kein Experiment«, schrieb er im BASTARDBUCH. »Es gibt keinen Fortschritt in der Kunst, eben so wenig wie es Fortschritt in der Sexualität gibt. Um es einfach zu sagen: Es gibt nur verschiedene Wege, sie auf die Beine zu stellen.«

Die Nachfolger

Der Frankfurter Kulturdezernent versuchte, sein mehrfach gescheitertes Projekt durch ein künstlerisches Upgrade zu retten, und band mit dem Bühnenbildner und Regisseur Wilfried Minks und dem Regisseur Johannes Schaaf, die als Direktoren fungieren sollten, und den Regisseuren B. K. Tragelehn

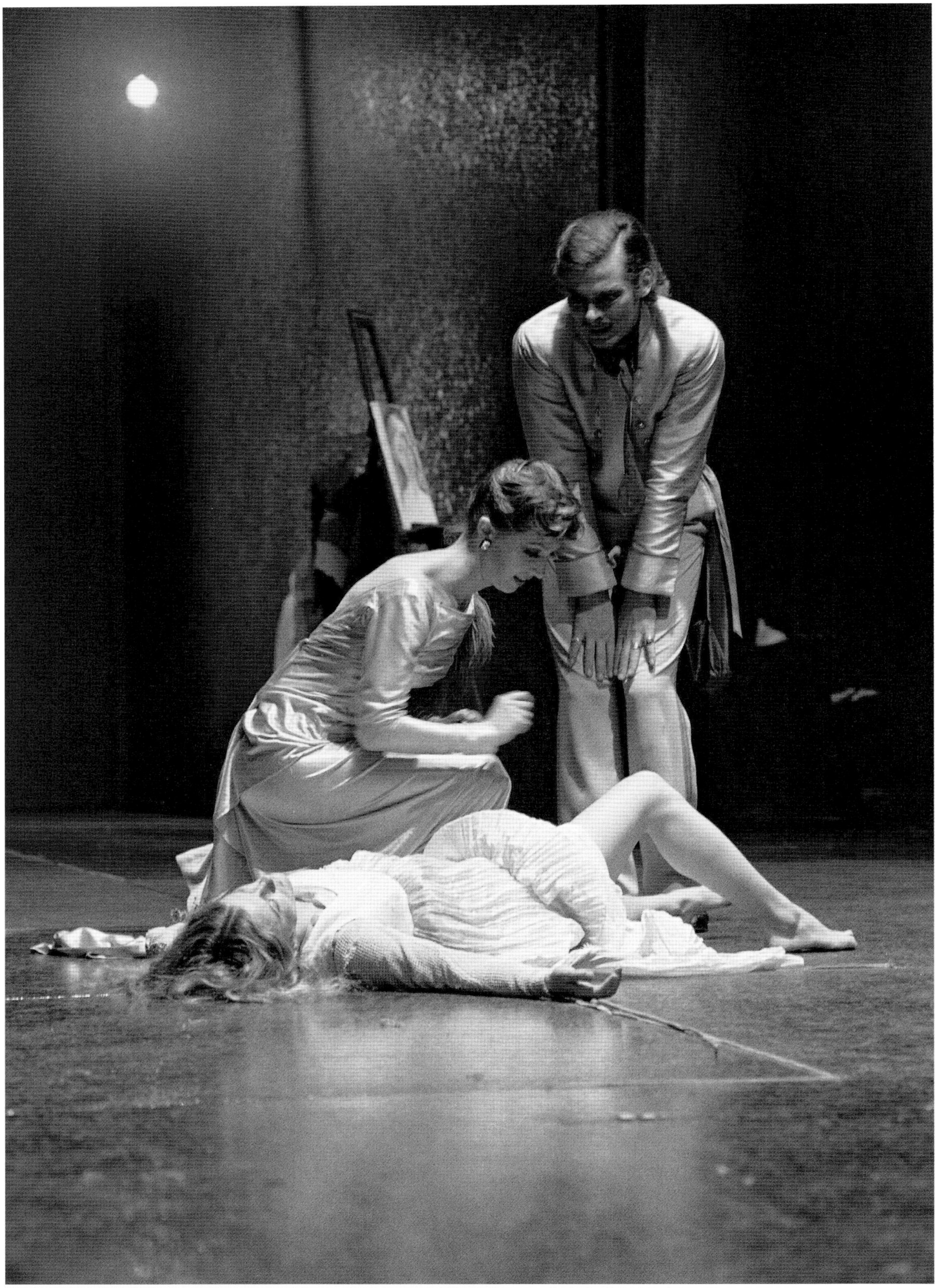

und Horst Zankl neue Potenzen ans Haus. »Die Sinnlichen kommen!« artikulierte die sonst nicht zum Überschwang neigende *Frankfurter Rundschau* die Hoffnung einer ganzen Stadt, das Theater könne nach den künstlerisch guten und interessanten, oft aber auch harten und grauen Palitzsch-Jahren wieder einige fröhliche und festliche Züge gewinnen«, schrieb Benjamin Henrichs in *Die Zeit*. Die Retortenzüchtung zerbrach bei der ersten Bewährungsprobe.

Das Treiben und Sterben der RAF, das in Frankfurt begonnen hatte, hatte in einigen Theatern der Republik beträchtlichen Widerhall gefunden. Das Haus des Brecht-Jüngers Palitzsch war weitgehend verschont geblieben. Die Nachfolger mussten sich dagegen schon ein halbes Jahr nach ihrem Start – sie hatten einen gelungenen TARTUFFE von Tragelehn, einen vertändelten DANTON von Schaaf und eine katastrophal vergeigte PENTHESILEA von Minks hinter sich – einer Aktion von Sympathisanten der zweiten Generation der RAF erwehren, die eine Aufführung der IPHIGENIE stürmten, um gegen die Haftbedingungen ihrer Gesinnungsgenossen zu protestieren. Ein Teil der Neuen wollte sie gewähren lassen. Ein anderer wollte mit Hilfe der Polizei den Spielbetrieb wiederherstellen. In die Debatten über Freiheit und Ordnung, die der Vorfall nach sich zog, flossen die Auffassungen des Teams über das Schöne und Wichtige ein. Sie erwiesen sich als so unvereinbar, dass die Truppe sich auflöste.

Was um der Verbesserung von Mensch und Gesellschaft willen erprobt worden war, endete im Zank um den Geldwert von Zeitverträgen – und die Politik, die den Menschenversuch um der Wirkung nach außen willen nicht oft genug wiederholen konnte, spielte sich ein letztes Mal als Schlichter einer Katastrophe auf, die sie selbst inszeniert hatte. Dann ging der Traum der Vernunft, der die Mitbestim-

IPHIGENIE AUF TAURIS, *1980. R: Hans Neuenfels /*
Elisabeth Trissenaar, Edgar M. Böhlke

DIE UNBESTÄNDIGKEIT DER LIEBE, *1975. R: Luc Bondy /*
Barbara Sukowa, Marlen Diekhoff, Matthias Fuchs

mung geboren hatte, in die Legende über. »Trauerarbeit im Schönen« hatte der Dramaturg Peter von Becker genannt, was er sich an der Seite von Johannes Schaaf für DANTONS TOD vorgenommen hatte. Das Hässliche, das neun Jahre Laborversuch hochgeschwemmt hatten, war durch kein Trauern der Welt zu vertreiben.

Mythos Mitbestimmung

»Da wir am Anfang kein klares Ziel hatten, können wir jetzt ungeheuer schwer darüber reden, wie und warum wir gescheitert sind«, analysierte der Autor Wolfgang Deichsel, einer der Direktoren des ersten Experiments am TAT, in einer Broschüre des Arbeitskreises Bertolt Brecht die Frankfurter Laborversuche. »Ich weiß noch gar nicht genau, was gescheitert ist. Die Annahme, Mitbestimmung sei notwendig am Theater, hat mich nie interessiert. Ich dachte nur, ein Schauspieler, der weiß, was er tut, erzählt es

Vollversammlung im Stadtwald 1977, Frank-Patrick Steckel (M.)

direkter, also muß man Schauspieler dazu bringen, daß sie wissen, was sie tun. Dabei sind wahrscheinlich ganz grobe Fehler passiert. In dem Film DIE AMERIKANISCHE NACHT von Truffaut sieht man zum Beispiel sehr deutlich, was zum klassischen Schaugeschäft gehört: eine ungeheure erotische Pflege des Einzelnen, das heißt, jeder ist der Größte. Genau das haben wir nie gepflegt. Hier sind Schauspieler rumgelaufen, die in schlechten Produktionen gute Leistungen erbracht haben. Denen wurde nie gesagt, daß sie besser wurden. Es gab einfach diese herkömmlichen Gepflogenheiten nicht, weil man glaubte, sie durch so eine Art allgemeiner Gruppengleichheit ersetzen zu können. Man macht sich das am besten klar an einem Begriff, der unter Schauspielern und Dramaturgen dastand für alles Böse. Der Begriff heißt Stadttheater. Alle herkömmlichen Mittel werden erst mal weggeschmissen in der Hoffnung, sich erneuern zu können. Hinter unserer Abwehr des Stadttheaters, hinter unserem Geschrei nach einer freien Produktion steckte die Sehnsucht, man könnte sich ganz ändern. Man könnte schlagartig das ganz Neue schaffen. Das muß man als idealistisch im schlechtesten Sinn bezeichnen. Ich bin jahrelang immer wieder auf Proben gelaufen und dachte: Warum ist das noch immer die alte Scheiße? Man müßte doch überrascht werden von dem, was auf der Bühne geschieht. Das ist aber nie eingetreten. Und wenn sich der idealistische Anspruch nicht erfüllt hat, hat man ganz opportunistisch gemacht, was gegenüber dem Zwang von außen als notwendig erschien. Für mich hat sich bewiesen, was ich vorher nur vermutet habe: Die Liberalisierung, das heißt, sich zu öffnen ohne jede Bestimmung, führt zur totalen Verunsicherung und zur totalen künstlerischen Idiotie. Ein Schauspieler ist immer noch überfordert, wenn ich zu ihm sage, spiel du mal so, wie du willst. Das ist genau das Gegenmodell zur Schaubühne. Der Stein hat lange vor der Schaubühne die Entscheidung getroffen, ich mache bürgerliches Theater unter einem sozialistischen Aspekt, mache das so präzise wie möglich und klaue mir die arrivierten Mittel zusammen, die es inzwischen überall gibt. Wir haben auf ganz neue Mittel gewartet, auf das, was von innen kommt. Das ist das, was ich mit Idealismus meine. Statt materialistisch zu denken und mit dem Schein zu arbeiten, der für das Schaugeschäft unverzichtbar ist, mit dem schlechten Schein, mit der Häßlichkeit, wollten wir uns als bessere Menschen zeigen und sind dadurch an Aussagen immer vorbeigerutscht.«

»Die widerwärtige Atmosphäre, die wir oft auf Vollversammlungen erzeugten (wie unmenschlich wir manchmal miteinander umgingen!)«, schrieb die Schauspielerin Elisabeth Schwarz im Rückblick auf die Frankfurter Jahre (WAR DA WAS?, 1980), »konnte denn aus ihr das freie, durchlässige, politisch und kreativ attraktive, neue Theater entstehen? Oder spielten wir nur Revolutionstribunale nach? Wirklich, wir haben aber auch jeden Fehler gemacht, der innerhalb des Modells möglich war. Wir haben uns untereinander kaum mehr mit unseren Augen, sondern nur noch durch den Filter unserer Meinungen gesehen und deshalb nichts mehr wahrgenommen. Blinde waren wir über lange Strecken. Und das hätte uns fast den Garaus gemacht. Fast? Ja, nur fast! Denn obwohl wir uns selbst die härtesten Bedingungen bereitet hatten, die es am Theater geben kann, haben wir schöne Produktionen zustande gebracht.«

War da was?

»Die Einbildungskraft setzt Spielräume voraus, in denen nichts fest definiert und klar umrissen ist«, schrieb Byung-Chul Han. »Sie bedarf einer Unschärfe und Undeutlichkeit. Sie ist sich selbst nicht transparent, während die Selbsttransparenz den Verstand auszeichnet. So spielt er auch nicht. Er arbeitet mit eindeutigen Begriffen.«

Die Dokumentation WAR DA WAS?, mit der sich die Truppe um Palitzsch aus Frankfurt verabschiedet hat, »ist eines der aufregendsten Theaterbücher, die ich kenne«, schreibt Hans Neuenfels im BASTARDBUCH, »und ich glaube, Horst Laube würde nichts dagegen haben, wenn ich sage, dass es ein romantisches Buch ist. Er nannte seinen Beitrag ›Kommando Parsifal‹, was nicht bedeutet, dass die Träumer mit offenen Augen und Mündern in den Himmel gestarrt hätten. Es wurde hart gearbeitet, und auch mit den Tricks, die nötig sind, um den Traum wachzuhalten. Denn natürlich wollen die Träumer, dass alle träumen, zumindest viele, damit die Dinge nicht so bleiben, wie sie sind.«

Der verschwundene Vater und die im Herzleid versteinerte Mutter, in deren Bann Parsifal aufwuchs, sind Teile des Kindheitsmusters, von dem auch die im deutschen Nachkrieg Aufgewachsenen geprägt worden sind. Parsifal nähert sich dem, was er im Abseits der Welt versäumt hat, mit offenen Augen – und kann am Ende des Weges die Frage stellen, in der ihm der Gral erscheint: Mensch, warum leidest du? Die deutschen Narren traten die Reise im Schutz eines Wissens an, das blind macht für das Gegebene.

Der Verworrene wird zur »himmlischen Durchsichtigkeit« vordringen, heißt's bei Novalis, während der früh Geordnete zum Philister erstarrt. Novalis

ELLA, *1980. R: Herbert Achternbusch / Josef Bierbichler*

konnte nicht ahnen, welche Hölle die Verworrenen der Nachkriegszeit hätten betrachten müssen, wenn sie die Augen geöffnet hätten. Der Prediger Palitzsch, der durch die Hölle gegangen war, wollte den Seinen den Blick in den Abgrund ersparen – und fügte in die Chronik der Täuschungen ein Kapitel der schmerzlichsten Art ein. Und doch ist das Theater dem, was es einer gegen das Dunkle verschworenen Gesellschaft an Dunklem zu entreißen hat, selten nähergekommen als in der Zeit dieses verunglückten Experiments.

Faust, 1990. R: Einar Schleef / Martin Wuttke

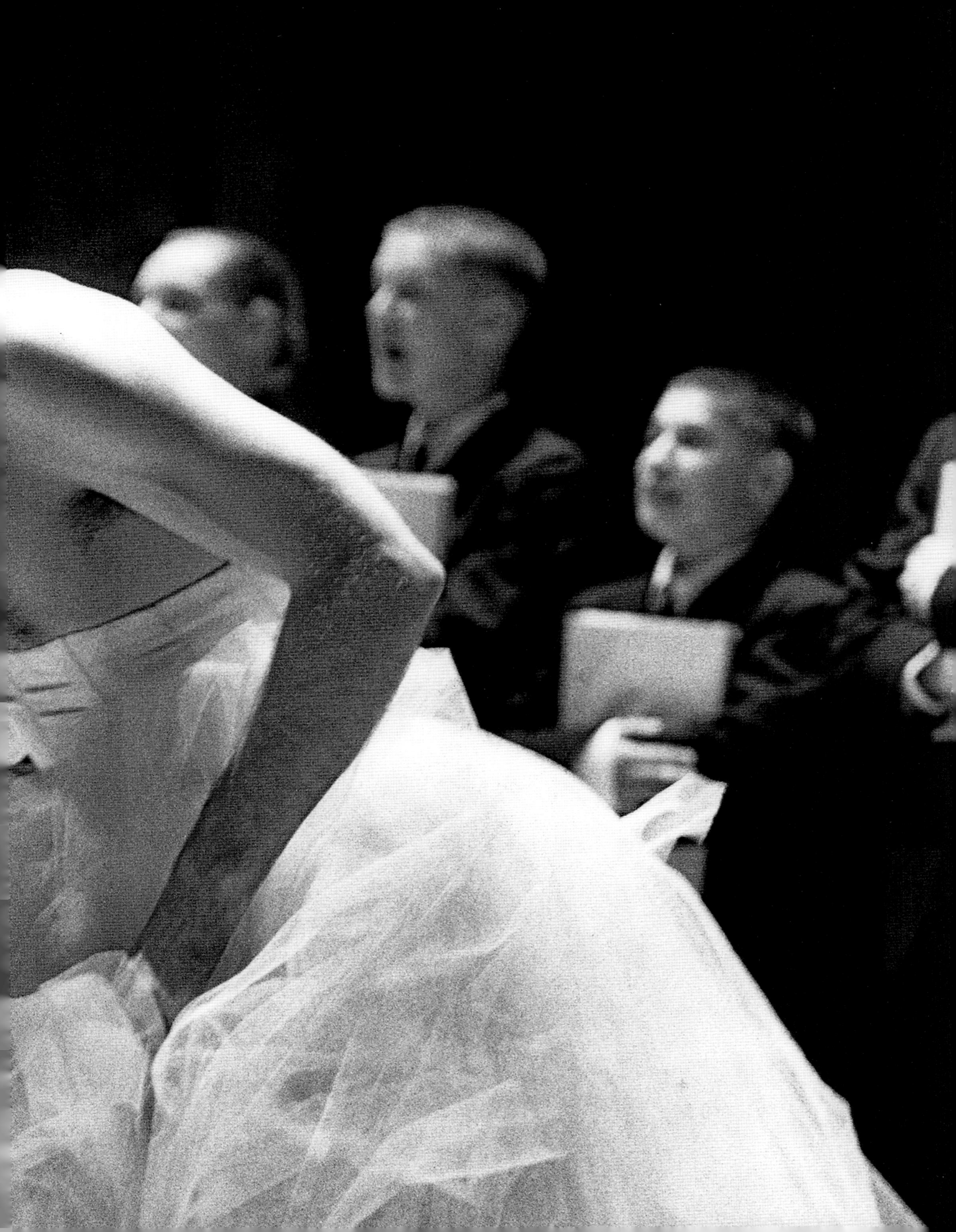

1981 – 1991

Auf der Suche nach einer neuen Sprache des Theaters

Adolf Dresen und der Neubeginn unter Günther Rühle

von Hans-Thies Lehmann

Das in Deutschland einmalige Frankfurter Mitbestimmungsmodell wurde zwar unter dem Direktorium von Wilfried Minks und Johannes Schaaf in der Spielzeit 1980/81 noch fortgesetzt, nach einer Theaterbesetzung durch RAF-Sympathisanten und einer polizeilichen Räumung des Hauses am 21. März 1981 aber durch die Stadtverordnetenversammlung und den Frankfurter Oberbürgermeister aufgelöst. Adolf Dresen übernahm die Leitung des Schauspiels. Zum Intendanten berufen wurde er vor allem mit dem Auftrag, das Experiment Mitbestimmung, das sich immer mehr in Querelen und Kabalen verlief, zu beenden und das Haus wieder zu stabilisieren, was ihm auch gelang. Dresen hatte das Prinzip des epischen Theaters verinnerlicht, er war durch die Schule der Ästhetik und der autoritären Theaterpolitik der DDR gegangen, hatte sich 1976 gegen die Ausweisung Biermanns gewehrt und 1977 die DDR verlassen. Er war ein ungeduldiger Feuerkopf und zugleich ein Theatermann von eher intellektuellem Habitus, dem die Rolle des Intendanten so wenig auf den Leib geschrieben war wie seinem Nachfolger im Frankfurter Amt. Von seinen Frankfurter Inszenierungen werden vor allem die erste, Minna von Barnhelm (1981), mit ihrem dezidiert historisch-politischen Anspruch und 1983 Im Dickicht der Städte genannt. Enttäuscht über das Scheitern seiner Vorstellungen vom Ensemble-Theater trat er 1984 von der Schauspieldirektion zurück – wie man sagte, wegen der Doppelbelastung von Regie und Theaterleitung und weil sich in einem Land »der Autos, Kühlschränke und Farbfernseher« niemand für seine Ideen interessiere. Seine Arbeitsbedingung, »Ensembletheater zu machen«, ließ sich nicht realisieren, und Dresen zog sich nicht

AMPHITRYON, *1982. R: Adolf Dresen / Manfred Zapatka, Almut Zilcher*

nur von der Frankfurter Direktion, sondern auch aus der Schauspielregie insgesamt zurück, unternahm fortan nur noch Operninszenierungen als freier Regisseur. Gegenüber dem Regietheater nahm er eine zunehmend ablehnende Haltung ein und hätte vermutlich der Wahl Günther Rühles, Einar Schleef zu berufen, nichts abgewinnen können. Das Schauspiel Frankfurt benötigte, als er die Direktion aufgab, das Signal eines Neubeginns.

Neubeginn

1985 nahm die neue Direktion unter Günther Rühle, der auf Adolf Dresen folgte, ihre Arbeit auf. Der Machtwechsel in Bonn, der Wahlsieg von Helmut Kohl 1984 erschien vielen wie die politisch-öffentliche Kodifizierung einer veränderten Lage auch für die Künste, für das Theater. Dessen aktivistische und politische Energien der 1960er- und frühen 1970er-Jahre waren ermattet, ohne dass doch die gesellschaftlichen Grundkonflikte verschwunden waren, auf die die Bewegung der 1968er-Generation Antworten gesucht hatte. Den Anfang der Intendanz markierte sogleich, kaum dass Zeit zum Atemholen war, die traumatische Affäre um Fassbinders DER MÜLL, DIE STADT UND DER TOD. Und in eine historische Zeitenwende, den Prozess der deutschen Vereinigung, fiel ihr Ende, im Frankfurter Theaterleben markiert durch die Experimenta 6 von 1990. Es war, wie man sieht, eine Intendanz zwischen politischen und ästhetischen Neubestimmungen, zwischen den Fronten des Hergebrachten und des Kommenden, skandiert von öffentlichen Konflikten. Sie haben Rühle bei manchen Kritikern sehr zu Unrecht den

Demonstration vor dem Schauspiel Frankfurt gegen die Uraufführung von Fassbinders Der Müll, die Stadt und der Tod, *1985*

Ruf »glücklos« eingebracht. Seine Verdienste um das Frankfurter und deutsche Theater können sich sehen lassen. 1989 erklärte Rühle, er wolle das Angebot einer Verlängerung seines im August 1990 auslaufenden Vertrages als Intendant nicht annehmen. Nach dem Interludium unter Hans-Peter Doll wurde dann Peter Eschberg für ein langes Jahrzehnt Frankfurter Intendant.

Der reflektierte Kritiker

Günther Rühle kam von der Theorie und der Kritik her. Er hatte das Feuilleton der *Frankfurter Allgemeinen Zeitung* geleitet, Bücher zu Theatertheorie, Theatergeschichte und Kritik publiziert, die Intendantenrolle war neu für ihn. Er repräsentiert den seltenen – inzwischen leider noch seltener gewordenen – Typus des reflektierenden Kritikers, der sich nicht auf die Rolle des witzigen Pausenclowns spezialisiert. Gerade weil er als Theoretiker sich der Aufklärung tief verpflichtet weiß, hat Rühle in seiner Frankfurter Intendanz hartnäckig künstlerischen Positionen Raum gegeben, die in den Kellergewölben des kulturellen Unbewussten stöbern und daher bei oberflächlichem Hinsehen leicht den falschen Eindruck erwecken, sie stünden gegen Aufklärung. Rühle wusste – und handelte danach –, dass nichts aufklärungsfeindlicher ist als der allzu leicht erzielte Konsens der »Guten«. Seine enorme theatergeschichtliche Bildung und sein Scharfsinn ließen ihn die Einmaligkeit des genialischen Einar Schleef erkennen und zu ihm stehen – allen Belastungen, die dieser Querkopf dem Betrieb zumutete, und übelsten Kritiker-Verrissen zum Trotz.

Die Bühne der Kammerspiele wird von Mitgliedern der jüdischen Gemeinde besetzt, um gegen die Uraufführung von Fassbinders Der Müll, die Stadt und der Tod *zu demonstrieren. Vor der Bühne stehen Hilmar Hoffmann und Günther Rühle.*

Frankfurt und sein Theater

Das Umfeld der Stadt Frankfurt war und ist, was das Theater angeht, durch eine Reihe spezieller Verwerfungen gekennzeichnet, mit der jeder Intendant zu rechnen hat. Über Frankfurt geht mit einigem Recht der Kalauer »Bankfurt« um, heutigentags weniger denn je ein Ehrentitel. Und die lokal beliebte Bezeichnung »Mainhattan« zeugt von einem Anspruch, dem der Ort, der zwar in mancher Hinsicht eine Metropole ist, aber am Ende doch eine relativ kleine Großstadt bleibt, nur schwer gerecht werden kann. Die Stadt ist theaterpolitisch hin und her gerissen zwischen drei prägenden Faktoren. Da ist zum einen ein Klima, das von der Präsenz von Bankern, gut verdienenden Managern und Geschäftsleuten geprägt ist. Frankfurt war nach dem Krieg rasch wieder Bankenmetropole und das zog schnell wieder viel Geld und begabte Geldverdiener in die Stadt – ein potenzielles Theaterpublikum, das aber weithin aus Leuten besteht, die oft nicht lange auf ihrem Karriereweg in Frankfurt bleiben und nicht wirklich ein langfristig wachsendes Verhältnis zum Theater der Stadt entwickeln. Anders als in manchen anderen Städten, man denke etwa an Bochum, hatte ich jedenfalls in Frankfurt, egal wer Intendant war, nur selten das Gefühl, das Publikum liebe sein Theater.

Auf der anderen Seite hat die Stadt seit den 1960er-Jahren, aber zurückdatierend schon in die große Zeit der hier ansässigen Verlage und Zeitungen der 1920er-Jahre, eine bedeutende Tradition »kritischer Theorie«, der sogenannten Frankfurter Schule, der hochsensiblen Gesellschafts- und Kunstkritik eines Kracauer, eines Adorno, eines Habermas.

Die Bewegung von 1968 war hier besonders aktiv und wirkungsreich. (Damals war in Frankfurt zum Beispiel Claus Peymanns berühmt gewordene Uraufführung von Peter Handkes PUBLIKUMSBESCHIMPFUNG zu sehen, ein weiteres Stück Theatergeschichte, in dem Rühles Hausregisseur Michael Gruner als Schauspieler mitgewirkt hatte.)

Drittens gibt es aber noch, wie sehr auch ins kaum mehr Gewusste abgerutscht, das Bewusstsein einer weit zurückreichenden und durchaus bemerkenswerten Theatertradition: Die Goethe-Stadt war ein Zentrum des Sturm und Drang; zu Beginn des 20. Jahrhunderts und noch in den 1920er-Jahren galt Frankfurt als zweites kreatives Zentrum des Theaterlebens nach Berlin; und in den 1950er-Jahren durchbrach der Intendant Harry Buckwitz mutig den ideologisch einfältigen Brecht-Boykott. Nicht zuletzt blickt man in Frankfurt auf das auch in seinem Scheitern wichtige Experiment der demokratischen Mitbestimmung im Theater in den 1970er-Jahren zurück. Es waren diese Traditionen einer gesellschaftlich relevanten Reflexion auf der Bühne und die große, aber oft verkannte oder vergessene Theatergeschichte der Stadt, an die die Intendanz von Rühle anknüpfte – in der Bescheidenheit des Kenntnisreichen mit der Absicht, zunächst und vor allem nicht spektakuläre Sensationen, sondern ein Theater für die Stadt zu produzieren, das an der Zeit war.

Der Fassbinder-Skandal

Kaum hatte der frischgebackene Intendant sein Amt angetreten, da fand er sich schon in den heftigsten politischen Theaterstreit in Deutschland seit Hochhuths STELLVERTRETER verwickelt. Der sogenannte Fassbinder-Skandal ist in seinen Details mehrfach beschrieben worden, einige gehören jedoch hierher aufgrund ihrer hohen Signifikanz sowohl für den Geist jener Zeit und das (stadt-)politische Umfeld, aber auch für die Konsequenz und Integrität von Rühles Wirken. Der Anlass, Fassbinders Stück DER MÜLL, DIE STADT UND DER TOD, das der Autor für Frankfurt geschrieben und für das er Frankfurt als Ort der Uraufführung verfügt hatte, ist, wie immer man es künstlerisch beurteilen mag, kein antisemitisches. Fassbinders gesamtes Werk zeugt da im Zweifel für ihn. Es war eine richtige Entscheidung, es anzusetzen. Im Vorfeld eskalierten jedoch die Anfeindungen, bis hin zu Bombendrohungen und persönlichen Attacken in Wort und Schrift. Das Theater seinerseits versuchte, den Kauf größerer Kartenkontingente durch die Gegner der Aufführung zu unterbinden. Jüdische Bürger besetzten am 31. Oktober 1985 die Bühne der Frankfurter Kammerspiele und verhinderten so die geplante Uraufführung, begleitet von lautstarken Protestdemonstrationen in den Frankfurter Straßen. Die Aufführung fand nicht statt, Rühle gab nach, wäre es doch ein unsäglicher Akt gewesen, in Deutschland die Polizei gegen die jüdische Gemeinde zu rufen. Zum Hintergrund der Affäre gehört es, dass durch die Causa Bitburg die Sensibilität gegenüber Vergessen und Verharmlosung der Verbrechen gegen die Juden noch zugenommen hatte. Kohl und Reagan hatten auf dem Soldatenfriedhof in Bitburg alle gefallenen Soldaten des Zweiten Weltkriegs gemeinsam geehrt, für viele eine unerträgliche Verwischung der Grenzen zwischen der verbrecherischen Nazi-Vergangenheit und ihren Opfern, da in Bitburg auch Angehörige der Waffen-SS beigesetzt waren.

Die Freiheit der Kunst

Der Fassbinder-Skandal sah einen in einer höchst komplizierten und emotional aufgeladenen Situation nobel und standhaft agierenden Intendanten die Freiheit der Kunst – die ohnehin eher selten Political Correctness wahrt – gegen die Anwürfe vieler Kritiker und zumal der jüdischen Gemeinde Frankfurt wahren. Die Auseinandersetzungen mündeten am Ende in einen nach Maßgabe des Möglichen vernünftig ausgehandelten Kompromiss: Es gab eine von der jüdischen Gemeinde tolerierte geschlossene Aufführung der Inszenierung von Dietrich Hilsdorf für eine internationale Kriti-

Don Juan oder Der steinerne Gast, *1985. R: Benjamin Korn / Petra Weimer, Matthias Scheuring, Almut Zilcher, Michael Weber*

kerschar (übrigens mit einem sehr positiven Echo und mit dem allgemeinen Urteil, das Werk sei »nicht antisemitisch«).

So begreiflich die Reaktion der jüdischen Gemeinde in der Sache Fassbinder auch war, bedenkt man den Anlass, so kann man im Nachhinein konstatieren: Das Theater war im Recht, der Protest war verfehlt und ließ zudem als Nebeneffekt den Verdacht aufkommen, es sollte von einer Problematisierung der Bauspekulation in Frankfurt abgelenkt werden. Auf der anderen Seite sei es dem Chronisten erlaubt, auch die Erinnerung an die unrühmliche Rolle des Bürgermeisters Wallmann nicht zu unterschlagen, der im selben Jahr Hessischer Ministerpräsident wurde und, als es um die Reste des Frankfurter Ghettos gegangen war, einen erschreckenden Mangel an Geschichtsbewusstsein und Empathie gezeigt und die Stichworte dafür geliefert hatte, dass sein Nachfolger im Amt des Frankfurter Bürgermeisters, Wolfram Brück, die Besetzer von der Baustelle am Börneplatz von der Polizei vertreiben ließ – die Freiheit der Stadtplanung sollte denn doch, anders als die Freiheit der Kunst, Vorrang vor historischem Bewusstsein haben.

MÜTTER, *1986. R: Einar Schleef / Ensemble*

Funktionsbestimmung des Theaters

In diesem Klima rückte die neue Intendanz triftig die Frage nach dem Ort und der Funktion des Theaters in der Gesellschaft in den Mittelpunkt; nach Theater als Ort sinnlich gestalteter Reflexion und Kritik; nach Grundfragen der menschlichen Situation, die weder als Teil einer Unterhaltungsmaschinerie fungieren, noch im Sinne vordergründiger Politisierung präsentiert werden sollten. Dieser Haltung entsprach es, dass der Spielplan einen Schwerpunkt bei der großen Tragödientradition setzte: 1985 mit HAMLET in der Inszenierung durch Holger Berg, als der ganz junge Martin Wuttke seinen Weg zum berühmten Schauspieler begann, am Ende als Mephisto in Schleefs FAUST. Molières DON JUAN (Regie: Benjamin Korn), KÖNIG LEAR (Regie: Robert Wilson), die deutsche Klassik mit EGMONT (Regie: Dietrich Hilsdorf), DON CARLOS (Regie: Holger Berg) und GÖTZ VON BERLICHINGEN (Regie: Einar Schleef) wurden gezeigt. Eindrücklich war 1989 der ÖDIPUS des Sophokles in der Übersetzung des früh verstorbenen Peter Krumme in der Regie von Dietrich Hilsdorf mit Thomas Thieme als Ödipus an einer großen Nabelschnur.

Das Stadttheater hat unter den sehr besonderen deutschen Verhältnissen – sozialdemokratische Tradition des Konzepts von Theater als »Bildung für alle«, Kulturauftrag, massive staatliche Förderung – die doppelte Aufgabe, einerseits, in Maßen, einer Art – unverächtlicher – »Museumsfunktion« gerecht zu werden: Das Gedächtnis großer Weltentwürfe aus anderen Epochen auf lebendige Weise für ein heutiges Publikum ins Jetzt zu holen. Zugleich ist Theater eine Kunst, genauer: eine Kunst von heute, auch dann, wenn es mit Texten umgeht, die Hunderte von Jahren alt sein mögen. Insofern steht es in Idealkonkurrenz mit dem Stand der Dinge, wie sie sich in den anderen zeitgenössischen Künsten darstellen. Es kann das Potenzial alter Texte zu einer ästhetisch wie gesellschaftlich gegenwärtigen Selbstreflexion wecken. Beruhigt es sich jedoch bei seiner Museumsfunktion, gar beim Ideal gepflegt kultivierter Unterhaltung, so wird es aus dem Bereich jeder lebendigen künstlerischen und intellektuellen Diskussion herausfallen. Rühle wusste das, und er verstand sein Programm als gesellschaftlich interessiertes Fragen nach so etwas wie deutscher Identität in neuen Theater-Idiomen. Mit Recht hat er sich dagegen verwahrt, in seiner Spielzeit vor allem »literarisch« gesonnene Projekte zu sehen: Es waren die Entwicklungen der Sprache des Theaters, die es ihm angetan hatten. Die neuen Formentwürfe sind (auch für mich als Beobachter) das prägende Erlebnis in diesen Jahren des Schauspiel Frankfurt gewesen.

Deutsche Szenen

Rühles entscheidender Coup war sicher die Verpflichtung Einar Schleefs. Sie war Teil einer Programmatik, die den Titel »Deutsche Szenen« trug und sich durch alle Spielzeiten zog. Von den alten Stoffen und Stücken sollte der Bogen zur Gegenwart geschlagen werden, Theaterarbeit als Selbstverständigung über die Linien und Untergründe der nationalen Kultur, durchaus ein Stück Verwirklichung der Nationaltheateridee seligen Angedenkens. Das Projekt stellte neben eine Reihe klassischer Weltentwürfe Szenen der bürgerlichen Moderne von Hauptmanns Vor Sonnenaufgang über Stücke von Carl Sternheim bis zu Lion Feuchtwangers Neunzehnhundertachtzehn und Kaisers Von morgens bis mitternachts. Gegenwartsanalysen boten unter anderem Thomas Brasch (Rotter), Thomas Bernhard, Tankred Dorst und Harald Mueller mit dem zeitaktuellen Antiatomstück Totenfloss. Dietrich Hilsdorf war von Anfang an dabei, seine Inszenierungen, stets auf hohem Niveau, brachten spektakuläre Gegenwartssetzung, kantiges Statement und Provokation. Er hatte Der Müll, die Stadt und der Tod inszeniert, und das Publikum belohnte mit großer Anhänglichkeit seinen Hit Hexenjagd von Arthur Miller, der seit der Premiere 1986 über fünf Jahre lang auf dem Spielplan stand. Hilsdorf inszenierte neben dem erwähnten Ödipus u. a. Die Irre von Chaillot von Giraudoux, Goethes Egmont, Hauptmanns Die Ratten, Kleist und Georg Kaiser. Seine Regiearbeiten waren ein Rückgrat des Spielplans. Am Ende beeindruckte seine Inszenierung der hochgesteigerten, radikal amoralischen Groteske Korbes (von Tankred Dorst) mit Volker Spengler, der mehrfach bei Schleef mitwirkte und den sein verrücktes Talent nicht zufällig von Frankfurt an die Berliner Volksbühne, einen Hort produktiver Konventionsverweigerung, geführt hat.

Neue Theaterformen

Die Rühle-Ära fiel nicht nur in eine politisch unübersichtliche Zeit, sondern auch in eine Phase, in der überall das Bedürfnis nach neuen Theatersprachen fühlbar wurde – Theatersprachen jenseits von immer wieder neuen oder »neuen« Klassikervarianten, jenseits aber auch allzu direkter Politisierung. Gerade in den Jahren, in denen Günther Rühle das Schauspiel leitete, sah in Frankfurt das Theater am Turm die Anfänge seiner legendär gewordenen großen Zeit, als Christoph Vitali an das Haus gerufen wurde, zusammen mit Tom Stromberg, der seit 1986 zunächst als Dramaturg und Chefdramaturg, ab 1993 auch als Intendant die Geschicke des Hauses bestimmte und eine ganze Serie von Highlights internationaler neuer Theaterformen nach Frankfurt holte. Heiner Goebbels' szenische Arbeiten für das TAT begannen erst 1990, aber prägende Künstler eines neuen Theaters und Kunstdenkens wie Jan Fabre, Jan Lauwers oder die Wooster Group konnte man seit Ende der 80er-Jahre im TAT verfolgen. Währenddessen avancierte die Frankfurter Oper unter Michael Gielen und Klaus Zehelein zum innovativsten und vielleicht meistdiskutierten Opernhaus

AUS DEM BÜRGERLICHEN HELDENLEBEN. DER SNOB / 1913, *1987*.
R: Fritz Gross / Kristin Derfler, Jürgen Holtz

KÖNIG ÖDIPUS, *1989*. R: Dietrich Hilsdorf / Thomas Thieme (r.), Ensemble

Europas, in dem das etablierte Kunstverständnis immer wieder schockiert wurde. Und seit 1984 hatte sich William Forsythe daran gemacht, das Ballett völlig umzukrempeln und zum Ort von selbstreflexiven, hochkomplexen Tanzereignissen zu machen, die allmählich ein neues Publikum hervorbrachten. Frankfurt, das 1985 Austragungsort des Festivals »Theater der Welt« war, konnte damals ohne Übertreibung als die zeitweise spannendste Theaterstadt Deutschlands gelten. Es war keine leichte Aufgabe, unter diesen Umständen das Stadttheater nicht nur im Sinne der Institution erfolgreich zu führen, sondern ihm auch einen Platz in der lebendigen Kunstdiskussion zu sichern.

Günther Rühle nahm die Herausforderung an, und mit Erfolg. Er erreichte, dass das Schauspiel Frankfurt einer der bedeutenden Steine in diesem Spielfeld war, dem es gelang, sich mit starken eigenen Setzungen zu behaupten und dabei zugleich seinen Auftrag der Traditionspflege zu wahren. Den neuen, weithin »postdramatischen« Formen stellte sich in seinem Haus vor allem das Werk Einar Schleefs ebenbürtig, gleichermaßen aktuell und provozierend an die Seite und entgegen, formal mit seinen übergroßen Dimensionen und den Mitteln, die nur ein großes Theater bieten kann; inhaltlich mit seiner eigenartigen szenischen Reflexion auf deutsche Geschichte, die die historische Erinnerung und Problematik als körperlich angelegte Realität erfahren ließ. Das Schauspiel bewies, welches innovative Potenzial im deutschen Theatersystem steckt, wenn man es ihm denn abverlangt.

Geschichte Gottfriedens von Berlichingen mit der eisernen Hand, *1989. R: Einar Schleef / Ensemble*

DAS LETZTE BAND, 1987. R: Klaus Michael Grüber / Bernhard Minetti

Theatervisionär: Einar Schleef

Es ist ein ganz großes Verdienst Rühles – neben der Handhabung des Fassbinder-Falls –, dass er es zuwege brachte, dass Einar Schleef, dessen Weg, wo immer er arbeitete, eine Blutspur aufgegebener und abgebrochener Projekte anzeigte, in seiner Frankfurter Zeit eine erstaunliche Serie von Inszenierungen »vollendete« (wobei allerdings manches Mal die Premiere zugleich noch die Generalprobe war): MÜTTER, VOR SONNENAUFGANG, DIE SCHAUSPIELER, NEUNZEHNHUNDERTACHTZEHN, GÖTZ und FAUST. Schleef betrieb etwas wie den Versuch, den Arbeitsstil einer freien Theatergruppe in den Rahmen des Stadttheaters zu platzieren, den er damit natürlich aufs Äußerste strapazierte. Seine Arbeiten der 1990er-Jahre in Berlin, Wien oder Düsseldorf brachten verspätet die zunehmende Anerkennung des Regisseurs und Theatervisionärs, aber aus der Rückschau kann man festhalten: Es waren die Arbeiten in Frankfurt, die mit ihrer verstörenden Radikalität einen Riss ins geläufige Theaterverständnis brachten,

DIE SCHLACHT, 1990. R: Alexander Brill / Claudia Ruiz-Hellin

und die Theatergeschichte wird, das darf man prophezeien, seine Frankfurter Epoche als das bedeutendste Stück in dem singulären Beitrag dieses Künstlers zum Theater würdigen. Dass dieses exorbitante Stück Theater mit dem Namen der Stadt Frankfurt verbunden bleiben wird, hat die Kommune, die es ihm schlecht vergolten hat, Günther Rühle – und seinem Mitstreiter Gerhard Ahrens – zu verdanken, überhaupt dem Team des Theaters, dessen Nerven und Geduld hier in einem seltenen Maß gefordert waren, zumal es heftige Widerstände gegen Schleef auch innerhalb des Hauses selbst gab. Konsequent sicherte die Intendanz den Spielraum für diesen experimentellen und bei aller körperlichen Aggressionsladung hoch reflektierten Theaterentwurf ab, gegen den damals fast einhellig eine Front der Kritiker stand. (Ich war dankbar, dass Günther Rühle mir als nicht professionellem Kritiker seinerzeit die Gelegenheit gab, meinen bescheidenen Beitrag zu einer anderen Sicht auf Einar Schleef in einer Programmzeitschrift des Schauspiels zu leisten.)

Vor dem Ruhestand, 1988. R: Alois-Michael Heigl / Werner Schwuchow, Eva-Maria Strien, Ingeborg Engelmann

einbrach wie der sprichwörtliche Wolf in die Schafherde. Besonders eine wohl 20-minütige Trauerchorszene mit dem vom Chor der Mütter schier endlos wiederholten Wehruf »I O – A I« des Vorsängers Jürgen Holtz veranlasste viele, die Veranstaltung zu verlassen. Dieses Theater verlangte eine andere Wahrnehmungseinstellung, die man im Theater nicht gewohnt war, und wurde vom überwiegenden Teil des Publikums als Strapaze zurückgewiesen, während eine Minderheit hier etwas fand, das ebenso weit voraus in die Zukunft wie tief in verleugnete Vergangenheit führte. Ich sehe noch die glänzenden Augen der Gießener Studierenden der Angewandten Theaterwissenschaft vor mir, als sie Schleefs Mütter gesehen hatten – das war ein Schlag, der plötzlich alle Fragen des Theaters anders zu denken erlaubte und zwang.

Ein neues Publikum

Vor Sonnenaufgang, Schleefs zweite Arbeit, war für mich persönlich insofern eine Offenbarung, als da etwas eintrat, was ich nicht für möglich gehalten hatte: Der abgelebte Naturalismus des Textes wurde wieder zur intensivsten Theatererfahrung. Die hochkünstliche Darbietung des Dialekts, der performanceartige Ansatz des Spiels, der Umgang mit Licht, Rhythmus und Raum, die Kohlewagen – das war groß, und es stimmte mich froh, von Henning Rischbieter eine entgegen dem großen Chor der Kritik in höchsten Tönen lobende Besprechung zu lesen. Es folgten 1988 die Uraufführung von Schleefs eigenem Stück Die Schauspieler im Schauspiel, sein Götz 1989 und Feuchtwangers Neunzehnhundertachtzehn und Faust, beide 1990. Nicht ohne Bewegung entsinne ich mich der letzten Faust-Aufführung. Schleef hatte sein neues Publikum gefunden, ein Auditorium junger Leute, die sich, fasziniert von der radikalen Theaterform, emotional engagiert wie bei einem Rockkonzert, hochkonzentriert mit Goethe-Versen auseinandersetzten. Es entstand zwischen Chören und Monologen auf der Bühne und dem »Chor« dieses begeistert mitgehenden

Am Anfang stand das nach wenigen Aufführungen (zu früh) wieder abgesetzte Projekt Mütter – textlich eine Kombination von Euripides' Die Bittflehenden Mütter und Aischylos' Sieben gegen Theben, inhaltlich bewegt von der tragischen Erfahrung der Geburt neuer Kriegsgewalt aus Leid und Racheverlangen des vorherigen Krieges, formal die provozierende Behauptung eines chorischen Theaters, mit der Schleef in das gewohnte Theaterverständnis

Publikums eine Atmosphäre, von der man populär sagen mochte: »Wahnsinn«. Als Schleef selbst, der stotterfrei mitgespielt hatte (er litt außerhalb des Theaterspielens an dieser Sprechstörung), am Ende mit einem großen leibhaftig lebenden »tragischen« Ziegenbock/Sündenbock auf die Bühne trat, wussten viele, dass dieser Moment ein Ende markierte und mehr als nur das Ende von Schleefs und Rühles Arbeit in Frankfurt. Ein groß gedachter Entwurf für andere Theaterformen war von engstirniger Kulturpolitik zerrieben worden.

Höhepunkte gelangen Rühle auch durch Einladungen. Klaus Michael Grüber inszenierte in Frankfurt noch einmal mit dem alten Bernhard Minetti Das letzte Band, wobei bewegende Theater- und Schauspielergeschichte präsent wurde: Minetti, der mit seiner eigenen jüngeren Stimme vom Tonband aus Grübers viel früherer Bremer Inszenierung kommunizierte; die surreal überfüllte Bühnenlandschaft voller Pflanzengrün, der unvergessliche Schreckausdruck Minettis, wenn sein Krapp das Wort »Chrysolith« nicht mehr weiß.

Ein anderer Unangepasster, Hans Jürgen Syberberg, präsentierte das beeindruckende Solo von Edith Clever mit Kleists Penthesilea. Robert Wilson brachte unter Rühles Ägide König Lear mit Marianne Hoppe in der Titelrolle heraus. Mit diesen Künstlern waren – auf Augenhöhe mit den Erneuerungen im eigenen Frankfurter Spektrum – neue szenische Ansätze zu besichtigen, die an einem von Grund auf veränderten Verständnis von Theater arbeiteten.

Das theaterpraktisch gewiss notwendige und von Rühle als wichtige Balance zum Radikalismus Schleef'scher Prägung gewollte und vertretene Komplementärprogramm ging mir selbst weniger nahe. Michael Gruners vielgelobte, subtile seelische Ausleuchtungen in den Jahren 1987 bis 1989 mit ihrem nuancierten Realismus schienen mir, der ich mich auch theoretisch vor allem mit den Ansätzen zu neuen Theatersprachen auseinandersetzte, zu nahe an der Konvention zu bleiben, auch wenn der in diesen Inszenierungen waltende Kunstverstand unbestreitbar war.

Ein Morgen gibt es nicht, *1990. R: Michael Gruner / Günther Amberger, Eleonore Zetsche*

Der Theaterbrand als Glücksfall?

Unter den exzellenten Schauspielern, die in Rühles Ära hervortraten, zumal durch die Arbeiten von Schleef, waren Martin Wuttke, Jürgen Holtz, Margarita Broich, Thomas Thieme, Eleonore Zetsche, Eva-Maria Strien, auch Birgit Heuser. Erwähnt sei noch besonders Rühles Engagement für das Kindertheater, auch die Arbeit des Schülerclubs.

Und es gab ein Ereignis, das ungeheure Belastungen für den ganzen Spielbetrieb bedeutete: Am 12. November 1987 vernichtete ein Großbrand die Spielstätte der Oper, weil ein frustrierter Arbeitsloser, der dort eingebrochen war und nichts Essbares gefunden hatte, in seiner Verärgerung Feuer gelegt hatte. Das Musiktheater musste daraufhin ins Gebäude des Schauspiels »umziehen«, das Schauspiel benutzte fortan bis 1993 das Bockenheimer Depot als zusätzliche Spielstätte. Das Depot wurde zum Schauplatz vieler Arbeiten der Regisseure Michael Gruner und Dietrich Hilsdorf und der spektakulären Rauminszenierungen Schleefs. Wobei besonders Schleef beweisen konnte, welche enormen Energien aus solchen imposanten Räumlichkeiten zu gewinnen sind, wenn man sich nicht darauf beschränkt, in dieses Ambiente einfach eine konventionell gedachte Guckkastenbühne zu installieren. Die Brandkatastrophe hatte so auch den Effekt, dass die Theater-Raum-Ereignisse im Bockenheimer Depot zu den Erfahrungen gehören, durch welche die Ära Rühle besonders im Gedächtnis verankert bleibt.

Heiner Müller

Die 1980er-Jahre waren auch die Zeit der weltweiten Anerkennung Heiner Müllers, kein Ort auf der Theaterweltkarte, wo nicht zum einen oder anderen Zeitpunkt Müllers HAMLETMASCHINE oder ein anderes seiner Stücke auf dem Spielplan meist kleiner, engagierter Theatergruppen zu finden war. Es zeigte sich, dass sein Werk internationale Resonanz fand, er als nur der Dichter der DDR unterschätzt war. Günther Rühle setzte sich engagiert für die Vorbereitung der Experimenta 6 ein, die ich aus der Nähe miterleben konnte, da neben dem TAT am Rande auch die Theaterwissenschaft mitwirkte. Nach längerer Unterbrechung sollte die einst von Peter Iden und Karlheinz Braun ins Leben gerufene Experimenta wiedererstehen, von der Akademie der darstellenden Künste als verbindender Institution getragen, als eine Heiner Müller gewidmete große deutschdeutsche Werkschau. Als aber das Projekt, das mit sechs Gastspielen zugleich die geballteste Präsentation des DDR-Theaters bis dahin werden sollte, vor seiner Verwirklichung stand, spielte die Geschichte ihm einen sonderbaren Streich: Die Mauer war offen und das sensationelle Ereignis der DDR-Gastspiele war keines mehr. Ein Höhepunkt der Experimenta 6 war Frank Castorfs Inszenierung des BAU, 1986 in Chemnitz realisiert, für viele die erste direkte Begegnung mit diesem markanten Theaterstörer, der in den 1990er-Jahre enormen Einfluss auf die Theaterdiskussion nehmen sollte. Mir haben sich besonders unerhörte Zeitdehnungen im Gedächtnis festgesetzt, wenn Müllers dichte Sätze voneinander getrennt wurden durch endlos scheinendes Harmonikaspielen dazwischen und so die Sprache überaus prägnant ausgestellt wurde. Und natürlich war auch Heiner Müllers von Geschichte und Theatergeschichte mitinszenierte HAMLET / MASCHINE in Frankfurt zu sehen. Es hat etwas paradox Symbolhaftes, dass Rühles Intendanz und Schleefs Wirken in Frankfurt zu dem Zeitpunkt endeten, als die deutsche Spaltung ihr Ende in der »Vereinigung« fand und mit einem Großereignis, das zwischen Gelingen und Verfehlen, zustimmender Begeisterung und scharfer Polemik wie ein Symbol für diese markante Phase des Schauspiel Frankfurt steht, in der es national und international heiß diskutiert wurde und weithin sichtbare Ausstrahlung hatte.

König Lear, 1990. R: Robert Wilson / Marianne Hoppe

TARTUFFE, 1994. R: Jürgen Gosch / Ulli Maier, Manfred Schindler

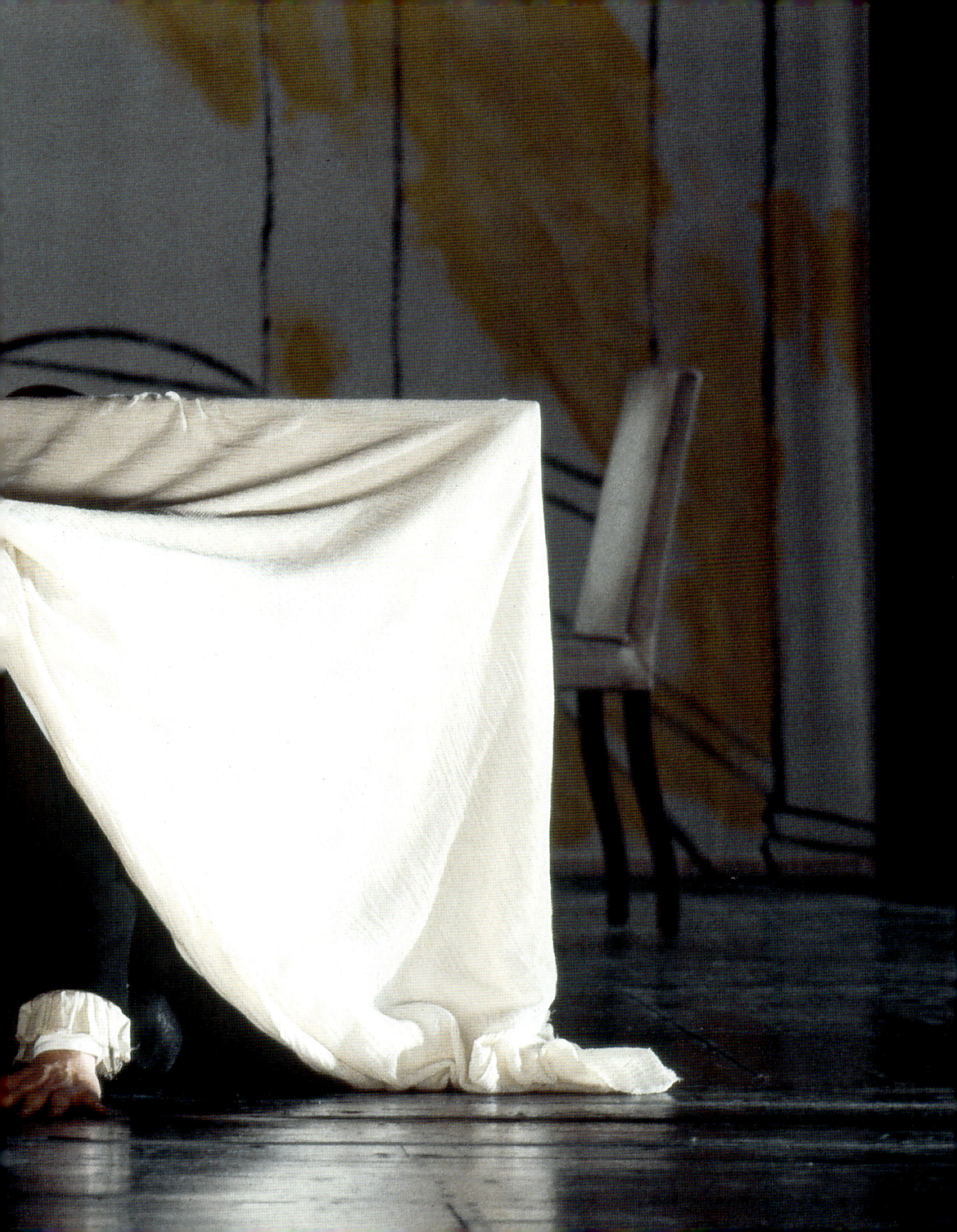

1991–2001

Der Theatermacher

Peter Eschbergs Frankfurter Intendanz

von Wilhelm von Sternburg

> »Das Theater war eine Möglichkeit.
> Ich hatte keine andere.«
> Thomas Bernhard

Der künstlerische Abschied ist bewegend. Auf der riesigen, fast kahlen Bühne des Frankfurter Schauspielhauses, umhüllt von einem mächtigen feuerroten Mantel und umbraust von Regenfluten, verflucht der gescheiterte Lear sein Schicksal: »Ich bin ein Mann, an dem man mehr gesündigt, als er sündigte.« Nichts ist ihm geblieben: Verrat der Menschen, Fluch der eigenen Überheblichkeit, das Entsetzen vor dem Ausgeliefertsein, von dem er in den Zeiten des Glücks nichts geahnt hat. Als der Vorhang nach drei Stunden und fünfzehn Minuten fällt, jubelt ein ergriffenes Publikum. Es ist der Abend des 23. März 2001 und die letzte Premiere, die der Hausherr Peter Eschberg nach knapp zehn erfolgreichen, persönlich nicht leichten Jahren in Frankfurt erlebt.

Der Schauspieler aus Wien

Was mit einer kleinen Sprechrolle in Strindbergs Traumspiel am Wiener Volkstheater begann, endete 55 Jahre später – begleitet von stehenden Ovationen für den Regisseur und Hauptdarsteller Eschberg – am Schauspiel Frankfurt. Dazwischen: der Beginn an den Münchner Kammerspielen in der Ära des legendären Hans Schweikart und des bewunderten Fritz Kortner; Frankfurt unter Harry Buckwitz und Berlin als wichtige Zwischenstationen; Fernsehrollen in populären Kriminalfilmen, die in den 70er-Jahren vordergründigen Starruhm bringen; die Kölner Bühne mit den ersten Regiearbeiten. Dann ab 1981 Theatermacher in Bonn. Seine erste Intendanz. Aus einer kaum bemerkten Bühne wird unter seiner Leitung ein überregional hochgeachtetes Schauspielhaus, das mit Uraufführungen (Edward Bond, Volker Braun, Rainald Goetz, Herbert Achternbusch oder Joshua Sobol), mit drei Stücken (ebenfalls Urauf-

DOÑA ROSITA BLEIBT LEDIG ODER DIE SPRACHE DER BLUMEN, *1992. R: Wolfgang Engel / Iris Erdmann, Carmen-Renate Köper*

führungen) der damals in Deutschland in ihrer Bedeutung als Dramatikerin noch nicht erkannten Elfriede Jelinek, mit Gastregisseuren wie Rudolf Noelte, Karl Paryla, Otto Tausig und Hans Hollmann in den Feuilletons mehr und mehr Beachtung findet. Als Regisseur erringt Eschberg in der Stadt am Rhein nicht nur mit der Anti-Kriegs-Collage DIE LETZTEN TAGE DER MENSCHHEIT seines Landsmannes Karl Kraus einen großen Erfolg.

Frankfurt aber ist ein großer Sprung. Die Bankenmetropole lockt mit einem damals noch hohen Kulturetat. Das Theater hat – so jedenfalls die öffentliche Wahrnehmung – chaotische Jahre hinter sich. In der Zeitschrift *Theater heute* ist Anfang 1992 zu lesen: »Eschberg startet hier unter erschwerten Bedingungen. Das Theater in Frankfurt hat im vergangenen Jahrzehnt erheblich an Ansehen eingebüßt.« Einen Neuanfang zu inszenieren ist also reizvoll. Frankfurt ist die Stadt Adornos und Fritz Bauers, in den späten 60er-Jahren war es ein Zentrum der Anti-Vietnam-Demonstrationen und der Studentenrevolte. Intellekt und Geld, Handelssinn und Bürgerbewusstsein bilden hier die sich gegenseitig befruchtenden Antipoden. Und die Stadt besitzt Anfang der 90er-Jahre einen der bedeutendsten und kreativsten Kulturdezernenten der Republik, Hilmar Hoffmann.

Die beste zweite Wahl

Eschbergs Erfolg als Theaterleiter in Bonn hat ihn in die erste Reihe der deutschen Theaterintendanten katapultiert. Und er hat das Glück, das jeder braucht, wenn es um Posten und Pöstchen geht. Denn einer der Bewunderer seiner Bonner Arbeit wird Oberbürgermeister in Frankfurt. Der einstige sozialdemokratische Bundesminister Volker Hauff hat Eschbergs Arbeit am Rhein beobachtet, mitverfolgt, wie sich der Schauspielchef im Dickicht der kommunalpolitischen und theaterinternen

SIBIRIEN, 1992. R: Otto Tausig /
Otto Tausig

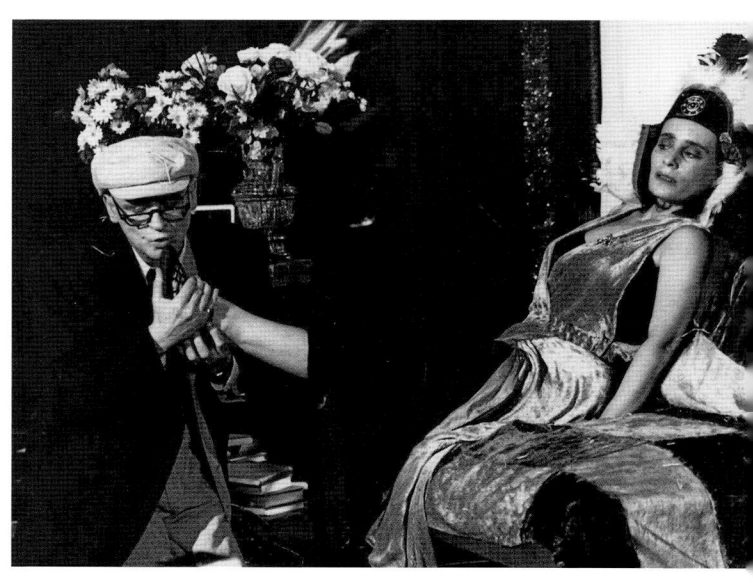

HEDDA GABLER, 1993. R: Jürgen Kruse /
Hans Falár, Cornelia Schmaus

Kämpfe durchsetzte. Hoffmann zögert, sein Favorit ist Hermann Beil, Chefdramaturg bei Claus Peymann in Berlin. Beil sagt ab, Hoffmann akzeptiert Hauffs Favoriten, und die *Frankfurter Allgemeine Zeitung* findet sofort den hochmütigen Ton, der künftig in den Frankfurter Medien die lange Amtszeit Eschbergs begleiten wird: »Daß Peter Eschberg Frankfurts Schauspielchef wird, ist freilich nicht die Meldung des Tages. Die eigentliche und bedenkliche Neuigkeit ist, daß es Hermann Beil nicht wird.« Hoffmann nimmt dagegen später eine wohltuend souveräne Haltung ein. Als Eschberg nach zehn Jahren die Leitung abgibt, schreibt er in dem Sammelband PETER ESCHBERG. THEATERMACHER, WAS SONST!: »Peter Eschberg war, als er nach Frankfurt kam, zwar einer meiner Favoriten, aber nicht meine erste Wahl. In der Rückschau fällt es mir nicht schwer, meine damalige Einschätzung zu revidieren. […] Er hat den durch zahlreiche Intendantenwechsel havarierten Tanker Schauspiel Frankfurt in sichere Gefilde geleitet – der immer schärferen Brisen zum Trotz.«

Eschberg ist nicht nur ein politischer Kopf, sondern vor allem ein leidenschaftlicher Theatermann, der die Realitäten nicht aus den Augen verliert. »Eine gute Theaterleitung [muss] aus sozusagen zwei Hälften, aber unbedingt in einer Person bestehen«, hält er in seinem Buch GEGEN HEUCHELEI fest. »Einerseits muss der Theaterleiter aktiver Künstler sein, am besten Regisseur, um seinem Haus eine durchsetzungsfähige Kunstidee vorzugeben […]. Andererseits muss ein Intendant, besonders wenn er die allgemeine Kulturfinanzierung in dieser Zeit in Betracht zieht, ein fähiger Manager sein …« Schon in den Berufungsverhandlungen mit der Stadt beharrt Eschberg, belehrt durch seine Bonner Erfahrungen, auf einer klaren Trennung des Schauspiels vom Opern- und Ballettbetrieb, auf einer autonomen Führung seines Hauses. Die Zukunft mit ihren elenden Kompetenz- und Finanzkämpfen sollte zeigen, wie wichtig es für das Schauspiel war, dass Eschberg sich mit dieser Forderung durchgesetzt hat. Die Begleitmusik der Frankfurter Medien bleibt oberflächlich und persönlich diffamierend. Die

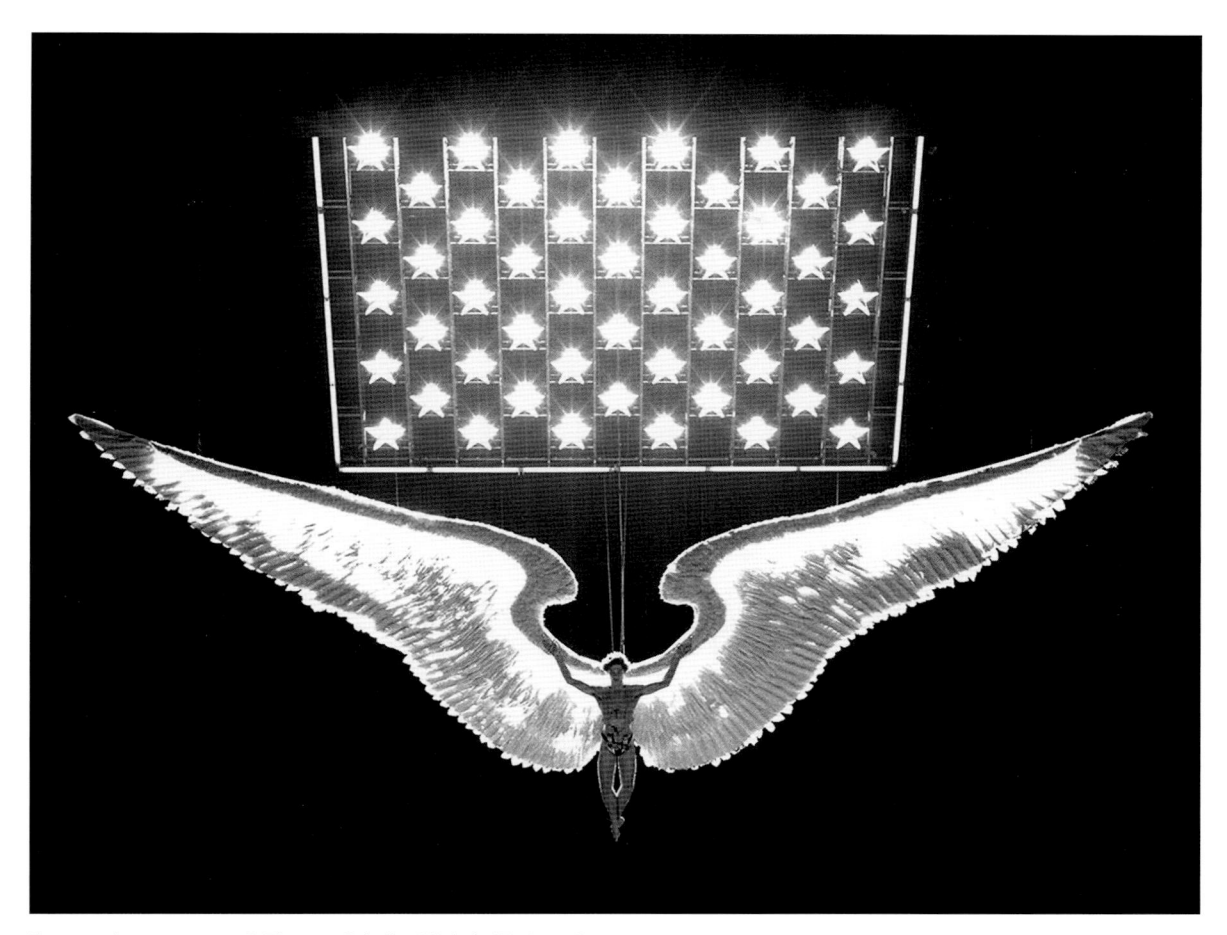

ENGEL IN AMERIKA, 1993. R: Thomas Schulte-Michels / Tatjana Pasztor

Feuilletonisten stürzen sich auf Eschbergs angeblich ungeheuerliche Gehaltsforderungen. Sein Verhandlungspartner Hilmar Hoffmann hingegen wird später die Szene ganz anders beschreiben: »›Nachdem nun alles unter Dach und Fach ist – was wollen Sie eigentlich verdienen‹, fragte ich. ›Geben Sie mir einfach das, was Günther Rühle bekommen hat‹, antwortete Eschberg. ›Ich weiß jetzt nicht auf Heller und Pfennig, wie teuer Ihr Vorgänger war‹, räumte ich ein, ›aber ich frage rasch mal in unser Verwaltung nach, eine Sekunde bitte.‹ ›Nicht nötig‹, antwortete Eschberg, ›was dem Rühle gereicht hat, ist auch für mich genug‹« (THEATERMACHER, WAS SONST!). Zeitungslegenden sind zählebig.

Kulturpolitische Umbrüche

Wer Eschbergs Leistung und die Arbeit seines Teams in Frankfurt würdigen will, muss die dramatischen Umbrüche berücksichtigen, die die Kulturpolitik im Allgemeinen und die städtischen Machtverhältnisse im Besonderen in den 90er-Jahren kennzeichneten. Eschbergs Förderer Volker Hauff wird kurz vor dem Amtsantritt des Theatermannes von der eigenen Partei verjagt. Kulturstadtrat Hilmar Hoffmann verlässt die Frankfurter Politik ebenfalls, bevor Eschberg seine Arbeit aufnimmt. Hoffmanns Nachfolgerin Linda Reisch fremdelt in der städtischen SPD und muss aus einer innerparteilich schwachen Position

DER WELTVERBESSERER, 1994. R: Wolfgang Engel / Jürgen Holtz, Eleonore Zetsche

agieren. Ihre Zuneigung gilt dem Opern- und Ballettbetrieb zudem mehr als dem Schauspiel, was Eschbergs Kampf gegen die verordneten Etatkürzungen nicht erleichtert. Nach ihrem Sturz hält mit Hans-Bernhard Nordhoff die kulturelle Provinz Einzug in die Metropole. Die Frankfurter Sozialdemokraten begehen in diesen Jahren politischen Selbstmord und demontieren ihre Oberbürgermeister und Kulturverantwortlichen in aller Öffentlichkeit. Nach fast einem halben Jahrhundert verliert die SPD ihre Machtposition in der Stadt.

Mit Blick auf die zweite entscheidende Veränderung in diesen Jahren – die einsetzende Kürzungspolitik im Frankfurter Kulturetat – sind das auch für Eschberg verhängnisvolle Entwicklungen. Im Laufe seiner Amtszeit wird der Etat des Schauspiels um 40 Prozent gesenkt. In einer öffentlichen Rede vom Juni 1999 konstatiert Eschberg nicht ohne Empörung: »Nachdem 1994 der von der Schauspielleitung in einsamer Schlacht abgewehrte Versuch einer Zerstörung des selbstständigen Schauspiels – schon damals war die Rede vom Ende des Repertoires und Ende des Ensembles – überwunden war, wurden dem Schauspiel in den folgenden vier Jahren Etatkürzungen in Höhe von ca. elf Millionen Mark abverlangt.« Sein Hinweis, ein solch exzessives Sparprogramm sei proportional keiner anderen Theatereinrichtung in der Bundesrepublik zugemutet worden, traf die damalige Wirklichkeit der bundesdeutschen Kulturszene. Die Folgen ließen sich rasch benennen: »Bei meinem Amtsantritt bestand das Ensemble aus annähernd 50 Mitgliedern, z. Z. gibt es 24 Ensemblemitglieder beim Schauspiel Frankfurt. Die Bühnentechnik bestand aus 68 Mitarbeitern, derzeit sind es 32. Die Intendanz hatte vor meiner Zeit bis zu vier Sekretärinnen, derzeit werden Intendanz, Dramaturgie, Betriebsbüro, Öffentlichkeitsarbeit und Marketingabteilung von einer Sekretärin betreut. Gleicher Abbau fand in so gut wie allen Abteilungen des Hauses statt.« Unter diesen Umständen die Arbeit des Schauspiels qualitativ und quantitativ auf dem inzwischen wieder zurückgewonnenen Niveau zu halten, gelang in Eschbergs letzten fünf Spielzeiten nur durch eine hohe Belastung der Mitarbeiter. Es erforderte aber auch von der Schauspielleitung ein hoch entwickeltes Organisations- und Improvisationsgeschick. Und trotz aller finanzieller Nackenschläge und Engpässe gelang es Eschberg – so hält es jedenfalls Hilmar Hoffmann 2002 fest –, »etwa eine Million Zuschauer« zu gewinnen.

Etat- und Strukturdebatten

In den Mitte der 90er-Jahre einsetzenden Strukturdiskussionen über die Zukunft des Frankfurter Theaters menschelt es arg unter den Leitern der städtischen Bühnen, und Eschberg führt verlustreiche Kämpfe um Autonomie und Bestand seines Hauses. Mit seinem Vorschlag für eine Schauspiel-GmbH versucht er, den Einfluss der ratlosen und schwankenden Stadtpolitiker zu mindern. Er scheitert mit seinem Plan, die Kommunalpolitik will die Kontrolle über das Schauspiel nicht verlieren, was mit Blick auf die durch Steuergelder hochsubventionierte Frankfurter Bühne nachvollziehbar ist.

Diese Entwicklungen werden von den lokalen Medien mit Blick auf die Interessen des Theaters wenig hilfreich kommentiert. Für das Feuilleton wird Eschberg zum Buhmann der städtischen Kultur. Es reagiert nicht nur auf die künstlerischen Produktionen des Schauspiels von Anfang an mit misslauniger Besserwisserei, sondern berichtet auch mit viel Halbwissen über die internen Auseinandersetzungen, die sich vor allem zwischen Eschberg einerseits und Martin Steinhoff, dem Verwaltungsdirektor Oper und Ballett, sowie dem künstlerischen Opernchef und Generalmusikdirektor Sylvain Cambreling andererseits entwickeln. Es geht um Macht und Geld. Die besondere Heftigkeit dieser Etat- und Strukturdebatten erklärt sich nicht nur durch die laute Medienbegleitung, sondern auch durch die Tatsache, dass die Kulturpolitik bald vollends unter die Räder der städtischen Wahlschlachten gerät. Eschberg ist ein Kämpfer und er weiß sich zu wehren. Zum Wohle des Schauspiels – zumindest dies gilt es seinen damaligen Kritikern entgegenzuhalten. Opfer dieser dramatischen Finanzentwicklung wurde denn auch nicht das Schauspiel. Ihre dramatischsten Spätfolgen werden erst sichtbar, als Eschberg schon nicht mehr Theaterleiter ist: Das Theater am Turm (TAT) muss Ende 2002 schließen, und 2004 verabschieden Frankfurts Kulturpolitiker die international hochgeachtete Balletttruppe des William Forsythe.

Die Insel TAT

Mit dem TAT verbinden sich Namen wie Claus Peymann (Oberspielleiter 1966–1969), Peter Handke (1966 Uraufführung seiner Theatergeschichte schreibenden Provokation PUBLIKUMSBESCHIMPFUNG) oder Rainer Werner Fassbinder, der das TAT in den 70er-Jahren für acht Monate leitete. Dem Experimentaltheater hatte es sich verschrieben, ein wackliges Mitbestimmungsmodell praktizierte es, politisch stand es den Frankfurter Hausbesetzern und der protestie-

WARTEN AUF GODOT, *1996. R: Tom Kühnel / Robert Schuster / Jens Schäfer, Christian Tschirner*

renden Studentenbewegung ebenso nahe wie den Gedanken der Frankfurter Schule. Letztlich arbeitete das TAT immer am Rande des Abgrunds, also der drohenden Schließung. Eschbergs Jungregisseure Tom Kühnel und Robert Schuster versuchen noch einmal einen Neuanfang. Den Städtischen Bühnen angegliedert, aber in der künstlerischen Leitung selbstständig, finden sie im Bockenheimer Depot ihre Spielstätte. Es wird die Geschichte eines Scheiterns. Sowohl künstlerisch als auch – mit Blick auf die von der Stadt verordneten Etatkürzungen – finanziell. Ende 2002 schreibt die *Frankfurter Rundschau*: »[…] anders als im Fall von William Forsythe und seinem Ballett hat niemand um das TAT gekämpft, als die Stadt das Aus für die traditionsreiche Bühne verkündete. Bis zum Schluss hatte es das Ensemble um die Regisseure und künstlerischen Leiter Tom Kühnel, Robert Schuster und den einflussreichen Dramaturgen Bernd Stegemann nicht geschafft, in Frankfurt anzukommen. Das TAT blieb in den drei Jahren eine Insel.«

BAAL, *1995. R: Anselm Weber / Eva Gosciejewicz, Wolf Bachofner*

Auch jenseits der Finanzdebatten erlebt die Theaterszene in den 90er-Jahren tief greifende Umbrüche. Das »Regietheater« beginnt die Gemüter zu erhitzen, und in Peter Eschbergs Frankfurter Jahren erobern viele seiner Vertreter nun auch die Bühnen der deutschen Stadttheater. Was die großen Erneuerer Peter Zadek, Claus Peymann, Peter Stein oder Thomas Langhoff in den 60er- und 70er-Jahren begonnen haben, führt eine neue Generation von Theatermachern zu Weiterentwicklungen, die bald in den Feuilletons und im Publikum auf zustimmende oder kritische Resonanz stoßen.

Ein neues Regietheater

Für Eschberg sind diese Neuorientierungen nicht einfach. In Buchveröffentlichungen, die nach seinen Frankfurter Intendantenjahren erscheinen, lässt er erkennen, welche Schwierigkeiten er mit vielen zeitgenössischen Inszenierungen hat, in denen er sein eigenes Verständnis von Theater nicht mehr wiederfindet. So berechtigt sein kritischer Blick auf viele handwerklich misslungene, das Theater und sein Publikum vergewaltigende Regiearbeiten auch ist, die Skeptiker übersehen zu schnell, dass auch die Bühne nicht unabhängig von

TORQUATO TASSO, *1995. R: Jürgen Kruse / Günter Lampe, Friedrich-Karl Praetorius, Wolfram Koch*

den Seh- und Denkgewohnheiten des Fernseh- und Computerzeitalters bleiben kann und darf. Im Übrigen widerspricht sich Eschberg mit Blick auf seine Leitungs- und Regiearbeit in Frankfurt ein gutes Stück selbst. Denn künstlerisch hat er sein Haus in diesen zehn Jahren auf manche Höhepunkte geführt, die durch die Arbeit von Regisseuren und Bühnenbildnern möglich wurden, deren handwerkliche Ideen und Mittel sehr wohl zum »Regietheater« gehören. Eschbergs Intendantenerfolg beruhte ja gerade auf der klugen Mischung unterschiedlicher Regiekonzeptionen und einer moderaten Risikobereitschaft.

Theater für alle

Allerdings haben der neue Intendant und sein Dramaturgenteam auch bei der Programmgestaltung ein Ziel nie aus den Augen verloren: die Rückgewinnung des Frankfurter Publikums, das sich in den Jahren zuvor in »seinem« Schauspiel nicht mehr heimisch gefühlt hatte. »Theater für alle«, mit dieser Schlagzeile tritt Eschberg in Frankfurt an. Eine schöne Utopie, aber auch ein Bekenntnis. Eschberg hat seine Spielpläne diesem Ziel untergeordnet und er hat damit Erfolg. In den Jahren vor seinem Amtsantritt war die Platzauslastung auf rund 50 Prozent

BUNBURY ODER WIE WICHTIG ES IST, ERNST ZU SEIN, 1995.
R: Hans Hollmann / Achim Buch, Wolfram Koch

Überblickt man die zehn Spielzeiten der Eschberg-Ära, dann lässt sich seine Programmplanung vielleicht am besten mit dem Begriff »bildungsbürgerliche Moderne« umschreiben. Breiten Raum nimmt die Klassik von der griechischen Antike (neun Stücke) bis zu Shakespeare (elf Stücke) ein. Kaum weniger wird der Aufbruch in die Theatermoderne gepflegt: August Strindberg, Henrik Ibsen, Gerhart Hauptmann, Anton Tschechow. Die Moderne ist vertreten durch die Engländer Edward Bond, Harold Pinter, John Osborne und die Absurden Eugène Ionesco und Samuel Beckett, der mit fünf Inszenierungen einer der Spielplanfavoriten ist. Der Österreicher Eschberg hat naturgemäß einen besonderen Blick auf das Theater seiner Landsleute Ferdinand Raimund, Johann Nestroy, Arthur Schnitzler, Ödön von Horváth, George Tabori, Thomas Bernhard (mit sechs Inszenierungen hinter Shakespeare auf Platz zwei der Autorenliste), Peter Handke, Werner Schwab, Elfriede Jelinek oder Marlene Streeruwitz.

Bildungsbürgerliche Moderne

Ein breites Programm. Wie jedes Stadttheater darf auch das Frankfurter Schauspiel die Schullektüre und das bürgerliche Abonnentenpublikum nicht aus den Augen verlieren. Hochsubventionierte Theater mit mehreren hundert Sitzplätzen brauchen einen fest kalkulierbaren Kern regelmäßiger Besucher. Die Kritik vermisst bei Eschbergs Spielplänen die Risikofreude und den Blick auf die Stücke junger Autoren, die in den 90er-Jahren auf manch anderer Bühne bereits mit Erfolg aufgeführt wurden, was angesichts der zunächst schwierigen Publikumssituation in Frankfurt sicher ein wenig ungerecht war. Immerhin Autoren wie Rainald Goetz, Theresia Walser, aktuelle Stücke von Peter Handke

gesunken. 1998, schreibt Hilmar Hoffmann später, erreicht das Schauspiel nach kontinuierlichem Besucheranstieg eine Platzauslastung von 90 Prozent. Ein Spitzenwert in der deutschen Theaterlandschaft. Trotz der dramatischen Etatkürzungen und des ihnen folgenden Personalabbaus kommt das Schauspiel unter Eschberg auf etwa 210 Aufführungen: große Schauspielabende, Kammerspiele, Soloauftritte, verspielte musikalische Unterhaltung.

Neben dem Schauspielhaus mit großer und kleiner Bühne werden das Bockenheimer Depot und die Spielstätte in der Schmidtstraße genutzt. Auch Aufführungen im »Nachtfoyer« lassen mehr Experimente zu und dienen nicht zuletzt der Auslastungsstatistik. Hinter der Praxis, auch kleinere Spielorte zu nutzen, steht die Beobachtung, dass die Laufzeit der einzelnen Stücke sich zu verkürzen beginnt und damit der Druck wächst, die Anzahl der Inszenierungen zu erhöhen.

DIE LETZTEN TAGE DER MENSCHHEIT, 1995. R: Peter Eschberg / Michael Lucke, Katherina Lange

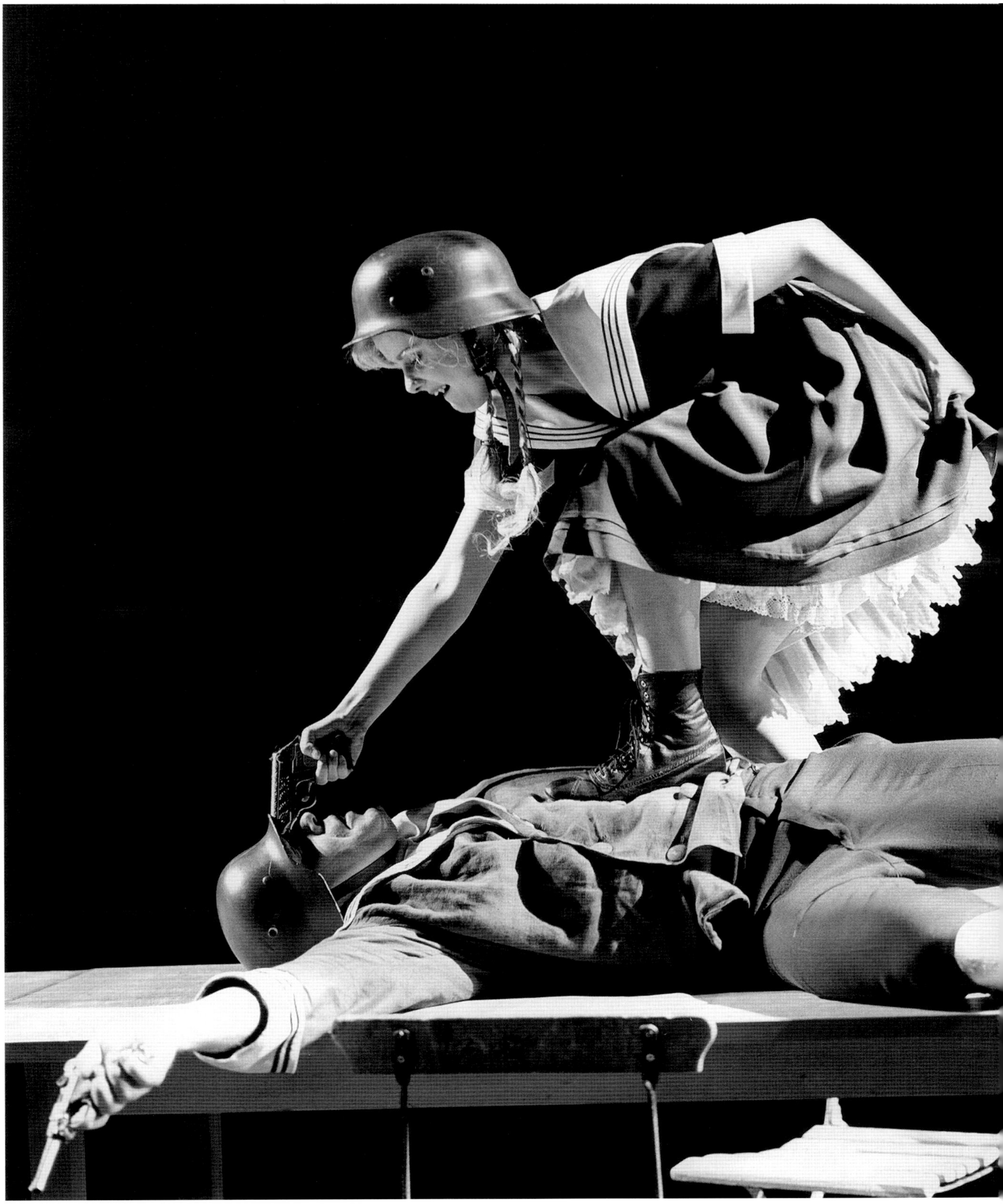

Don Carlos, 1999. R: Jens-Daniel Herzog / Ursina Lardi, Christian Hockenbrink

oder Botho Strauß stehen auf Eschbergs Programm. Es fehlen allerdings Namen, die in der deutschen Theaterszene bereits einen guten Klang haben: etwa Roland Schimmelpfennig, Dea Loher oder Sarah Kane. Vielleicht gilt: Eschberg hat viele, bald sehr namhafte junge Regie- und Schauspielertalente gefördert, ein Autorenentdecker war er in seiner Frankfurter Zeit dagegen nicht mehr. In Bonn war das noch anders. Dort hatte er sich auch mit einer auffallend hohen Zahl an Uraufführungen einen Namen gemacht.

Zunächst gelingt es der neuen Intendanz, wichtige, teilweise schon etablierte, aber auch noch vor ihrem großen Sprung stehende Regisseure zu gewinnen. Peter Palitzsch (Die Frauenfalle von Friedrich-Karl Praetorius), Leander Haußmann (Strindbergs Fräulein Julie) und Frank Castorf (Das trunkene Schiff von Paul Zech) kommen als renommierte Gäste. Jürgen Kruse, Alexander Brill, Thomas Schulte-Michels, Tom Kühnel, Robert Schuster, Amélie Niermeyer, Anselm Weber oder Jan Bosse stehen noch am Anfang ihrer sich bald entfaltenden Karriere.

Regisseure am Schauspiel Frankfurt

Ein paar wenige Details: Wolfgang Engel, schon in den letzten DDR-Jahren dort einer der führenden Schauspielregisseure, kommt 1991 als fester Regisseur nach Frankfurt. Fünf Inszenierungen wird er für das Frankfurter Schauspiel machen (darunter Shakespeares Kaufmann von Venedig, Lorcas Doña Rosita bleibt ledig, Schillers Don Carlos und Thomas Bernhards Der Weltverbesserer). Ab 1995 wird er für 13 Jahre Schauspielchef in Leipzig. Vom Freiburger Theater holt Eschberg den jungen, hochbegabten Jürgen Kruse, der für Frankfurt elf Inszenierungen erarbeitet. Sein wohl größter künstlerischer Wurf ist hier Ibsens Hedda Gabler: am Main umjubelt und zum Berliner Theatertreffen eingeladen. Beeindruckend sein Torquato Tasso von 1995, in dem Kruse Goethes Blick auf den zwischen Politik und Ästhetik zerbrechenden Künstler sensibel herausarbeitet. Kruse und das griechische Drama: Lysistrate und Medea von Euripides, Sieben gegen Theben von Aischylos – experimentelles Theater, diskutiert und fesselnd. Nach den Frankfurter Erfolgen wird Kruse Hausregisseur im Bochumer Schauspiel.

Amélie Niermeyer wechselt 1995 vom Münchner Staatsschauspiel zu Eschberg. Sie setzt Kleists Prinz von Homburg, Lessings Miss Sara Sampson, Shakespeares Was ihr wollt und Romeo und Julia, aber auch Werner Schwabs Der reizende Reigen und Aristophanes' Die Weibervolksversammlung in Szene. Nach der Was-ihr-wollt-Premiere schreibt die *Frankfurter Rundschau*: »Das Leben: ein Spiel. Ein Tanz zum Tode. Ein Maskenfest. […] Das Premierenpublikum verließ nach ungewöhnlich ausgiebigem Applaus animiert das Schauspiel Frankfurt.« Insgesamt zehn Niermeyer-Inszenierungen können die Besucher in den Eschberg-Jahren erleben. Nach Frankfurt wird die Regisseurin Theaterleiterin in Freiburg und dann in Düsseldorf.

Zur kleinen Theatersensation wird der Regieauftritt des Duos Kühnel und Schuster. Eschberg holt die beiden Jungtalente, die nach ihrem Studium an der Berliner Hochschule für Schauspielkunst Ernst Busch erst wenige Regiearbeiten aufweisen können, nach Frankfurt, und vor allem ihr Peer Gynt überrascht und begeistert. Ibsen als Puppenspielmärchen, hintergründig und verspielt. Mit Shakespeares Titus Andronicus und Becketts Warten auf Godot können die beiden Regisseure ihren Ibsen-Erfolg nicht wiederholen, aber das Publikums- und Kritikerecho bleibt positiv.

Viele Inszenierungen wären noch zu nennen. Jürgen Gosch experimentiert mit Becketts Stücken Katastrophe und Das letzte Band, Tschechows Onkel Wanja und Schnitzlers Das weite Land. Der erfahrene Hans Hollmann – er arbeitete schon in Bonn mit Eschberg zusammen – ist für eine hochintellektuelle Aufführung des Rainald-Goetz-Stückes Katarakt im Bockenheimer Depot verantwortlich. »Jürgen Holtz steht da«, schreibt ein beeindruckter Kritiker in der *Frankfurter Rundschau*, »leicht eingebuckelt, glatzköpfig, gedrungen, fleischig muskulös, er bewegt sich leicht schlurfend, so, als halte ihn ein inneres Laufwerk langsam, aber beständig in Bewegung.« An derselben Spielstätte hat Hollmann bereits ein anderes Stück von Goetz aufgeführt, Festung. In der Spielzeit 1993/94 inszeniert er Nikolai Gogols Revisor, ein Jahr später folgt eine weniger gelungene Aufführung von Bertolt Brechts Dreigroschenoper. In Oscar Wildes Komödie Bunbury oder Wie wichtig es ist, Ernst zu sein lässt Hollmann in Anspielung auf die Homosexualität des Autors die Frauenrollen von Männern spielen, »was in der Frankfurter Inszenierung vorzüglich gelingt« (*Frankfurter Rundschau*).

Anselm Weber macht mit Brechts Baal, Schillers Jungfrau von Orleans und der Antigone des Sophokles auf sich aufmerksam, Jürgen Kruse inszeniert in der Spielzeit 1992/93 ein Stück von Lothar Trolle, den Eschberg als Hausautor nach Frankfurt geholt hatte: Wstawate, Lizzy, wstawate oder Manege frei für eine ältere Dame. 16 Inszenierungen wird Thomas Schulte-Michels zur Aufführung bringen, Stücke von Carl Zuckmayer, Henrik Ibsen, Eugène Ionesco, Tennessee Williams, Friedrich Dürrenmatt, Harold Pinter und Woody Allen. Jens-Daniel Herzog überzeugt mit einem hinreißenden Don Carlos. Die *Süd-*

STELLA, 1999. R: Amélie Niermeyer / Wolfram Koch, Juliane Köhler

deutsche Zeitung schreibt nach der Premiere: »Die behinderte Liebe ist ein Grundmotiv der Tragödie Schillers, die Aufführung exponiert es umstandslos, präzise, nachdrücklich.«

Wiederentdeckung und Wagnis

Der Hausherr wird in seiner Frankfurter Zeit 29 Inszenierungen übernehmen. Eine beachtliche Arbeitsleistung. Ein Höhepunkt von Eschbergs Regiearbeit ist im November 1992 seine Wiederentdeckung von Djuna Barnes' Stück ANTIPHON. Es ist das letzte Bühnenwerk der Amerikanerin und die Geschichte einer verhängnisvollen Mutter-Tochter-Beziehung. »Die Aufführung beschäftigt ihre Zuschauer fast in jedem Moment der zweieinhalb Stunden, die sie dauert«, hält die *Frankfurter Rundschau* fest: »Eschberg hat sie vorzüglich besetzt. […] Einwände gegen den Abend? Auch wer mit Einzelheiten rechten wollte, könnte doch diesem mutigen (aber die eigenen Kräfte nicht überschätzenden) Versuch Djuna Barnes' Zustimmung nicht versagen. Das Theater hat sich einen der schwierigsten Texte genommen und sich mit hohem Anspruch behauptet.«

Herausragend das große Wagnis Karl Kraus: DIE LETZTEN TAGE DER MENSCHHEIT. Wie schon in Bonn gelingt es Eschberg, dieses nahezu unspielbare Stück zu einem bewegenden, politischen und theatralischen Abend zu machen. Eine grandiose, noch lang im Gedächtnis der Zuschauer bleibende Leistung von Regisseur und Ensemble. »Zwischen Revue, Apokalypse, Geschichtsspektakel und moralischer Epistel sucht Peter Eschberg seinen Weg«, berichtet die *Süddeutsche Zeitung*. »Er komponiert sein Spiel am

ÜBER ALLEN GIPFELN IST RUH, 1999. R: Peter Eschberg / Peter Matič, Peter Lerchbaumer

Abgrund mit Leichtigkeit, mit Sottisen und elastischem Witz. Glänzende Szenen gelingen [...]. Das Ensemble zeigt geschlossen gute Leistung. Die Aufführung ist melodisch und bildreich.«

Österreichische Autoren

Der Wiener Eschberg setzt sich auch in seinen Frankfurter Jahren als Regisseur mit besonderer Wertschätzung für die Werke der ihm so nahen österreichischen Autoren ein. Er eröffnet seine Amtszeit programmatisch mit Raimunds DER BAUER ALS MILLIONÄR und inszeniert von Johann Nestroy, dem großen Kenner der menschlichen Heuchelei, DER TALISMAN. Er führt Regie bei Horváths GESCHICHTEN AUS DEM WIENER WALD und Elfriede Jelineks SPORTSTÜCK.

Der Lieblingsautor des Intendanten unter den Gegenwartsdramatikern ist offensichtlich Thomas Bernhard. Fünf seiner Stücke inszeniert er in Frankfurt selbst. Wunderbare Theaterstunden, nicht alles, aber sehr vieles gelingt Eschberg mit seinen Deutungen dieser Werke eines wortgewaltigen Polemikers, Satirikers und Österreich-Hassers. Es beginnt in der Spielzeit 1994/95 mit RITTER, DENE, VOSS. »Eine Soiree der abgrundtiefen Tragik und boshaftesten Komik«, jubelt die *Frankfurter Neue Presse* nach der Premiere. Bald folgen HELDENPLATZ, DER THEATERMACHER und ÜBER ALLEN GIPFELN IST RUH, dann in der letzten Spielzeit VOR DEM RUHESTAND. Über seine HELDENPLATZ-Inszenierung heißt es in *Die Welt*: »Hier geht es längst nicht mehr um Österreich, hier geht es um Verhaltensphänomene, von denen sich der Intellektuelle, namentlich Thomas Bernhard selbst, bedroht sieht: Alle Schrecken, selbst der Tod, lösen sich auf, wenn die Sprache ihrer habhaft wird. Dies hinter aller vordergründigen Politisiererei plausibel gemacht zu haben, ist das große Verdienst von Peter Eschbergs Inszenierung. Er hetzt die Personen in eine Atemlosigkeit hinein, in der die Sprache in ihren Sturzbächen zum eigenen Theaterereignis wird.«

Eschberg inszeniert Shakespeare und Molière, Ibsen und O'Neill, Büchner, Tschechow und Brecht. Die regionale Kritik geht trotz der oben aufgeführten Zitate nicht sehr fair mit seinen Arbeiten um. Man schlägt den Regisseur, um den angefeindeten Intendanten zu treffen. Angesichts des Publikumszuspruchs und auch mit Blick auf seine künstlerische Leistung ist dies in der Summe nur schwer nachvollziehbar. So bleibt es in all diesen Jahren auch ein großes Missverständnis: Während Eschberg und seine Mitarbeiter mit großem Einsatz darum ringen, den Schauspielbetrieb trotz der wachsenden Etatzwänge auf einem hohen künstlerischen Niveau zu halten, weiß das Feuilleton stets sehr genau, wie man Aischylos oder Shakespeare, Brecht oder Bernhard aufzuführen hat. Wobei die Maßstäbe kräftig ins Rutschen geraten. Denn auch wenn man es in Frankfurt nicht gerne hört: Die Münchner Kammerspiele, das Deutsche Theater in Berlin, das Hamburger Thalia oder das Wiener Burgtheater spielen denn doch auch in finanzieller Hinsicht in einer anderen Liga. Und in Bochum, Köln oder Leipzig ist die Theaterkunst keineswegs mit jeder Inszenierung auf den höchsten künstlerischen Gipfeln angesiedelt.

Das Ensemble

Am Schluss der Blick auf diejenigen, die in den Eschberg-Jahren Abend für Abend die wirklichen Bühnenhelden gewesen sind und im Zentrum der Aufführungen gestanden haben, die Schauspieler. Ihnen vor allem gehört Eschbergs Liebe und künstlerische Bewunderung. Immer wieder betont er dies in seinen Reden oder in seinen Büchern: Sie »sind die einzigen Künstler, deren einziges Material die eigene Seele und der eigene Körper ist. Ihr Auf-der-Bühne-Sein ist der einzige Kunstvorgang. Jeder Gedanke, jede Bewegung, jeder Einsatz von Sprache wird zum unwiederholbaren und unaustauschbaren Kunstereignis. Für das Theater heißt das also: Im Anfang war der Schauspieler« (Gegen Heuchelei).

Es gelingt dem Intendanten in seinen Frankfurter Jahren, ein künstlerisch hochkarätiges Ensemble zusammenzustellen. Sein Gespür für junge Talente steht ihm dabei zweifellos hilfreich zur Seite. Judith Engel in der Titelrolle von Schillers Jungfrau von Orleans oder als Antigone; Dorothee Hartinger als Shakespeares wundervolle Viola in Was ihr wollt und Tennessee Williams' zerbrechliche Laura Wingfield in der Glasmenagerie; Juliane Köhler als Goethes Stella – die jungen Frankfurter Darstellerinnen stehen in diesen Jahren am Anfang ihrer großen Karrieren. Dann natürlich eine der inzwischen großen Damen des deutschen Theaters, Carmen-Renate Köper, Ehefrau des Intendanten, in ihren begeisternden Solostücken als Goethes Frau von Stein, wie Peter Hacks sie sieht, oder als Becketts Winnie in Glückliche Tage – immer wieder wunderbare Sprache und großes Theater in unzähligen bedeutenden Rollen der Theaterliteratur. Oder Gabriele Köstler als Anna in Vor dem Ruhestand, als furiose Antonia in Dario Fos Bezahlt wird nicht. Oder Katherina Lange als Das kunstseidene Mädchen.

Das Ensemble der männlichen Darsteller steht dem in nichts nach: Der Österreicher Peter Lerchbaumer glänzt mit zahlreichen Auftritten als Bernhard-Darsteller oder als Büchners Woyzeck (an seiner Seite als Maria überzeugend: Nicole Kersten); immer wieder der damals noch junge Wolfram Koch in Stücken von Goethe, Oscar Wilde, Djuna Barnes und Tennessee Williams; Günter Lampe steht auf der Frankfurter Bühne oder Friedrich-Karl Praetorius oder der damals blutjunge Christian Tschirner oder Christian Nickel, dessen Peer Gynt begeistert, oder Shakespeares Sommernachtstraum-Zettel, Robert Joseph Bartl. Und natürlich der großartige Jürgen Holtz, der in Frankfurt nicht nur als Schillers König Philipp (1999 in Jens-Daniel Herzogs Regie) unvergessen geblieben ist, sondern auch als der Nörgler in Die letzten Tage der Menschheit oder durch seinen grandiosen Solo-Auftritt in Goetz' Katarakt. Der schwierige Wiener Hans Falár, der als Schauspieler (etwa als komödiantisch-intellektueller Titus Feuerfuchs in Nestroys Der Talisman) und Regisseur (u. a. Arnolt Bronnens Vatermord, Molières Der Geizige oder Julien Greens Der Feind) in Frankfurt arbeitet.

Und immer wieder berühmte Gäste: Elisabeth Trissenaar übernimmt an der Seite eines glanzvollen Ensembles mit Carmen-Renate Köper, Günter Lampe, Klaus Bauer, Matthias Lühn und Wolfram Koch die Rolle der Miranda in Antiphon, Martin Benrath spielt einen grandiosen Philipp in Schillers Don Carlos (1993 in der Regie von Wolfgang Engel). Otto Tausig, »das Genie der urwienerischen Traditionen« (Peter Eschberg), gibt den Wurzel in Raimunds Der Bauer als Millionär. An seiner Seite in dieser Inszenierung steht als Das hohe Alter der geniale Komödiant Karl Paryla.

Dankbares Publikum

Frankfurts Schauspielbesucher haben in den zehn Intendantenjahren von Peter Eschberg unzählige faszinierende Theaterstunden erleben können. Sie dankten es den Künstlern mit wachsender Treue. Natürlich hat es auch manche gescheiterte Inszenierung oder manche Fehlbesetzung gegeben. Wie sollte es angesichts von über 200 Inszenierungen auch anders sein. Kunst ist immer Risiko, und einen Erfolgsautomatismus gibt es für kein Theater. Elfriede Jelinek schreibt zum Abschied in dem Band Theatermacher, was sonst! mit ironischer Zuneigung: »Diese Begeisterung, etwas zu ermöglichen, und zwar auf seiner Bühne, hat Eschberg sicher auch oft Streiche gespielt, aber wenn die Streiche an ›seine‹ Autoren ausgeteilt wurden, dann hat er auch noch die andere Wange hingehalten. Hieb für Hieb hat dann auch er bekommen, und die sind etwas weniger lustig als die dummen Streiche der Dichter. [...] Peter Eschberg hört jetzt in Frankfurt auf. Es ist zum Vorteil der anderen gewesen, daß er hat spielen

König Lear, 2001. R: Peter Eschberg /
Peter Eschberg, Robert Joseph Bartl

lassen. Jetzt kommen vielleicht modernere Züge, sogar klimatisiert, aber auch um das Klima hat er sich früher selbst gekümmert, das kann ich beschwören.« Und Die Welt bilanziert schon 1999 nüchtern und zutreffend: »Das Frankfurter Schauspiel ist weit besser als sein Ruf. Man fragt sich, warum man am Main nichts auslässt, um den Intendanten zu prügeln.« Als der Rauch des schnell schießenden Feuilletons sich verzogen hatte, erkannten selbst viele seiner Gegner, dass Peter Eschberg ein Glücksfall für Frankfurt gewesen ist.

GOLD – 92 BARS IN A CRASHED CAR, *2001. R: Saskia Boddeke / Sanna Myllylahti*

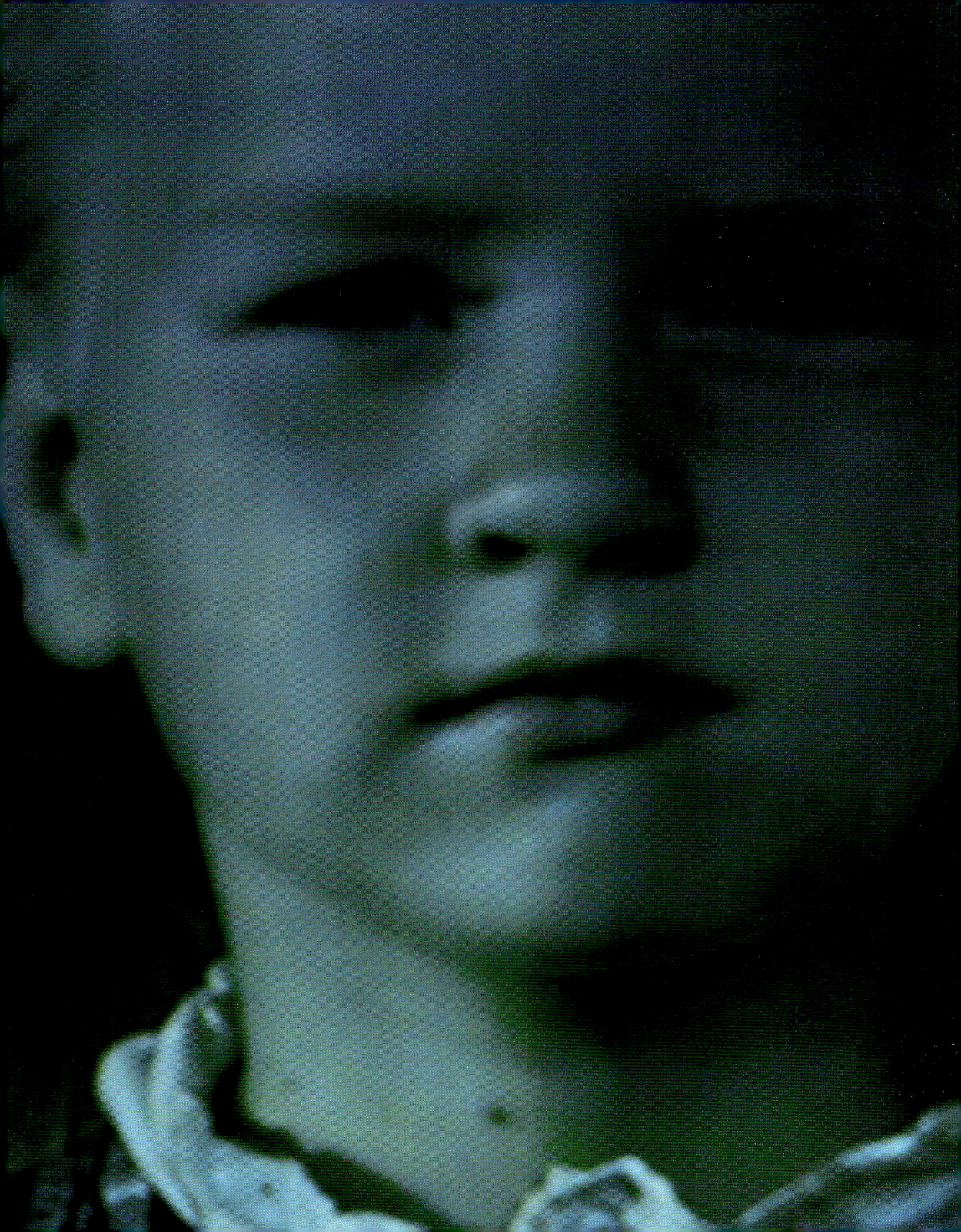

2001–2009

Hin und weg

Die Schweeger-Jahre am schauspielfrankfurt

von Martin Lüdke

Die Wahrheit macht, so fürchte ich, keinen Unterschied zwischen Fiktion und Wirklichkeit. Eleanor Marx, tatsächlich die Tochter, erzählte einst, dass der Vater, also Karl, ihr als Kind gerne die lange, sehr lange Geschichte eines Zauberers erzählt habe, der einen Spielwarenladen führte und darin über die wunderbarsten Sachen verfügte, Riesen und Zwerge, Tiere, Vögel, hölzerne Frauen und Männer, die tollsten Schachteln und Equipagen. Obwohl er ein Zauberer war, hatte er Schulden und steckte stets in größten Geldnöten und musste darum, gegen seinen Willen, all die schönen Sachen, Stück für Stück, dem Teufel verkaufen. Doch nach vielen Abenteuern, Irr- und Umwegen kamen alle diese Dinge wieder in seinen Laden zurück. Diese Geschichte, verbürgt und bei David Graeber nachzulesen (Die falsche Münze unserer Träume, 2012), bietet keinen Grund, an ihrem Wahrheitsgehalt zu zweifeln.

Die Prinzipalin

Oben an der Treppe, die von der Eingangshalle hoch ins Wolken-Foyer der Städtischen Bühnen führt, mit Blick auf die (provisorische) Europäische Zentralbank, im Hintergrund die anderen Bankentürme der Innenstadt, da stand sie. Zuverlässig, jeden Abend, fast jeden Abend zumindest. Wer sie, eine eher zierliche Frau, nicht sah, der hörte sie sicherlich, hörte das dunkle, knallende Lachen, das in Schüben aus ihr herausbricht. Immer in dunkler Kleidung, meist langen, schwarzen Hosen, schwarzer Bluse, sogar von hinten zu erkennen an ihrem Schwalbennest, den kunstvoll arrangierten Haarmassen auf ihrem Kopf. Die Hausherrin, die ihre Gäste empfängt. Acht Jahre lang. Eine Intendantin, sagt sie, gehört ins Theater. Und lacht wieder, wie sie immer lacht, dröhnend.

Endstation Sehnsucht, *2004. R: Burkhard C. Kosminski / Susanne Lothar*

Abgang mit Handke

Zum Abschluss ein kleiner, nein, das wäre untertrieben, zum Abschluss ein echter Triumph. Die letzte Premiere, am 3. Juni 2009. Peter Handkes Die Stunde, da wir nichts voneinander wussten. Handke schreibt: »Die Bühne ist ein freier Platz, im hellen Licht. Es beginnt damit, daß einer schnell über ihn wegläuft. Dann aus der anderen Richtung noch einer, ebenso. Dann kreuzen zwei einander, ebenso, ein jeder in kurzem, gleichbleibenden Abstand gefolgt von einem dritten und vierten, in der Diagonale.« Ein radikales Stück. Noch die kleinste Bewegung, einer »öffnet und spreizt« seine Hände, wird in Sprache übersetzt. Doch fällt, anders als bei Samuel Becketts Kommen und Gehen, kein einziges Wort. Beckett hatte mit seinen letzten Stücken das moderne Theater gleichsam gegen jene Wand gefahren, an der, zur gleichen Zeit, die monochromen Quadrate von Lucio Fontana oder Josef Albers aufgehängt worden sind. Die Abstraktion an ihrem Endpunkt, dort, wo sie wieder umschlägt. Peter Handke nimmt die Radikalität der Moderne auf und überbietet sie. Das Stück ist reine Choreografie, die Beschreibung der Bewegung von vielen, vielleicht hundert Personen. Doch in der Bewegung werden – stumm, wohlgemerkt – Geschichten erzählt. Um es noch deutlicher zu sagen: Die Postmoderne präsentiert sich hier, nur scheinbar paradox, wieder als Vor-Moderne. Wanda Golonka hat Handkes Kommen und Gehen mit einer geradezu zauberhaften Leichtigkeit auf die große, eigentlich leere, doch in frühlingshaft leuchtender Farbigkeit erstrahlende Bühne gebracht. Nach exakt 90 Minuten wird es, und zwar schlagartig, dunkel. Dann brandet der Beifall auf, steigert sich von Minute zu Minute, geht in rhythmisches Klatschen über, bis endlich neben der Regisseurin auch die Intendantin auftaucht. Beschwingt, mit Anzeichen von Übermut tritt sie mit fast ihrem gesamten Ensemble an die Rampe.

Als Reaktion auf den 11. September verhüllt der Künstler Ecke Bonk im Herbst 2001 für 397 Stunden die Fassade des Schauspiel Frankfurt mit einem eigens angefertigten Transparent.

Der krönende Abschluss nach acht Jahren, die das Theater geprägt und die ebenso den Ort neu definiert haben, den ein Theater heutzutage in einer Stadt wie Frankfurt einnehmen soll. Mächtige Ablehnung. Heftigen Streit. Zunehmende Zustimmung. Jedenfalls: immer Diskussionen.

Stadt. Theater

Das Motto, das Elisabeth Schweeger ihrer letzten Spielzeit 2008/09 am Frankfurter Schauspiel gegeben hatte, ironisch verspielt und ernst gemeint, nur etwas boshaft, präzise formuliert und zweideutig, wie es besser nicht geht, dieses Motto, »Hin und weg«, könnte über ihrer Intendanz überhaupt stehen. Jede ihrer Spielzeiten, von 2001/02 an, stand unter einem eigenen Motto, genauer gesagt, unter einem spezifischen Erkenntnisanspruch. Einzige Ausnahme, eben, die letzte Spielzeit: »Hin und weg«, die solchen Anspruch ganz im Sinne des alten Hegel »aufgehoben« und konsequent, also ironisch, an die Romantik zurückverwiesen hat.

Als Elisabeth Schweeger zusammen mit ihrem Chefdramaturgen Jens Groß 2001 an die Städtischen Bühnen gekommen war, hatte sie ein Stadttheater übernommen, das eher brav den Bildungskanon spielte, mit ein bisschen Thomas Bernhard und einer Prise Goetz angereichert. Ein Theater, das sich der Krise, in der es sich befand, so wenig bewusst schien wie die meisten anderen deutschen Bühnen auch. Über lange Jahre hatten die Theater ihre Energie noch aus dem Zerfall dessen, was man

PENTHESILEA, 2001. R: Anselm Weber / Karin Pfammatter, Peter Moltzen

später klassische Moderne nannte, beziehen können. Diese Energie hatte sich verbraucht. Die Großen von einst, die Stückeschreiber, die Regisseure, die Schauspieler waren alt geworden, aber die Jungen, die in ihren Fußstapfen taumelten, beileibe noch nicht groß. Die Blattners, Fiedlers, Kastenmüllers, Thalheimers et al.

»Nach der glanzlosen Ära ihres Vorgängers Peter Eschberg tritt mit Schweeger eine Frau an, deren Name für die Grenzerweiterung des klassischen Sprechtheaters, für eine Vorliebe für Performance und Videokunst steht«, schrieb damals die *Neue Zürcher Zeitung*. Dieser Ruf war der Schweeger tatsächlich vorausgeeilt. Es gab nicht wenige Stimmen aus dem Stammpublikum, die sie gern in die Leitung des TAT, der gerade abgewickelten Experimentalbühne des Frankfurter Schauspiels, weggelobt hätten und ihr schlankweg die Eignung zur Leitung des Ganzen abgesprochen haben. Das Publikum, so wurde eifrig kolportiert, sei skeptisch. Das heißt, Elisabeth Schweeger musste von allem Anfang an mit heftigem Gegenwind rechnen. Die zwar unterschiedlich ausgerichteten Frankfurter Zeitungen hielten jedoch, im Ganzen gesehen, an ihrer eher konventionellen Grundorientierung fest. »So hilf- und hirnlos ging es im Schauspiel Frankfurt schon lange nicht mehr zu. Wie geht es weiter?« – fragte der Theaterkritiker Gerhard Stadelmaier in der *Frankfurter Allgemeinen Zeitung*. Die *Frankfurter Rundschau* schlug, nur deutlich lauter, auf die gleiche Pauke: Feuilletonchef und Theaterkritiker Peter Iden drosch zu – unter dem Titel »Eines Fehlstarts

Platonow, *2003. R: Dimiter Gotscheff / Samuel Finzi, Friederike Kammer*

horrender dritter Teil«, vorgeblich im Namen der »Leidgeprüften«, also des Publikums: »Mit allem Recht der Welt verdammend, was die Frankfurter Kulturpolitik mit der Berufung der neuen Intendantin und diese mit jetzt schon der dritten ihrer misslungenen Eröffnungspremieren ihnen nun wieder eingebrockt haben.«

Eine Kriegserklärung. Und wohl auch eine Reaktion auf das Selbstverständnis der neuen Intendantin. Elisabeth Schweeger hatte sich nämlich gut vorbereitet auf diese Stadt. Sie trat kämpferisch auf. Sie trat mit einem Konzept an. Sie gab nicht klein bei. Ihr Credo: »Frankfurt ist eine moderne Stadt, eine Durchgangsstadt, eine Bankenstadt, eine internationale Stadt, eine Stadt, in der das sesshafte Bürgertum nicht mehr die prägende Gesellschaftsschicht zu sein scheint. Eine multikulturelle Stadt, die den ›Fremden‹ gut integriert hat. Auf dieses unverwechselbare Profil muss das Stadttheater reagieren. Es muss sich begreifen als – Ort der Kunst, Ort des Diskurses, der Begegnung, der Recherche, der Überprüfung von Traditionen und ihren heutigen Geltungsansprüchen. Daraus ergibt sich: eine Verschränkung der Künste im Theater. Es müssen neue Formensprachen entwickelt, andere Kunstrichtungen eingebaut werden. Das Theater muss sich als eine gesellschaftliche Instanz begreifen, auch Funktionen übernehmen, die einmal von Schulen und Universitäten wahrgenommen worden waren« (vgl. auch Elisabeth Schweeger / Leonore Leonardy: Interface. Kunst Stadt Theater, 2010).

Im Laufe der Jahre kam es sicherlich zu einem Waffenstillstand, ob auch zu einem wirklichen Frieden, lässt sich bezweifeln.

Treffpunkt der Künste

Auch acht Jahre Schweeger in Frankfurt ergeben also kein klares Bild, können es gar nicht, weil es immer hin und her ging. Natürlich, man muss den Prozess betrachten, den Elisabeth Schweeger an und vor allem mit dem, wie sie es nannte, »schauspielfrankfurt« in Gang gesetzt hatte. Auf der Bühne und in der (sagen wir) Zivilgesellschaft. Ihr Blick war stets auf das Theater gerichtet – und zielte doch immer darüber hinaus. Sie hat – am Theater, aber keineswegs anstatt des Theaters – Kongresse veranstaltet, Symposien organisiert, philosophische Diskurse etabliert, um den Ort des Theaters neu zu vermessen, seine Möglichkeiten auszuloten, das heißt, alle verfügbaren Mittel zu benutzen, um unsere Realität zu beschreiben und den Stand der gesellschaftlichen Entwicklung zu bestimmen.

Schweeger versuchte aber in Frankfurt keineswegs, das Theater neu zu erfinden. Im Gegenteil, sie versuchte sich an dem Spagat, zwischen neuen Ideen, neuen Mitteln, neuen Formen und dem konventionellen Theater ein Programm zu entwickeln, das den Bedingungen und Erfordernissen der Gegenwart gerecht werden sollte und gleichzeitig die als legitim empfundenen Erwartungen des Stadttheaterpublikums auch erfüllen wollte. Nicht neu erfinden, aber das Theater neu zu positionieren, darum ging es ihr schon. Tatsächlich hat sich in ihren Jahren das Publikum deutlich verändert, und dabei auch ordentlich verjüngt. Dazu trug auch die »Schmidtstraße« bei, eine neue, auf einem alten Industriegelände mit den einfachsten Mitteln errichtete Spielstätte, für die in den ersten Jahren Armin Petras verantwortlich war, der dort eine ganze Reihe von interessanten Arbeiten präsentieren konnte.

Gut und gerne 300 Inszenierungen wurden während Elisabeth Schweegers Amtszeit in Frankfurt gezeigt. Das klassische Repertoire, von den alten Griechen über Goethe, Schiller & Co. bis hin zur klassischen Moderne, dann auch junge, vor allem junge deutsche Autoren, unter anderem Sibylle Berg, Martin Heckmanns, Dea Loher oder Albert Ostermaier, oft in der Regie von Simone Blattner. Zugleich, von Anfang an und immer wieder, die intendierten Grenzüberschreitungen. Das, was der Theaterwissenschaftler Hans-Thies Lehmann »postdramatisches Theater« nannte (und dem er 1999 eine zum Standardwerk gewordene Untersuchung gewidmet hat). Lehmann weist ausdrücklich auf die Schwierigkeiten hin, »die ein großer Teil des traditionellen Theaterpublikums mit dem postdramatischen Theater erlebt.« Dem Publikum werde nämlich ein Diskurs präsentiert, der sich von den herkömmlichen Mustern, damit auch von der Literatur als solcher, weitgehend befreit hat. Es sind nicht nur die Stücke von Heiner Müller oder Elfriede Jelinek, im besten Fall auch von Robert Wilson – das Theater präsentiert sich überhaupt als ein »Treff-

Christoph Schlingensief bei der Eröffnung seiner Frankfurter CHURCH OF FEAR *an der Hauptwache, 2003*

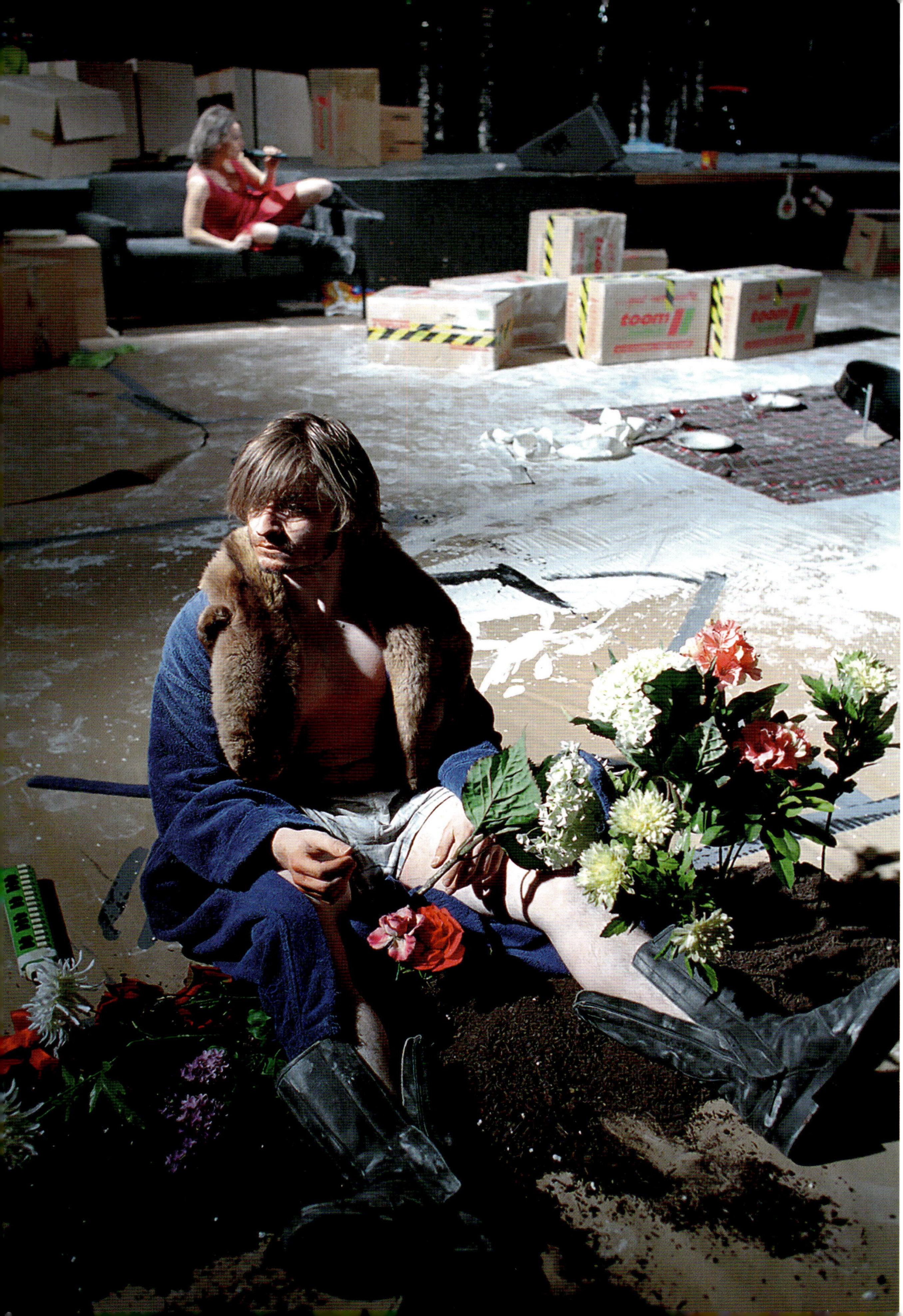
toom
toom

punkt der Künste«. Tanz, Musik, bildende Kunst und Literatur, weit entfernt vom literarischen Erzähltheater alter Art.

Treffpunkt der Künste, so wollte die Schweeger ihr Theater immer auch verstanden wissen. Für diese Intention stehen von Anfang an vor allem die Arbeiten von Wanda Golonka, Heiner Goebbels und Christoph Schlingensief. Und, natürlich, der Start selber: Gold – 92 bars in a crashed car, ein Projekt von Peter Greenaway (Libretto) und Saskia Boddeke (Regie).

Der Start stand, wie schon angedeutet, wahrlich unter keinem guten Stern. Und zwar im mehrfachen Sinn. Denn der eigentliche Start ist – und das sogar buchstäblich – ins Wasser gefallen. Erst die notwendigen Reparaturen an der Bühnentechnik, dann, als zusätzliche Überraschung, ein Defekt an der Sprinkleranlage der Städtischen Bühnen mit den entsprechenden, also erheblichen Schäden, Kostenpunkt etwa eine Million, die zu umfangreichen Renovierungsarbeiten zwangen. So konnte die neue Spielzeit erst am 2. November 2001 mit Saskia Boddekes Inszenierung von Peter Greenaways Gold richtig eröffnet werden.

Gold, auf allen Ebenen

92 Goldbarren, in denen 92 Schicksale zusammengeschmolzen sind, also 92 Geschichten. Sie werden quer durchs ganze Haus, auch auf der Toilette, und nur zu einem kleinen Teil auf der großen Bühne erzählt. Große Video-Installationen, Ton-Collagen, Monologe, pantomimische Elemente, echte Arien. Es wechseln sich makabre Episoden mit grotesken Szenen ab, ein Grauen wird vorgeführt, das immer mal wieder in Komik umschlägt, kurz gesagt: Die Komplexität unserer Geschichte wird buchstäblich sichtbar, zumindest erfahrbar gemacht. Greenaways

Die Leiden des jungen Werther, 2005. R: Florian Fiedler / Daniel Christensen, Ruth Marie Kröger

Floh im Ohr, 2005. R: Simone Blattner / Ben Daniel Jöhnk, Joachim Nimtz, Felix von Manteuffel

Vorhaben, die Grausamkeit der Naziherrschaft als Banalität des Bösen vorzuführen, staatlich organisiert, exakt kalkuliert, allen Schrecken in der Abstraktion aufgelöst, mit dem Blick des Ausländers auf die deutsche Geschichte, dieses Vorhaben ist aufgegangen. Der stürmische Beifall am Ende schien ihm ebenfalls Recht zu geben. Auch die unmittelbare Reaktion der Kritik blieb, vorsichtig gesagt, respektvoll. Dann, mit leichter Verzögerung, besannen sich die Frankfurter Kritiker, wie gesehen, doch anders.

Am Tag darauf folgte im Kleinen Haus Hugo von Hofmannsthals Elektra, von Simone Blattner inszeniert, mit Friederike Kammer, Jennifer Minetti, Leslie Malton und Felix von Manteuffel. Und dann, noch einen Tag später, am 4. November 2001, Mit vollem Mund, ein literarisches Bankett mit Texten zeitgenössischer Autoren von Ulla Berkéwicz, Durs Grünbein, Elfriede Jelinek bis hin zu Alissa Walser und Feridun Zaimoglu und einem vielgängigen Menü. Ein Fest für alle Sinne.

Unten am Eingang wurde Polterabend gespielt. Jeder Besucher durfte nach Herzenslust das Porzellan zerdeppern, das ihm die Hausherrin in die Hand

EIGENTLICH BIN ICH AUCH DAGEGEN. SCHÖNER WÄR'S WENN'S SCHÖNER WÄR – DER KONGRESS / KUNST, THEORIE UND PRAXIS DES WIDERSTANDS, *2005.*
Kuratiert von Matthias von Hartz. Hier: Besucher in den SCHLEIFEN *des Künstlers Heiner Blum*

gedrückt hatte. Oben, unter den Wolken des großen Glasfoyers, war eine riesig lange Tafel gedeckt. Für die Küche verantwortlich war Egbert Engelhardt, ein Michelin-Sterne-Koch aus Oestrich-Winkel. Das ganze Arrangement hatte Wanda Golonka entworfen, ein Spektakel für alle fünf Sinne, durch lebendige Leihgaben aus dem Zoo, darunter einem braven Kamel, bereichert und durch kleine Portionen Wildbret mit entsprechenden Beilagen zu einem kulinarischen Genuss befördert. Es kam also gleich in der Eröffnungswoche zu einem großen, auch buchstäblich spektakulären Treffpunkt der Künste bei diesem Theatereröffnungsfest.

Man konnte bereits in den ersten Tagen sehen: Das Theater öffnet sich – wenn nicht in alle, dann doch in viele Richtungen. Acht weitere Inszenierungen folgten noch im selben Monat. Der Betrieb lief auf Hochtouren. Beendet wurde die Spielzeit übrigens mit einem Projekt von William Kentridge, dem sicher berühmtesten südafrikanischen Künstler, auf der documenta in Kassel ebenso vertreten wie auf der Biennale in Venedig. CONFESSIONS OF ZENO stellte er vor, nach dem gleichnamigen Roman von Italo Svevo.

DIE ORESTIE, *2006. R: Karin Neuhäuser /*
Matthias Redlhammer, Friederike Kammer

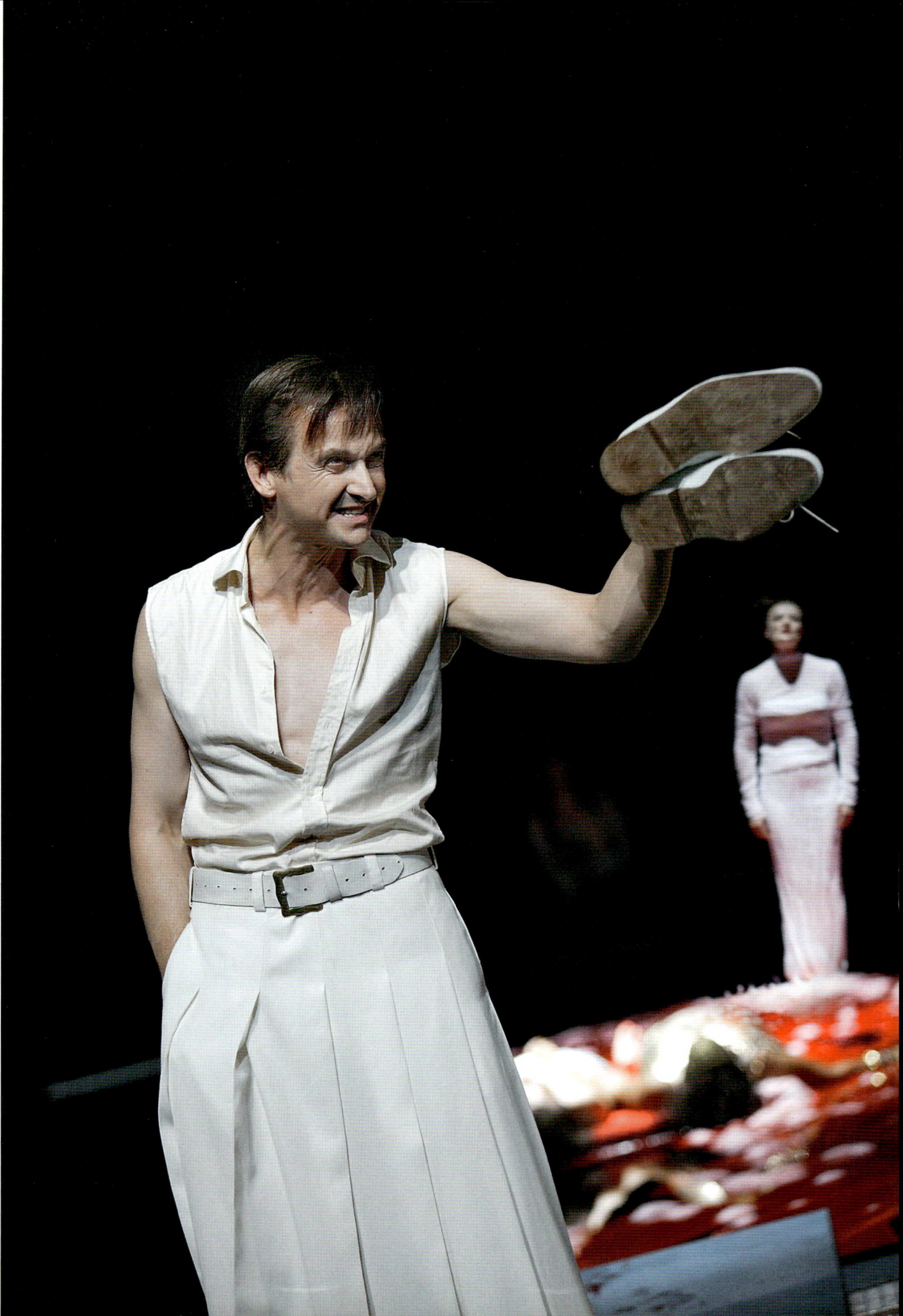

GERTRUD, *2007. R: Armin Petras / Anne Müller (M.), Ensemble*

Meister Anton, nackt und bloß

Veränderte Zeiten fordern neue Lesarten der Tradition, erlauben einen neuen Blick auf die Gegenwart. Und so, auf dem Theater, auch neue Spielweisen. Für solche Aktualisierung, das heißt auch für die Fokussierung auf die gesellschaftliche Situation, war in der Ära Schweeger vor allem Armin Petras zuständig, sei es als Stückschreiber unter den Namen Fritz Kater, der uns (oft nur grobe) Skizzen aus einem Land im Umbruch liefert, sei es als Regisseur von zum Beispiel Friedrich Hebbels Kleinbürgerdrama MARIA MAGDALENA aus der Mitte des 19. Jahrhunderts. Hebbel zeigt die Ungleichzeitigkeit gesellschaftlicher Normen und Konventionen, an deren Kollision die Familie eines Tischlermeisters zerbricht. Es sind hier aber, der Zeit (unserer Gegenwart) und dem Ort (eben Frankfurt) entsprechend, Immigranten, die

ERARITJARITJAKA. MUSEUM DER SÄTZE, 2004. R: Heiner Goebbels / André Wilms, Orchester

agieren – und dabei auch mit zeitgemäßen Mitteln auf die Konflikte reagieren. (Die allenfalls gemischte Reaktion der Kritik muss hier nicht weiter thematisiert werden. Entscheidend scheint mir der bei Petras immer spürbare Bezug zu unserer Gegenwart.) Meister Anton bleibt am Ende allein zurück. Nackt und bloß, mit einer Axt in der Hand. Sein nach wie vor gültiges Fazit lautet bekanntlich: »Ich verstehe die Welt nicht mehr.«

ERARITJARITJAKA

ERARITJARITJAKA. Ein Museum der Sätze, Bilder und Klänge von Heiner Goebbels, nach Texten von Elias Canetti. (Der Titel, aus der Sprache der Aborigines, meint so etwas wie die Sehnsucht nach einer verlorenen Utopie.) Es beginnt mit einem Streichquartett von Schostakowitsch und den Worten: »Ich habe keine Töne, die mir zur Beruhigung dienen.« André

Wilms auf der Bühne, scheinbar gleichzeitig, nicht nur die Uhrzeit stimmt überein, zu Hause, in seiner Wohnung. Ein Spiel mit der Wahrheit von Wirklichkeit. Ein dichtes Gewebe aus Klängen, Worten und Bildern. »Wahrheit, die sich selbst als zerbrechliches, flüchtiges Gut entlarvt.« So schrieb – man möchte es kaum glauben – die *Bild*-Zeitung und resümierte: »Simsalabim. Riesen Beifall. Toll.« Kurzum, darin war sich auch die überregionale Presse einig, ein Ereignis. Von dieser Art gab's einiges: Schlingensief, aber auch DIE LOGIK DES ZERFALLS, von Wilms inszeniert, Tennessee Williams' ENDSTATION SEHNSUCHT von Kosminski auf die Bühne der Schmidtstraße gebracht, mit Susanne Lothar als Blanche, die Inszenierungen von Simone Blattner. Udo Samel als Darsteller und als Regisseur. Dazu auch – wie anderswo – Flops oder eben Stadttheater. Und dann wieder Armin Petras mit einer bemerkenswerten Gegenüberstellung der beiden Deutschlands, anhand von Christoph Heins HORNS ENDE und IN SEINER FRÜHEN KINDHEIT EIN GARTEN. In diesen acht Jahren haben viele bekannte, einige erst später bekannt gewordene Regisseure in Frankfurt inszeniert. Es war eigentlich immer etwas los. Manchmal auch, wenn eigentlich nichts mehr los war.

Aus der Putztruppe ins AA

Wie zum Beispiel in der FRANKFURTER VERLOBUNG. Die neue Linke, alt geworden. Da warten zwei auf einen Godot, der tatsächlich kommt. Frankfurter Linke warten auf einen Frankfurter Linken, der früher mal Molotowcocktails auf Polizisten geworfen und mit seiner »Putztruppe« gehörig aufgeräumt hat, jetzt aber Minister, ein echter Minister (und nicht nur Ministrant), geworden ist. Edgar Selge (der auch als Wallenstein in Frankfurt zu sehen sein wird) gibt den Gerhard, Franziska Walser Bille, seine Frau. Ein Szene-Stück des altlinken Frankfurter Aktivisten, Autors, Kabarettisten und Originalgenies Matthias Beltz, der 2002, mit nur 57 Jahren, viel zu früh gestorben ist. Über den literarischen Rang seines Stücks muss nun nicht gestritten werden. Über Beltz' Fähigkeit, sich an den Zeitgeist anzuschmiegen und dadurch den Geist der Zeiten spürbar werden zu lassen, darüber kann nicht gestritten werden. Ein witziges, komisches, zudem überaus erfolgreiches Stück, immer, über Jahre hinweg, ausverkauft.

Hegel im Waldstadion

Beltz, mit Adorno aufgewachsen, an Hegel geschult, im Waldstadion, an der Frankfurter Sportgemeinde Eintracht gereift, teilte sehr wohl die Einsicht der Kritischen Theorie: »Es gibt kein richtiges Leben im falschen.« Er wusste sich aber ebenso einig mit Dragoslav Stepanović: »Lebbe geht weidä!« Beltz konnte schnell, aber auch pragmatisch denken, zur Not auch noch mit Hegel: Das Wahre sei nicht nur als Substanz, sondern ebenso sehr als Subjekt aufzufassen. »Das Wahre ist das Ganze. Das Ganze aber ist nur das durch seine Entwicklung sich vollendende Wesen.« Aber ebenso mit Arthur C. Danto, dem amerikanischen Gegen-Hegel: Wenn die Zukunft offen sei, woran ja ernsthaft nicht zu zweifeln ist, dann könne auch die Vergangenheit nicht verschlossen sein. Das heißt, in der Konsequenz, wir müssen Tag für Tag unsere Geschichte neu (re-)konstruieren. Beltz hat diese Einsichten für uns realisiert.

Ein Leerstück von Thomas B.

Hin und weg. Peter Handke konstatiert am Ende von DIE STUNDE, DA WIR NICHTS VONEINANDER WUSSTEN lapidar: »Kommen und Gehen. Kommen und Gehen. Dann ist der Platz dunkel geworden.« Eine kleine Geschichte aus dem STIMMENIMITATOR von Thomas Bernhard bringt nun wieder Licht in die Sache und erlaubt auch einen Blick nach vorn zurück. SCHÖNE AUSSICHT hatte Bernhard dieses Lehrstück genannt:

»Auf dem Großglockner hatten, nach stundenlangem Aufstieg, zwei freundschaftlich miteinander verbundene Professoren der Universität Göttingen, die in Heiligenblut einquartiert gewesen waren, den Platz vor dem oberhalb des Gletschers montierten Fernrohr erreicht. Sie hatten sich, Skeptiker, die sie

DIE STUNDE, DA WIR NICHTS VONEINANDER WUSSTEN, *2009. R: Wanda Golonka / Sandra Bayrhammer*

waren, naturgemäß der, wie sie sich, kaum da, wo das Fernrohr montiert gewesen war, angekommen, immer wieder vorgesagt hatten, einzigartigen Schönheit dieses Hochgebirges nicht entziehen können und einer hatte immer wieder den Andern zuerst durch das Fernrohr schauen und sich auf diese Weise den Vorwurf des Andern ersparen wollen, er dränge sich an das Fernrohr. Schließlich hatten sich die beiden einigen können und der ältere und gebildetere und naturgemäß auch der zuvorkommendere, hatte zuerst durch das Fernrohr geschaut und war von dem Gesehenen überwältigt gewesen. Als sein Kollege jedoch an das Fernrohr herangetreten war, hatte er, kaum dass er durch das Fernrohr geschaut hatte, einen gellenden Schrei ausgestoßen und war tödlich getroffen zu Boden gestürzt. Dem hinterbliebenen Freund des auf diese merkwürdige Weise Getöteten gibt es naturgemäß noch heute zu denken, was *tatsächlich* sein Kollege im Fernrohr gesehen hat, denn *dasselbe* bestimmt nicht.«

Medea, 2012. R: Michael Thalheimer / Constanze Becker

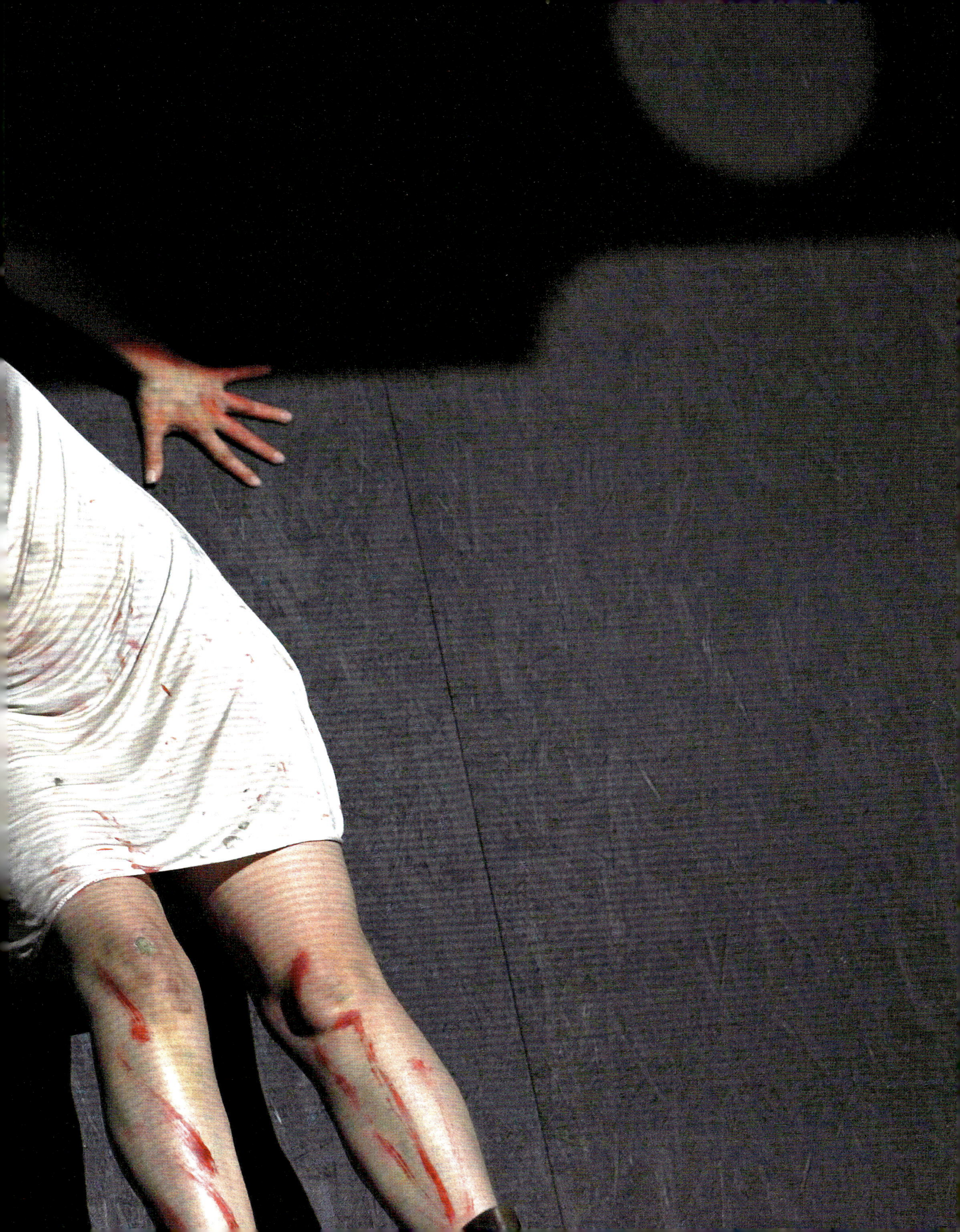

2009 – 2013

Frankfurts Theateroffensive

Die ersten vier Jahre der Intendanz Oliver Reese

von Nils Wendtland

Den Auftakt von Oliver Reeses erster Frankfurter Spielzeit 2009/10 bildet das antike Doppeldrama Ödipus / Antigone in der Regie von Michael Thalheimer. Nicht zufällig stehen die Antike und damit der Ursprung des europäischen Theaters am Beginn der neuen Intendanz. Dieser Eröffnungsmarathon stellt die Frage nach menschlicher Schuld und Hybris und spannt damit einen inhaltlichen Bogen zum groß angelegten Faust-Doppelprojekt im Jahr 2012. Rückblickend zeichnet sich eine thematische Spur im Spielplan der ersten vier Jahre ab, die geradezu zwangsläufig auf Faust zustrebt: Bei Ödipus offenbart sich die Ohnmacht des Menschen im Angesicht der Unausweichlichkeit seines Schicksals, bei Faust der fehlgeleitete Selbstanspruch des Menschen, seine Furcht vor Absturz, Scheitern und Stillstand – dem Horror Vacui. In diesem Spannungsfeld lassen sich die ersten Jahre der Intendanz von Oliver Reese verstehen.

Am 1. Oktober 2009 sitzt das Premierenpublikum von Ödipus / Antigone auf neuen, rot-samtenen Sesseln in einem rundum renovierten Zuschauersaal und zeigt sich, wie auch die Presse, geradezu euphorisch. »Diesem Anfang wohnt ein Urzauber inne«, urteilt die *Frankfurter Allgemeine Zeitung* über die Premiere. Und die *Frankfurter Rundschau* resümiert kurze Zeit später: »Innerhalb von ein paar Monaten ist geschehen, wonach sich die Stadt so lange gesehnt hat: Man spielt wieder Theater-Bundesliga.« Es ist ein erleichtertes Aufatmen bei Publikum und Theater. Denn bereits im Vorfeld waren die Erwartungen an Oliver Reese überaus hoch: An seiner vorherigen Wirkungsstätte, dem Deutschen Theater Berlin, das er als Chefdramaturg und Interimsintendant geleitet hatte, liefen die Feuilletons zuletzt zu Hochform auf. Auf jenen Berliner Großstadtglanz spekulierte wohl die Frankfurter Kulturpolitik, als sie sich für diesen rastlosen und arbeitswütigen Oliver Reese entschied. Und die Eröffnungspremiere bringt den erhofften Erfolg.

PHÄDRA, 2009. R: Oliver Reese / Stephanie Eidt

Im Bockenheimer Depot, das wieder zu einer festen Spielstätte des Schauspiel Frankfurt geworden ist, kommt am Tag darauf das bekannte Musical CABARET in der Regie von Michael Simon zur Aufführung, mit dem sich das Theater zum anspruchsvollen Unterhaltungsgenre bekennt. In den Kammerspielen folgt Paul Austers STADT AUS GLAS in der Regie von Bettina Bruinier – New Yorker Sound für die Hochhausmetropole am Main.

Selbstbewusstes Stadttheater

Die Mischung aus großen Stoffen des bildungsbürgerlichen Repertoires, niveauvoller Unterhaltung und Moderne in den Kammerspielen bildet fortan die Achse des Spielplans. Es ist ein Spielplan, der offensiv auf sein Publikum zugeht und ganz auf die Verführung des Zuschauers setzt. Bewusst startet das neue Team nicht mit einem Spielzeit-Motto oder einem intellektuellen Überbau. Nach acht Jahren Elisabeth Schweeger und ihrem ambitionierten, diskursiv geprägten Avantgarde-Programm, setzt Oliver Reese dem alten Modell des Stadttheaters ein neues Denkmal: sattes Theater. Repräsentativ und verbindlich. Elegant, aufgeräumt und selbstbewusst. Dazu passt das neue Layout des Theaters. Aufwendige Publikationen, markante Plakatkampagnen und Fotostrecken, eine eigens vom Schauspiel gestaltete U-Bahn-Station mit meterhohen Schriftzügen und roten Sitzbänken – mit diesem Werbeauftritt wird die Stadt regelrecht im Sturm genommen. Und die Wirkung hält an: Die Zahl der Abonnenten, die lange rückläufig war, verdoppelt sich innerhalb der ersten Spielzeit. Immer neue Besucherrekorde und Auslastungszahlen von 85 Prozent (Spielzeit 2011/12) vermeldet das Theater. Es ist offensichtlich: Das Schauspiel kommt an.

Identifikation und Vernetzung sind die obersten Aufgaben, mit denen sich die Theaterleitung für ihre erste Spielzeit rüstet. Unermüdlich bewegt sich

HAUTNAH, *2009. R: Christoph Mehler / Marc Oliver Schulze, Sandra Gerling*

Oliver Reese auf allen Ebenen der Stadtgesellschaft. Noch während der Vorbereitungszeit knüpft er von Berlin aus seine Kontakte in die Stadt. Reese wirbt für das Theater bei Politik und Wirtschaft, von der Volkshochschule bis zum Lehrertag, sucht Freunde und Förderer, Stuhlpaten, Sponsoren, Kooperationspartner. Zu manchem Empfang kommt er in Begleitung von Schauspielern, die dann auch mal eine kurze Szene spielen: Schauspieler zum Anfassen nah, ohne Berührungsängste. Das ist etwas Neues – zugleich auch eine nicht ganz unheikle Gratwanderung zwischen Nähe und Vereinnahmung.

Das Herzstück: die Schauspieler

Im Zentrum des Theaters stehen unangefochten die rund 35 Schauspielerinnen und Schauspieler des festen Ensembles, auf die Oliver Reese zu Recht stolz sein darf. Er hat seine Spieler in der ganzen Republik gesucht, zwischen Bielefeld und Berlin, in Oldenburg und Hamburg, Ulm oder Wien – und Talente gefunden. Aus Berlin bringt er Constanze Becker mit, die bereits am Deutschen Theater zu den Protagonisten gehörte und »Schauspielerin des Jahres« war. Erfahrene Kollegen wie Wolfgang Michael oder Josefin Platt vom Wiener Burgtheater, Traute Hoess vom Berliner Ensemble oder Felix von Manteuffel, der bereits in Frankfurt spielt, ergänzen das Ensemble. Das Theater verzichtet konsequent auf Promi-Gäste und macht seine eigenen Stars: Der Ensemblegedanke bleibt zentral. Insbesondere das Frauen-Ensemble ist stark besetzt, so dass folgerichtig Stücke wie Tschechows DREI SCHWESTERN (mit Claude De Demo, Stephanie Eidt und Kathleen Morgeneyer) in der ersten Saison auf den Spielplan kommen. Sandra Gerling gibt eine bezaubernde Julia in ROMEO UND JULIA, Valery Tscheplanowa beeindruckt hautnah in REMAKE :: ROSEMARIE, Stephanie Eidt leuchtet feuergleich in PHÄDRA, Franziska Junge ist eine energische KATZE AUF DEM HEISSEN BLECHDACH, Henrike Johanna Jörissen ist ein bewegendes Lämmchen in KLEINER MANN – WAS NUN? und Bettina Hoppe verkörpert die Titelfigur in HAMLET in berührender Ernsthaftigkeit. Mit Lisa Stiegler ist aus dem Schauspiel STUDIO, dem von Reese gegründeten Frankfurter Eleven-Programm für Theaternachwuchs, ein Ausnahmetalent hervorgegangen, das heute zum festen Ensemble gehört.

Bei den Männern erreicht vor allem Marc Oliver Schulze in zahlreichen Rollen (als Ödipus, Kreon, Karl Moor oder Faust) schnell einen Status als gefeierter Protagonist. Wolfgang Michael steht als Tartuffe, Shylock, Faust oder Borkman auf der Bühne. Jedes Ensemblemitglied kommt protagonistisch vor, ist einzigartig in seiner Wirkung: Isaak Dentler ist Iwanow und Werther. Nils Kahnwald ist Peer Gynt, Torben Kessler ist der Meister in DER MEISTER UND MARGARITA, Martin Rentzsch ist DES TEUFELS GENERAL, Viktor Tremmel ist Kasimir, Michael Goldberg ist DER KAUFMANN VON VENEDIG, Peter Schröder ist Martin Luther, Andreas Uhse ist Möbius in DIE PHYSIKER, Michael Benthin ist Schlomo in MEIN KAMPF, Till Weinheimer der Killer in DIE BÜRGSCHAFT, Thomas Huber der Regisseur in DER NACKTE WAHNSINN und Christoph Pütthoff DER TALENTIERTE MR. RIPLEY. Der Spielplan des Theaters denkt in erster Linie vom Schauspieler aus – das bleibt ein durchgängiges Prinzip.

Die Regisseure

In der Zusammenarbeit mit Regisseuren setzt das Schauspiel Frankfurt vor allem auf gefragte Regie-Größen und etablierte Namen, die auch an anderen wichtigen Theatern des Landes arbeiten: Michael Thalheimer, Karin Henkel, Stephan Kimmig (LULU und LIEBELEI), Andreas Kriegenburg (DIENER ZWEIER HERREN im Bockenheimer Depot und DIE MÖWE), Andrea Breth (die 2013 mit JOHN GABRIEL BORKMAN dazugewonnen wird) oder den fürs Schauspiel reaktivierten Opern-Regisseur Günter Krämer (mit einer viel beachteten SALOMÉ). Das alles sind Regisseure mit Klasse und enormer ästhetischer Kraft – vor allem im Hinblick auf die schwierigen Bedingungen der großen Frankfurter Bühne mit ihren 25 Metern Portalbreite. Auch wenn die Zusammenstellung dieser Regie-Stars keine besondere Innovation darstellt, ist

Ödipus, 2009. R: Michael Thalheimer / Marc Oliver Schulze

es Oliver Reeses Verdienst, diese Regisseure kontinuierlich Jahr um Jahr wieder für Frankfurt zu gewinnen. Größere Wagnisse bleiben im Schauspielhaus eine Ausnahme. René Pollesch, selbst schon ein Klassiker des postdramatischen Theaters, sorgt mit Sozialistische Schauspieler sind schwerer von der Idee eines Regisseurs zu überzeugen und Wir sind schon gut genug! für zwei Uraufführungen im großen Haus.

Michael Thalheimer steht mit seinen geradezu ikonografischen Inszenierungen für die größten Erfolge: Nach Ödipus / Antigone folgen Maria Stuart (mit Stephanie Eidt und Valery Tscheplanowa) und Kleiner Mann – was nun? (mit Nico Holonics und Henrike Johanna Jörissen). Die umjubelte Medea, für deren Darstellung Constanze Becker den renommierten Gertrud-Eysoldt-Ring 2012 erhält, ist ein Höhepunkt, mit dem das Theater auch überregional für Furore sorgt: 2013 ist das Schauspiel Frankfurt damit zum Berliner Theatertreffen eingeladen.

Zu den herausragenden Inszenierungen der ersten Jahre gehören die in der öffentlichen Resonanz leider unterschätzten Arbeiten von Karin Henkel, die sowohl mit Drei Schwestern, aber mehr noch mit Die Wildente eine krude, spielerische und düstere Durchdringung des menschlichen Unglücks auf die Bühne bringt, herzzerreißend mit den Schauspielern Claude De Demo und Torben Kessler. Markus Bothe hat mit seinem Familienstück Roter Ritter Parzival eine fantasievolle und bezaubernde Aufführung vorgelegt, die 2010 mit dem Deutschen Theaterpreis »Der Faust« ausgezeichnet wird – und einen Maßstab im Bereich Kinder- und Jugendtheater setzt.

DIE WILDENTE, 2011. R: Karin Henkel / Wiebke Mollenhauer, Torben Kessler, Claude De Demo

Oliver Reese selbst findet als Regisseur mit intensiven Kammerspielen wie Racines PHÄDRA oder Roddy Doyles DIE FRAU, DIE GEGEN TÜREN RANNTE, aber auch mit anspruchvollem Boulevard wie Michael Frayns DER NACKTE WAHNSINN oder mit der Uraufführung von Moritz Rinkes WIR LIEBEN UND WISSEN NICHTS großen Anklang beim Frankfurter Publikum.

Orte der Entdeckung: Kammerspiele und Box

In den Kammerspielen präsentiert sich eine erstaunliche Reihe junger Regisseure. Sie bilden hier die Mehrheit. Dass Andreas Kriegenburg in den Kammerspielen STELLA inszeniert, fällt da schon fast aus dem Rahmen. Antú Romero Nunes begeistert mit einem visionären PEER GYNT – Nils Kahnwald spielt die Titelfigur, die er durch Frankfurts Hochhaustürme jagt. Philipp Preuss zeigt eine auf Valery Tscheplanowa und einen Musiker reduzierte ALICE IM WUNDERLAND. Neben Bastian Kraft (DIE TRAUMNOVELLE und DER TALENTIERTE MR. RIPLEY) und Alice Buddeberg (HEDDA GABLER, Fassbinders DIE DRITTE GENERATION oder Oliver Klucks WAS ZU SAGEN WÄRE WARUM) ist vor allem Christopher Rüping eine Regie-Entdeckung: Seine für ein vierköpfiges Kollektiv eingerichtete Bearbeitung von DER GROSSE GATSBY oder sein mutiges WOYZECK-Experiment machen die Kammerspiele immer wieder zu dem, was sie sein sollen: ein intensiver Erlebnis- und Versuchsraum.

Mit Beginn der Spielzeit 2009/10 eröffnet im unteren Foyer des Schauspielhauses auch die jüngste und – neben Schauspielhaus, Kammer-

Der Diener zweier Herren, 2010. R: Andreas Kriegenburg / Ensemble

spiele und Bockenheimer Depot – vierte feste Spielstätte ihr Programm: Die Box bietet für rund 60 Zuschauer kleinere Formate, szenische Lesungen und die eine oder andere kultverdächtige Serie. Schnell entwickelt sich die Box zu einem beliebten Forum für Regieassistenten – die Box-Leiterin Christine Leyerle kann aber auch gefragte Jungregisseure wie Pedro Martins Beja, Gernot Grünewald oder Roscha A. Säidow erstmals dem Frankfurter Publikum präsentieren. Das Programm der Box variiert demnach extrem. Einigen Inszenierungen sind die geringen Ressourcen der Box anzumerken, und nicht jeder Regisseur kann aus minimalen Mitteln und kurzen Probenzeiten etwas zaubern. So lässt die Box auch immer wieder ihre Grenzen sichtbar werden. Trotzdem gelingen gerade hier viele charmante und einfallsreiche Abende wie die Live-Video-Performance-Reihe von Klaus Gehre und Torben Kessler. Oder kleine Theaterwunder wie Gernot Grünewalds Schwarze Begierde, Christopher Rüpings Die andere Seite, Alexander Franks The Small Things oder Lily Sykes' Steilwand und Terminal 5. Mit dem für 2013/14 angekündigten Regiestudio könnte die Box ein neues Profil gewinnen.

Lulu, 2010. R: Stephan Kimmig / Kathleen Morgeneyer

Theater in der Stadt

Immer wieder sucht das Schauspiel außerhalb des Theaters nach Kooperationspartnern und neuen Spielorten. Den Beginn macht Philipp Preuss im Februar 2011 mit einer spontan organisierten Inszenierung in der ehemaligen Diamantenbörse. Das leer stehende Gebäude bespielt er passenderweise mit Elfriede Jelineks Die Kontrakte des Kaufmanns. Kurz darauf folgt mit NippleJesus eine Inszenierung im Museum für Moderne Kunst (mit Mathis Reinhardt als Museumswächter). Oliver Reese erarbeitet Bacon Talks im Frankfurter Städel, Florian Fiedler verlegt die Uraufführung von Der Hals der Giraffe (ein Solo mit Heidi Ecks) in das Senckenberg Naturmuseum. In einem Theaterzelt im Frankfurter Ostend inszeniert Markus Bothe einen hinreißenden Sommernachtstraum (Sascha Nathan wird als Puck nun endgültig zum Publikumsliebling), der später ins Schauspielhaus übernommen werden kann. Mit Red Light Red Heat wagt sich das Theater in das Frankfurter Bahnhofs- und Rotlichtviertel und erstmals auch in eine ganz unbürgerliche Randzone, von der aus eine soziale Wirklichkeit untersucht wird.

SOZIALISTISCHE SCHAUSPIELER SIND SCHWERER VON DER IDEE EINES REGISSEURS ZU ÜBERZEUGEN, *2010. R: René Pollesch / Traute Hoess, Valery Tscheplanowa, Constanze Becker, Oliver Kraushaar, Nils Kahnwald, Michael Goldberg*

Etikettierungen

»Klassiker!« lautet das etwas ziellose und im Nachhinein auch unglückliche Motto der zweiten Saison, das dem Schauspiel Frankfurt noch eine ganze Weile anhaften sollte. Von »Theater-Blockbustern« spricht etwas despektierlich die *Neue Zürcher Zeitung* und von einer »Klassiker-Wiederaufbereitungsanlage« die *Süddeutsche Zeitung*. Doch in ihrer Pauschalisierung sind solche Etikettierungen sicher ebenso wenig zutreffend wie das »Diskurstheater«, welches man Elisabeth Schweeger nachsagt. Etwa zehn bis zwölf Uraufführungen stehen pro Saison auf dem Spielplan, darunter auch einige Romanbearbeitungen und Adaptionen. Autoren wie Dennis Kelly, Lothar Kittstein, Roland Schimmelpfennig oder Simon Stephens tauchen immer wieder auf. Die dreijährige Verbindung mit Hausautor Nis-Momme Stockmann hat zu drei kleineren Uraufführungen geführt (DAS BLAUE, BLAUE MEER, DIE ÄNGST-

STELLA, *2011. R: Andreas Kriegenburg / Marc Oliver Schulze, Bettina Hoppe, Valery Tscheplanowa*

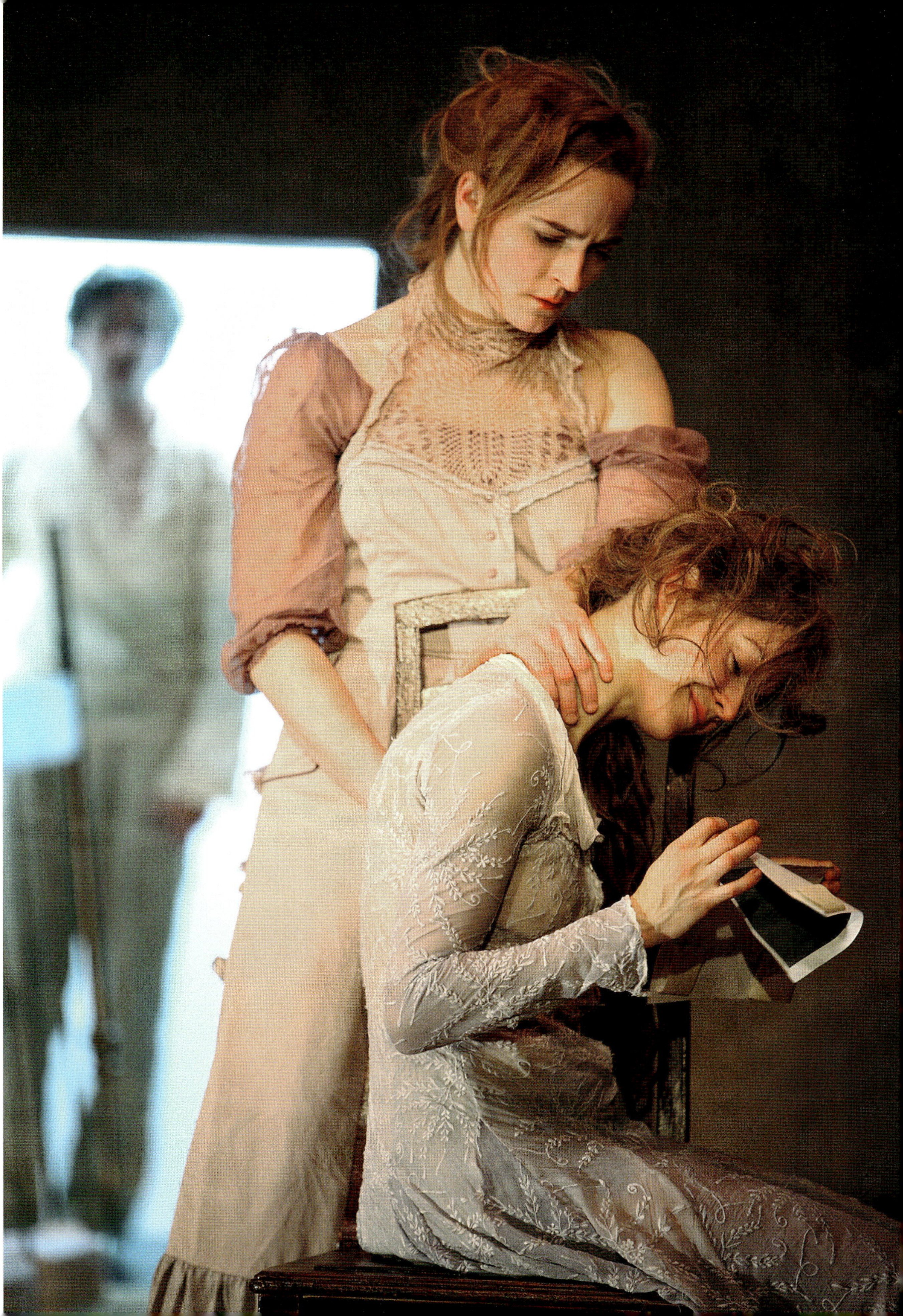

Der Kaufmann von Venedig, 2012. R: Barrie Kosky / Wolfgang Michael, Michael Goldberg, Ensemble

lichen und die Brutalen und Der Freund krank), sich darüber hinaus aber als wenig fruchtbar erwiesen. Im Gesamterscheinungsbild des Theaters fehlt ein erkennbares Bekenntnis zur Gegenwartsdramatik. Das mag zum großen Teil an den zeitgenössischen Autoren liegen, die eher Kammerspiele schreiben und immer seltener ein großes Format bedienen, das aber die enorm große Bühne des Schauspiel Frankfurt dringend verlangt: An die Zeiten, in denen Namen wie Brecht, Bernhard, Fassbinder oder Schleef in Frankfurt ur- oder erstaufgeführt wurden, kann man heute nur erinnern.

Es stimmt, dass Oliver Reese keinen besonderen Drang zur Avantgarde hegt, dennoch lässt er neuere Formen immer wieder zu. Ein komplex und politisch denkender Autor wie Kevin Rittberger ist mit zwei Uraufführungen vertreten. Zu den stillen Höhepunkten der ersten vier Jahre gehören die zwei Arbeiten des Regie-Duos Auftrag : Lorey. Raffiniert ist Horror Vacui (mit Kathleen Morgeneyer), hinreißend sind Traute Hoess und Felix von Manteuffel im Erinnerungsraum Bouncing in Bavaria. Freilich rangieren solche Abende an der Peripherie des Spielplans. Prominenter sind die Arbeiten von Bernhard Mikeska, der mit seinen technisch versierten Theater- und Kulissen-Welten intelligente und ungewöhnliche Eins-zu-eins-Begegnungen schafft (Remake :: Rosemarie, Je'taime :: Je'taime und Making of :: Marilyn).

FAUST I, 2012. R: Stefan Pucher / Alexander Scheer, Marc Oliver Schulze

Die Wende?

In der dritten Spielzeit 2011/12 gibt sich das Theater mit dem Spielzeitmotto »Sein oder Haben« erstmals einen konzeptionellen Überbau, der die Stoffe und Themen des Programms inhaltlich bündeln und verknüpfen soll. Im Spielzeitheft tauchen Essays von Soziologen und Künstlern zum Thema auf. Neben der Gesprächsreihe von Daniel Cohn-Bendit beginnt Michel Friedman eine philosophische Runde zu Grundsatzfragen des Seins. Der passend zum Motto angesetzte KAUFMANN VON VENEDIG des (jüdischen) Regisseurs Barrie Kosky bringt nicht den erwarteten Theaterskandal, obwohl eine »Judensau« mit singenden Pobacken von der Decke schwebt und sich der am Ende zwangschristianisierte Shylock seine Vorhaut wieder annähen muss. Das Frankfurter Publikum ist nach dem Fassbinder-Skandal um DER MÜLL, DIE STADT UND DER TOD (1985) wohl nur noch schwer herauszufordern.

Der Frankfurter FAUST

Auf einer gesonderten Pressekonferenz stellt Oliver Reese den Schwerpunkt der vierten Spielzeit 2012/13 vor: Beide Teile von Goethes FAUST stehen im Zentrum, begleitet von Jelineks FAUSTIN AND OUT, Marlows DOKTOR FAUSTUS als Puppenspiel für Kinder sowie einer großen Faust-Performance der Theaterpädagogin Martina Droste mit 100 Frankfurter Haupt- und Berufsschülern. Dazu diskutiert eine neue Gesprächsreihe zum Thema »Nach dem Fortschritt« mit Experten und Philosophen, kuratiert von der neuen Chefdramaturgin Sibylle Baschung.

Faust ist nicht nur in der Goethe-Stadt Frankfurt ein besonderes Pfund, sondern auch ein persönliches, lang gehegtes Anliegen von Oliver Reese. Er spricht eindrücklich von der Hybris des Menschen, vom rastlosen Streben der Gesellschaft, von den Gefahren des Höher, Weiter und Schneller. Dass gerade dieser Faust von der Deutschen Bank gefördert wird, erscheint wie Ironie, und die Journalisten horchen auf, als auf eben jener Pressekonferenz der Vorstandsvorsitzende der Deutschen Bank, Jürgen Fitschen, von der kritischen Selbstbefragung der Finanzwelt spricht. Reese ist entschlossen, die in Frankfurt ansässigen Unternehmen als Sponsoren in die finanzielle Pflicht zu nehmen – aber macht sich das Theater mit einer solchen Verbindung nicht unglaubwürdig? Ist Oliver Reese für dieses Großprojekt einen Pakt mit dem Teufel eingegangen? Dieser Faust sprengt alle Rekorde – noch höher, weiter und schneller als jemals zuvor mit einem theaterpädagogischen Begleitprogramm für Tausende von Schülern, einer massiven Werbekampagne, mit einem Vorverkaufsbeginn bereits ein halbes Jahr im Voraus. Noch vor den Premieren sind alle 34 Vorstellungen des Faust ausverkauft. Im Angesicht dieses Marketingerfolgs steigern sich denn auch die Erwartungen an die beiden Faust-Regisseure enorm, die sich nur bedingt einlösen: Stefan Pucher bringt einen poprevueartigen ersten Teil und Günter Krämer einen getragenen zweiten Teil auf die Bühne.

Exemplarisches Stadttheater

Schon nach den ersten Monaten der Intendanz Oliver Reese resümiert die *Frankfurter Rundschau*: »Wenn man ein Stadttheater schnitzen wollte, wenn man ein Modell des Stadttheaters suchte, dann könnte man inzwischen nach Frankfurt gehen. Mehr, man sollte genau hierhin schauen. Es ist wirklich ein exemplarisches Stadttheater, das Oliver Reese leitet.« Doch im Verlauf der nächsten Spielzeiten kühlt die Stimmung der Feuilletons spürbar ab. Es werden Stimmen laut, die nach der eigentlichen Rolle des Stadttheaters und seiner Funktion als kritischer oder aufklärender Instanz fragen. Nach einem Theater, das auch unbequem und sperrig sein mag – und ästhetische Grenzen auslotet, jenseits des abgesicherten Risikos. Läuft ein Theater, das sich im Konsens mit seinem Publikum eingerichtet hat, nicht Gefahr, seine Narrenrolle aufzugeben?

Zum Ende der vierten Spielzeit scheinen sich Theater und Kritik eingespielt zu haben. Einladungen zum Berliner Theatertreffen, den Mülheimer Theatertagen und den Autorentheatertagen am Deutschen Theater Berlin machen deutlich, dass das Schauspiel Frankfurt auch überregional eine Rolle spielt.

Unabhängig von allen Debatten der Feuilletons steigen die Besucherzahlen über die ersten vier Spielzeiten hinweg kontinuierlich an. Es kommen so viele Menschen wie seit 30 Jahren nicht mehr ins Schauspiel Frankfurt. Oliver Reese führt das Haus souverän und klug kalkuliert – seit 2010 auch als einer der drei Geschäftsführer der Städtische Bühnen GmbH. So ist es denn folgerichtig, dass die Stadt Oliver Reeses Intendantenvertrag bis zum Jahr 2019 auf insgesamt zehn Jahre verlängert. Für Kulturdezernent Felix Semmelroth ist dies ein politischer Erfolg und die Bestätigung eines Theatermachers, der sein Haus an vorderste Stelle gerückt hat.

Für die kommende Spielzeit 2013/14 kündigt Oliver Reese etliche Veränderungen an: »It's time for some change«, erklärt er gegenüber der Presse. Neben festen Größen gibt es ganz neue Namen zu verkünden, sowohl bei der Regie als auch im Ensemble. Das fünfte Jahr könnte eine Zäsur sein. Mit dem Erfolg der letzten Jahre im Rücken ist genügend Spielraum für neue Wagnisse da.

JOHN GABRIEL BORKMAN, *2013. R: Andrea Breth / Wolfgang Michael, Corinna Kirchhoff, Claude De Demo, Christian Erdt, Josefin Platt*

EIDOS:TELOS, 1994. Ch: William Forsythe / Noah Gelber, Jacopo Godani, Thomas McManus, Antony Rizzi, Maria Brown

Ballett

Vom Opernballett zur Weltspitze

Das Frankfurter Ballett 1963 – 2004

von Gerald Siegmund

Das Erbe von Expressionismus und Moderne: Tatjana Gsovsky (1959 – 1966)

Bisher nicht gerade verwöhnt worden sei das Frankfurter Ballettpublikum, meinte im *Tanzarchiv* der Kritiker Heinz-Ludwig Schneiders anlässlich des ersten Ballettabends, mit dem Tatjana Gsovsky am 30. November 1959 in der Frankfurter Oper, dem ehemaligen Schauspielhaus, ihren Einstand als neue Ballettdirektorin des Frankfurter Balletts gab. Umso erfreulicher sei nun das Engagement der Gsovsky (18. 3. 1901 – 29. 9. 1993), die den Frankfurtern zum Einstieg gleich zwei Ballette zu zeitgenössischer Musik schenkte. Agon von Igor Strawinsky, das erst zwei Jahre zuvor in der Choreografie von George Balanchine in New York uraufgeführt worden war, und Abraxas zu Musik von Werner Egk. Beide Werke kündeten von Gsovskys Wunsch nach Zeitgenossenschaft und der Popularisierung von zeitgenössischer Musik, dem sie auch in der neuen Theateranlage bis zu ihrem Ausscheiden als Ballettdirektorin 1966 treu bleiben sollte.

Seit Hans Helken am 21. September 1945 im Börsensaal, in dem die Oper nach Kriegsende zunächst ihr Domizil bezog, den ersten Tanzabend mit Solotänzen und Duetten, getanzt von Helken und seiner Frau, Ossy Glöckner, herausbrachte, standen die kommenden Jahre, ja gar Jahrzehnte im Zeichen des Aufbaus einer Kompanie, die jedoch noch lange nicht zu einer Identität finden sollte. Denn die Geschichte des Frankfurter Balletts ist gekennzeichnet durch Abbrüche und Neuanfänge. Bis William Forsythe 1984 die Leitung des Frankfurter Balletts übernahm, wechselten die Ballettdirektoren in schöner Regelmäßigkeit alle drei Jahre. Mit ihnen wechselten die Tänzer und Tänzerinnen, das Repertoire und die Stile. Erst Forsythe war es vergönnt, das Ensemble bis zur Schließung der Ballettsparte an den Städtischen Bühnen 2004 20 Jahre lang zu leiten und mit den Tänzern und Tänzerinnen zusammen einen einzigartigen Stil auszubilden, der bis heute nachwirkt. An den Wechseln lässt sich im Rückblick aber auch ein Stück Ballett- und Tanzgeschichte der Bundesrepublik Deutschland ablesen, lassen sich Tendenzen und Zielsetzungen einer

CARMINA BURANA, *1963. Ch: Tatjana Gsovsky / Gudrun Müller-Kutschera, Ensemble*

Kunstgattung erkennen, die den rasanten Wandel der Gesellschaft und der Institution Theater, die sie trägt, anschaulich machen.

Als Tatjana Gsovsky 1959 die Leitung des Frankfurter Balletts übernahm, war sie schon eine Berühmtheit, deren Erfolge bis in die Zeit vor dem Zweiten Weltkrieg zurückreichten. 1901 in Moskau geboren, studierte sie in St. Petersburg bei den Meistern des russischen Balletts, erhielt aber am Isadora-Duncan-Studio oder in Dresden-Hellerau gleichzeitig auch einen Einblick in die aufkommende Entwicklung des freien Tanzes und des Ausdruckstanzes. 1925 kam sie nach Deutschland, eröffnete in Berlin eine Ballettschule, choreografierte und unterrichtete zwischen 1936 und 1945 in Essen, Dresden und Leipzig, bevor sie von 1945 bis 1952 die Leitung des Balletts der Staatsoper in Ostberlin übernahm. Nach einem Jahr in Buenos Aires wechselte sie 1954 in die Ballettdirektion der Städtischen Oper Berlin, die später in Deutsche Oper umbenannt wurde, die sie, ebenso wie die Direktion des Frankfurter Balletts, bis 1966 innehatte.

Ihr Ansatz, der in der Literatur, so etwa in Michael Heuermanns Buch über Tatjana Gsovsky (2007), immer wieder als »dramatisches Ballett« oder »Ballett-Theater« bezeichnet wird, lässt sich damit bei aller souveränen Beherrschung des klassischen Ballettvokabulars auch als ein Ansatz begreifen, der auf die antipodisch zur Klassik stehende expressionistische Strömung des Tanzes in der ersten Hälfte des 20. Jahrhunderts zurückverweist. Der Tanz ist darin nicht die äußerliche Umsetzung einer linearen Handlung, sondern Ausdruck einer inneren seelischen Verfasstheit der Figuren, aus deren Bewegtheit die Handlung entspringt. Damit steht das Innenleben der Figuren stets auch im Gegensatz

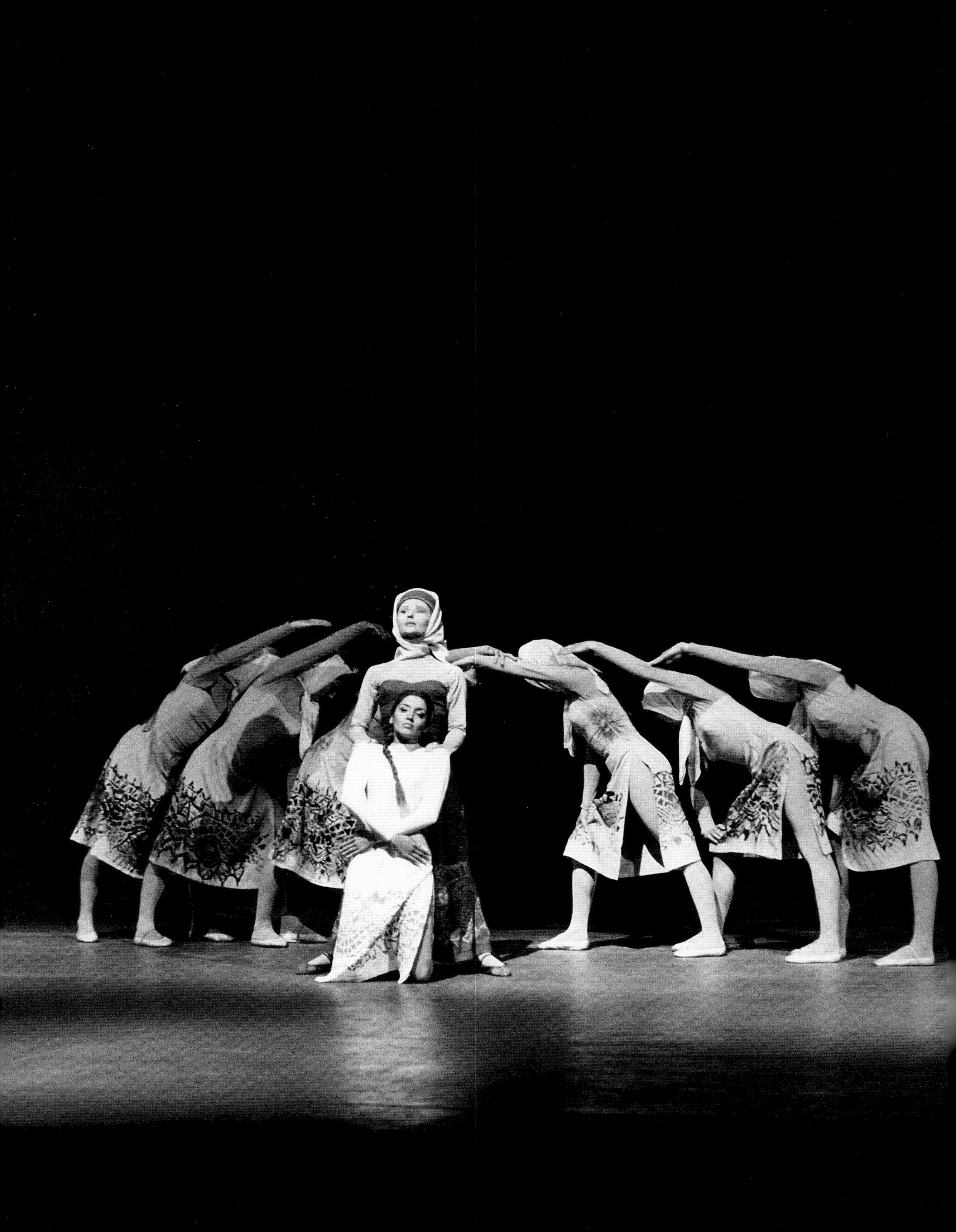

zu den Widrigkeiten der äußeren Welt oder dem, was man damals noch leichtfertiger »das Schicksal« nannte. Verkürzte und verdichtete Aktionen sollten das Markenzeichen von Gsovskys choreografischem Stil werden, bei dem klar konturierte Bewegungslinien die Figuren ebenso deutlich skizzierten. Wie in Carmina Burana oder Les Noces zeichnete Gsovsky nicht nur für die Choreografie verantwortlich, sondern auch für die gesamte Inszenierung.

Mit dem Maler Hein Heckroth, seit 1956 Leiter des Ausstattungswesens der Städtischen Bühnen, stand ihr dafür in Frankfurt ein Bühnenbildner zur Seite, dessen künstlerische Wurzeln in den 1920er-Jahren lagen. Heckroth, 1901 in Gießen geboren, war zunächst an den Städtischen Bühnen Münster und später in Essen tätig, wo er bereits seit 1924 mit dem Ausdruckstänzer und Choreografen Kurt Jooss zusammenarbeitete, dessen weltberühmtes Ballett Der grüne Tisch er 1932 ausstatten sollte. Nach England emigriert, ging Heckroth nach dem Krieg nach Hollywood, wo er 1948 einen Oscar für die Ausstattung des revolutionären Tanzfilms Die roten Schuhe nach einem Märchen von Hans Christian Andersen erhielt. Heckroths Bühnen brachten Gsovskys Ballette in einen Dialog mit der bildenden Kunst, die, neben der zeitgenössischen Musik, einen nicht geringen Anteil am Erfolg ihrer Choreografien hatte. Typisch für Heckroths Bühnenentwürfe ist die ins Unendliche reichende und damit auf das Unfassbare und Nicht-Verfügbare als Dimension des Lebens verweisende schwarze Bühne, auf der die Tänzer, Tänzerinnen und Solisten exponiert und ausgestellt wirken, um dadurch zugleich etwas Exemplarisches und Typisches zu verkörpern. Griff ein in sich verdrehtes Liniennetz, das an beiden Enden von zwei hufeisenförmigen Objekten gehalten wurde, in Agon als Strukturelement der Bühne die spannungsvollen Konstellationen der Tänzer auf, schwebte in Carmina Burana (1963) ein überdimensioniertes Uhrwerk wie ein Damokles-Schwert über den Köpfen der Sänger und Tänzer.

Mit dem Einzug in die neue Theateranlage sollten unter Tatjana Gsovskys Direktion noch vier Ballettabende entstehen, darunter zwei Stücke von renommierten Gastchoreografen: Der weltberühmte französische Tänzer George Skibine zeigte seine Version von Daphnis und Chloé, während der damalige Chef des Balletts der Pariser Oper, Michel Descombey, Maratona zur Musik von Hans Werner Henze choreografierte. Das Engagement der beiden Gäste zeigt an, was sich Frankfurt von seiner erfahrenen und weitgereisten Ballettdirektorin auch versprochen hatte, nämlich Internationalität und den Anschluss an die internationale Ballett- und Tanzwelt. Gsovsky selbst steuerte Choreografien zu Strawinskys Les Noces und Werner Egks Joan von Zarissa bei. Am 18. Januar 1966 folgte schließlich ihr letzter Abend für ihre Frankfurter Kompanie. Hier präsentierte sie für Frankfurt noch einmal ihre Kameliendame, die sie bereits 1957 in Berlin und 1960 in Paris einstudiert hatte. Nach der Geschichte von Alexandre Dumas hatte sie selbst das Libretto verfasst, das sich ganz auf die Heldin, Marguerite, konzentriert und ihre Isolation von Familie und Gesellschaft sowie ihr Sterben in den Mittelpunkt rückt. Die Tänzerin Joan Cadzow triumphierte in dieser Rolle, die sie, so Kurt Peters im *Tanzarchiv*, »in innigster und traurigster Mitempfindung nachgestaltet. Sie machte sich selbst zum Erlebnis dieser Rolle.« Neben Tatjana Gsovskys Auseinandersetzung mit dem Werk zeitgenössischer Komponisten wie Henze, Egk, Blacher, Nono oder eben Henri Sauguet, der seine Kameliendame extra für Gsovsky komponiert hatte, machte der Abend noch einmal die Traditionslinie, in der sich Gsovsky selbst sah, und damit auch ihre Repertoirepolitik für das Frankfurter Ballett deutlich. Mit ihrer Choreografie zu Strawinskys Petruschka, einem Schlüsselwerk der Tanzmoderne, stellte sie sich in die Tradition von Serge Diaghilews Truppe, den Ballets Russes, die

Les Noces, *1964. Ch: Tatjana Gsovsky / Didi Carli, Gudrun Müller-Kutschera, Ensemble*

PETRUSCHKA, 1966. Ch: Tatjana Gsovsky / Michael Piel, Soli, Ensemble

mit ihrem Star Vaslav Nijinsky zwischen 1908 und 1928 die Ballettwelt revolutionierten und deren Erneuerungen in der Neo-Klassik eines George Balanchine, mit der Gsovsky ihre Direktion eröffnete, oder der Pariser Oper unter der Leitung von Serge Lifar ihre Fortsetzung fanden. Das dritte Stück des Abends, eine KLASSISCHE SUITE, griff schließlich diese Linie auf.

Fand der Abschlussabend auch nicht bei allen Kritikern durchweg Anklang – vor allem PETRUSCHKA schien an zu wenig Atmosphäre und Unmotiviertheit der Darstellung zu leiden –, so war die Presse doch voll des Lobes für das Ensemble, das sich in den sieben Jahren, in denen Tatjana Gsovsky tatkräftig unterstützt von ihrem Ballettmeister Michael Piel in Frankfurt wirkte, sowohl technisch als auch im Ausdruck und Zusammenspiel enorm gesteigert habe. So haben das Frankfurter Ballett und das Frankfurter Publikum auch etwas vom herausragenden pädagogischen Geschick der Gsovsky mitbekommen. Neben Joan Cadzow sind Didi Carli, Karin von Aroldingen, Heidrun Schwaarz, Gerhard Bohner, Paul Herbinger und Georg Volk zu nennen. Später sollten u. a. Stars wie Marianne Kruuse, Egon Madsen oder Riccardo Duse in Frankfurt auftreten. Es sollte das Frankfurter Ballett bis zu seinem Ende 2004 auszeichnen, dass ihm stets hervorragende Tänzer und Tänzerinnen angehörten.

DER NUSSKNACKER, *1969. Ch: Todd Bolender / Irene von Klenau, Ensemble*

Amerikanische Neo-Klassik als Gegenmodell: Todd Bolender (1966 – 1969)

Die Nachfolge von Tatjana Gsovsky trat Todd Bolender (27. 2. 1914 – 12. 10. 2006) an, ein Schüler George Balanchines, der zuvor bei den Ballets Russes in Monte Carlo getanzt hatte, bevor ihn Balanchine 1947 wieder mit in die USA nahm, wo er in seiner neuen Kompanie, der Ballet Society, und später dem New York City Ballet, tanzte. Unmittelbar vor seinem Engagement in Frankfurt hatte Bolender den deutschen Stadttheaterbetrieb in Köln kennengelernt, wo er zwischen 1963 und 1966 Leiter des Kölner Balletts war. Mit dem Wechsel zu Bolender sollte sich auch in Frankfurt endgültig ein Paradigmenwechsel vollziehen, den andere deutsche Kompanien, allen voran das Stuttgarter Ballett mit John Cranko, schon vorher durchgeführt hatten. Mit Ausnahme der Ensembles von Gsovsky und Erich Walter, dessen Arbeit in Wuppertal und später an der Deutschen Oper am Rhein in Düsseldorf und Duisburg auch international Aufsehen erregte, haftete vielen deutschen Stadttheaterkompanien nach 1945 immer noch etwas Provinzielles an. Maßstäbe im Hinblick auf Technik und Rollengestaltung setzten vor allem angloamerikanische Choreografen wie John Cranko, Alan Carter oder Kenneth Macmillen in München, Berlin und Stuttgart. Tatjana Gsovskys Wirken in Deutschland seit 1925 war stets verflochten mit den Verwerfungen und Verirrungen der deutschen Geschichte, die sich nach 1945 in ihrem Schaffen zu-

Sonata per violoncello e orchestra, *1969. Ch: André Doutreval / Heidrun Schwaarz, Decio Otero*

TIME CYCLE, 1967. Ch: Todd Bolender / Joanne Danto, Ensemble

nächst in Ost- und später dann in Westberlin prägnant in ihrer Person spiegelte. Stand ihre Ästhetik darüber hinaus gerade in ihren literarisch inspirierten Tanzdramen für eine gewisse deutsch-expressionistische Schwere, so war mit ihrem Rückzug aus den Leitungsfunktionen in Berlin und Frankfurt diese »deutsche Zeit« (Kurt Peters) nun endgültig abgelaufen. Bolender, der in New York in Balanchines abstrakten Meisterwerken wie DIE VIER TEMPERAMENTE oder AGON getanzt hatte, repräsentierte einen anderen, helleren modern neo-klassischen Stil, den er auch in Frankfurt durchzusetzen hoffte. Dies schien ihm mit seinem ersten dreiteiligen Ballettabend und hier vor allem mit TIME CYCLE zu Musik von Lukas Foss ein Stück weit auch zu gelingen. Zum endgültigen Bruch mit Frankfurt kam es jedoch nur zwei Jahre später anlässlich seiner NUSSKNACKER-Premiere. 1968 hatte Harry Buckwitz nach 17-jähriger Generalintendanz die Städtischen Bühnen verlassen. Sein Nachfolger wurde Ulrich Erfurth, der andere Pläne mit dem Ballett verfolgte. Erfurth nahm sich zusammen mit dem Ausstatter Werner Schachteli sogar heraus, in Bolenders Gesamtkonzeption des NUSSKNACKER einzugreifen und diese nach seinen Vorstellungen zu verändern. Während der Kritiker Wilfried Hofmann dies als unhaltbare Einmischung in die künstlerische Freiheit, die ein Künstler wie Bolender unmöglich akzeptieren konnte, als Drohgebaren starrer Theaterhierarchien und als Machtinteresse vonseiten des Intendanten deutete, verwiesen andere auf die Schwächen in Bolenders Frankfurter Arbeit. So kritisierte Hartmut Regitz im *Tanzarchiv* Bolenders NUSSKNACKER als »Märchenstunde für Kinder«, der man kaum ansehe, dass es sich um die »Vorstellung eines Ballettklassikers« handle. Bolender habe es zudem nicht geschafft, die Kompanie auf ein höheres technisches Niveau zu bringen und ihr ein Profil zu geben. »Er verhalf Frankfurt keineswegs zu einem Ensemble«, so Regitz, »das der Geltung der Mainmetropole annähend entsprochen hätte.« Unter den gegebenen Umständen sah Bolender keine Möglichkeit mehr, gute Tänzer mit entsprechenden Gagen zu halten und die Kompanie und ihr Repertoire zu entwickeln. Er ging in die USA zurück, wo er von 1981 bis 1996 das Kansas City Ballet leitete.

Ulrich Erfurth hatte einen anderen Amerikaner im Blick, den er mit einem guten Gespür für sein aufkeimendes Talent nach Frankfurt holte: John Neumeier. Als Vorbote kam dessen zukünftiger Trainingsleiter und Assistent von der Deutschen Oper Berlin an den Main, um sich mit einem vielbeachteten Abend in den Kammerspielen als Choreograf zu empfehlen. André Doutreval, der Frankfurt schon im darauffolgenden Jahr Richtung Kassel wieder verlassen sollte, schaffte mit STUDIE 6 x 2, EPISODEN und SONATA PER VIOLONCELLO E ORCHESTRA (Musik: Krzysztof Penderecki) das, was Bolender nicht gelang. Er spielte auf der Grundlage durch den Tanz sichtbar gemachter musikalischer Strukturen mit dem klassischen Vokabular, reicherte es mit anderen Idiomen an, um den Formenkanon und die Ausdrucksmittel des Balletts zu erweitern.

Die Erneuerung des Handlungsballetts: John Neumeier (1969 – 1973)

Mit dem 27-jährigen John Neumeier (geb. 24. 2. 1942 in Milwaukee, USA) trat im Dezember 1969 in Frankfurt der jüngste Ballettdirektor der Bundesrepublik an. Neumeiers Berufung war durchaus mit einem Risiko behaftet, schließlich war dieser zum damaligen Zeitpunkt vor allem als Tänzer des Stuttgarter Balletts, dem er seit 1963 angehörte, hervorgetreten. Erste Choreografien für Crankos Kompanie waren zwar vielversprechend, doch stilistisch keineswegs derart ausgeprägt, dass man ihm eine große Zukunft vorhergesagt hätte. Neumeier musste sich also nicht nur mit den neuen administrativen wie künstlerischen Aufgaben eines Ballettdirektors vertraut machen, sondern sich auch als Choreograf freischwimmen. Dazu gehörte auch zu lernen, mit den wenig luxuriösen Bedingungen für die Tanzsparte als »dritte Sparte« der Städtischen Bühnen umzugehen. Lediglich ein Ballettsaal im fünften Stock der Theateranlage stand der Kompanie damals zur Verfügung, die zudem mit 28 Tänzern und Tänzerinnen für die Größe der Aufgaben eines Opernballetts zahlenmäßig relativ klein war. »Dieser Ballettsaal«, schrieb Neumeier im seinem Geleitwort zu Helga Heils Ballettdokumentation FRANKFURTER BALLETT VON 1945 BIS 1985, »war die Keimzelle meines ganzen weiteren Schaffens. In Frankfurt wurde der Grundstock gelegt.« Die Rechnung ging auf. 1987 konstatierte Jochen Schmidt rückblickend in seiner Rezension zu Heils Buch in der *Frankfurter Allgemeinen Zeitung*, dass Tatjana Gsovsky und John Neumeier »dem Frankfurter Ballett auch die künstlerisch glücklichsten Perioden seiner Nachkriegsgeschichte beschert« hätten.

Begeisterte sein erster dreiteiliger Ballettabend im März 1970 vor allem durch einen Import aus Stuttgart – John Cranko hatte seinem ehemaligen Tänzer sein Stück OPUS 1 überlassen, das in Frankfurt zudem vom Star des Stuttgarter Balletts, Richard Cragun, getanzt wurde –, ließ der zweite Ballett-

ROMEO UND JULIA, 1971. Ch: John Neumeier / Truman Finney, Marianne Kruuse

abend im Herbst desselben Jahres, UNSICHTBARE GRENZEN, in den Kammerspielen schon mehr eigenes Potenzial erkennen. Vor allem inhaltlich versuchte sich der neue Ballettchef aktuellen Befindlichkeiten und Fragen zu öffnen, die insbesondere das Verhältnis des Individuums zu gesellschaftlichen, kulturellen und individualpsychologischen Grenzen betrafen. Der Einzelne mit seinen Wünschen und Fantasien eingebettet in ein komplexes Geflecht aus Beziehungen – das sollte auch in Zukunft eines von Neumeiers Themen bleiben. Wirklich durchzusetzen vermochte sich der Choreograf aber schließlich mit seiner Neuinterpretation des Ballettklassikers ROMEO UND JULIA. Mit dem Stück eröffnete er zugleich die ersten Frankfurter Ballett-Tage, die bis 1984 der jeweiligen Spielzeit einen festlichen Höhepunkt bereiteten. Dass es ausgerechnet ROMEO UND JULIA war, mit

Alfonso Catá im Gespräch mit dem scheidenden Ballettchef John Neumeier, 1973

dem John Neumeier punkten konnte, entbehrt nicht einer gewissen Folgerichtigkeit. Schließlich war das Ballett in der Choreografie von Neumeiers altem Meister, John Cranko, zum Aushängeschild des Stuttgarter Balletts geworden.

Doch Neumeier überzeugte durch dramaturgische Neuerungen, die das Märchenhafte dieser archetypischen Liebesgeschichte hinter sich ließen. Er erfand im Rückgriff auf Shakespeares Stück Motivationen für die Figuren, deren Handlungen und amouröse Verwicklungen dadurch in ihrer jeweiligen konkreten Situation verankert wurden. So räkelt sich Romeo zu Beginn auf einer Treppe am Marktplatz und späht den Mädchen hinterher. Vor allem die Cousine Julias hat es ihm angetan, die ihn schließlich zu Julia führen soll. Julia entspringt der Badewanne dann auch nicht mehr im Spitzenschuh, sondern nass und barfuß. »Das ist also nicht mehr ein wild romantisches Gewächs, diese Liebe«, wie Jens Wendland in seiner Rezension für *Das Tanzarchiv* schrieb, »nicht ein Bazillus, der auf dem Pilzboden eines ballett-romantischen Librettisten aufgärt, sondern motiviert, aufgeschlossen in realistischer Weise.« Publikum und Kritik waren begeistert.

Werke wie DER NUSSKNACKER, DER KUSS DER FEE, DAPHNIS UND CHLOÉ oder LE SACRE folgten und sorgten für ähnliche Beifallsstürme aus dem Publikum. Auch hier sollte es Neumeiers Methode sein, die alten Geschichten nicht mehr einfach zu akzeptieren, sondern sie durch perspektivische und zeitliche Brechungen zu rahmen, zu betrachten und dadurch infrage zu stellen. Daphnis war in Neumeiers Interpretation eben kein blondgelockter Hirtenknabe mehr, sondern ein verwirrter junger Mann, der mit

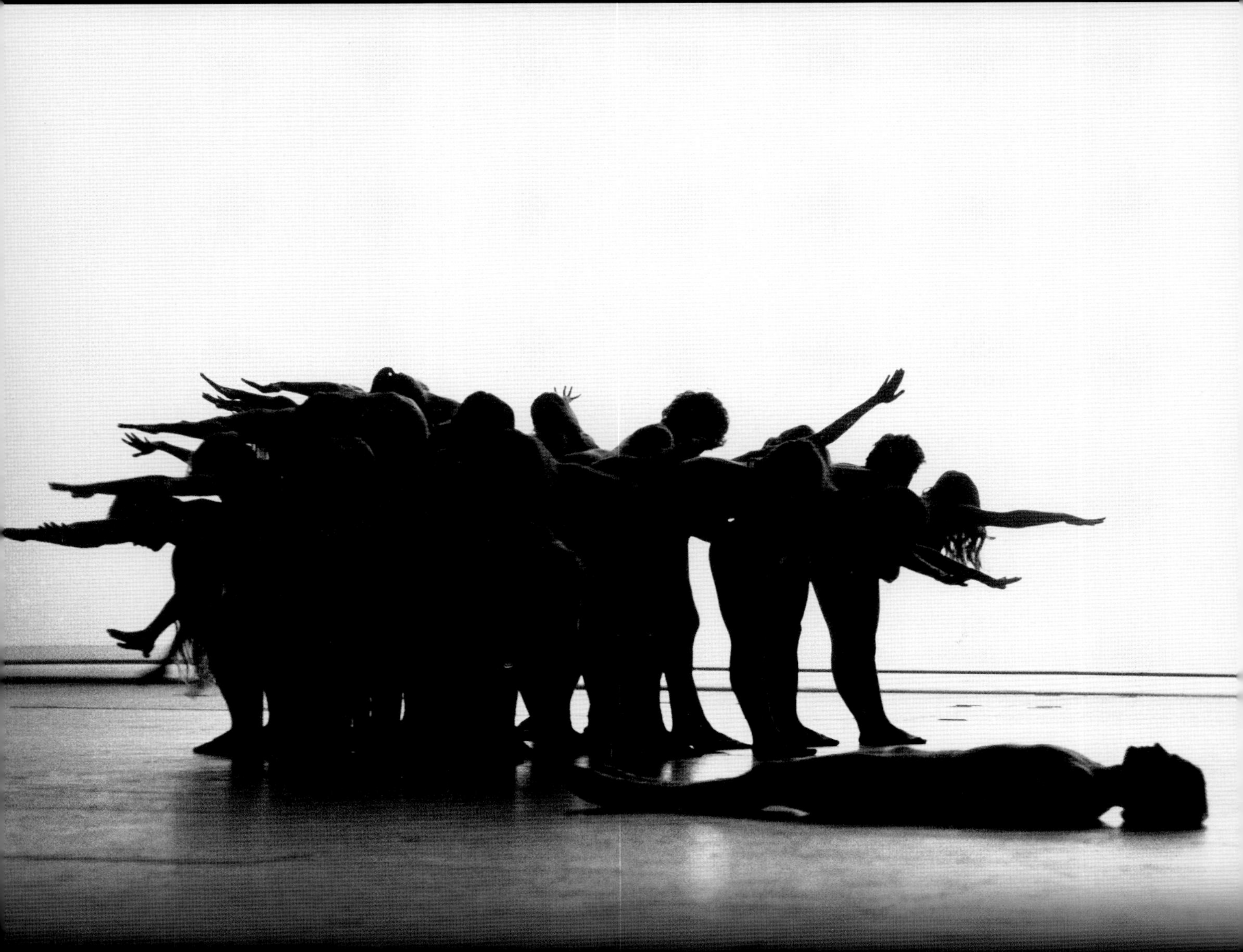

einem Reiseführer in der Hand durch Griechenland irrt und sich in einer Welt, halb Traum, halb Realität, mit allerlei mondänen Frauen und Matrosen wiederfindet. In seiner Interpretation des Frühlingsopfers, Le Sacre, ließ er die Tänzerin Beatrice Cordua in der Rolle des Opfers nackt auftreten, um Gewalt und Verzweiflung der Szene eindringlich zu machen.

Das Experiment Neumeier gelang wohl auch deshalb, weil Neumeier es verstand, dem Publikum in einer Zeit gesellschaftlicher Umbrüche und Unsicherheiten die guten alten Ballett-Märchen zu lassen und ihm tänzerische Attraktionen zu präsentieren, nur um sie gleichsam von innen durch zusätzliche Handlungsstränge oder ungewöhnliche Figurenentwürfe für kritische Fragen der Gegenwart zu öffnen. Dass der Grat zwischen Affirmation und Kritik dabei sehr schmal war, entging den wachen Augen der Presse keineswegs. Schließlich wurde die Frage, was Ballett jenseits von konventionalisierten Schrittfolgen und bekannten Mustern »überhaupt noch auszudrücken vermag« (Jens Wendland im *Tanzarchiv*), zu Beginn der 1970er-Jahre von anderen Choreografen wesentlich radikaler und entschiedener beantwortet als von John Neumeier. Johann Kresnik hatte schon 1968 das Ballett am Bremer Theater durch ein »choreografisches Theater« ersetzt, das drastische Bilder ebenso liebte wie provozierende politische Gesten. Unweit von Frankfurt, am Staatstheater Darmstadt, etablierte der Tänzer Gerhard Bohner 1972 sein Tanztheater als ein Solisten-Ensemble, das mit den traditionellen Hierarchien einer klassischen Kompanie brach. In Frankfurt wurde im Sommer 1970 zwischen dem Magistrat und den Mitgliedern der Städtischen Bühnen eine erste »Vereinbarung über die erweiterte Mitbestimmung im künstlerischen Bereich der Städtischen Bühnen Frankfurt am Main« abgeschlossen. Ziel war es u. a., mit dem Instrument eines künstlerischen Beirats Entscheidungsprozesse am Haus transparenter und demokratischer zu gestalten. Diese Vereinbarung wurde 1972 überprüft und im Falle des Schauspiels sogar noch wesentlich erweitert. Es wäre sicher interessant gewesen zu sehen, wie sich Neumeier an den Städtischen Bühnen Frankfurt, die die Entwicklungen im aufkommenden Regietheater im Schauspiel wie in der Oper wesentlich mitgeprägt haben, weiterentwickelt hätte. Doch Neumeier nahm das Angebot von August Everding, dem designierten neuen Intendanten der Hamburger Staatsoper, an, mit ihm 1973 nach Hamburg zu gehen. Zu spät machte die Stadt Frankfurt am Main Neumeier ein entsprechendes Bleibeangebot und musste ihn an die Alster ziehen lassen.

Le Sacre du Printemps, *1972. Ch: John Neumeier /*
Soli, Ensemble

PERSPEKTIVEN, *1974. Ch: Alfonso Catá / Robert Blankshine, Maria Guerrero, Wilhelm Burmann*

DORNRÖSCHEN, *1973. Ch: Alfonso Catá / Kent Stowell / Denys Ganio, Judith Reyn*

Die Neo-Klassik zwischen Balanchine und Zitat: Alfonso Catá (1973 – 1976)

Vor dem Hintergrund der institutionellen und künstlerischen Veränderungen, die bei den Städtischen Bühnen mit der Spielzeit 1972 eintraten, will es nicht so recht passen, dass Alfonso Catá (3.10.1937 – 15.9.1990) neuer Ballettdirektor wurde. Der in Havanna geborene Tänzer, der u. a. bei Balanchine in New York und bei Cranko in Stuttgart tanzte, kam aus Genf, wo er seit 1969 Ballettdirektor war. Dort machte er sich vor allem einen Namen durch seine Einstudierungen von Balanchine-Balletten, auf die er in Frankfurt zunächst jedoch nicht zurückgriff. Catá stand bei seinem Anfang in Frankfurt vor der Schwierigkeit, ein völlig neues Ensemble zusammenstellen zu müssen, waren doch nur sechs Tänzer und Tänzerinnen von Neumeiers Gruppe am Main geblieben. Zusammen mit seinem aus München kommenden Stellvertreter und Ballettmeister, Kent Stowell (geb. 8.8.1938 in Rexburg, USA), präsentierte er zu Beginn in den Kammerspielen unter dem Titel SCHARADEN einen zweiteiligen Abend, der zu weiten Teilen auf seiner alten Genfer Arbeit IMAGES 60/70 basierte. Thema war der Widerstreit zwischen Tradition und aktueller Wirklichkeit und die Angst, die dieser auslöst; Catá und Stowell setzten den Widerstreit zu Klaviermusik von Franz Schubert und einer Geräusch- und Klangpartitur von Jacques Guyonnet in Szene. Darin wurden sowohl die musikalische Tradition von Walzern und Ländlern als auch die Tradition des klassischen Balletts durch slapstickartige Einbrüche der Realität zersetzt und gestört. Wenn etwa eine Tänzerin einen Striptease hinlegte, nur um sich dann vier Männern zu einem intrikaten Balanchine-Knoten hinzugeben, entbehrte das nicht einer gewissen Komik. Der Abend, dem aufgrund solcher Szenen eine gewisse Vordergründigkeit attestiert wurde, montierte geschickt Bilder und Zitate aus Balanchines Balletten, um theatrale Effekte zu erzielen. Eine Neuinterpretation des Klassikers DORNRÖSCHEN folgte noch vor Weihnachen 1973, konnte aber bis auf den Pas de deux der Blauen Vögel, getanzt von Peter Schaufuss und Maria Guerrero, nicht begeistern.

Seinen eigenen Zugang zu einer stark neo-klassisch ausgeprägten Ästhetik fand Catá stets nur bedingt und meist ausschließlich über die Methode des ironischen Zitats, mit der er auf zeitgenössische Phänomene anspielte. So präsentierte er 1974 in seinem Stück PERSPEKTIVEN eine Tänzerin und zwei Tänzer bei der Arbeit im Ballettsaal. Choreografisch blieben seine Ballette jedoch unspektakulär, der Kritiker der *Frankfurter Rundschau*, Roland Langer, attestierte ihnen sogar »neo-klassischen Schwulst«.

Dass er weder beim Publikum noch bei der Kritik richtig ankommen konnte, mag Alfonso Catá dazu bewogen haben, seinen Vertrag 1976 vorzeitig zu lösen. Bis ein neuer Ballettdirektor gefunden war, übernahmen Kent Stowell und seine Frau Francia Russell (geb. 10.1.1938 in Los Angeles, USA) die Leitung des Ensembles (2.8.1976 – 26.8.1977). Francia Russell, ehemalige Ballettmeisterin des New York City Ballet, wurde von Balanchine um die Welt geschickt, um seine Ballette einzustudieren. In dieser Funktion kam sie 1974 auch nach Frankfurt, wo sie mit Erfolg DIE VIER TEMPERAMENTE und SERENADE erarbeitete. Ein Jahr später wurde sie ebenfalls zur stellvertretenden Ballettdirektorin ernannt. Stowell und Russell machten aus dem Frankfurter Ballett eine gut trainierte und solide neo-klassische Kompanie, die ihr Können in Balanchines CONCERTO BAROCCO, ALLEGRO BRILLANTE und LA VALSE unter Beweis stellen konnte. Zum großen Erfolg der beiden wurde ihre Neueinstudierung von SCHWANENSEE, die im Oktober 1976 in der Oper Premiere hatte. Es war das erste Mal, dass Lew Iwanows und Marius Petipas' Inbegriff des klassischen Balletts nach 1945 in Frankfurt zu sehen war, was zum überwältigenden Erfolg dieser Version mit 31 Vorstellungen in nur einem Jahr beigetragen haben mag. In ihrem Jahr als Direktoren des Frankfurter Balletts brachten Stowell und Russell gleich vier unterschiedliche Programme heraus, je eins in den Kammerspielen und im Schauspiel und zwei in der Oper. Mit weit über 40 Vorstellungen in der Spielzeit war das Ballett so viel beschäftigt wie noch nie. Stowell und Russell gingen nach ihrem Frankfurter Engagement zurück in die USA und gründeten dort in Seattle das Pacific Northwest Ballet, dessen Leitung sie bis zu ihrem Ruhestand 2005 innehatten.

Die Suche nach neuen Formen:
Fred Howald (1977 – 1980)

Ein ähnlich rasantes Tempo schlug der neue Ballettdirektor Fred Howald an. Mit gleich vier Programmen legte er in seiner ersten Spielzeit los, wovon das erste eine Wiederaufnahme des Balanchine-Abends aus der vorangegangenen Spielzeit war. Howald (geb. 16. 10. 1946 in Bern, Schweiz) war Tänzer in John Neumeiers Frankfurter Ensemble, wo er u. a. die Rolle des Tybalt in ROMEO UND JULIA tanzte. 1973 ging er als Solist mit Neumeier nach Hamburg und schuft dort auch erste eigene Stücke. Michael Gielen, der neue Frankfurter Generalmusikdirektor, holte ihn schließlich nach Frankfurt zurück, wo er sich in die neue Funktion eines Ballettdirektors erst einfinden musste. Gielen strebte nach Jahren der Wechsel und der heterogenen Ansätze für das Opernballett, das das Frankfurter Ballett ja immer noch war, einen seinen Vorstellungen für das Musiktheater kongenialen ästhetischen Ansatz an. Und Howald schien dafür der Richtige zu sein, jemand, der Gielens musikalische Auseinandersetzung mit Bernd Alois Zimmermann, Arnold Schönberg oder Hector Berlioz vonseiten des Balletts mit eigenen Ideen bereicherte. Obwohl als klassischer Tänzer ausgebildet, war er an der unhinterfragten Fortsetzung der Tradition weniger interessiert als an der Suche nach neuen Formen und Ausdrucksmöglichkeiten für den Tanz.

Seine Ballette, wie der auf Texten des spanischen Autors García Lorca basierende Abend LIED – SCHREI – YERMA, griffen literarische Vorlagen auf, deren differenzierte Figurenbetrachtung und atmosphärische Dichte Howald sich zu eigen machte. Wie in GOLAUD-PELLÉAS-MÉLISANDE zu Musik von Claude Debussy und Arnold Schönberg folgte der Abend nicht mehr einer einzigen Komposition, wobei sich im Gegensatz zu anderen gemischten Ballettabenden, wie Hartmut Regitz beobachtete, stets stimmige und wohldurchdachte thematische Zusammenhänge zwischen den einzelnen Teilen ergaben. In REIGEN, einem dreiteiligen Programm im Schauspiel, dessen Obertitel Arthur Schnitzlers berühmtes und lang verbotenes Drama zitiert, zeichnete Howald das düstere Bild einer dekadenten Gesellschaft, deren Mitglieder sich in ihrem ausweglosen Begehren verfangen. Verloren sich die Figuren im ersten Teil, RONDO, in ihrer mechanischen Suche nach amourösen Abenteuern und Liebe, ohne sie jemals zu finden, stand im zweiten Teil, FANTASIE, die stets fehlschlagende Anpassung des Einzelnen an die Gruppe im Zentrum. All dies irdische Bemühen schien sich im dritten Teil, SONATE, schließlich zu verflüchtigen und in einem abstrakten, alle Triebe und Sehnsüchte sublimierenden Ballett aufzuheben. In allen Teilen bestand die Bühne aus kulissenhaft anmutenden Türrahmen oder Paravents, die ebenso suggestiv wie locker und unverbunden den Hintergrund säumten und der Szene etwas Skizzenhaftes verliehen.

Diese offene, mosaikartige Kompositionsstruktur, mit der zeitgleich auch auf ihre je eigene Art und Weise Vertreter des Tanztheaters experimentierten, um den Tanz durchlässig zu machen für gelebte Erfahrungen, schien Howald auch bei seinem großangelegten Experiment LELIO, einer »theatralische[n] Aktion für Tänzer, Sänger, Chor, Orchester und einen Schauspieler« zur Musik von Hector Berlioz, verfolgt zu haben. Doch diesem ambitionierten sparten- und gattungsübergreifenden Konstrukt, das dramaturgisch den Komponisten Berlioz mit seiner Figur Lelio und in Gestalt des Schauspielers Hermann Treusch wohl auch mit dem modernen Künstler schlechthin gleichzusetzen suchte, fehlte die Konsistenz. »Eine krampfhafte Reihung von Elementen der Oper, des Schauspiels und des Tanzes verursacht ein ständiges Szenesterben«, urteilte Kurt Peters im *Tanzarchiv*. »Ein Legespiel von oben nach unten angesetzten Fragmenten aus SYMPHONIE FANTASTIQUE und LELIO will nicht zusammen passen.« Inhalte wurden lediglich illustriert, anstatt sie im Spiel der Elemente entstehen zu lassen.

Im Zuge der in den 1970er-Jahren als dringlich empfundenen Öffnung der Theater, der Erschließung von anderen Publikumsschichten durch die

RONDO, 1978. Ch: Fred Howald / Réjane Perroud, Richard Sikes

PROMETHEUS, 1979. Ch: Fred Howald / Ensemble

öffentliche Auseinandersetzung mit zeitgenössischen Formen und Inhalten etablierte Fred Howald vor jeder Premiere eine Ballett-Extra-Veranstaltung, die in den Kammerspielen stattfand. Die Veranstaltung bot eine Einführung zur wenige Tage später angesetzten Premiere und fand großen Zuspruch beim Publikum. Eine weitere Neuerung Howalds war ein Abend für junge Choreografen, der 1979 zum ersten Mal stattfand und Ensemblemitgliedern die Möglichkeit bot, erste eigene choreografische Arbeiten vorzustellen.

All diese Aktivitäten – Howald hatte im ersten Jahr seiner Direktion allein fünf Ballettabende auf die Beine gestellt, von denen er fast alle Stücke selbst choreografierte – hinterließen sowohl bei Howald als auch bei seinem Ensemble Spuren. Die groß gedachten Linien seiner Ballette gingen so sehr auf Kosten des Tanzes und der Choreografie, dass Horst Koegler im Frühjahr 1980 sogar den »desolaten choreographischen Zustand des Frankfurter Balletts« beklagte. Nach einer versöhnlichen Ballettwoche inklusive einer hochkarätig besetzen Ballett-Gala, in deren Rahmen Howald selbst zur Freude von Presse und Publikum sein choreografisches Potenzial noch einmal unter Beweis stellen konnte, wurde das Ausscheiden Fred Howalds bekannt gegeben. Bis zum Antritt von Egon Madsen sollte Alexander Schneider für ein Jahr kommissarisch das Ballett leiten. Schneider (geb. 15.6.1941 in Temeschburg, Rumänien) setzte zunächst eine noch von Howald geplante, sehr erfolgreiche Einstudierung von GISELLE durch Sir Peter Wright, den Direktor des Londoner Sadler's Wells Royal Ballet, um. Bei einem gemischten Ballettabend im Frühjahr 1981 empfahl sich vor allem der junge Choreograf Uwe Scholz dem Frankfurter Publikum.

Vom Glanz der Stuttgarter Zeit:
Egon Madsen (1981 – 1984)

Mit dem Tänzer Egon Madsen trat 1981 ein Weltstar die Leitung des Frankfurter Balletts an. Madsen (geb. 24.8.1942 in Ringe, Dänemark) war neben Richard Cragun, Birgit Keil und Marcia Haydée einer der führenden Tänzer von John Crankos Kompanie, der er von 1961 bis zu seinem Frankfurter Engagement 1981 angehörte. Cranko widmete den Vieren 1972 sogar das Stück INITIALEN R. B. M. E. Madsen war und blieb auch in Frankfurt vor allem Tänzer. Seine erste eigene Choreografie, IN ERWARTUNG, präsentierte er im Februar 1982 im Rahmen eines Abends für junge Choreografen, ein Format, das er aus der Ära Howald beibehielt. Von Madsen versprach man sich wohl vor allem eine Konsolidierung der Kompanie, ein für Publikum und Tänzer gleichermaßen attraktives Repertoire und die Zusammenarbeit mit international bekannten Choreografen, die das Frankfurter Ballett an aktuelle Entwicklungen heranführen sollten. Ein Blick auf das Programm genügt, um zu sehen, dass Madsen in den drei Jahren seiner Ballettdirektion die Entwicklung des Frankfurter Ensembles in erster Linie aus den Quellen des Stuttgarter Balletts betrieb. Da Madsen kaum selbst choreografierte, hieß das vor allem, dass nahezu alle Gastchoreografen aus dem Umfeld der Stuttgarter Kompanie kamen.

Das Repertoire bestand zum Teil aus Neueinstudierungen Stuttgarter Juwelen, die für Frankfurt allemal neu waren. Allen voran empfahl sich Madsen im Oktober 1981 mit seiner Neueinstudierung von John Crankos Klassiker ROMEO UND JULIA aus dem Jahr 1962, in der Madsen selbst die Rolle des Romeo tanzte. Zum Ende seiner Direktion, im März 1984, wiederholte er den Erfolg mit seiner Fassung von Crankos SCHWANENSEE. Eine weitere Neueinstudierung war Glen Tetleys PIERROT LUNAIRE, das der Choreograf 1962 in New York uraufgeführt hatte und dessen Einstudierung er in Frankfurt selbst übernahm. Madsen selbst tanzte den an der Realität zerbrechenden desillusionierten Pierrot. Maurice Béjarts Klassiker LIEDER EINES FAHRENDEN GESELLEN, ein Pas de deux wiederum für die gestandenen Tänzer Egon Madsen und Richard Cragun, bereicherte das Repertoire ebenso wie Jiří Kyliáns dem 1973 verstorbenen John Cranko gewidmete RÜCKKEHR INS FREMDE LAND. Mit diesem Stück verabschiedete sich der Choreograf 1975 aus Stuttgart, um die Leitung des Nederlands Dans Theaters in Den Haag zu übernehmen. Es waren vor allem Schlüsselwerke des zeitgenössischen Balletts in verschiedenen Schattierungen, mit Modern Dance Einschlag bei Kylián oder existentialistischem Gestus bei Béjart, auf die Madsen in Frankfurt setzte.

Doch der Ballettchef kombinierte das Altbewährte auch mit Arbeiten von damals noch relativ unbekannten Talenten wie dem ehemaligen Stuttgarter Hauschoreografen Patrice Montagnon (KREISLERIANA zu Musik von Robert Schumann und HAPPY BIRTHDAY zu Popmusik) oder Uwe Scholz (KONZERTE FÜR KLAVIER UND BLÄSER zu Musik von Igor Strawinsky, PRISMEN^4 zu Musik von J. S. Bach und QUASI PRESTO zu Musik von Boris Blacher), der bald darauf die Leitung des Zürcher Balletts übernehmen sollte, bevor ihm 1991 bis zu seinem frühen Tod 2004 die Leitung des Leipziger Balletts übertragen wurde.

Neueinstudierungen von Klassikern wie Crankos ROMEO UND JULIA, das John Neumeier schon zehn Jahre zuvor entstaubt hatte, neo-klassische, eng an die musikalischen Vorlagen angelehnte Ballette wie die von Uwe Scholz – all das konnte auf längere Sicht dem Frankfurter Ballett zwar ein Repertoire, aber keine eigene Identität geben. Inmitten von Madsens braver Bestandsaufnahme moderner Tendenzen und Stilrichtungen stach ein junger amerikanischer Choreograf heraus: William Forsythe.

KONZERT FÜR KLAVIER UND BLÄSER, *1982. Ch: Uwe Scholz /*
Barry Ingham, Hilde Koch

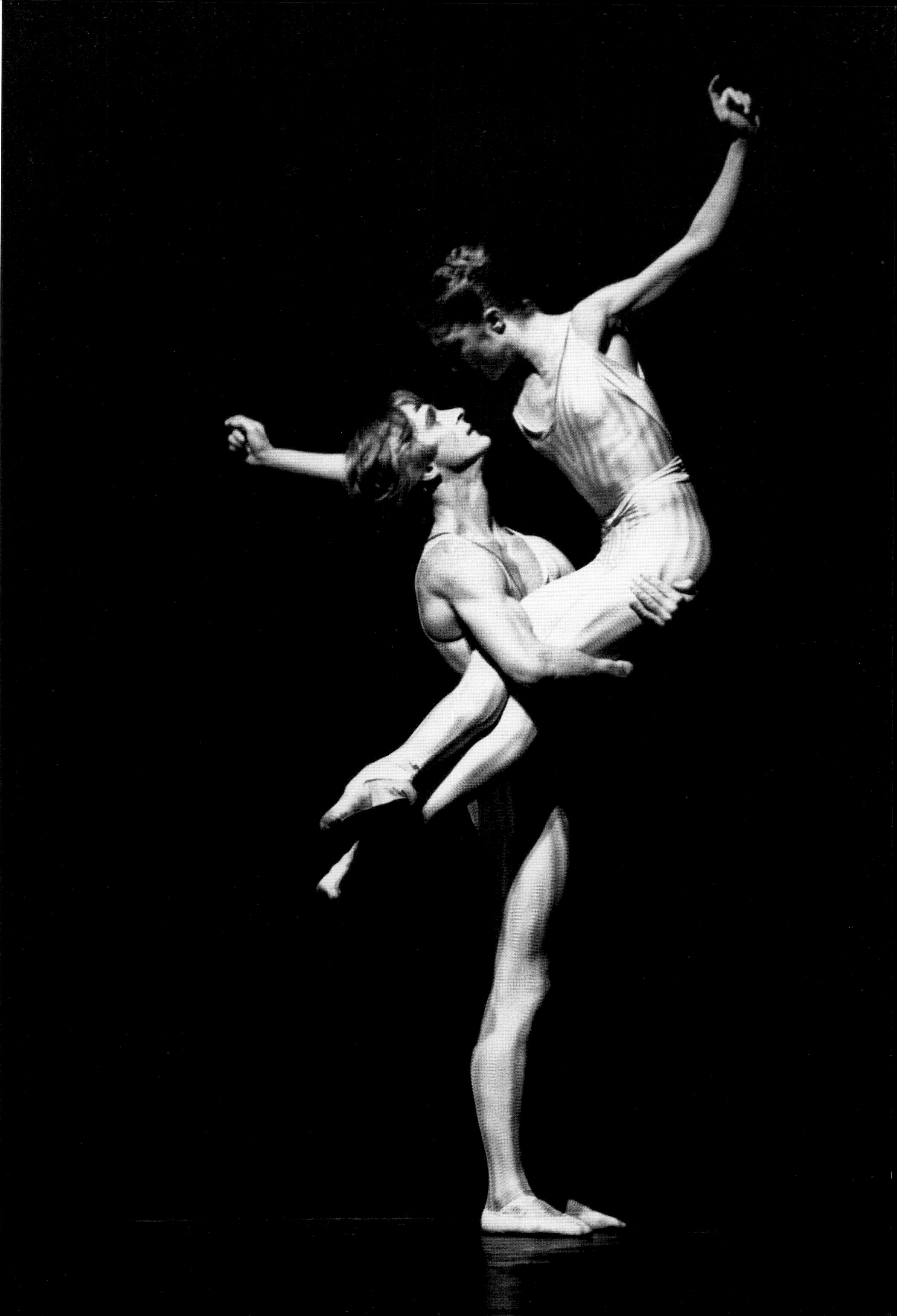

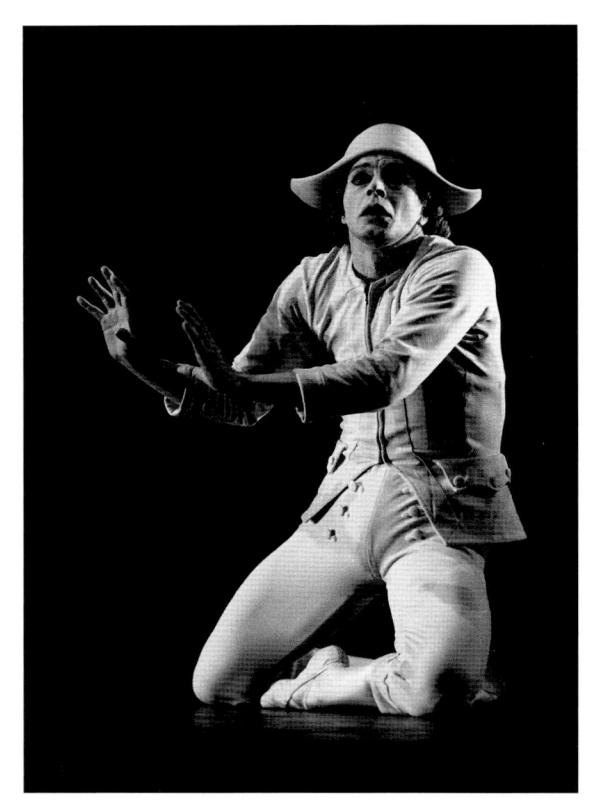

PIERROT LUNAIRE, *1982. Ch: Glen Tetley / Egon Madsen*

Mit TIME CYCLE, das gleich im September 1981 in Madsens erstem Frankfurter Programm zu sehen war, und LOVE SONGS, das im Dezember folgte und in dem Paare zur Musik von Aretha Franklin und Dionne Warwick ihre Beziehungskrisen durchleben, präsentierte sich Forsythe mit zwei Einaktern, die beide schon 1979 mit dem Stuttgarter Ballett uraufgeführt worden waren. Richtig aufmerken ließ aber vor allem das abendfüllende Stück GÄNGE, für das er zusammen mit dem Bühnenbildner Michael Simon und dem Musiker Thomas Jahn verantwortlich zeichnete. Das »Stück über Ballett« wurde am 27. Februar 1983 in der Oper Frankfurt uraufgeführt und sorgte für Türenschlagen, Buh-Rufe, aber auch für heftigen Applaus und Zustimmung. Für Hans-Klaus Jungheinrich in der *Frankfurter Rundschau* stellte Forsythes Stück »die exponierteste Leistung in der bisherigen Amtszeit des Ballettdirektors Egon Madsen« dar. Für Jochen Schmidt in der *Frankfurter Allgemeinen Zeitung*, für den Madsens Ballett »nicht eben avantgardistisch ausgewiesen« war, katapultierte sich das Frankfurter Ensemble mit GÄNGE an die Spitze der »experimentierenden Tanztruppen«.

Was war geschehen? In dem abendfüllenden Ballett, das sich in die drei gleichen Teile »Training«, »Probe« und »Aufführung« gliederte, hatte Forsythe die Arbeitswelt des Balletts, einer Kompanie und ihrer Mitglieder zum Thema gemacht. Die Vorbereitungszeit dauerte bis dato unerhörte neun Monate, in denen Forsythe die Tänzer und Tänzerinnen über ihren Berufsalltag sowie über ihre Ängste und Wünsche befragte. Die Antworten standen oft im krassen Gegensatz zu dem Bild von Ballett in der Öffentlichkeit. Statt Humanität, Würde und Schönheit herrschen hinter den Kulissen Leistungsdruck, Konkurrenzkampf und brutale Trainingsbedingungen. Aus fast 300 Stunden Videomaterial baute Forsythe zusammen mit Michael Simon einen Abend aus Erfahrungssplittern, der ebenso aus kurzen Dialog- und Sprechszenen wie aus atemberaubenden choreografischen Sequenzen bestand. Der Vergleich mit Pina Bauschs Tanztheater in Wuppertal lag nicht nur wegen der Spielszenen nahe, sondern vor allem auch wegen der Arbeitsweise Forsythes, die Erfahrungen seiner Tänzerinnen und Tänzer als Material für das Stück zu verwenden. Wo Bausch und andere Vertreter des deutschen Tanztheaters wie etwa Kresnik dem Ballett längst den Rücken gekehrt hatten, blieb Forsythe bei seiner Selbstbefragung des Tanzes der *danse d'école* treu. Aber auch bei ihm standen die Produktionsbedingungen, Arbeitsweisen, Inhalte, Strukturen und Formen ebenso auf dem Prüfstand wie die Erwartungen des Publikums an das, was Tanz zu sein hat. Egon Madsen wurde die Ballettdirektion an der Königlichen Oper in Stockholm angetragen, ein lukratives Angebot, das er 1984 auch annahm. Von 1999 bis zur Schließung der Kompanie im Jahr 2006 leitete er das Nederlands Dans Theater III, die erste Kompanie für ältere Tänzer.

GÄNGE, *1983. Ch: William Forsythe / Ensemble*

Die Auseinandersetzung mit der Tradition: William Forsythe (1984 – 2004)

John Neumeiers Hiersein, schrieb der Kritiker Horst Koegler zu Beginn der 1970er-Jahre, »dürfte sich eines Tages als die zukunftsträchtigste Investition erweisen, die Amerika dem deutschen Ballett je geleistet hat«. Damals war noch nicht abzusehen, dass es zehn Jahre später ein anderer Amerikaner sein würde, der von Frankfurt aus das neo-klassische Ballett mit seinen Neuerungen endgültig aus dem Dornröschenschlaf wach küssen würde. William Forsythe, am 30. Dezember 1949 in New York geboren, erhielt 1969 ein Stipendium für die Joffrey Ballet School, bevor er für die Juniorkompanie Joffrey Ballet 2 zu tanzen begann.

1973 engagierte ihn John Cranko als Tänzer für das Stuttgarter Ballett. 1976 gab er in der Noverre-Gesellschaft mit einem Duett zu Gustav Mahlers DES KNABEN WUNDERHORN, URLICHT, sein offizielles Debüt als Choreograf. Aufgrund des großen Erfolgs engagierte ihn Marcia Haydée, Crankos Nachfolgerin, als einen der Hauschoreografen für die Stuttgarter Kompanie, der er bis 1981 verpflichtet blieb. Danach arbeitete er als freier Choreograf, bis er sich 1983 mit GÄNGE für die Frankfurter Ballettdirektion empfahl.

Nach dem künstlerischen Erfolg von GÄNGE waren es vor allem Michael Gielen und Klaus Zehelein, die allen Widerständen zum Trotz an Forsythe festhielten. Der damalige Frankfurter Kulturdezernent Hilmar Hoffmann brachte die Verhandlung rasch zum Abschluss.

ARTIFACT, 1984. Ch: William Forsythe / Ensemble

Hatte sich in der Oper spätestens mit dem Amtsantritt von Gielen und Zehelein durch die kritische Analyse von Musik, Libretto sowie deren szenischer und musikalischer Umsetzung ein zeitgenössisches Musiktheater entwickelt, hatte man mit Forsythe und seinem analytischen Blick auf die Tradition endlich einen kongenialen Partner auf der Seite des Balletts gefunden. Deshalb konnte Gielen konstatieren, dass nach den Versuchen Fred Howalds nun endlich eine Übereinstimmung in den Zielsetzungen der Oper und des Balletts (des Musiktheaters und des Tanztheaters) in Frankfurt erreicht sei. Dass Gielen und Zehelein das Ballett nicht »als kassenträchtiges Anhängsel« der Oper betrachten wollten, zeigt sich auch darin, dass das Ballett kaum noch Operndienste zu leisten hatte. Bereits Mitte der 1970er-Jahre waren Aufgaben der Statisterie, für die ebenfalls das Ballettensemble eingesetzt wurde, ausgelagert worden. Obwohl das Ballett immer noch keine eigenständige Sparte der Städtischen Bühnen war, sondern der Oper unterstand, ermöglichten es Gielen und Zehelein, dass sich das Ballett unter Forsythe eigenständig entwickeln konnte. Die Gruppe war inzwischen auf 40 Tänzer und Tänzerinnen angewachsen und erhielt in der Spielzeit 1984/85 einen zweiten Probenraum in der Schwanthaler Straße in Frankfurt-Sachsenhausen. Nach Ende der ersten Spielzeit verzichtete man auch auf Vorstellungen in den Kammerspielen und trat nur noch in der Oper und im Schauspiel auf.

Nach dem Opernbrand in der Nacht vom 11. auf den 12. November 1987 verlor das Ballett zunächst seinen Probenraum im fünften Stock der Oper. Bis zur Sanierung des Bockenheimer Depots, das dem

DIE BEFRAGUNG DES ROBERT SCOTT †, *1986. Ch: William Forsythe / Ensemble*

Schauspiel ab Oktober 1988 als Spielstätte zur Verfügung gestellt wurde, mussten sich Oper, Schauspiel und Ballett die Bühne des Schauspielhauses als Aufführungsort teilen. In dieser prekären Lage machte das Théâtre du Châtelet in Paris Forsythe das Angebot, mit seiner Truppe an die Seine umzusiedeln. Vielleicht hatte man aus dem Weggang von John Neumeier 1973 gelernt, jedenfalls reagierte die Stadt schnell.

Zwischen dem Ballett, vertreten vor allem durch Martin Steinhoff, der mit Forsythe 1984 als Betriebsdirektor ans Haus gekommen war, und der Stadt Frankfurt am Main kam es zu Vertragsverhandlungen, die zu dem Resultat führten, dass das Ballett aus der Oper herausgelöst wurde und von nun an als eigenständige Sparte arbeiten konnte. 1990 wurde William Forsythe der erste Ballettintendant Deutschlands. Damit verfügte das Frankfurter Ballett, das sich nun Ballett Frankfurt nannte, über einen eigenen Etat und hatte in Bezug auf die Disposition von Technik und Räumen die gleichen Rechte wie Oper und Schauspiel.

Zudem nutzte Hilmar Hoffmann die Bauarbeiten nach dem Brand, um die beengte räumliche Situation des Balletts zu beheben. So entstand im siebten Stock der Theateranlage ein komplett neuer Komplex, der dem Ballett vorbehalten war. Neben zahlreichen Büros wurde auch ein neuer Ballettsaal gebaut, so dass der Gruppe von 1990 an zwei Proben- und Trainingsräume im Haus zur Verfügung standen. Mit dem Théâtre du Châtelet wurde ein Kooperationsvertrag geschlossen, der bis 1998 dauern sollte. Das Ballett Frankfurt erhielt so die Möglichkeit, zum Ende einer Spielzeit für jeweils ein

IN THE MIDDLE, SOMEWHAT ELEVATED, *1987. Ch: William Forsythe / Brian Reeder, Tracy-Kai Maier*

oder zwei Monate in Paris zu proben und neue Stücke zu zeigen. Nach dem Brand wurde die Frankfurter Oper am 6. April 1991 mit einer Opernpremiere wiedereröffnet. Bereits einen Tag später zeigte das Ballett Frankfurt in der Oper seine neueste abendfüllende Produktion, SLINGERLAND, die im Herbst zuvor in Paris uraufgeführt worden war – ein Zeichen für die Wertschätzung und die Bedeutung, die die Stadt dem Ballett beimaß.

Gab es auch schon unter der Leitung von Kent Stowell und Francia Russell einzelne Gastauftritte des Ballettensembles außerhalb von Frankfurt, wurde das Ballett unter der Leitung von Forsythe und Steinhoff von vornherein als eine international agierende Kompanie aufgestellt. Seit 1986 gehörten die Auslandstourneen der Kompanie zum festen Bestandteil des Spielplans und der Saisonplanung. Eine erste überaus erfolgreiche Tournee durch Italien brachte 1986 die Kunde des Ballettwunders zurück nach Frankfurt, wo das heimische Publikum, noch im Rausch der Neo-Klassik, die Egon Madsen präsentiert hatte, zunächst verhalten auf Forsythes Ästhetik reagierte. Doch langsam begann sich nicht zuletzt aufgrund der Auswärtserfolge auch in Frankfurt ein Einstellungswechsel zu vollziehen. 1987 trat die Gruppe zum ersten Mal in New York auf, 1989 erfolgte die erste USA-Tournee. Japan zog 1991 nach, Australien und Neuseeland folgten 1994.

Nach über 20 Jahren, in denen der permanente Wechsel von Ballettdirektoren die einzige Konstante in der Frankfurter Ballettgeschichte gewesen war, hatte sich mit William Forsythe ein Choreograf an die Spitze des Ballett Frankfurt gesetzt, der die Kompanie nicht nur prägte, sondern sie auch zu Weltruhm führte. In den 20 Jahren, in denen er bis zur Abschaffung des Balletts an den Städtischen Bühnen im Jahr 2004 Ballettdirektor und Intendant war, hat es Forsythe geschafft, das Ballett Frankfurt zu einer unverwechselbaren Kompanie zu machen, deren Identität gerade nicht auf einem Beharren auf Traditionen oder einmal Erworbenem beruhte. Im Gegenteil. Sowohl die Kompanie als auch der Choreograf haben sich in ihrer gemeinsamen Suche nach Bewegungsansätzen und choreografischen Methoden stets weiterentwickelt, haben die neoklassische Tradition befragt und bearbeitet, sie gewendet und Neues ausprobiert, ohne sie dabei aus den Augen zu verlieren.

Die Entwicklung einer Bewegungssprache: die 1980er-Jahre

Im September 1984 begann Forsythe seine erste Spielzeit mit Wiederaufnahmen von GÄNGE und SCHWANENSEE, bevor er im November einen dreiteiligen Ballettabend, AUDIO-VISUAL-STRESS, mit eigenen älteren Arbeiten herausbrachte. Die Frage, die schon bei GÄNGE im Raum stand, sollte auch die zwei neuen abendfüllenden Ballette prägen, die noch in der ersten Spielzeit Premiere hatten, die Frage nämlich: Was ist Ballett? Reduzierte GÄNGE Ballett auf das ultimative Gebot des Unisono, der Synchronität des

ISABELLE'S DANCE, 1986. Ch: William Forsythe / Ensemble

IMPRESSING THE CZAR, 1988. Ch: William Forsythe / Ensemble

Corps de ballet, verband Forsythe in seinem ersten Abendfüller als neuer Ballettchef, ARTIFACT, den Code des klassischen Balletts mit dem Code der verbalen Sprache. ARTIFACT, das eines der populärsten Werke Forsythes werden sollte und fast 20 Jahre im Repertoire der Kompanie blieb, greift mit seinen zwei bunten (1. und 3.) und zwei weißen Akten (2. und 4.) den Aufbau von SCHWANENSEE auf und verortet sich damit selbstreflexiv in dieser Tradition, die Forsythe hier gleichsam erinnernd fortschrieb. Zu Beginn des Stücks geht eine Figur im weißen Trikot über die nahezu dunkle Bühne, nur um wenig später aus einer Luke im Boden wieder aufzutauchen und dem Corps de ballet Anweisungen zu geben. Eine Frau im historischen Kostüm und mit ausladenden Gesten lädt die Zuschauer dazu ein, doch in ihre Welt zu kommen. Ansatzpunkt der Weiterentwicklungen ist ein Verständnis von Ballett als einer Struktur, die bestimmten Selektions- und Kombinationsregeln ihrer einzelnen Elemente folgt. Forsythe parallelisiert Ballett und Sprache, deren grammatische Strukturen er auf sprachlicher und tänzerischer Ebene untersucht. So bestehen die Dialoge zwischen der Frau im historischen Kostüm und dem Mann mit dem Megafon aus einer nur begrenzten Anzahl von Grundwörtern, die ständig variiert werden, bis sich deren Semantik in Klang und Rhythmus aufgelöst hat. Für den Tanz bedeutet ein solches Vorgehen etwa die im Sinne der *danse d'école* regelwidrige Kombination von Schritten, die Verschiebung von Körperachsen, den Einbezug des Bodens und der Schwerkraft sowie die maximale Dehnung der Gelenke und Gliedmaßen bis an die Peripherie der Körper, was etwa im 2. Akt zu einem bis zum Zerreißen gespannten und deshalb so aufregenden doppelten Pas de deux führt.

Der Erfolg von Forsythes großen Balletten ist sicher auch seinem Sinn für das Theater und dessen Mittel geschuldet. Forsythe weiß, wie man mit Licht und Raum gestalterisch umgehen kann, um Effekte, Stimmungen und Wirkungen zu erzeugen. Seine Faszination für die riesige, 40 Meter tiefe Opernbühne wurde in all ihren Dimensionen in einem seiner nächsten Stücke, LDC, ausgespielt. Wieder ging es in dem Stück um die Arbeit am Ballett, die die Tänzer inmitten einer von Kabeln, Mikrofonen und einem riesigen sich drehenden Würfel dominierten technisierten Umgebung wie Rädchen im Getriebe

THE LOSS OF SMALL DETAIL, *1991. Ch: William Forsythe / Jeppe Mydtskov, Tracy-Kai Maier, Nora Kimball, Helen Pickett*

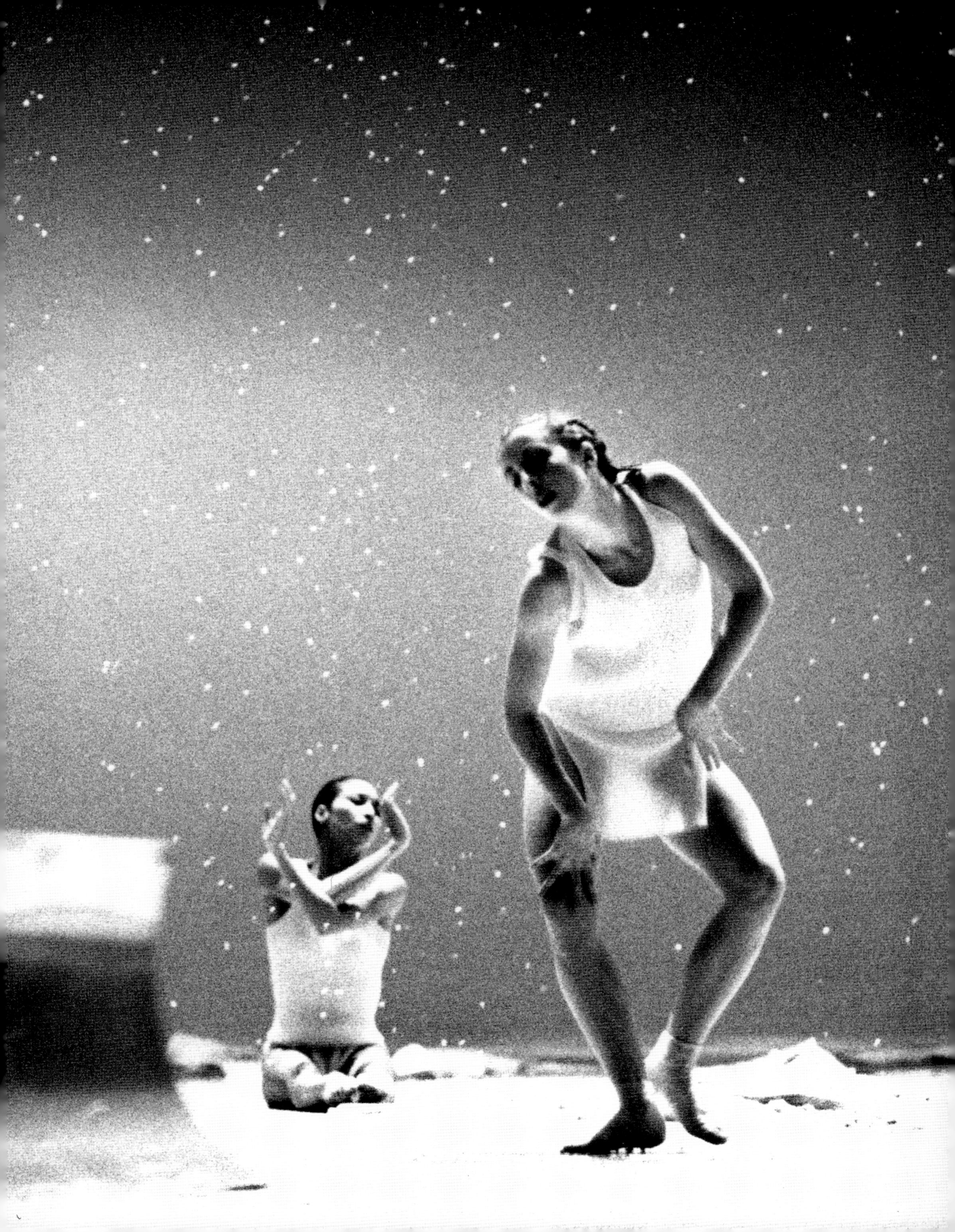

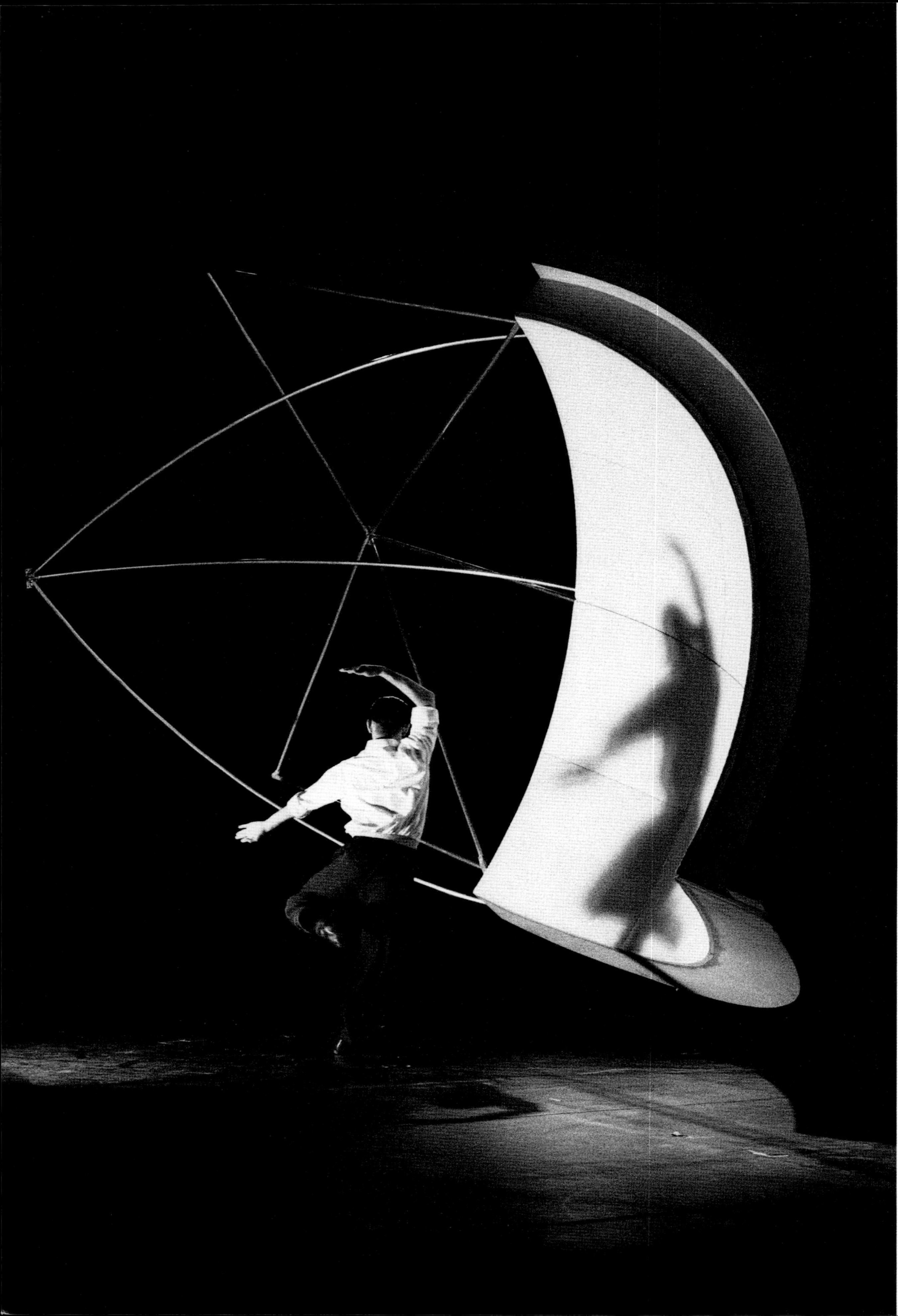

QUINTETT, 1993. Ch: William Forsythe / Stephen Galloway, Dana Caspersen

SLINGERLAND, 1990. Ch: William Forsythe / Martin Lämmerhirt, Ensemble

erscheinen ließ. Dabei verstand Forsythe Technik nicht nur im Sinne von technischen Mitteln, sondern auch als Tanztechnik, die im Stück durch ein Alphabet von 100 Bewegungen aufgegriffen wird.

Die Arbeit an LDC wurde ein Jahr später in DIE BEFRAGUNG DES ROBERT SCOTT † noch einmal explizit zum Thema gemacht. Dabei entstanden erste Bewegungsphrasen, die Formen einzelner Gliedmaßen auf anderen Körperteilen abbildeten, so dass sich die Verhältnisse einzelner Körperpartien zueinander, die im Ballett ebenfalls streng geregelt sind, zu verschieben begannen. Immer mehr setzte sich als Resultat der Arbeit die Einsicht durch, dass die klassischen Figuren des Balletts wie etwa die Arabeske lediglich Ideale, leere Formen, darstellten, die kein Tänzer und keine Tänzerin mit ihren individuellen Körpern je perfekt erfüllen können. Figuren wie die Arabeske sind lediglich momentane Positionen innerhalb eines Bewegungskontinuums. Von dieser Einsicht getragen, entstand eine Dynamik, in der Bewegungen nicht mehr länger auf den Höhepunkt einer still gestellten Pose zusteuern, sondern durch die Figuren hindurchgehen, ihre Dynamik aufgreifen und in eine andere Richtung fortsetzen.

Nach einer Reihe von Einaktern produzierte Forsythe in der Spielzeit 1985/86 vor allem ISABELLE'S DANCE, ein ironisches Musical über das Machen eines Musicals mit singenden Insekten und Kakteen. Das Stück war ein voller Publikumserfolg und sollte 1992 und 1997 wieder aufgenommen werden. Auch IMPRESSING THE CZAR, das nach dem Opernbrand im Januar 1988 im Schauspielhaus uraufgeführt wurde, beschäftigte sich mit der Ballett-Tradition. Geraten im ersten Teil zwei Schulmädchen, Agnes und Rosa, ins Museum der Klassik, wo ihnen Bild- und Bewegungsfragmente lebendig begegnen, erkundet der

LIMB'S THEOREM, 1990. Ch: William Forsythe / Antony Rizzi

ALIE/N A(C)TION, 1992. Ch: William Forsythe / Thierry Guiderdoni, Jennifer Grissette, Jacopo Godani, Francesca Harper

Self Meant to Govern / Eidos:Telos, 1994. Ch: William Forsythe / Emily Molnar, Maxim Franke, Francesca Harper, Andrea Tallis, Jill Johnson, Christine Bürkle

zweite Teil, In the Middle, Somewhat Elevated, der 1997 an der Pariser Oper uraufgeführt wurde, in atemberaubenden Hebungen und Formationen das Prinzip der Vertikalität im Ballett.

Die Beschäftigung mit Bewegungsprinzipien erhielt in den Jahren 1989/90 mit Stücken wie Limb's Theorem und Slingerland (Teil 1) eine neue Wendung. Ausgangspunkt für Limb's Theorem waren utopische Architekturzeichnungen des amerikanischen Architekten Daniel Libeskind, deren geometrische Figurationen Forsythe und die Tänzer in den dreidimensionalen Bühnenraum übertrugen. Libeskinds dekonstruierte Raumgeometrie führte zu Überlegungen, Rotationsprinzipien und Bewegungen von einem Körperteil auf einen anderen zu übertragen, so dass jeder Körperteil zum Zentrum von Bewegungen werden kann. Des Weiteren können sich die Tänzer auch zu imaginierten Raumlinien durch Ausweichen, Fallenlassen oder etwa Umtanzen verhalten, so dass der Körper wirklich eine raumplastische Dreidimensionalität erhält, die ihn aus den zweidimensionalen Tableaux des klassischen Balletts herauslöst. In Slingerland waren diese Prinzipien eingebettet in ein märchenhaftes Szenario, das an Nussknacker erinnerte. Damit verbunden war auch eine Auflösung des Bühnenraums als Bildraum mit einer zentralen Perspektive zugunsten eines Raums, in dem, kontrapunktisch verteilt, verschiedene Aktionen gleichzeitig die Aufmerksamkeit der Zuschauer fesseln konnten.

Die Entwicklung choreografischer Methoden: die 1990er-Jahre

Durch die Auflösung der Körperachse, die Vervielfältigung von Bewegungszentren, das Spiel mit Linien, Punkten und Formen, mit denen die Tänzer improvisieren konnten, sowie die Aufmerksamkeit auf körpereigene Impulse als Auslöser von Bewegungen hatte William Forsythe das neo-klassische Ballett, wie es sein großes Vorbild, George Balanchine, zuvor schon getan hatte, um zahlreiche Möglichkeiten erweitert. In The Loss of Small Detail, das in einer ersten Fassung bereits 1987 Premiere hatte, aber erst

ENDLESS HOUSE (TEIL 2), *1999. Ch: William Forsythe / Ensemble*

1991 seine endgültige Form erhalten sollte, wurde eine gänzlich andere, viel weichere Bewegungsqualität dadurch erzielt, dass die Tänzer und Tänzerinnen ihren traditionell nach vorne ausgerichteten Fokus plötzlich nach innen auf die Rückseite des Kopfes verlagerten. Dadurch verloren die Körper ihre herkömmliche Stabilisierung und erhielten eine andere Orientierung im Raum. In einer Bühnenlandschaft, in der atmosphärisch Schnee fällt, treten eine Reihe bizarr kostümierter Figuren auf, brechen ein in die Ordnung und verändern deren Prinzipien.

Neben der Verschiebung klassischer Parameter experimentierte William Forsythe seit Beginn der 1990er-Jahre vor allem mit choreografischen Methoden. Dies führte in Stücken wie ALIE/N A(C)TION (1992), SELF MEANT TO GOVERN (1994), EIDOS:TELOS (1995) oder SLEEPERS GUTS (1996) zu einer bis dahin unbekannten Komplexität von Bewegungen und Choreografie. Schon frühere Ballette wie LIMB'S THEOREM enthielten improvisierte Passagen. Nun wurde das gesteuerte Improvisieren, das auf der Grundlage von Lesevorgängen und dem Aufnehmen und Verarbeiten von Informationen erfolgt, zum Strukturprinzip der Choreografien erhoben. Filme, Videomonitore, Zeichnungen, Zufallsoperationen und Computertechnologie wurden in den Aufführungen dazu benutzt, Bewegungen zu erzeugen und zu organisieren. Dabei waren die Bewegungen meistens vorher in Grundzügen bereits festgelegt. Sie bildeten eine Art Alphabet, aus dem die Tänzerinnen und Tänzer während der Aufführung bestimmte Bewegungen auswählten und bearbeiteten. Dies führte zu einem Verständnis von Choreografie als einer sich organisierenden Struktur, die Bewegungen aus dem ständigen Lesen und Wiederlesen generiert.

DECREATION, 2003. Ch: William Forsythe / Ensemble

WE LIVE HERE, 2004. Ch: William Forsythe / Ensemble

Als Grundlage für ALIE/N A(C)TION diente Forsythe ein geometrisches Raummodell, das der deutsche Ausdruckstänzer und Tanztheoretiker Rudolf von Laban seit den 20er-Jahren entwickelt hatte. Laban ging davon aus, dass der aufrecht stehende Tänzer, wenn er etwa einen Arm ausstreckt, 27 verschiedene Raumrichtungen an, vor und hinter seinem Körper erreichen und andeuten könne. Laban stellte sich diese Punkte im Raum als Rechteck vor, die den Körper umschließen. Dieses dreidimensionale Raummodell wurde nun in ALIE/N A(C)TION als zweidimensionales Diagramm auf den Boden projiziert, wodurch es leicht verzerrt und gestaucht wird. Die 27 Raumrichtungspunkte blieben als Bodenmarkierungen erhalten und gaben den zehn Tänzern und Tänzerinnen je nach dem Punkt, an dem sie sich befanden, die Richtungen und die Höhe ihrer Bewegungen vor. Die Punkte dienten als Informationsspeicher, an denen bestimmte Bewegungen auszuführen sind. Ein Alphabet kurzer Bewegungen, das von den Tänzern selbst vorher erstellt wurde, wurde an den Punkten von ihnen in ihre Bewegungsmöglichkeiten einbezogen und abgerufen, woraus der Tanz und die Choreografie entstanden. Mathematische Algorithmen gaben Zeiträume von einer bis dreißig Sekunden vor, die die Dauer bestimmten, die den Tänzern für ihre Improvisationen zur Verfügung stand. Individuelle Karten und Wege durch dieses Muster am Boden wurden von jedem Tänzer selbst entwickelt, abhängig von seiner Art, die Information zu lesen und zu verarbeiten.

In SELF MEANT TO GOVERN, das ein Jahr später zum 1. Akt von EIDOS:TELOS wurde, ergaben die 26 Buchstaben des Alphabets 135 kleine einfache Bewegungssequenzen (bei denen zum Beispiel »B« für »Buch« stand und »C« für »cat« wie Katze). Auf dem Bühnenboden zeigten fünf Uhren einige dieser Buchstaben. Auf jeder Seite der Bühne gab es drei Monitore, die aber nur für die Tänzer sichtbar waren. Sie lieferten zusätzliche Informationen wie zum Beispiel Zeitcodes, Filmausschnitte und abermals Buchstaben, die auf dem Bildschirm erst erschienen und sich dann wieder wegdrehten. Die Tänzer konnten all diese Informationsquellen lesen und so Informationen aufnehmen, die sie anhand von einigen vorgegebenen Mustern verarbeiten konnten. Wenn zum Beispiel der Zeiger einer Uhr auf den Buchstaben »C« zeigte, konnte der Tänzer, der sich entschloss, sich darauf zu beziehen, eine der Grundsequenzen vollführen, die »C« zugeordnet waren. Er konnte allerdings auch die Sequenz anhand einer anderen Funktion ausüben, für die er sich entschieden hatte. So wurden individuelle Entscheidungen getroffen, die jede einzelne Aufführung anders aussehen ließen. Nicht mehr die perfekt getanzte Figur oder Sequenz steht hier im Mittelpunkt des Interesses. Vielmehr geht es darum, dass die Tänzer und Tänzerinnen, während sie tanzen, Entscheidungen treffen und damit zum Entstehen der Choreografie aktiv beitragen.

Eine emotionalere Note schlug Forsythe 1993 in dem Einakter QUINTETT an, der zusammen mit den Tänzern Dana Caspersen, Stephen Galloway, Jacopo Godani, Thomas McManus und Jone San Martin entstand. Zu Gavin Bryars' JESUS' BLOOD NEVER FAILED ME YET, das die eine Liedzeile endlos wiederholt, entspann sich ein hypnotischer, fast ritueller Tanz wie ein Gebet.

Umzug ins Bockenheimer Depot: bis 2004

1999 wurde William Forsythe neben seiner Funktion als Intendant des Balletts zusätzlich Intendant des Theaters am Turm, das den Städtischen Bühnen 1995 als vierte Sparte zugeschlagen wurde. Neuer Hauptspielort der Kompanie wurde das Bockenheimer Depot, ein altes Straßenbahndepot, das eine flexiblere Raumgestaltung möglich machte. Am 15. Oktober 1999 wurde der Umzug auch symbolisch mit der Premiere des Stücks ENDLESS HOUSE gefeiert.

Während der erste Teil noch im Opernhaus stattfand, mussten die Zuschauer in der Pause zum Bockenheimer Depot fahren, wo der zweite Teil zu sehen war. Der Abend hatte Form und Funktion eines Rituals, wobei das Publikum sich im zweiten Teil in einer variablen Raumkonzeption mit den Tänzern die Tanzfläche teilen durfte.

Nichtsdestotrotz fanden auch weiterhin regelmäßig gemischte Ballettabende in der Oper statt, während große abendfüllende Produktionen im Depot zur Uraufführung kamen. In KAMMER/KAMMER im Jahr 2000 experimentierte Forsythe mit dem Medium des Live-Films, wobei das Geschehen simultan in einer kulissenartigen Dekoration auf der Bühne und einmal gerahmt als Film zu sehen war. DECREATION aus dem Jahr 2003, das auf einem Opernlibretto der kanadischen Schriftstellerin Ann Carson basiert, eröffnete den Tänzern und Tänzerinnen neue Möglichkeiten, mit der Stimme zu arbeiten.

Forsythe hatte im August 2002 erklärt, seinen Vertrag über die Spielzeit 2003/04 hinaus nicht zu verlängern, um künftig freier und ohne die engen Strukturen des Stadttheaters arbeiten zu können. Der Magistrat der Stadt Frankfurt beschloss, das Ballett als Sparte der Städtischen Bühnen mit dem Ende der Spielzeit zum 31. August 2004 zu schließen. Als Grund wurden Einsparungen ins Feld geführt. Als letzte Produktion brachte Forsythe am 16. April 2004 im Opernhaus das Stück WE LIVE HERE heraus, das die politischen Querelen und Diskussionen um die Abschaffung der Ballettsparte in einer beißenden Satire zum Thema machte. Rote und grüne Feen, hinter denen unschwer Politiker der entsprechenden Parteien zu erkennen waren, versuchten, eine Gruppe von Zwergen, die Tänzer, aus ihrem angestammten Wohnort, der Opernbühne, zu vertreiben. Auch hierbei griff Forsythe eine historische Form von Ballett auf: jene der Allegorie auf aktuelle Machtverhältnisse in den Fürstenhäusern, die die Ballette bis weit ins 18. Jahrhundert hinein ausrichteten. Mit der Spielzeit 2003/04 endete auch die Geschichte des Ballett Frankfurt als städtischer Institution. Das Ballett Frankfurt gab seine letzte Vorstellung am 3. Juli 2004 im Théâtre Chaillot in Paris. Um seine Arbeit fortzusetzen, überführte William Forsythe seine Kompanie mit dem Beginn des Jahres 2005 in The Forsythe Company, deren Finanzierung durch eine sogenannte Public Private Partnership ermöglicht wird. Kooperationspartner sind die Länder Sachsen und Hessen, die Städte Dresden und Frankfurt am Main sowie Sponsoren und private Förderer. Aufführungsort ist neben dem Festspielhaus in Dresden-Hellerau weiterhin das Bockenheimer Depot in Frankfurt.

Die Städtischen Bühnen Frankfurt am Main im Jahr 2008

Architektur

Man will doch nur spielen

Die unendliche Baugeschichte der Städtischen Bühnen Frankfurt

von Dieter Bartetzko

Vom Komödienhaus zum Kunsttempel: Frankfurts erstes Schauspielhaus

Wenn sie auf ihrem Logensitz in der »Erregung des Herzens« um Luft ringe, so schrieb einst Goethes Mutter über ihre grenzenlose Liebe zum Theater, dann könne es geschehen, dass ein biederer Nachbar ihr zuraune: »Sie spielen's ja nur.« Schauplatz dieses Ringens zwischen Lakonik und Enthusiasmus, Nüchternheit und Leidenschaft war das legendäre Komödienhaus am heutigen Frankfurter Rathenauplatz. »Mit Ehrfurcht«, so zitiert Waldemar Kramers Frankfurt-Chronik (1964) das Tagebuch eines Zeitgenossen, »tritt man in das mit lauter Glaskugeln beleuchtete Parterre, himmelblau gemalt, mit goldenen Verzierungen und mit Scharlach ausgeschlagen. Das neue Komödienhaus im holländisch-französischen Geschmack macht in der That den Frankfurtern Ehre.«

Der entzückende klassizistische Bau von Stadtbaumeister Johann Andreas Liebhardt war am 3. September 1782 eröffnet worden, erlebte zwei Jahre später die spektakuläre Uraufführung von Schillers Kabale und Liebe, 1788 die des Don Carlos und blieb, eine kunsthistorische Kostbarkeit, bis zur Eröffnung des neuen Schauspielhauses 1902 in Benutzung. Von da an stand das Kleinod, seitens der Denkmalpflege immer wieder als unverzichtbar gewürdigt, acht Jahre lang leer, um schließlich in schönstem Frankfurter Kaufmannspragmatismus abgerissen zu werden. An seiner Stelle entstand in Windeseile ein monumentaler, für die Ära charakteristischer Kolossalsäulenbau – ein Geschäftshaus, versteht sich.

»Frankfurt fährt selten aus – aber wenn, dann vierspännig«: Das zwischen Selbstzufriedenheit und Selbstironie changierende geflügelte Wort des 19. Jahrhunderts hatte einen Kronzeugen im neuen Schauspielhaus, das man sich 1902 leistete. Den Ruhm des Frankfurter Opernhauses von Richard Lucae vor Augen, bei dessen Einweihung 1880 Kaiser Wilhelm I. ein »Das hätte ich mir in Berlin nicht erlauben können« entschlüpft war, hatte man 1899 den vielversprechenden Berliner Theaterarchitekten Heinrich Seeling mit dem Entwurf eines neuen spektakulären Sprechtheaters beauftragt. Er legte Zeich-

Komödienhaus am Rathenauplatz (damals Theaterplatz), ca. 1900

Schauspielhaus, ca. 1905

nungen vor, auf denen die Großform mit exotisch unterfütterter Neorenaissance und einem freien Zitat der Berliner Reichstagskuppel staatstragende Bedeutung signalisierte, während Jugendstildetails dezent den Willen zur Moderne andeuteten.

Hätte man (was Frankfurts notorischer Pragmatismus ausschloss) zuvor noch Bedenken gehabt, für den Neubau an der Untermainanlage eines der schönsten klassizistischen Gebäude Frankfurts, das vom französischen Hofbaumeister Salins de Montfort 1820 errichtete Palais Grunelius, abzureißen – die ostentative Pracht von Seelings Entwurf hätte sie zerstreut. Oder ließ das renditeträchtige Nutzungskonzept die wenigen Stimmen verstummen, die den Erhalt des kostbaren Salins-Baus forderten? Seelings Pläne verbanden nämlich das Theater mittels einer eleganten doppelreihigen Säulenarkade samt »Lustgarten« mit einem extravaganten Miethaus, in dessen Erdgeschoss ein »gehobenes Wein- und Bierrestaurant« mit dem sprechenden Namen »Faust« residieren sollte.

Nicht nur die Größe, sondern auch und vor allem sein Stil unterschied das neue Schauspielhaus fundamental von seinem historischen Vorgänger: Heinrich Seelings ganz auf das internationale Anspruchsniveau zugeschnittene Mischung aus Neorenaissance und Jugendstil bedeutete den endgültigen Abschied Frankfurts von den eigenen Bautraditionen. Bis weit in das 19. Jahrhundert hinein hatte die Stadt an überlieferten Baumaterialien wie dem roten und beigen Sandstein und dem berühmten »Frankfurter Klassizismus« festgehalten. Eben noch war in Architektur-Magazinen anerkennend vom Frankfurter Sonderstil die Rede gewesen, nun gab man sich metropolitan – und übersah, dass zur selben Zeit das deutsche Bühnengenie Max Reinhardt die klassizistische Umgestaltung seiner Berliner Theater vorbereitete. 1905 war es so weit: Dem Deutschen Theater wurde vom Architekten William Müller eine nobel-schlichte neoklassizistische Fassade und ein Foyer in Neo-Empire gegeben; 1906 folgten die Kammerspiele, für die Müller eine Friedrich Gillys Klassizismus nachempfundene Front und einen zwischen Jugendstil und Sachlichkeit oszillierenden Zuschauerraum gestaltete. Mit einem Schlag wirkte der Stil des Frankfurter Schauspielhauses altbacken.

Doch davon blieb das Frankfurter Publikum vorerst unberührt. Man war stolz auf die Schaufassade mit zwei aus Turm und Obelisk gemischten Risaliten,

Wiederaufbau des Schauspielhauses, 1951/52

Schauspielhaus, Blick vom Bühnenraum auf die Hofstraße, ca. 1949

zwischen denen ein breitgelagertes dreigeteiltes Säulenpfeilerportal mit Balkon und Auffahrt vorsprang, überfangen von drei hohen, wie Monumentalnischen eingetieften Rundbogenfenstern, über denen ein mächtiges, mit Reliefs verziertes dreieckiges Giebelfeld lagerte; das Arrangement trumpfte auf wie die Theaterfassaden in Paris und Wien, Brüssel und London.

Auch die Stirnseiten der spiegelbildlich angefügten Seitentrakte entfalteten mit Blendnischen samt überlebensgroßen allegorischen Statuen und Büsten großstädtisches Gepränge. Vergleichsweise spröde dagegen gaben sich die statuenlosen, einzig durch Fensterbögen und Pilaster geschmückten Seitenfronten – verschmerzbar, da hoch über ihnen die gigantische Kuppel des Bühnenturms jedermann signalisierte, dass im Inneren eine der breitesten und technisch bestausgerüsteten Bühnen Europas die Zuschauer erwartete. Auf dieser Kuppel, die, wie eingangs gesagt, entfernt an Paul Wallots Berliner Parlamentshaube erinnerte, reckte sich auf einem ornamentstrotzenden Säulenpavillon Melpomene, die Personifikation der Tragödie.

Überhaupt setzten der Architekt und die Bauherren mittels einer ausgeklügelten Ikonografie das konservative Kunst- und Kulturverständnis ihrer Zeit aufwendig in Szene: Den Giebel des Empfangstrakts schmückte der italienischstämmige Bildhauer Augusto Varnesi, der zuvor lange am Figurenprogramm des Reichstags beschäftigt gewesen war, mit den Reliefdarstellungen von Tragödie und Komödie. Die Seitentrakte dekorierten Figurengruppen zum Thema »Dichtung« und »Rhetorik«, flankiert von Monumentalbüsten der Nationaldichter Goethe und Schiller.

Auch wenn die Ähnlichkeit des Bühnenturms mit der Berliner Reichstagskuppel Vaterländisches ausstrahlte, war doch die Hauptwirkung des Schauspielhauses eine eher paneuropäische: Die Fassadenskulpturen verwiesen auf das humanistische Renaissance-Florenz, und eine geflügelte Sphinx auf dem Dachfirst über dem Empfangstrakt, die mit aufgerichtetem Haupt hinunter auf das eintretende Publikum und zugleich in unermessliche Fernen zu starren schien, stand für das archaische Griechenland und damit den Ursprung der europäischen Kultur und Bühnenkunst. Als Allegorie aller Geheimnisse, die das Theater bewahrt und offenbart, war sie nicht nur die symbolische Hüterin der Tradition, sondern zugleich so etwas wie die unerkannte, von Sigmund Freud gesandte Vorbotin der Stücke eines Strindberg, Ibsen oder Hauptmann, deren »Nerventheater« bald auch auf Frankfurts Bühne die Moderne in ihr Recht setzen sollte.

Die Bekrönung der turmartigen Frontrisalite, zwei Schwäne, die unsereins unwillkürlich für

Faust-Restaurant neben dem Schauspielhaus, ca. 1935

Bau der Theaterdoppelanlage, 1962

stramme preußische Adler hält, waren gleichfalls alles andere als Geschöpfe der wilhelminischen Pickelhauben-Mentalität: Im griechischen Mythos Attribut der Aphrodite, im germanischen den Walküren beigesellt, in beiden Kulturen auch als Seelengeleiter verstanden, sollten sie am Frankfurter Theater Schönheit, Anmut und Reinheit vertreten; sinnliche Entsprechung von Goethes sprödem »Dem Wahren, Schönen, Guten«, das am Giebel der Frankfurter Oper prangte.

Die heute populärste Figur des Schauspielhauses (es wird noch darauf zurückzukommen sein) war beziehungsweise ist die von Franz Krüger geschaffene Bronzegruppe THALIA AUF EINER PANTHERQUADRIGA über dem Zentralgiebel. Ihr Vorbild war möglicherweise die Quadriga des Bildhauers Johannes Schilling, die seit 1878 auf dem Giebel der Dresdner Semperoper Dionysos und Ariadne als Patrone der Theaterkunst präsentiert. Mit der Wahl Thalias, der Muse der komischen Dichtung und der Unterhaltung, trug man vermutlich in Frankfurt der Bestimmung des Hauses als Spielort auch von Komödien Rechnung.

Einige Jahre nach Eröffnung des Schauspielhauses, nämlich 1910, trat mit dem sofort ungemein beliebten »Märchenbrunnen« endgültig der Jugendstil in sein Recht, gepaart mit einer aufschlussreichen Volkstümlichkeit: Kurz zuvor hatte man beim Neubau des Frankfurter Rathauses an den Fassaden nicht nur die Statuen verdienter Honoratioren, Wissenschaftler und Künstler aufgestellt, sondern auch Abbilder stadtbekannter Originale, beispielsweise zwei »Kannix« und »Habnix« titulierte Schnorrer, einige der schlagfertigen Marktfrauen aus Sachsenhausen und einen vorwitzigen, von der Obrigkeit gefürchteten Journalisten.

Frankfurt, auf dem Weg von der Patrizierrepublik zur sozialdemokratischen Stadt, entdeckte und verewigte seine Zuneigung fürs »Volkstümliche«. Folgerichtig posierte ab dem August 1910 neben der Schaufront des Schauspielhauses über einer vegetabil bootsartigen Brunnenschale, die der Mäzen Leo Gans gestiftet hatte, nicht Apollo oder die tragische Muse Melpomene, sondern, nackt wie Bildhauer Friedrich Christoph Hausmann sie schuf, die Personifikation des Märchens; nach den Regeln der Ikonografie würde man sie als Nymphe bezeichnen. Das Frankfurter Publikum ernannte die Statue aus weiß glitzerndem Tiroler Marmor sofort zum »Mainweibchen« – und hielt ihr bis in unsere Tage über alle Stilwechsel der Kunst hinweg die Treue. So sehr, dass 2005 und 2006 die bronzenen Putten, Fische und Eidechsen, die im Zweiten Weltkrieg eingeschmolzen worden waren, anhand historischer Fotografien rekonstruiert und erneut zu Füßen der Nymphe aufgestellt wurden.

Zuschauerraum Oper   *Zuschauerraum Kammerspiele, 2009*

Ein entscheidendes Detail aber fehlt dem Brunnen seit seinem Wiederaufbau 1951: die halbrunde steinerne Sitzbank, die nach antiken Vorbildern als noble Exedra gestaltet worden war. Dass selbst 2006, als Stadtraumplaner grübelten, wie man den Vorplatz des Theaters zur Verweilzone machen könne, niemand auf die Idee kam, die bis zur Zerstörung 1944 täglich umlagerte Sitzbank wiederherzustellen, wirft ein bezeichnendes Licht auf die momentane Unfähigkeit, den öffentlichen Raum publikumsfreundlich zu gestalten.

Zurück ins Jahr 1911: Die nun vollendete subtile Mischung aus mondänen und volkstümlichen Elementen, wie sie das Äußere des Schauspielhauses prägte, trat im Inneren hinter die eher konventionelle Ausgestaltung zurück. Das Foyer entsprach mit dezenter Neorenaissance den allgemeinen Erwartungen; der Zuschauerraum mit seinem breiten Parkett und drei Rängen erfüllte die Norm großer Stadttheater, nicht mehr und nicht weniger. Doch der rasante, zwischen konvex und konkav schillernde Jugendstilschwung der Ranganordnung – er hat sich über alle radikalen Umbauten bis heute erhalten – verlieh dem Riesenraum eine eigene, unverwechselbare dynamische Note.

Dieser sozusagen zukunftsfrohe Sturm und Drang des Jugendstils sprang in den folgenden Jahren auf das Repertoire über. Zu dessen Höhepunkten zählte 1911 die Premiere – die Uraufführung hatte man misstrauisch der Hauptstadt Berlin überlassen – von Carl Rösslers Die fünf Frankfurter. Als die Berliner Kritiken aber erkennen ließen, dass die mit tragischen Untertönen versehene Mundartkomödie über die fünf Gründerbrüder des legendären Frankfurter Bankhauses Rothschild neben den Schwächen auch die Tugenden der lokalen Handels- und Banken-Elite feierte, war man begeistert.

Erfolgreich an die Frankfurter Liberalität appellierend, gelang es nach dem Ersten Weltkrieg den Leitern des Schauspielhauses, Frankfurts Bühne neben Berlin zu einem Zentrum des umstrittenen expressionistischen Theaters und zur Talenteschmiede für Autoren und Schauspieler zu machen. Experimentierfreudig wie das Theater zeigte sich damals auch das städtische Bauen: Binnen zehn Jahren schuf Ernst May das »Neue Frankfurt«. Zwar konnte er seinen radikalen Funktionalismus vorwiegend nur in Gestalt von Trabantensiedlungen verwirklichen. Doch in der Innenstadt ließen sich einige Bauherren von seinem Bekenntnis zum ornamentlosen Kubismus mitreißen. Wie in Berlin wurden auch in Frankfurt die opulenten Gründerzeitfassaden im Zentrum bereinigt. »Fort mit Schnörkel,

Zuschauerraum Schauspiel, 2009

Stuck und Schwaden. Glatt macht man jetzt die Fassaden«, spöttelte 1928 im Berliner Theater am Kurfürstendamm die Revue Es LIEGT IN DER LUFT! Im selben Jahr entdekorierte Ernst Mays Assistent Martin Elsässer das pompöse Palmengarten-Gesellschaftshaus und gab ihm eine pathetisch-asketische Fassade à la de Chiricos *Pittura metafisica*.

Ob May und seinem Stab Ähnliches für das Schauspielhaus vorschwebte, ist unbekannt. Mit der Emigration des Stadtbaurats in die Sowjetunion 1930 und dem Ausbruch der Weltwirtschaftskrise kam alles Bauen zum Stillstand. So setzte einzig das legendäre Café Rumpelmeyer, schräg gegenüber der Schauseite des Schauspielhauses gelegen und die Frankfurter Ausgabe des »größenwahnsinnigen« Berliner Romanischen Cafés, mit seinem neusachlich gestalteten, dem Theater zugewandten Wintergarten ein kleines Zeichen der Moderne.

Denkbar ist, dass die Nationalsozialisten über kurz oder lang das Schauspielhaus gemäß ihrer Architekturideologie so entdekoriert hätten wie 1938 das Berliner Schillertheater. Doch statt Presslufthämmern einer »Stilbereinigung« rückten Sprengbomben dem Bauwerk zu Leibe – am 29. Januar 1944 brannte Frankfurts Theater aus, blieb aber in seiner Grundsubstanz und dem Äußeren weitgehend erhalten.

Fort mit Schnörkel und Stuck

Schon 1948, im selben Jahr, in dem die wiedererrichtete Paulskirche mitten in der Trümmerwüste der Altstadt eröffnet wurde, fiel die Entscheidung, das Schauspielhaus wiederaufzubauen. Eine bewundernswerte Tatkraft und ein imponierender Idealismus angesichts der weitflächigen Zerstörungen und Tausender Obdachloser. Doch der Eindruck relativiert sich, wenn man die Umstände näher betrachtet: Frankfurts provisorischer Magistrat verzögerte die Aufräumarbeiten am Theater. Als Beschwerden der Bevölkerung laut wurden, dass man zwar die Dächer und Heizungen der Rathausbauten erneuere, Schulen und Kindergärten aber unterversorgt blieben, ließ man zeitweise die Arbeiten ganz ruhen.

Doch dieselben Bürger, die anfangs polemisiert hatten, protestierten, als im Januar 1950 die Stadtverordnetenversammlung den Wiederaufbau des Schauspielhauses gänzlich stoppte. »Allem voran«, so die offizielle Begründung, »geht die Sicherung der nackten Existenz unserer Mitbürger. Dazu gehört in erster Linie die Beschaffung von Wohnraum.« Was folgte, ging als »Frankfurter Theaterkrise« in die Geschichte der Stadt und der jungen Bundesrepublik ein: Eine Unterschriftensammlung des damaligen

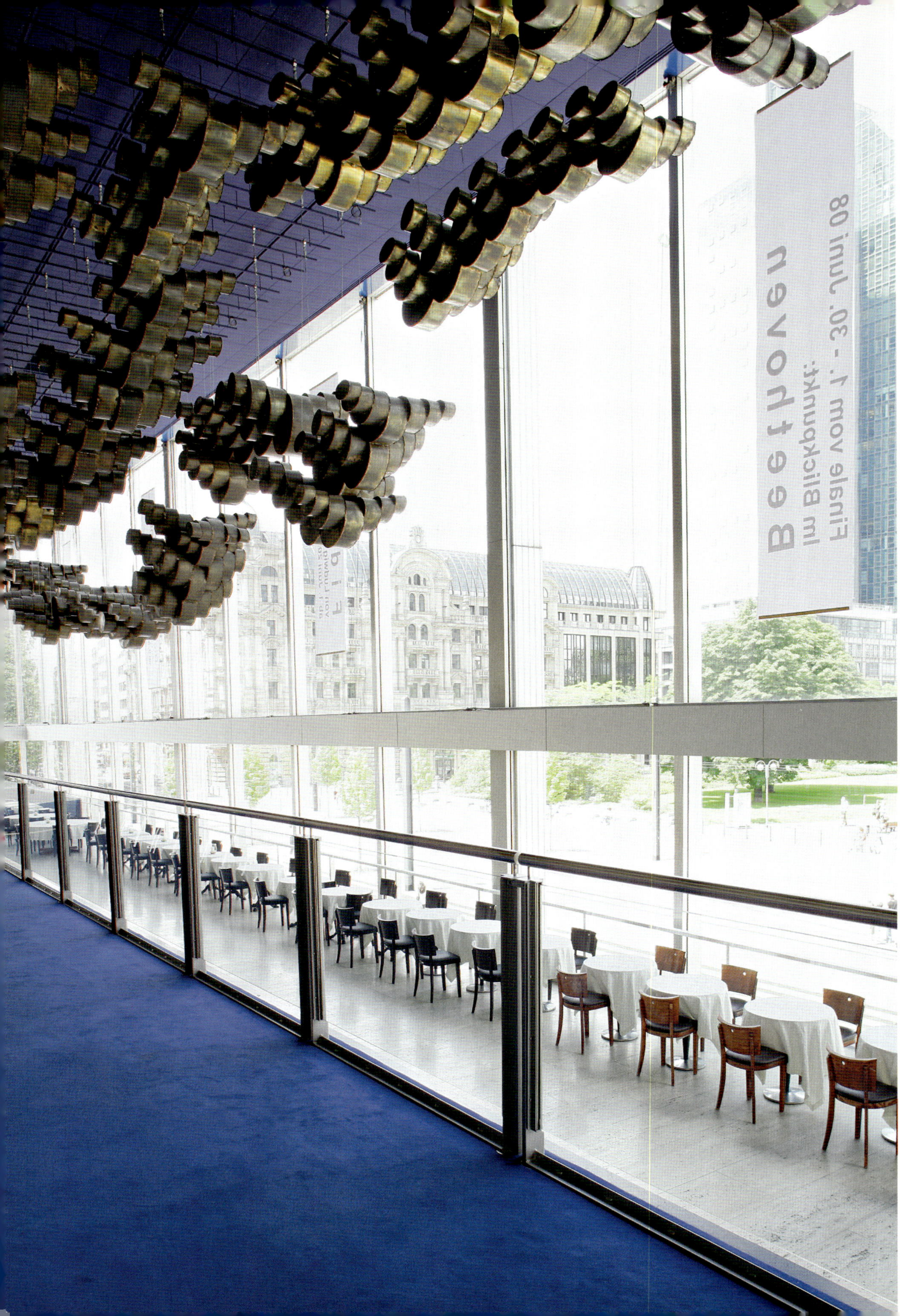
Beethoven
Im Blickpunkt:
Finale vom 1. - 30. Juni 08

Schauspieldirektors Richard Weichert, bei der 50 000 Bürger den Fortbestand der Bühne forderten, gab schließlich den Ausschlag, dass im Oktober 1950 die definitive Entscheidung für einen zügigen Wiederaufbau fiel. Ihre Schattenseite: Das Theater wurde zur Spielstätte der Oper bestimmt, weil Lucaes Opernhaus, das bald darauf den makabren Ehrentitel »Schönste Kriegsruine Deutschlands« erhalten sollte, in unverbesserlichem frankfurterischem Behörden-Pragmatismus für rettungslos verloren erklärt und zum Ausschlachten durch Schrotthändler freigegeben worden war.

Für das Schauspiel wurde der ihm 1946 als Provisorium zugeteilte Börsensaal einstweilen zum Dauerrefugium. Dass man damit nur wenige Schritte entfernt vom Standort des einstigen Komödienhauses spielte, dürfte niemandem bewusst und, wenn doch, dann kein Trost gewesen sein.

Frankfurt im Jahr 1953: An der Friedensbrücke steht immer noch das Sperrholzschild, auf das witzelnde GIs den Schriftzug »Chicago am Main« gepinselt haben. Vielen Bürgern, vor allem aber dem Magistrat, ist der Witz längst Ernst: Hinter der Hauptwache wächst, gestaltet nach Hochhaus-Vorbildern in Chicago, der Fernmeldeturm, einige Schritte weiter entsteht das *Rundschau*-Haus, dessen gläserne »Runde Ecke« Erich Mendelsohns berühmtes Berliner Mosse-Verlagshaus von 1920, aber auch H. L. Sullivans legendären Schlesinger and Mayer Store in Chicago zitiert. Und am zentralen Kaiserplatz, wo Rosemarie Nitribitt ihre Runden zu drehen beginnt, kreiselt im gläsernen Treppenhaus-Zylinder an der Stirn des Juniorhauses eine der schärfsten Wendeltreppen der jungen Republik.

Frankfurt wähnt sich auf dem Weg zur »modernsten Stadt Europas«. Wer damals vom Rossmarkt her auf das Juniorhaus schaut, sieht dahinter den Bühnenhaus-Kubus des Schauspielhauses aufragen.

Das sogenannte Wolkenfoyer, 2008

Nichts mehr von Reichstagsprunk ist an ihm zu erkennen, stattdessen bietet er sich sachlich-nüchtern als reiner Zweckbau mit Satteldach. Die übrige äußere Hülle zeigt nahezu unversehrt den Vorkriegszustand; ramponiert ist lediglich das angrenzende Mietshaus mit dem Restaurant Faust, das dennoch weiterhin als Theatertreff floriert.

Ein entscheidendes Detail aber haben der städtische Oberbaurat Ueter und das Architekturbüro Apel, die für den Wiederaufbau verantwortlich zeichneten, verändert: Der Haupteingang zeigt keine Säulen und keinen feierlichen »Erscheinungsbalkon« mehr. Stattdessen öffnen – das Gleiche hat Ferdinand Kramer am Säulenportal der Goethe-Universität gemacht – gläserne Schwingtüren den Blick in das Vestibül; der Balkon ist diskreten Austritten mit hauchdünnen Brüstungsgittern gewichen, und wie die Portale sind auch die drei Rundbogenfenster über ihnen bis auf Fußbodenniveau verglast, so dass abends ungehindert in das Foyer geschaut werden kann – Transparenz, die seit Hans Schwipperts Glaswand im Parlamentssaal des Bonner Bundestags als Zeichen der Demokratie und ihrer Durchlässigkeit gilt.

Das Innere hat das Frankfurter Architektengremium einer radikalen Entkernung – brutal gesagt: einer Ausschabung – unterzogen. Nur die statisch unverzichtbaren Elemente sowie tragende Wände sind geblieben, ertüchtigt, neu verputzt, geweißt. Über diese sozusagen abstrakten »urgeometrischen« Volumina, die für sich betrachtet durchaus so eindrucksvoll wie beispielsweise die ebenso entdekorierten Innenräume des Würzburger Doms oder der Münchner Michaelskirche hätten wirken können, zogen jedoch Dekorateure eine Art betulichen Plüschschleier – Volants und Draperien, Schnörkelleuchten und geschwungene Gesimse verbreiteten eine zwischen Gelsenkirchener Barock und Gutsherren-Eleganz schwankende Atmosphäre, wie sie in vielen Repräsentationsräumen jener Ära, von Konrad Adenauers Arbeitszimmer im Bonner Palais Schaumburg über die benachbarte Villa Hammerschmidt des Bundespräsidenten bis hin zum Gästehaus der Regierung auf dem Petersberg, gang und gäbe war.

Der Werkstattneubau an der Hofstraße, Oktober 2008

Wie 50 Jahre zuvor lagen damit auch 1953 Welten zwischen der Erscheinung und der Technik des Hauses: Die neue, 38 Meter breite Drehbühne war seinerzeit die größte und modernste Europas.

Dass nicht nur Geld und Politik das Leben bestimmen

1962, ein Jahr ehe der damalige Kanzler Erhard mit seinem bedingungslos modernen, gläsernen Kanzlerbungalow die bundesdeutsche Öffentlichkeit in zwei konträre Geschmackslager spaltete, donnerten an und in Frankfurts Schauspielhaus die Presslufthämmer. Sie führten aus, was seit dem 13. November 1956 die Arbeitsgemeinschaft Apel-Kuhnert-Ueter im Auftrag der Stadt entworfen hatte: die Vorarbeiten für eine Theaterdoppelanlage, in der Oper, Schauspiel und Kammerspiel, vereint hinter einer durchgehenden Glasfassade, den Spielbetrieb gewährleisten sollten.

Begleitet vom Abriss mehrerer Wohnhäuser an der Neuen Mainzer Straße sowie des Faust-Restaurants und der Planierung des Faust-Gartens samt seiner Säulengänge, gingen die vollständige Beseitigung der historischen Fassaden und die abermalige Entkernung des Inneren vonstatten. All dies weckte nicht nur Begeisterung bei den Bürgern. Empört reagierte man schließlich, als vor dem inzwischen trostlosen Bauwerk die ramponierten Monumentalbüsten Goethes und Schillers auf dem Bürgersteig auf ihren Abtransport warteten.

Der Magistrat beschwichtigte die zunehmenden Beschwerden mit der Zusage, sämtliche Statuen und Reliefs des alten Schauspielhauses würden sorgfältig ausgebaut, verwahrt und bei passender Gelegenheit wiederverwendet. Was davon zu halten war, sollte sich erst 20 Jahre später herausstellen, als während des Wiederaufbaus der Alten Oper ein Journalist der *Frankfurter Rundschau* die Plastiken

Thalias und ihrer Pantherquadriga auf dem Lagerplatz eines Schrotthändlers am Rand der Stadt entdeckte. Die Figurengruppe wurde zurückgekauft und als Ersatz für den 1944 in der Brandhitze geschmolzenen (vielleicht aber auch erst 1951 als Altmetall entsorgten) Apollo auf den Vestibülgiebel der Alten Oper gestellt. Die übrigen Skulpturen des Schauspielhauses aber blieben – mit einer Ausnahme, über die noch zu sprechen sein wird – unauffindbar; versunken im Meer der notorischen magistralen Gleichgültigkeit.

1961 übertönte der allgemeine Jubel nicht nur die Bedenken über den Verlust des alten Theaterbaus, sondern auch die vereinzelten Einwände gegen den gleichzeitigen Abriss des Schumanntheaters am Hauptbahnhof; der 1905 von den Berliner Architekten Friedrich Kristeller und Hugo Sonnenthal in glamourösem Jugendstil errichtete Varietépalast war längst als architektonische Kostbarkeit erkannt, hatte aber gegen die Gewinnaussichten des öden Bürohauses, das an seine Stelle trat, keine Chance: Frankfurt, vor allem sein Magistrat und seine Baudezernenten, schwelgte unter dem Stichwort »International Style« in einem fulminanten Glas- und Funktionalismus-Rausch.

Neben der Ruine der Alten Oper wuchs, allgemein bewundert, ab 1960 das Zürich-Hochhaus am Rand des Rothschild-Parks. Mit dessen »Sandwich-Brüstungen« aus blau emailliertem Glas, gehalten und senkrecht gegliedert von Trägern, die mit silbernem Aluminiumblech überzogen waren, übertrug der Zürcher Architekt Werner Stücheli neueste amerikanische Trends nach Frankfurt. Das Gleiche galt für das Hochhaus der Schweizer National, das, entworfen vom hiesigen Büro Meid und Romeick, ab 1962 direkt hinter dem Rohbau der neuen Theaterdoppelanlage am Mainufer in die Höhe stieg; 15 gläserne Büroetagen, eingehängt in fünf den Turm rechtwinklig umspannende, schlanke Betonbügel, die mit Kupferblech verkleidet wurden. Dass eine immer stärker werdende, (vorerst noch) freudige Ahnung von Manhattan durch die Stadt zog, bewirkte zudem der Rohbau der BHF-Bank wenige Schritte vom Zürich-Hochhaus entfernt. Seit 1960 baute Sep Ruf, der Architekt des gläsernen Kanzler-Bungalows, diesen Bankenturm als optisch schwerelosen, vom reizvollen Widerspiel zwischen weißgrauen Marmorbrüstungen, Glaswänden und filigranem silbrigem Trägergerüst geprägten Vierkant.

Als 1963 dann die Baugerüste an der neuen Theaterdoppelanlage fielen, taten sich anfangs selbst eingefleischte Anhänger des International Style schwer mit dem neuen Äußeren. So radikal wie die Schaufront von Apel/Beckert/Becker hatte von Münster bis Düsseldorf, Mannheim bis Köln noch kein Theaterneubau jegliche Repräsentation verweigert. Nahtlos spannte sich, nur rhythmisiert von Rechteckstützen, die mit Aluminium verkleidet waren, eine neutrale Glasfläche 120 Meter in die Waagerechte.

Unter ihrer weiten Auskragung verschwanden die Zugänge zu Oper und Schauspiel – noch während der Bauarbeiten hatte man die ursprünglich geplanten festlichen Baldachine, die, für die Oper halbrund, für das Schauspiel waagerecht, auf die Portale zuführen sollten, aus Verkehrsgründen gekappt. Selbst die Dachterrasse, die über dem dritten Rang der Oper das kleine, zusätzliche zweite Foyer nach draußen verlängerte, trat hinter die Fassade zurück; was Wunder, dass einige Spötter von Theaterfabrik sprachen.

Noch spröder gaben sich die Seitenfronten der gigantischen Doppelanlage – mit stereometrischen Fensterbändern, hinter denen sich, von außen ununterscheidbar, Proberäume, Garderoben, Büros und Künstlerwohnungen verbargen, sowie schmucklosen, von Kalksteinplatten nüchtern glatt verkleideten Wandflächen glichen sie aufs Haar den neutralen Büro- und Bankcontainern, die zur selben Zeit in der City entstanden; nur der Schriftzug »Kammerspiele«, so monierten Kritiker, lasse an der Rückseite des neuen Theaters erkennen, dass hinter den dortigen dezenten Glastüren nicht eine moderne Anwaltskanzlei, sondern ein intimes Theater auf Besucher warte.

Der Neubau, so erklärte Oberbürgermeister Werner Bockelmann zur Eröffnung im Dezember 1963, sei »das Werk einer Bürgerschaft, die in diesem Haus zu repräsentieren und sichtbar zu machen wünscht, dass nicht nur Geld und Politik das Leben bestimmen.« Seine Worte sind nicht als Sonntagsrede abzutun – es war den Architekten und Bauherren durchaus ernst mit dem Wunsch, eine Architektur zu schaffen, in der die Macht und der Rang der Kunst sinnfällig werden und dem nackten Funktionalismus der Banken- und Versicherungsbauten ringsum Paroli bieten sollten.

Dem Zeitgeist entsprechend sollte aber die Repräsentation sinnenfreudiger Gegenwelten dem Zauber der Bühne vorbehalten bleiben – ihrer architektonischen Umhüllung waren nur Andeutungen von Fest und Überschwang erlaubt. Folgerichtig beschränkten die Architekten sich auf edle Materialien wie Solnhofener Marmor und verschwenderische Treppenfluchten im Inneren. Damit gerieten die Foyers und Wandelgänge von Oper und Schauspiel trotz Askese zu beeindruckenden, kühl-eleganten Raumfluchten; ein Hauch von Mies van der Rohe strömte durch die Abfolge ihrer Rampen, Pfeiler und Nischen, die das Innere gliederten. In der Oper sorgte überdies die alte Raumschale des einstigen Schauspielhauses, die man aus Sparsamkeitsgründen beibehalten hatte, für erhebende Eindrücke – noch immer schwangen unter ihrer modernen Neutralhülle die Ränge so mitreißend wie zu Zeiten des Jugendstils.

Im neuen Schauspielhaus hatte man mit Anklängen an die amphitheatralischen Schwünge des antiken griechischen Theaters zu einer bestechend großzügigen Synthese aus Einst und Jetzt, antiker und moderner Demokratie gefunden; besonders stolz war der Intendant auf die neuestem Standard entsprechende Bühnentechnik und auf die Bühne selbst, die seinerzeit die breiteste Europas war. Man habe ein Theater »aus heutigem Empfinden und nach heutigen Erfordernissen« geschaffen, urteilte die bundesdeutsche Presse; die *New York Times* attestierte: »Frankfurts kulturelles Leben zieht mit dem Berlins gleich.«

Wie überall im damaligen Deutschland half auch in der Theaterdoppelanlage die staatlich verordnete »Kunst am Bau« den Architekten, über ihren Purismus-Schatten zu springen. So kamen Frankfurts Städtische Bühnen zu jenem Kunstwerk, das nach schwierigen Anfängen inzwischen längst als Signet des Hauses anerkannt, ja geliebt wird: die goldenen (Messing) Kumuliwolken des ungarischen Künstlers Zoltán Kemény. Pragmatiker akzeptierten die an fast unsichtbaren Stahlseilen von der Decke hängenden Rundgebilde als wirksamen optischen Kniff, der die immense, um nicht zu sagen öde Höhe des Foyers kaschiere; Kunstliebhaber feierten das Wolkengebilde sofort als jenes abstrakte Symbol für die »himmlische« Freistatt der Kunst, als das Keménys Werk heute geschätzt wird.

Spontane breite Zustimmung fand Marc Chagalls Kolossalgemälde COMMEDIA DELL' ARTE, das die Stadt 1959 bei dem Künstler als zentralen Wandschmuck des Foyers in Auftrag gegeben hatte. Das Gemälde ergänzten in den folgenden Jahrzehnten einige Büsten einstiger Größen des Frankfurter und des deutschen Theaters sowie die von Schauspielern und Sängern, die während des Dritten Reichs wegen ihrer jüdischen Herkunft verjagt, in die Emigration getrieben oder ermordet worden waren. So gewann im Lauf der Zeit die bildende Kunst in dem kahlen Neubau ein wenig ihres ursprünglich großen Terrains zurück.

Die Rückkehr der Schmuckform

1963 entsprach die betont sachliche Architektur dem experimentierfreudigen, zuweilen provokativen Stil, den die Intendanten der Oper und des Schauspiels in Frankfurt pflegten. Dasselbe gilt für den zweiten Höhepunkt des Hauses, als zwischen 1972 und 1980 unter der Intendanz von Peter Palitzsch Frankfurts Schauspiel im Gefolge von 1968 ein Mitbestimmungsmodell einführte. Plötzlich war das schmucklose Äußere des Hauses, waren seine oft bespöttelte Fabrikfassade und seine demonstrativ unpathetischen Innenräume der ideale Rahmen

Die Städtischen Bühnen Frankfurt mit dem sogenannten Märchenbrunnen, 2008

für Experimente, die Schauspieler und Publikum zu Kollektiven zusammenführen sollten, die gemeinsam Kunst erarbeiteten.

Aufschlussreiches Randphänomen: Das Theaterrestaurant, das es nie geschafft hatte, ein wirklicher Nachfolger des einstigen Faust-Restaurants zu werden, zog plötzlich unter dem Namen »Fundus« Besucherscharen an – nicht zuletzt, weil man den weiten Gastraum mit Requisiten förmlich vollstopfte. Alles, was die Moderne verpönt hatte, feierte triumphale Rückkehr: Plüsch und Schnörkel, Gelsenkirchener Barock und Wiener Cáfehauskringel.

Die Oper, die mit einiger Verspätung sich der Aufbruchstimmung des Schauspiels angeschlossen hatte, stieg zu einem der berühmtesten Häuser Deutschlands, wenn nicht gar Europas auf. Das erleichterte es dem Magistrat, 1986 trotz der enormen Kosten für Frankfurts neues Museumsufer die Sanierung des Zuschauerraums und des Foyers zu bewilligen. Am 30. Oktober 1987 eröffnete die sanierte Oper – das Frankfurter Architektenduo Braun und Voigt hatte, beflügelt von der Bild- und Zitierfreude der damaligen Postmoderne, unter Rückgriff auf die historischen Raumkonturen dem Raum gemäßigt expressionistische Züge verliehen. Perforierte, mit Lichtpunkt-Ketten konturierte und satt gelb eingefärbte Rangbrüstungen, die keilförmig näher zur Bühne gerückt waren, ließen Hans Poelzigs Theaterutopien der 20er-Jahre assoziieren. Ebenso die mit Punktstrahlern ausgestattete weich gestufte Decke, die sich bei Bedarf zum Sternenhimmel wandeln ließ.

»Am 12. November 1987 wurde das Bühnenhaus der Oper der Städtischen Bühnen durch einen Großbrand vernichtet.« So lapidar liest sich im amtlichen Bericht der Frankfurter Branddirektion die größte Katastrophe, die Frankfurts Theater seit der Bombennacht des Januar 1944 ereilte. Augenzeugen berichten, dass der Brand, gelegt von einem verwirrten Obdachlosen und von einem Ionisationsmelder nachts um 3.19 Uhr gemeldet, den Eisernen Vorhang zum Glühen brachte. Trotzdem blieben dadurch der Zuschauerraum, die Wandelgänge und das Foyer leidlich geschützt. Doch die Bühne und der Bühnenturm waren nahezu vollständig vernichtet.

Alle Betroffenen reagierten schnell und unbürokratisch: Die Oper bezog das unversehrte Schauspiel, dieses verlegte seinen Spielbetrieb in das Bockenheimer Depot, ein renoviertes gründerzeitliches Straßenbahndepot, das sich zuvor schon als eindrucksvolle Spielstätte bewährt hatte.

Braun und Voigt respektive Braun und Schlockermann bauten innerhalb von dreieinhalb Jahren die Oper für insgesamt 170 Millionen Mark wieder auf. Seither zeigt sie einen noch höheren, nun konvex bedachten und mit einer silbrigen Hülle überzogenen Bühnenturm, der vom puren Nutzbau zum monumentalen Bauschmuck geworden ist. An der Rückseite des Gebäudes wurde zudem ein großzügiger Probensaal für das damalige Ballett angefügt. Entworfen nach dem Vorbild der dekonstruktivistischen Glasgebilde, die das umstrittene Architektenteam Coop Himmelb(l)au einige Jahre zuvor auf die Dächer der Wiener Altstadt gesetzt hatte, kragt der Probenraum kühn über den Baukörper hinaus, heute Denkmal eines gemäßigten Frankfurter Dekonstruktivismus – und des Balletts Frankfurt unter Leitung von William Forsythe, das 2004 aufgelöst wurde.

Beim Wiederaufbau musste schließlich doch das gesamte Interieur der Oper erneuert werden. Braun und Voigt nutzten die Gelegenheit zur Verbesserung der Akustik: Nach Entfernen der Putzdecke wurde der darüberliegende Dachraum in das Gesamtvolumen einbezogen. Für den fortan noch großzügiger wirkenden Raum wurde in Zusammenarbeit mit dem japanischen Architekten Toyo ein Beleuchtungskonzept entwickelt, das durch Computersteuerung unterschiedliche Lichtstimmungen erzeugen kann.

Notwendig gewordene zusätzliche Foyerflächen und Probenräume integrierten die Architekten in die freigelegte historische Bausubstanz des einstigen Schauspielhauses; so brachte sich nach fast 50 Jahren »Exil« der Ursprungsbau optisch in Erinnerung.

Als im April 1991 die Oper den Spielbetrieb wieder aufnahm, startete die Renovierung des vom Hin und Her in Mitleidenschaft gezogenen Schauspielhauses. Die Pläne des belgischen Architektenbüros d'Helft/Verliefden und des hiesigen Teams Heinrici/Geiger lagen bereit. Sie brachen mit konvexen Wanddurchbrüchen, dem Umbau der Empfangstreppe zum doppelseitigen Stufenpodest und zusätzlichen Wandelgängen die vorherige absolute Herrschaft des rechten Winkels und der Sachlichkeit. Seither weist das Schauspiel eine Art »Bühne vor der Bühne« auf, die dem Publikum Gelegenheit bietet, sich gleichfalls in Szene zu setzen. Dieser neue Zug ins Repräsentative setzt sich fort in der »Panoramabar« der Schaufront, die inzwischen als Schaufenster des Hauses, seiner Gäste und ausgelassener Premierenfeiern eine feste Institution im Stadtbild geworden ist.

Seit 1992 läuft auch in Schauspiel und Kammerspiel der Spielbetrieb wieder ungestört. Die Bauarbeiten an Frankfurts Städtischen Bühnen aber waren damit nicht beendet. Nach einigen Jahren Pause wurde ein neues Werkstattgebäude notwendig. 2007 fiel der unzureichende alte Gebäudeteil längs der Hofstraße. An gleicher Stelle entstanden nach den Plänen von gmp Architekten neue Dekorationswerkstätten, Räume für die Kostümabteilung sowie Werkstätten für den allgemeinen Bühnenbetrieb, zudem zentrale Umkleiden, Duschen, Lagerflächen und Büros, die im September 2010 bezogen werden konnten. Derweil meldete sich noch einmal das historische Schauspielhaus zu Wort: Mitarbeiter der Städtischen Bühnen wurden 2004 von Willy Praml darauf aufmerksam gemacht, dass sich in der Naxos-Halle, einem weiteren magischen Theater, das vom Industriebau zur Spielstätte aufgestiegen ist, die beiden bronzenen Schwäne, die bis 1961 den Altbau am Main geschmückt hatten, befinden. Sie wurden kurz darauf von einer

William Forsythe tanzt in der Ruine des abgebrannten Opernhauses.

benachbarten Werbeagentur in deren Entrée installiert. Die Städtischen Bühnen würden sie gerne wieder in ihre Obhut nehmen.

Umbau und kein Ende: Im Zuge des Neubaus der Werkstätten und unter dem Stichwort »Stadteingang Sachsenhausen« ging gmp auch daran, den Südhof zu überbauen und den Ostflügel der Städtischen Bühnen an der Neuen Mainzer Straße um zwei Geschosse aufzustocken. Auffallendstes Merkmal: Die Blockecke an der Hofstraße wurde durch eine geschlossene Stützenreihe in der Hofstraße geschlossen, die Kammerspiele erhielten einen neuen – ihren dritten – Eingang, und die zuvor hässlich bloßliegenden Hohlblocksteine der mainwärts gerichteten Außenwände wurden nach dem Muster der Seitentrakte mit gefugten Travertinplatten verkleidet.

Zum ersten Mal und obwohl fast ein Dutzend Architekten seit 1961 an der Theaterdoppelanlage tätig gewesen sind, bietet sich gegenwärtig der Riesenbau nicht nur funktional, sondern auch ästhetisch und einheitlich dar. Die Vollendung kommt zur rechten Zeit, denn künftig wird sich das Theater gegen die glamourösen Attacken der steinbeschichteten weißen Türme und Großkuben des neuen »Riverside Financial Districts« behaupten müssen. Die Chancen stehen nicht schlecht, denn zumindest gegen den erhebenden »himmlischen« Glanz der Kumuli von Zoltán Kemény kommt kein Werk der aktuellen Event-Dekorationskunst an. Und im Inneren – das lässt so manchen architektonischen und bildhauerischen Verlust verschmerzen – debattieren wie schon vor 250 Jahren die Zuschauer, ob die auf der Bühne »es nur spielen«.

Die Theaterdoppelanlage in einer Aufnahme aus dem Jahr 2010

Anhang

Chronik des Theaters seit 1782

- 1782 eröffnet, ist das Komödienhaus (gebaut nach Vorgaben des Frankfurter Baumeisters Johann Andreas Liebhardt) – mit immerhin ca. 1000 Plätzen – am damaligen Theaterplatz (jetzt Rathenauplatz) die erste feste Spielstätte des Frankfurter Theaters (Schauspiel und Oper).
- 1792 erhält das nunmehr als Frankfurter Nationaltheater bezeichnete Haus ein eigenes Orchester.
- 1880 wird das neue von Richard Lucae erbaute Opernhaus (heute die Alte Oper am Opernplatz) in Gegenwart von Kaiser Wilhelm I. eröffnet.
- 1902 wird am Theaterplatz, dem heutigen Willy-Brandt-Platz, ein neues Schauspielhaus (Architekt: Christian Heinrich Seeling) eingeweiht.
- 1919/20 erhalten die Vereinigten Stadttheater den Namen Städtische Bühnen.
- 1924 Gründung des Frankfurter Patronatsvereins für die Städtischen Bühnen e. V.
- Ab 1933: Während des nationalsozialistischen Regimes werden wegen ihrer jüdischen Herkunft der seinerzeitige Intendant Josef Thurnau, der Oberspielleiter Hans Graf, der Generalmusikdirektor Wilhelm Steinberg, außerdem die weltberühmte Sängerin Magda Spiegel und weitere Künstler und Beschäftigte von Oper und Schauspiel suspendiert. Viele der entlassenen Künstler werden später deportiert und ermordet. Die Leitung der Städtischen Bühnen übernimmt im Juni 1933 Generalintendant Hans Meissner, der dieses Amt während der gesamten Zeit des Dritten Reiches behält.
- 1944 werden Oper und Schauspiel durch Bomben zerstört. Die Oper spielt danach in Dependancen in Kurtheatern und Volksbildungsheimen des Umlandes. Im September 1944 werden die Frankfurter Bühnen, ebenso wie alle anderen Theater in Deutschland, geschlossen.
- Ab 1945 spielen Oper und Schauspiel im Wechsel auf einer Notbühne im Saal der ehem. Getreidebörse, kurz Börsensaal genannt. Auf der Behelfsbühne findet im September 1945 mit Puccinis Tosca in Frankfurt die erste Opernaufführung nach dem Zweiten Weltkrieg statt. Der Wiederaufbau des Opernhauses am Opernplatz scheidet wegen der hohen Kosten und der schweren Schäden aus. Infolge der Zerstörung des Konzerthauses Saalbau finden auch die Museumskonzerte im Börsensaal statt.
- Ab 1946 steht dem Schauspiel noch eine weitere Notbühne in einer Sachsenhäuser Turnhalle zur Verfügung, das sogenannte Kleine Komödienhaus.
- Ab 1947 wird ein Teil der Museumskonzerte in den Großen Saal des Gesellschaftshauses des Palmengartens verlegt, das zu dieser Zeit von der amerikanischen Militärregierung beschlagnahmt war. Ab 1950 finden alle Museumskonzerte im neu errichteten Turm-Palast, einem Kino, statt.
- 1948 wird der Patronatsverein erneut gegründet, um den Wiederaufbau des Theaters am Theaterplatz, dem heutigen Willy-Brandt-Platz, mit Spendenaktionen voranzutreiben.
- 1951 wird das zerstörte Schauspielhaus als Großes Haus für Oper, Schauspiel und die Museumskonzerte nach Entwürfen der Architekten Apel, Letocha und Rohrer wieder aufgebaut und an Weihnachten mit der Aufführung der Oper Die Meistersinger von Nürnberg von Richard Wagner und Goethes Egmont eingeweiht. Die Notbühne im Börsensaal bleibt für das Schauspiel erhalten. Das Kleine Komödienhaus wird 1952 aufgegeben.
- 1958 beschließt die Stadtverordnetenversammlung den Bau der heutigen Theaterdoppelanlage am Theaterplatz (heute: Willy-Brandt-Platz). Beauftragt wird das Architekturbüro Apel und Beckert.
- 1963 wird die sogenannte Theaterdoppelanlage mit Goethes Faust I eingeweiht. Neben dem Großen Haus, das nun ausschließlich von der Oper genutzt werden kann, entsteht ein Schauspielhaus und an der Hofstraße eine Kammerspielbühne. Die Verbindung beider Häuser wird durch ein durchgehendes Glasfoyer mit den Goldwolken des ungarischen Künstlers Zoltán Kemény hergestellt.
- 1981 wird das im Zweiten Weltkrieg zerstörte Opernhaus als Konzert- und Kongresszentrum unter dem Namen Alte Oper mit Mahlers Sinfonie der Tausend eröffnet. Fortan finden die Museumskonzerte dort statt.
- 1987 wird die Opernbühne durch Brandstiftung zerstört. In den mehr als drei Jahren des Wiederaufbaus spielt die Oper auf der Schauspielbühne. Das Schauspiel weicht in das Bockenheimer Depot aus, eine Spielstätte, die sich seitdem als fester Bestandteil des Frankfurter Kulturlebens etabliert hat.
- 1991 wird die Oper feierlich wiedereröffnet. Die erste Opernaufführung im neuen, bühnentechnisch auf den modernsten Stand gebrachten Haus ist Mozarts Zauberflöte.
- Gründung des Kommunalen Kinder- und Jugendtheaters (1993 wieder geschlossen).
- 1995 wird das Theater am Turm (früher im Volksbildungsheim am Eschenheimer Turm beheimatet) in die Städtischen Bühnen eingegliedert.
- 2004 erfolgt die Schließung der Sparten Ballett und Theater am Turm. Die Städtischen Bühnen erhalten die Rechtsform einer GmbH.
- 2005 Aufnahme des Betriebs der privaten The Forsythe Company GmbH mit Beteiligung der Stadt Frankfurt, der Stadt Dresden, des Landes Hessen und des Freistaats Sachsen.
- Im April 2007 werden die Dekorationswerkstätten abgerissen.
- September 2010 erfolgt der Einzug in die neu errichteten Dekorationswerkstätten.

Premierenliste Oper 1963/64 – 2012/13

Abkürzungen:
ML = Musikalische Leitung
R = Regie
P = Premiere
BD = Bockenheimer Depot
K = Kammerspiele (Schauspiel)
AO = Alte Oper
SCH = Schauspielhaus

Intendanz Harry Buckwitz (1951–1968), GMD: Lovro von Matačić

Spielzeit 1963/64

Mozart: Die Entführung aus dem Serail; ML: Lovro von Matačić; R: Bruno Hübner; Bassa Selim: Willi Wolff; Konstanze: Anja Silja; Blonde: Renate Holm; Belmonte: James Harper; Osmin: Georg Stern; P: 22.9.1963

Strauss: Der Rosenkavalier; ML: Wolfgang Rennert; R: Otto Schenk; Feldmarschallin: Anny Schlemm; Baron Ochs: Oskar Czerwenka; Octavian: Regina Sarfaty; Herr von Faninal: Ernst Gutstein; Sophie: Sylvia Stahlman; P: 15.11.1963

Bizet: Carmen; ML: Lovro von Matačić; R: Bohumil Herlischka; Carmen: Regina Sarfaty; Don José: Arturo Sergi; Escamillo: Ernst Gutstein; Micaëla: Maria Kouba; P: 15.1.1964

Bartók: Herzog Blaubarts Burg – Strawinsky: Les Noces; ML: Hans Löwlein; R: Harry Buckwitz / Tatjana Gsovsky; Blaubart: Leonardo Wolovsky; Judith: Inge Borkh; P: 27.2.1964

Strauß: Wiener Blut; ML: Rudi Franz; R: Erich Witte; Fürst Ypsheim-Gindelbach: Carl Ebert; Graf Zedlau: Cesare Curzi; Gabriele: Erika Schmidt; P: 1.4.1964

Ravel: L'Heure Espagnole – Daphnis et Chloé; ML: Hans Löwlein; R: Wolfgang Müller / Georges Skibine; Concepción: Irene Salemka; Ramiro: Victor Braun; Gonzalve: Cesare Curzi; Torquemada: Willy Müller; P: 4.5.1964

Searle: The Photo of the Colonel; ML: Wolfgang Rennert; R: Hans Neugebauer; Bérenger: Kurt Wehofschitz; Dany: Sylvia Stahlman; P: 3.6.1964

Verdi: Il trovatore; ML: Lovro von Matačić; R: Erich Witte; Luna: Günther Morbach; Leonora: Daniza Mastilovic; Azucena: Ursula Boese; Manrico: Charles O'Neill; P: 1.7.1964

Spielzeit 1964/65

Wimberger: Dame Kobold; ML: Wolfgang Rennert; R: Otto Schenk; Donna Angela: Sylvia Stahlman; Don Juan: Hans Wilbrink; Don Luis: Georg Stern; P: 24.9.1964

Hindemith: Mathis der Maler; ML: Hans Löwlein; R: Hans Hartleb; Mathis: Ernst Gutstein; Albrecht von Brandenburg: Richard Holm; Ursula: Maria Kouba; P: 3.11.1964

Monteverdi: L'incoronazione di Poppea; ML: Lovro von Matačić; R: Günther Rennert; Poppea: Evelyn Lear; Nero: Gerhard Stolze; Ottavia: Anny Schlemm; Ottone: Ernst Gutstein; P: 4.12.1964

Verdi: Otello; ML: André Cluytens; R: Wieland Wagner; Otello: Wolfgang Windgassen; Desdemona: Anja Silja; Jago: Thomas Stewart; P: 26.2.1965

Offenbach: Ritter Blaubart; ML: Wolfgang Rennert; R: Walter Felsenstein; Ritter Blaubart: Hermann Winkler; Popolani: Ernst Gutstein; Boulotte: Anny Schlemm; Fleurette: Sylvia Stahlman; P: 4.6.1965

Tschaikowski: Pique Dame; ML: Lovro von Matačić; R: Bohumil Herlischka; Hermann: Charles O'Neill; Lisa: Maria Kouba; Tomsky: Victor Braun; P: 1.7.1965

Spielzeit 1965/66

Mozart: Così fan tutte; ML: Theodore Bloomfield; R: Otto Schenk; Fiordiligi: Gundula Janowitz; Dorabella: Regina Sarfaty; Ferrando: Heinz Hoppe; Guglielmo: Victor Braun; Despina: Renate Holm; Don Alfonso: Oskar Czerwenka; P: 28.9.1965

Wagner: Tannhäuser; ML: Lovro von Matačić; R: Joachim Herz; Tannhäuser: Hans Hopf; Hermann: Franz Crass; Elisabeth: Claire Watson; Venus: Mignon Dunn; P: 22.12.1965

Schostakowitsch: Die Nase; ML: Wolfgang Rennert; R: Bohumil Herlischka; Die Nase: Albert Weikenmeier; Kusmitsch Kowaljoff: Ernst Gutstein; Iwan Jakowlewitsch: Manfred Jungwirth; P: 19.2.1966

Berg: Wozzeck; ML: Pierre Boulez; R: Wieland Wagner; Wozzeck: Gerd Nienstedt; Marie: Anja Silja; Hauptmann: Helmut Melchert; Tambourmajor: Charles O'Neill; P: 20.4.1966

Weber: Der Freischütz; ML: Lovro von Matačić; R: Harry Buckwitz; Max: Waldemar Kmentt; Agathe: Gundula Janowitz; Kaspar: Heinz Hagenau; Ännchen: Sonja Schöner; P: 26.5.1966

Rossini: Il barbiere di Siviglia; ML: Hermann Michael; R: Hans Neugebauer; Graf Almaviva: Cesare Curzi; Bartolo: Georg Stern; Rosina: Pari Samar; Figaro: Hans Wilbrink; P: 4.7.1966

Spielzeit 1966/67,
GMD: Theodore Bloomfield

Verdi: Aida; ML: Theodore Bloomfield; R: Bohumil Herlischka; Aida: Daniza Mastilovic; Amneris: Carol Smith; Radames: Nikola Nikolov; Amonasro: Norman Mittelmann; P: 2.10.1966

Weill: Aufstieg und Fall der Stadt Mahagonny; ML: Theodore Bloomfield; R: Bohumil Herlischka; Leokadja Begbick: Martha Mödl; Fatty, der Prokurist: Kurt Wehofschitz; Dreieinigkeitsmoses: Heinz Hagenau; Jenny: Olive Moorefield; P: 1.12.1966

Zeller: Der Vogelhändler; ML: Wolfgang Rennert; R: Werner Düggelin; Kurfürstin Marie: Erika Schmidt; Baron Weps: Georg Stern; Adam: Ferry Gruber; Die Briefchristel: Sonja Schöner; P: 3.1.1967

Puccini: La Bohème; ML: Theodore Bloomfield; R: Kurt Horres; Mimì: Maria Kouba; Rodolfo: Robert Moulson; Musetta: Sylvia Geszty; Marcello: Victor Braun; P: 24.2.1967

Britten: Albert Herring; ML: Theodore Bloomfield; R: Hans Neugebauer; Albert Herring: Cesare Curzi; Lady Billows: Jutta Meyfarth; Sid: Dieter Slembeck; Nancy: Sylvia Anderson; P: 29.5.1967

Smetana: Die verkaufte Braut; ML: Mladen Basic; R: Nathaniel Merrill; Marie: Anny Schlemm; Hans: Hermann Winkler; Kecal: Manfred Jungwirth; Wenzel: Willy Müller; P: 30.6.1967

Spielzeit 1967/68

Dallapiccola: Volo di notte – Strawinsky: Oedipus Rex; ML: Theodore Bloomfield; R: Kurt Horres; Rivière: Toni Blankenheim – Oedipus: George Maran; Jokaste: Joann Grillo; P: 20.10.1967

Strauß: Die Fledermaus; ML: Mladen Basic; R: Manfred Hubricht; Eisenstein: Hermann Winkler; Rosalinde: Anny Schlemm; Dr. Falke: Dieter Siembeck; Adele: Sonja Schöner; P: 14.11.1967

Verdi: La Traviata; ML: Wolfgang Rennert; R: Otto Schenk; Violetta Valéry: Anja Silja; Alfredo Germont: Robert Moulson; Giorgio Germont: Ernst Gutstein; P: 20.12.1967

Rossini: La Cenerentola; ML: Gabor Ötvös; R: Leif Söderström; Angelina: Sylvia Anderson; Don Ramiro: Ugo Benelli; Alidoro: Iwan Rebroff; Dandini: Claudio Nicolai; P: 10.2.1968

Borodin: Fürst Igor; ML: Rudolf Vasata; R: Ladislav Stros; Igor: Norman Mittelmann; Fürst Galitzky: Leonardo Wolovsky; Kontschak: Heinz Hagenau; Kontschakowna: Sylvia Anderson; P: 26.4.1968

Berlioz: La Damnation de Faust; ML: Wolfgang Rennert; R: Hans Neugebauer; Faust: Michael Trimbel; Méphistophélès: Richard Cross; Marguerite: Pari Samar; P: 9.7.1968

Intendanz Ulrich Erfurth (1968–1972),
GMD: Christoph von Dohnányi

Spielzeit 1968/69

Mozart: Die Zauberflöte; ML: Christoph von Dohnányi; R: Filippo Sanjust; Tamino: Alberto Remedios; Pamina: Ileana Cotrubaş; Papageno: Barry McDaniel; Königin der Nacht: Cristina Deutekom; Sarastro: Manfred Schenk; P: 2.10.1968

Honegger: Johanna auf dem Scheiterhaufen; ML: Robert Satanowski; R: Friedrich Petzold; Johanna: Kirsten Dene; Bruder Dominik: Hannsgeorg Laubenthal; P: 14.11.1968

Verdi: Rigoletto; ML: Christoph von Dohnányi; R: Filippo Sanjust; Rigoletto: Kostas Paskalis; Gilda: Urszula Koszut; Herzog von Mantua: Wiesław Ochman; P: 20.12.1968

Debussy: Pelléas et Mélisande; ML: Christoph von Dohnányi; R: Louis Erlo; Pelléas: Walter Köninger; Mélisande: Ileana Cotrubaş; Golaud: Leonardo Wolovsky; P: 26.3.1969

Prokofjew: Der feurige Engel; ML: Christoph von Dohnányi; R: Václav Kašlík; Renata: Anja Silja; Ruprecht: Rudolf Constantin; P: 10.5.1969

Millöcker: Der Bettelstudent; ML: Gabor Ötvös; R: Paul Vasil; Laura: Edda Moser; Symon Rymanowicz: Cesare Curzi; P: 12.6.1969

Spielzeit 1969/70

Strauss: Die Frau ohne Schatten; ML: Christoph von Dohnányi; R: Oscar Fritz Schuh; Kaiserin: Hildegard Hillebrecht; Kaiser: Ernst Kozub; Amme: Inger Paustian; Barak: Rudolf Constantin; Färberin: Daniza Mastilovic; P: 29.9.1969

Mozart: Don Giovanni; ML: Günter Wand; R: Ulrich Brecht; Don Giovanni: William Murray; Leporello: Bodo Schwanbeck; Donna Anna: Antigone Sgourda; Donna Elvira: Edda Moser; Don Ottavio: Stanley Kolk; P: 5.11.1969

Berg: Lulu; ML: Christoph von Dohnányi; R: Rudolf Noelte; Lulu: Anja Silja; Gräfin Geschwitz: Soňa Červená; Dr. Schön: Leonardo Wolovsky; Alwa: Josef Hopfwieser; P: 1.1.1970

Wagner: Lohengrin; ML: Gabor Ötvös; R: Filippo Sanjust; Lohengrin: William Cochran; Elsa: Leonore Kirschstein; Telramund: Rudolf Constantin; Ortrud: Daniza Mastilovic; Heinrich der Vogler: Richard Cross; P: 18.2.1970

Milko Kelemen: Der Belagerungszustand; ML: Gabor Ötvös; R: Ulrich Erfurth; Pest: Rudolf Constantin; Sekretärin: Soňa Červená; Diego: Walter Köninger; P: 22.4.1970

Offenbach: Les Contes d'Hoffmann; ML: Reinhard Schwarz; R: Václav Kašlík; Hoffmann: Josef Hopfwieser; Lindorf / Coppelius / Mirakel / Dapertutto: Richard Cross; Olympia: Ena Lewgowd; Antonia: Ileana Cotrubaş; Giulietta: Inger Paustian; P: 10.6.1970

Hartmann: Simplicius Simplicissimus; ML: Gerhard Geist; R: Winfried Bauernfeind; Simplicius Simplicissimus: June Card; Einsiedel: Alfred Vökt; Gouverneur: Josef Hopfwieser; P: 30.6.1970

Rossini: Il barbiere di Siviglia; ML: Alexander Sander; R: Imo Moskovicz; Graf Almaviva: Stanley Kolk; Bartolo: Georg Stern; Rosina: Pari Samar; Figaro: Walter Köninger; P: 6.7.1970

Spielzeit 1970/71

Cimarosa: Il matrimonio segreto; ML: Reinhard Schwarz; R: Leif Söderström; Geronimo: Dieter Weller; Carolina: June Card; Paolino: Stanley Kolk; P: 22.9.1970

Schönberg: Moses und Aron; ML: Christoph von Dohnányi; R: Václav Kašlík; Moses: Hans Hotter; Aron: Jaroslav Kachel; P: 15.11.1970

Verdi: Don Carlo; ML: Gabor Ötvös; R: Václav Kašlík; Don Carlo: Eduardo Alvares; Philipp II.: Richard Cross; Posa: Ladislaus Konya; Elisabetta: Antigone Sgourda; Eboli: Inger Paustian; P: 19.12.1970

Cherubini: Médée; ML: Christoph von Dohnányi; R: John Cox; Médée: Anja Silja; Jason: William Cochran; Créon: Ladislaus Konya; Dircé: June Card; P: 17.3.1971

Strauß: Der Zigeunerbaron; ML: Gabor Ötvös; R: Hellmuth Matiasek; Graf Peter Homonay: Dieter Slembeck; Barinkay: Josef Hopferwieser; Zsupán: Georg Stern; Saffi: Júlia Várady; P: 22.4.1971

Strauss: Elektra; ML: Christoph von Dohnányi; R: Rudolf Steinboeck; Elektra: Daniza Mastilovic; Klytämnestra: Soňa Červená; Chrysothemis: Hildegard Hillebrecht; Orest: Rudolf Constantin; P: 26.5.1971

Gluck: Orfeo ed Euridice; ML: Günter Wand; R: Filippo Sanjust; Orfeo: Agnes Baltsa; Euridice: Ileana Cotrubaş; Amor: Hannelore Machold; P: 4.7.1971

Spielzeit 1971/72

Gounod: Faust; ML: Christoph von Dohnányi; R: Bohumil Herlischka; Faust: Josef Hopferwieser; Méphistophélès: Bodo Schwanbeck; Marguerite: Júlia Várady; P: 1.10.1971

Tschaikowski: Eugen Onegin; ML: Klauspeter Seibel; R: Václav Kašlík; Eugen Onegin: Rudolf Constantin; Tatjana: Antigone Sgourda; Lenski: Eduardo Alvares; Gremin: Manfred Schenk; P: 7.11.1971

Verdi: Falstaff; ML: Christoph von Dohnányi; R: Rudolf Steinboeck; Falstaff: Thomas Tipton; Ford: Ladislaus Konya; Alice Ford: Eva Marton; Mrs. Quickly: Margarete Ast; P: 26.1.1972

Henze: Der junge Lord; ML: Klauspeter Seibel; R: Hans Werner Henze; Sir Edgar: Paul Kötter; Baronin Grünwiesel: Soňa Červená; Luise: June Card; P: 27.2.1972

Puccini: Turandot; ML: Gabor Ötvös; R: Václav Kašlík; Turandot: Daniza Mastilovic; Kalaf: Ion Buzea; Liù: Ellen Shade; P: 27.4.1972

Lehár: Die lustige Witwe; ML: Christoph von Dohnányi; R: Otto Schenk; Valencienne: June Card; Graf Danilo Danilowitsch: Harald Serafin; Hanna Glawari: Anja Silja; Rossillon: Stanley Kolk; P: 5.7.1972

Intendanz Christoph von Dohnányi (1972–1977), GMD: Christoph von Dohnányi

Spielzeit 1972/73

Verdi: Un ballo in maschera; ML: Christoph von Dohnányi; R: Oscar Fritz Schuh; Riccardo: Eduardo Alvares; Renato: Rudolf Constantin; Amelia: Luisa Bosabalian; Ulrica: Maureen Guy; P: 15.10.1972

Strawinsky: The Rake's Progress; ML: Peter Schrottner; R: Peter Lehmann; Tom Rakewell: Josef Hopferwieser; Nick Shadow: Richard Cross; Ann Trulove: June Card; P: 22.12.1972

Wagner: Parsifal; ML: Christoph von Dohnányi; R: Filippo Sanjust; Parsifal: William Cochran; Amfortas: Richard Cross; Gurnemanz: Manfred Schenk; Kundry: Daniza Mastilovic; P: 28.1.1973

Strauss: Arabella; ML: Klauspeter Seibel; R: Rudolf Steinboeck; Arabella: Antigone Sgourda; Zdenka: June Card; Mandryka: Rudolf Constantin; P: 28.2.1973

Lortzing: Der Wildschütz; ML: Peter Schrottner; R: Hans Neugebauer; Der Graf: Erland Hagegaard; Baron Kronthal: Stanley Kolk; Baronin Freimann: Gabriele Fuchs; Baculus: Georg Stern; P: 7.4.1973

Bizet: Carmen; ML: Christoph von Dohnányi; R: Jean-Pierre Ponnelle; Carmen: Anja Silja; Don José: Josef Hopferwieser; Escamillo: Peter Wimberger; Micaëla: Ellen Shade; P: 27.6.1973

Spielzeit 1973/74

Wagner: Die Meistersinger von Nürnberg; ML: Christoph von Dohnányi; R: Filippo Sanjust; Hans Sachs: Giorgio Tozzi; Pogner: Manfred Schenk; Walther von Stolzing: William Cochran; Beckmesser: Dieter Weller; Eva: Ellen Shade; P: 14.10.1973

Loewe: My Fair Lady; ML: Christoph von Dohnányi; R: Hans Neugebauer; Eliza Doolittle: Johanna von Koczian; Henry Higgins: Herbert Bötticher; Alfred P. Doolittle: Bodo Schwanbeck; Oberst Pickering: Gerhard Kauffmann; P: 28.10.1973

Janáček: Katja Kabanová; ML: Peter Schrottner; R: Volker Schlöndorff; Katja: Hildegard Behrens; Boris: Allen Cathcart; Kudrjáš: Heinz Meyen; Kabanicha: Soňa Červená; P: 31.1.1974

Donizetti: Don Pasquale; ML: Klauspeter Seibel; R: Nikolaus Sulzberger; Don Pasquale: Bodo Schwanbeck; Malatesta: Walter Köninger; Ernesto: Stanley Kolk; Norina: Gabriele Fuchs; P: 2.3.1974

Verdi: La forza del destino; ML: Klauspeter Seibel; R: Bodo Igesz; Leonora: Antigone Sgourda; Don Carlo: Rudolf Constantin; Alvaro: Eduardo Alvares; Marchese de Vargas: Heinz Hagenau; P: 29.5.1974

Bartók: Herzog Blaubarts Burg – Schönberg: Erwartung; ML: Christoph von Dohnányi; R: Klaus Michael Grüber;

Blaubart: Ingvar Wixell; Judith: Janis Martin – Die Frau: Anja Silja; P: 26.6.1974

Spielzeit 1974/75

Mozart: Così fan tutte; ML: Christoph von Dohnányi; R: András Fricsay; Fiordiligi: Hildegard Behrens; Dorabella: Trudeliese Schmidt; Ferrando: John Stewart; Guglielmo: William Workman; Despina: Hildegard Heichele; Don Alfonso: Dieter Weller; P: 7.9.1974

Mozart: Le nozze di Figaro; ML: Christoph von Dohnányi; R: Christoph von Dohnányi; Graf Almaviva: Barry McDaniel; Gräfin Almaviva: Ellen Shade; Susanna: Hildegard Heichele; Figaro: Ude Krekow; Cherubino: Gabriele Fuchs; P: 31.10.1974

Puccini: Tosca; ML: Christoph von Dohnányi; R: Jean-Pierre Ponnelle; Tosca: Anja Silja; Cavaradossi: Jonny Blanc; Scarpia: Rudolf Constantin; P: 29.12.1974

Wagner: Götterdämmerung; ML: Christoph von Dohnányi; R: Peter Mussbach; Brünnhilde: Daniza Mastilovic; Siegfried: Allen Cathcart; Hagen: Dieter Weller; P: 23.3.1975

Henze: Die Bassariden; ML: Klauspeter Seibel; R: Hans Werner Henze; Dionysos: James Wagner; Pentheus: Rudolf Constantin; Kadmos: Manfred Schenk; Agaue: Inger Paustian; P: 11.5.1975

Spielzeit 1975/76

Prokofjew: Die Liebe zu den drei Orangen; ML: Uwe Mund; R: Gilbert Deflo; Der Prinz: John Stewart; Truffaldino: Willy Müller; Fata Morgana: Anny Schlemm; P: 18.10.1975

Mascagni: Cavalleria rusticana – Leoncavallo: Pagliacci; ML: Uwe Mund: R: András Fricsay; Santuzza: Hana Janku; Turiddu: Francisco Ortiz – Canio: William Cochran; Nedda: June Card; Tonio: Francesch Chico-Bonet; P: 23.11.1975

Wagner: Das Rheingold; ML: Christoph von Dohnányi; R: Christoph von Dohnányi; Wotan: Franz Ferdinand Nentweig; Loge: Sven Olof Eliasson; Alberich: Dieter Weller; Fricka: Inger Paustian; P: 21.2.1976

Beethoven: Fidelio; ML: Christoph von Dohnányi; R: Achim Freyer / Christoph von Dohnányi; Florestan: Hermann Winkler; Leonore: Hildegard Behrens; Don Pizarro: Siegmund Nimsgern; P: 2.4.1976

Verdi: Macbeth; ML: Carlo Franci; R: Hans Neuenfels; Macbeth: Rudolf Constantin; Lady Macbeth: Hana Janku; Banquo: Richard Cross; P: 22.5.1976

Spielzeit 1976/77

Mussorgski: Boris Godunow; ML: Christoph von Dohnányi; R: Gilbert Deflo; Boris Godunow: Franz Ferdinand Nentwig; Dimitrij: Allen Cathcart; Pimen: Manfred Schenk; Marina: Katherine Pring; P: 30.8.1976

Mozart: Idomeneo; ML: Uwe Mund; R: Ekkehard Grübler; Idomeneo: William Cochran; Idamantes: John Stewart; Ilia: Hildegard Heichele; Elettra: Edda Moser; P: 27.11.1976

Puccini: Il trittico; ML: Michael Halász; R: Giancarlo del Monaco; Angelica: Sung-Sook Lee; Marcello: Ladislaus Konya; Giorgetta: June Card; Luigi: Werner Götz; Gianni Schicchi: Bodo Schwanbeck; Lauretta: Gabriele Fuchs; P: 13.2.1977

Wagner: Tristan und Isolde; ML: Christoph von Dohnányi; R: Nikolaus Lehnhoff; Tristan: Spas Wenkoff; Isolde: Ursula Schröder-Feinen; König Marke: Heinz Hagenau; Brangäne: Mignon Dunn; P: 8.4.1977

Verdi: Otello; ML: Christoph von Dohnányi; R: Virginio Puecher; Otello: Carlo Cossutta; Desdemona: Eva Marton; Jago: Kostas Paskalis; P: 18.6.1977

Intendanz Michael Gielen (1977–1987), GMD: Michael Gielen

Spielzeit 1977/78

Mozart: Don Giovanni; ML: Michael Gielen; R: Hans Hollmann; Don Giovanni: Michael Devlin; Leporello: Dieter Weller; Donna Anna: Judith Beckmann; Donna Elvira: Siv Wennberg; Don Ottavio: John Stewart; P: 17.9.1977

Janáček: Das schlaue Füchslein; ML: Ralf Weikert; R: Jonathan Miller; Förster: Richard Cross; Füchslein: Gabriele Fuchs; Fuchs: Matthi Juhani; P: 13.11.1977

Wagner: Tannhäuser; ML: Michael Gielen; R: Virginio Puecher; Tannhäuser: Spas Wenkoff; Hermann: Manfred Schenk; Elisabeth: Siv Wennberg; Venus: Dunja Vejzovic; P: 15.2.1978

Verdi: Il trovatore; ML: Peter Falk; R: András Fricsay; Luna: Ladislaus Konya; Leonora: Antigone Sgourda; Azucena: Dunja Vejzovic; Manrico: Juan Lloveras; P: 2.4.1978

Händel: Giulio Cesare; ML: Nikolaus Harnoncourt; R: Horst Zankl; Giulio Cesare: Michael Devlin; Cleopatra: Felicity Palmer; Sesto: Margit Neubauer; P: 30.4.1978

Nono: Al gran sole carico d'amore; ML: Michael Gielen; R: Jürgen Flimm; June Card; Margit Neubauer; Soňa Červená; Heinz Meyen; P: 26.6.1978

Spielzeit 1978/79

Offenbach: La Vie Parisienne; ML: David Pieter de Villiers; R: Jérôme Savary; Baron de Gondremark: Bodo Schwanbeck; Baronin Christine-Mathilda: Hildegard Heichele; Raoul de Gardefeu: Harald Sarafin; P: 1.10.1978

Schreker: Die Gezeichneten; ML: Michael Gielen; R: Hans Neuenfels; Graf Andrea Vitelozzo Tamare: Barry Mora; Carlotta: June Card; Alviano Salvago: Werner Götz; P: 20.1.1979

Wagner: Der fliegende Holländer; ML: Peter Falk; R: Jonathan Miller; Der Holländer: Rudolf Constantin; Daland: Heinz Hagenau; Senta: Lisbeth Balslev; P: 25.2.1979

Strauss: Capriccio; ML: Ralf Weikert; R: Ekkehard Grübler; Die Gräfin: Judith Beckmann; Flamand: John Stewart; Olivier: William Workman; P: 24.3.1979

Janáček: Jenufa; ML: Michael Gielen; R: Alfred Kirchner; Jenufa: June Card; Laca: William Cochran; Števa: John Stewart; Die Küsterin: Daniza Mastilovic; P: 8.7.1979

Spielzeit 1979/80

Berg: Lulu; ML: Michael Gielen; R: Harry Kupfer; Lulu: Slavka Taskova; Gräfin Geschwitz: Dunja Vejzovic; Dr. Schön: Dieter Weller; Alwa: Jean van Ree; P: 14.10.1979

Verdi: La Traviata; ML: Ralf Weikert; R: Siegfried Schoenbohm; Violetta Valéry: Eugenia Moldoveanu; Alfredo Germont: Ryszard Karczykowski; Giorgio Germont: William Workman; P: 26.11.1979

Berlioz: Lelio; ML: Michael Gielen; R: Michel Beretti / Fred Howald; Horatio: Heinz Meyen; Der Präsident: Vladimir de Kanel; P: 9.1.1980

Busoni: Doktor Faust; ML: Friedrich Pleyer; R: Hans Neuenfels; Doktor Faust: Günter Reich; Mephistopheles: William Cochran; Die Herzogin von Parma: June Card; P: 10.3.1980

Mozart: Die Zauberflöte; ML: Michael Gielen; R: Ruth Berghaus; Tamino: John Stewart; Pamina: Hildegard Heichele; Papageno: William Workman; Königin der Nacht: Sylvia Greenberg; Sarastro: Manfred Schenk; P: 4.5.1980

Puccini: Madama Butterfly; ML: Friedrich Pleyer; R: Harry Kupfer; Madama Butterfly: Akiko Kuroda; Pinkerton: Seppo Ruohonen; Sharpless: Ladislaus Konya; P: 25.6.1980

Spielzeit 1980/81

Rameau: Castor et Pollux; ML: Nikolaus Harnoncourt; R: Horst Zankl; Castor: Philip Langridge; Pollux: Roland Hermann; Télaïre: Elizabeth Gale; Phébé: Kathleen Martin; P: 5.10.1980

Verdi: Aida; ML: Michael Gielen; R: Hans Neuenfels; Aida: Aurea Gomez; Amneris: Edna Garabedian; Radames: Seppo Ruohonen; Amonasro: Michael Devlin; P: 31.1.1981

Strauss: Ariadne auf Naxos; ML: Ralf Weikert; R: Wolfgang Glück; Ariadne: Rosalind Plowright; Der Komponist: Mildred Tyree; Zerbinetta: Nan Christie; Bacchus: William Cochran; P: 8.3.1981

B. A. Zimmermann: Die Soldaten; ML: Michael Gielen; R: Alfred Kirchner; Marie: Nan Christie; Stolzius: Walter Raffeiner; Desportes: William Cochran; P: 18.6.1981

Spielzeit 1981/82

Offenbach: Die schöne Helena; ML: Peter Fischer; R: Horst Zankl; Helena: Julia Conwell; Paris: Ryszard Karczykowski; Menelaus: Alfred Vökt; P: 21.9.1981

Mozart: Die Entführung aus dem Serail; ML: Michael Gielen; R: Ruth Berghaus; Bassa Selim: Edgar M. Böhlke; Konstanze: Faye Robinson; Blonde: Julie Kaufmann; Belmonte: Philip Langridge; Osmin: Gerolf Scheder; P: 2.12.1981

Gluck: Alceste; ML: Michael Gielen; R: Karl Kneidl; Alceste: Dunja Vejzovic; Admeto: David Griffith; P: 30.1.1982

Janáček: Die Sache Makropulos; ML: Michael Gielen; R: Ruth Berghaus; Emilia Marty: Anja Silja; Albert Gregor: William Cochran; Jaroslav Prus: Günter Reich; P: 28.3.1982

Spielzeit 1982/83

Rossini: Il turco in Italia; ML: Judith Somogyi; R: Renate Ackermann; Selim: Gerolf Scheder; Donna Fiorilla: Hildegard Heichele; Don Geronio: Dieter Weller; Der Poet Prosdocimo: William Workman; P: 20.8.1982

Verdi: Un ballo in maschera; ML: Judith Somogyi; R: Alfred Kirchner; Riccardo: Luis Lima; Renato: Giorgio Zancanaro; Amelia: Mara Zampieri; Ulrica: Claire Powell; P: 2.10.1982

Offenbach: Monsieur Beaujolais (Drei Einakter); ML: Volkmar Obrich; R: Jürgen Tamchina; Minette / Alexis/Ernestine: June Card; Marianne / Theodorine / Mme. Balandard: Soňa Červená; Direktor Beaujolais / Cacatois XXII. / Chrysodyl Babylas: William Cochran; P: 14.10.1982; K

Wagner: Parsifal; ML: Michael Gielen; R: Ruth Berghaus; Parsifal: Walter Raffeiner; Amfortas: John Bröcheler; Gurnemanz: Manfred Schenk; Kundry: Gail Gilmore; P: 28.11.1982

Strawinsky: The Rake's Progress; ML: Michael Luig; R: Karl Kneidl; Tom Rakewell: William Cochran; Nick Shadow: Tom Fox; Ann Trulove: Paula Cage; P: 2.4.1983

Lortzing: Der Wildschütz; ML: Michael Luig; R: Renate Ackermann; Der Graf: William Workman; Baron Kronthal: Ryszard Karczykowski; Baronin Freimann: Hildegard Heichele; Baculus: Artur Korn; P: 7.5.1983

Puccini: Manon Lescaut; ML: Michael Gielen; R: Hansgünther Heyme; Manon Lescaut: Nelly Miricioiu; Lescaut: Barry Mora; Des Grieux: Piero Visconti; P: 18.6.1983

Spielzeit 1983/84

Weber: Der Freischütz; ML: Michael Luig; R: Christof Nel; Max: Walter Raffeiner; Agathe: Beatrice Niedhoff; Kaspar: Gerolf Scheder; Ännchen: Barbara Bonney; P: 26.9.1983

Berlioz: Les Troyens; ML: Michael Gielen; R: Ruth Berghaus; Enée: William Cochran; Cassandre: Anja Silja; Didon: Rachel Gettler; P: 18.12.1983

Donizetti: Don Pasquale; ML: Peter Hirsch; R: Renate Ackermann; Don Pasquale: Günter Reich; Malatesta: Barry Mora; Ernesto: Jerrold van der Schaaf; Norina: Barbara Bonney; P: 3.2.1984
Puccini: La Bohème; ML: Michael Gielen; R: Volker Schlöndorff; Mimì: Nelly Miricioiu; Rodolfo: Peter Kelen; Musetta: Hildegard Heichele; Marcello: Barry Mora; P: 16.6.1984

Spielzeit 1984/85

Tschaikowski: Eugen Onegin; ML: Peter Hirsch; R: Alfred Kirchner; Eugen Onegin: Benjamin Luxon; Tatjana: Helena Doese; Lenski: Hans Peter Blochwitz; Gremin: Heinz Hagenau; P: 9.9.1984
Strauß: Der Zigeunerbaron; ML: Michael Luig; R: Jürgen Tamchina; Graf Peter Homonay: Tom Fox; Barinkay: Otoniel Gonzaga; Zsupán: Bodo Schwanbeck; Saffi: Eliane Coelho; P: 5.11.1984
Verdi: Falstaff; ML: Michael Gielen; R: Christof Nel; Falstaff: Louis Quilico; Ford: Barry Mora; Alice Ford: Ellen Shade; Mrs. Quickly: Anny Schlemm; P: 28.1.1985
Offenbach: Les Contes d'Hoffmann; ML: Michael Boder; R: Herbert Wernicke; Hoffmann: William Cochran; Lindorf / Coppelius / Mirakel / Dapertutto: Neil Howlett; Olympia: Elizabeth Parcells; Antonia: Hildegard Heichele; Giulietta: Gail Gilmore; P: 6.4.1985
Strauss: Der Rosenkavalier; ML: Michael Gielen; R: Philippe Sireuil; Feldmarschallin: Helena Doese; Baron Ochs: Manfred Schenk; Octavian: Gail Gilmore; Herr von Faninal: Adalbert Waller; Sophie: Barbara Bonney; P: 26.6.1985

Spielzeit 1985/86

Purcell: Dido and Aeneas; ML: Michael Boder; R: Jürgen Tamchina; Dido: Glenys Linos; Aeneas: Valentin Jar; P: 14.9.1985
Smetana: Die verkaufte Braut; ML: Michael Luig; R: Christof Nel; Marie: Eliane Coelho; Hans: Michael Pabst; Kecal: Adalbert Waller; Wenzel: Christoph Prégardien; P: 2.11.1985
Wagner: Das Rheingold; ML: Michael Gielen; R: Ruth Berghaus; Wotan: Bruce Martin; Loge: Heinz Zednik; Alberich: Adalbert Waller; Fricka: Gail Gilmore; P: 7.12.1985
Offenbach: Orpheus in der Unterwelt; ML: Nikos Athinäos; R: Jürgen Tamchina; Aristeus / Pluto: William Workman; Jupiter: Walter Raffeiner; Orpheus: Hans Peter Blochwitz; P: 10.3.1986
Schedl: Der Schweinehirt; ML: Antonio Pappano; R: Peter Reichenbach; Prinzessin: Susanne Freyler; Prinz: Joe Turpin; Kaiser: Carlos Krause; P: 27.3.1986; K
Wagner: Die Walküre; ML: Michael Gielen; R: Ruth Berghaus; Siegmund: Walter Raffeiner; Wotan: Wolfgang Probst; Sieglinde: Helena Doese; Brünnhilde: Catarina Ligendza; Fricka: Gail Gilmore; P: 1.5.1986

Zender: Stephen Climax; ML: Peter Hirsch; R: Alfred Kirchner; Simeon: Ian Caley; Stephen: Lyndon Terracini; Leopold Bloom: Joshua Hecht; P: 15.6.1986

Spielzeit 1986/87

Wagner: Siegfried; ML: Michael Gielen; R: Ruth Berghaus; Siegfried: William Cochran; Mime: Heinz Zednik; Der Wanderer: Wolfgang Probst; P: 9.11.1986
Hespos: Reise zum Mittelpunkt der Erde; ML: Hans-Joachim Hespos; R: Gerd Kaul; Nancy Shade; Gisela Saur-Kontarsky; Werner Gerber; Mike Hentz; P: 14.11.1986; K
Mozart: Le nozze di Figaro; ML: Peter Hirsch; R: Jürgen Gosch; Graf Almaviva: Wolfgang Schöne; Gräfin Almaviva: Hildegard Heichele; Susanna: Nan Christie; Figaro: Tom Fox; Cherubino: Marianne Rørholm; P: 10.1.1987
Wagner: Götterdämmerung; ML: Michael Gielen; R: Ruth Berghaus; Brünnhilde: Catarina Ligendza; Siegfried: William Cochran; Hagen: Manfred Schenk; P: 8.3.1987

Intendanz Gary Bertini (1987–1990), GMD: Gary Bertini

Spielzeit 1987/88

Gluck: Iphigénie en Aulide – Iphigénie en Tauride; ML: Gary Bertini; R: Michael Cacoyannis; Iphigénie: Clarry Bartha; Agamemnon: John Bröcheler; Clitemnestre: Marjana Lipovšek; Achille: Curtis Rayam – Iphigénie: Gabriele Maria Ronge; Oreste: François Le Roux; Pylade: Keith Lewis; Thoas: Tom Fox; P: 30.10.1987
Mozart: Così fan tutte; ML: Gary Bertini; R: Graham Vick; Fiordiligi: Margaret Marshall; Dorabella: Diana Montague; Ferrando: Hans Peter Blochwitz; Guglielmo: Olaf Bär; Despina: Mitsuko Shirai; Don Alfonso: Tom Krause; P: 8.11.1987
Cage: Europeras 1 & 2; ML: Gary Bertini; R: John Cage; Christina Andreou; June Card; Marianne Rørholm; Anny Schlemm; Heinz Hagenau; P: 12.12.1987
Verdi: Otello; ML: Gary Bertini; R: Rudolf Noelte; Otello: René Kollo; Desdemona: Clarry Bartha; Jago: Franz Grundheber; P: 26.2.1988
Strauss: Elektra; ML: Richard Armstrong; R: Herbert Wernicke; Elektra: Olivia Stapp; Klytämnestra: Anny Schlemm; Chrysothemis: Helena Doese; Orest: John Bröcheler; P: 15.4.1988; AO
Rossini: Il barbiere di Siviglia; ML: Gianluigi Gelmetti; R: Peter Mussbach; Graf Almaviva: Jozef Kundlák; Bartolo: Enzo Dara; Rosina: Alice Baker; Figaro: Alessandro Corbelli; P: 6.7.1988

Spielzeit 1988/89

Verdi: Rigoletto; ML: Gary Bertini; R: Jean-Claude Auvray; Rigoletto: John Rawnsley; Gilda: Anne Dawson; Herzog von Mantua: Franco Farina; P: 22.10.1988

Liebermann: Der Wald; ML: Zoltán Peskó; R: Alfred Dresen; Die Tante: Renate Behle; Axinja: Sonia Theodoridou; Gennadij: Tom Krause; Alexej: Hellen Kwon; P: 7.1.1989

Mozart: La clemenza di Tito; ML: Gary Bertini; R: Cesare Lievi; Tito: Keith Lewis; Vitellia: Helena Doese; Sesto: Alicia Nafé; Annio: Marianne Rørholm; P: 11.2.1989

Nieto/Giménez: El barbero de Sevilla; ML: Volkmar Olbrich; R: Uwe Schwarz; Elena: Sonia Theodoridou; Ricardo Martín: Jan Frank Danckaert; Don Nicolás: Willy Müller; La Roldán: Margit Neubauer; P: 17.3.1989

Dvořák: Rusalka; ML: Imre Palló; R: David Pountney; Rusalka: Clarry Bartha; Prinz: Allan Glassman; Wassermann: Manfred Schenk; P: 22.4.1989

Holliger: Come and Go – What Where – Not I; ML: Ingo Metzmacher; R: Peter Mussbach; Barbara Fuchs; Brian Bennett; Donna Balson; Eliane Coelho; Christine Batty; P: 19.5.1989

Gluck: Iphigénie en Aulide; ML: Gary Bertini; R: Uwe Schwarz; Iphigénie: Sonia Theodoridou; Agamemnon: Frederick Burchinal; Clitemnestre: Renate Behle; Achille: Curtis Rayam; P: 26.5.1989

Britten: A Midsummer Night's Dream; ML: Gary Bertini; R: Thomas Langhoff; Lysander: Douglas Johnson; Demetrius: Rodney Gilfry; Hermia: Kimberly Barber; Helena: Alexandra Coku; Puck: David Bennent; P: 30.6.1989

Spielzeit 1989/90

Mozart: La finta giardiniera; ML: Gary Bertini; R: Robert Carsen; Sandrina: Pia-Marie Nilsson; Belfiore: Douglas Johnson; Nardo: Russell Smythe; Ramiro: Alicia Nafé; P: 22.10.1989

Strauss: Ariadne auf Naxos; ML: Richard Armstrong; R: Peter Mussbach; Ariadne: Helena Doese; Der Komponist: Kimberly Barber; Zerbinetta: Hellen Kwon; Bacchus: Michael Sylvester; P: 23.12.1989

Gluck: Iphigénie en Tauride; ML: Gary Bertini; R: Patrice Caurier/Moshe Leiser; Iphigénie: Sylvie Brunet; Oreste: François Le Roux; Pylade: Keith Lewis; Thoas: Gregory Yurisich; P: 26.1.1990

Schostakowitsch: Die Nase; ML: Oleg Caetani; R: Johannes Schaaf; Die Nase: William Cochran; Kusmitsch Kowaljoff: Alan Titus; Iwan Jakowlewitsch: Bodo Schwanbeck; P: 25.2.1990

Schönberg: Moses und Aron; ML: Gary Bertini; R: Herbert Wernicke; Moses: Gerhard Faulstich; Aron: William Cochran; P: 12.5.1990; AO

Burckhardt: Das Feuerwerk; ML: Jonathan Nott; R: Urs Häberli; Der Vater: Carlos Krause; Anna: Pia-Marie Nilsson; Alexander Obolski: Michael Glücksmann; Iduna: Margit Neubauer; P: 23.5.1990; Haus Südbahnhof

Verdi: Macbeth; ML: Imre Palló; R: Cesare Lievi; Macbeth: Jürgen Freier; Lady Macbeth: Rosalind Plowright; Banquo: René Pape; P: 1.7.1990

Intendanz Hans Peter Doll / Martin Steinhoff (1990–1993), GMD: Hans Drewanz

Spielzeit 1990/91

Weill: Aufstieg und Fall der Stadt Mahagonny; ML: Steven Sloane; R: Arie Zinger; Leokadja Begbick: Glenys Linos; Fatty, der Prokurist: Valentin Jar; Dreieinigkeitsmoses: Yaron Windmüller; Jenny: Michal Shamir; P: 24.10.1990

Knussen: Wo die wilden Kerle wohnen; ML: Bernhard Kontarsky; R: Ian Strasfogel; Max: Alexandra Coku; Mutter: Elsie Maurer; P: 5.1.1991

Mozart: Die Zauberflöte; ML: Marcello Viotti; R: Wolfgang Weber; Tamino: Douglas Johnson; Pamina: Alexandra Coku; Papageno: Michael Vier; Königin der Nacht: Amanda Halgrimson; Sarastro: Matthias Hölle; P: 6.4.1991

Spielzeit 1991/92

Verdi: La Traviata; ML: Silvio Varviso; R: Axel Corti; Violetta Valéry: Margaret Marshall; Alfredo Germont: Dino di Domenico; Giorgio Germont: Alexandru Agache; P: 11.10.1991

Wagner: Lohengrin; ML: Stefan Soltesz; R: Nikolaus Lehnhoff; Lohengrin: Thomas Sunnegårdh; Elsa: Helena Doese; Telramund: Siegmund Nimsgern; Ortrud: Anja Silja; Heinrich der Vogler: Manfred Schenk; P: 24.11.1991

Bizet: Carmen; ML: Oleg Caetani; R: Georges Delnon; Carmen: Graciela Araya; Don José: Mario Malagnini; Escamillo: Andrzej Dobber; Micaëla: Audrey Michael; P: 7.3.1992

Reimann: Troades; ML: Hans Drewanz; R: Kurt Horres; Hekabe: Isolde Elchlepp; Kassandra: Doris Soffel; Andromache: Luana DeVol; P: 29.5.1992

Adams: Nixon in China; ML: Kent Nagano; R: Peter Sellars; Richard Nixon: James Maddalena; Chou En-lai: Sanford Sylvan; Mao Tse-tung: John Duykers; Pat Nixon: Eileen Hannan; P: 2.7.1992

Glass: Einstein on the Beach; ML: Michael Riesman; R: Robert Wilson; Marion Beckenstein; Lisa Bielawa; Michèle Eaton; Katie Geissinger; Elsa Higby; Jeffrey Johnson; P: 19.7.1992

Spielzeit 1992/93

Strauß: Die Fledermaus; ML: Carlos Kalmar; R: Georges Delnon; Eisenstein: Michael Pabst; Rosalinde: Clarry Bartha; Dr. Falke: Thomas Mohr; Adele: Pia-Marie Nilsson; P: 31.10.1992

Strauss: Der Rosenkavalier; ML: Spiro Argiris; R: Ruth Berghaus; Feldmarschallin: Deborah Polaski; Baron Ochs: Daniel

Lewis Williams; Octavian: Ildikó Komlósi; Herr von Faninal: Tomas Möwes; Sophie: Pia-Marie Nilsson; P: 23.12.1992
Schostakowitsch: Lady Macbeth von Mzensk; ML: Eberhard Kloke; R: Werner Schroeter; Boris Ismailow: Valeri Alekseev; Katerina Ismailowa: Kristine Ciesinski; Sergej: Sergej Larin; P: 7.3.1993
Cimarosa: Il matrimonio segreto; ML: Guido Johannes Rumstadt; R: Rainer Pudenz; Geronimo: Bodo Schwanbeck; Carolina: Sharon Rostorf; Paolino: Douglas Johnson; P: 10.4.1993
Wagner: Die Meistersinger von Nürnberg; ML: Michael Boder; R: Christof Nel; Hans Sachs: Alan Titus; Pogner: Victor von Halem; Walther von Stolzing: William Cochran; Beckmesser: Jürgen Freier; Eva: Andrea Trauboth; P: 6.6.1993

Intendanz Martin Steinhoff / Sylvain Cambreling (1993–1997), GMD: Sylvain Cambreling

Spielzeit 1993/94

Berg: Wozzeck; ML: Sylvain Cambreling; R: Peter Mussbach; Wozzeck: Dale Duesing; Marie: Kristine Ciesinski; Hauptmann: Ragnar Ulfung; Tambourmajor: Ronald Hamilton; P: 6.10.1993
Verdi: Simon Boccanegra; ML: Sylvain Cambreling; R: Matthias Langhoff; Simon Boccanegra: John Bröcheler; Maria Boccanegra: Gunnel Bohman; Jacopo Fiesco: Harald Stamm; Paolo Albiani: Ivan Kusnjer; Gabriele Adorno: Keith Olsen; P: 14.11.1993
Janáček: Aus einem Totenhaus; ML: Sylvain Cambreling; R: Peter Mussbach; Filka Morosoff / Luka Kusmitsch: Ian Caley; Schischkoff: Alan Held; Skuratoff: William Cochran; Kedril / Schapkin: Uwe Schönbeck; Alexander Petrowitsch Gorjantschikoff: Dale Duesing; P: 13.2.1994
Bartók: Herzog Blaubarts Burg; ML: Sylvain Cambreling; R: Herbert Wernicke; Blaubart: Henk Smit; Judith: Kristine Ciesinski; P: 13.3.1994
Cornelius: Der Barbier von Bagdad; ML: Hans Zender; R: Veit Volkert / Barbara Mundel; Abul Hassan Ali Ebn Bekar: Gerolf Scheder; Nureddin: Hubert Delamboye; Margiana: Pia-Marie Nilsson; P: 10.4.1994
Strauss: Elektra; ML: Guido Johannes Rumstadt; R: Núria Espert; Elektra: Janis Martin; Klytämnestra: Livia Budai-Batky; Chrysothemis: Helena Doese; Orest: Monte Pederson; P: 8.5.1994
Debussy: Pelléas et Mélisande; ML: Sylvain Cambreling; R: Christoph Marthaler; Pelléas: Urban Malmberg; Mélisande: Catherine Dubosc; Golaud: Viktor Braun; P: 12.6.1994

Spielzeit 1994/95

Wagner: Das Rheingold; ML: Sylvain Cambreling; R: Herbert Wernicke; Wotan: Alan Held; Loge: Hubert Delamboye; Alberich: Georg Tichy; Fricka: Livia Budai-Batky; R: 11.10.1994
Wagner: Die Walküre; ML: Sylvain Cambreling; R: Herbert Wernicke; Siegmund: James Patrick Raftery; Wotan: Monte Pederson; Sieglinde: Helena Doese; Brünnhilde: Janis Martin; Fricka: Livia Budai-Batky; P: 12.10.1994
Wagner: Siegfried; ML: Sylvain Cambreling; R: Herbert Wernicke; Siegfried: William Cochran; Mime: Uwe Schönbeck; Der Wanderer: John Bröcheler; P: 14.10.1994
Wagner: Götterdämmerung; ML: Sylvain Cambreling; R: Herbert Wernicke; Brünnhilde: Janis Martin; Siegfried: William Cochran; Hagen: Aage Haugland; P: 16.10.1994
Schönberg: Pierrot Lunaire – Janáček: Tagebuch eines Verschollenen; ML: Mathis Dulack; R: Reinhild Hoffmann; Rezitation: June Card; Spieler: Willy Forwick; Tenor (Janáček): Ian Caley; Mezzosopran (Seffka): Margit Neubauer; P: 6.11.1994
Mozart: Don Giovanni; ML: Sylvain Cambreling; R: Peter Mussbach; Don Giovanni: Natale de Carolis; Leporello: Alan Held; Donna Anna: Tina Kiberg; Donna Elvira: Margaret Jane Wray; Don Ottavio: Jerome Pruett; P: 27.11.1994
Weber: Oberon; ML: Hans Zender; R: Veit Volkert/Michael Schmitz; Oberon: Hubert Delamboye; Rezia: Karita Mattila; Fatime: Margit Neubauer; Hüon von Bordeaux: Laurence Dale; P: 3.2.1995
Mozart: Lucio Silla; ML: Sylvain Cambreling; R: Peter Mussbach; Lucio Silla: James Patrick Raftery; Giunia: Sally Wolf; Cecilio: Debora Beronesi; Lucio Cinna: Elzbieta Szmytka; P: 14.5.1995
Boesmans: Reigen; ML: Sylvain Cambreling; R: Luc Bondy; Die Dirne: Pia-Marie Nilsson; Der Soldat: Doug Jones; Graf: Dale Duesing; Sängerin: Helena Doese; P: 21.6.1995

Spielzeit 1995/96

Janáček: Jenufa; ML: Guido Johannes Rumstadt; R: Adolf Dresen; Jenufa: Mari Anne Häggander; Laca: William Cochran; Števa: Peter Straka; Die Küsterin: Anja Silja; P: 1.10.1995
Saint-Saëns: Samson et Dalila; ML: Sylvain Cambreling; R: Barbara Mundel / Veit Volkert; Samson: Hubert Delamboye; Dalila: Margit Neubauer; Oberpriester des Dragon: Philippe Rouillon; P: 17.12.1995
Strawinsky: L'Histoire Du Soldat; ML: Mathis Dulack; R: Barbara Mundel / Veit Volkert; Karin Romig; Gottfried Breitfuß; Martin Lämmerhirt; Kalle Mews; Thomas Stache; P: 6.1.1996; BD
Mozart: Idomeneo; ML: Sylvain Cambreling; R: Johannes Schütz/Reinhild Hoffmann; Idomeneo: Chris Merritt; Idamante: Debora Beronesi; Ilia: Elzbieta Szmytka; Elettra: Rosamund Illing; P: 14.2.1996

Saint-Saëns: Karneval der Tiere; ML: Theodor Ganger; R: Manfred Roth; P: 5.3.1996
Verdi: Luisa Miller; ML: Sylvain Cambreling; R: Christoph Marthaler; Luisa: Gunnel Bohman; Miller: Georg Tichy; Graf von Walter: Harald Stamm; Rodolfo: Luca Lombardo; P: 8.4.1996
Mozart: Le nozze di Figaro; ML: Sylvain Cambreling; R: Peter Mussbach; Graf Almaviva: Dale Duesing; Gräfin Almaviva: Joanna Borowska; Susanna: Pia-Marie Nilsson; Figaro: Natale de Carolis; Cherubino: Cassandre Berthon; P: 24.6.1996

Spielzeit 1996/97

Lehár: Die lustige Witwe; ML: Sylvain Cambreling; R: Peter Mussbach; Valencienne: Oxana Arkaeva; Graf Danilo Danilowitsch: Patrick Raftery; Hanna Glawari: Gunnel Bohman; Rossillon: Hans-Jürgen Lazar; P: 13.10.1996
Mussorgski: Boris Godunow; ML: Sylvain Cambreling; R: Lluís Pasqual; Boris Godunow: Victor Braun; Dmitrij: Ilya Levinsky; Pimen: Alexander Anisimov; P: 1.12.1996
Donizetti: L'elisir d'amore; ML: Barbara Yahr; R: Andrea Schwalbach; Adina: Malin Hartelius; Nemorino: Barry Banks; Belcore: Natale de Carolis; Dulcamara: Detlef Roth; P: 9.2.1997
Satie: Geneviève de Brabant; ML: Wolfgang Müller-Salow; R: Manfred Roth; Geneviève de Brabant: June Card; Sifroy: Thomas Korte; Golo: Heinz Meyen; P: 13.3.1997
Beethoven: Fidelio; ML: Sylvain Cambreling; R: Christoph Marthaler; Florestan: Patrick Raftery; Leonore: Kristine Ciesinski; Don Pizarro: Henk Smit; P: 13.4.1997

Intendanz Martin Steinhoff (1997–2002), GMD: Klauspeter Seibel

Spielzeit 1997/98

Frid: Das Tagebuch der Anne Frank; ML: Guido Johannes Rumstadt; R: Bernhard Stejskal; Anne Frank: Barbara Zechmeister; P: 7.9.1997
Weber: Der Freischütz; ML: Guido Johannes Rumstadt; R: Fred Berndt; Max: Robert Gambill; Agathe: Gunnel Bohman; Kaspar: Ronnie Johansen; Ännchen: Barbara Zechmeister; P: 7.12.1997
Puccini: La Bohème; ML: Klauspeter Seibel; R: Alfred Kirchner; Mimì: Gunnel Bohman; Rodolfo: Ilya Levinsky; Musetta: Barbara Zechmeister; Marcello: Detlef Roth; P: 17.1.1998
Henze: Boulevard Solitude; ML: Bernhard Kontarsky; R: Nicolas Brieger; Manon: Janet Williams; Manons Bruder Lescaut: Johannes Martin Kränzle; Armand des Grieux: Gran Wilson; P: 8.3.1998
Henze: Pollicino; ML: Roland Böer; R: Tine Buyse; Pollicino: Sibylle Bosold; mit Schülern der Schillerschule; P: 15.3.1998; Schillerschule
Offenbach: La Périchole; ML: Roberto Paternostro; R: Peter Eschberg; Périchole: Rannveig Braga; Piquillo: Johannes Martin Kränzle; Don Andrès: Armand Arapian; P: 16.5.1998
Tschaikowski: Eugen Onegin; ML: Klauspeter Seibel; R: Rosamund Gilmore; Eugen Onegin: Detlef Roth; Tatjana: Gunnel Bohman; Lenski: Zoran Todorovich; Fürst Gremin: Vladimir de Kanel; P: 7.6.1998

Spielzeit 1998/99

Mozart: Die Zauberflöte; ML: Klauspeter Seibel; R: Alfred Kirchner; Tamino: Ilya Levinsky; Pamina: Britta Stallmeister; Papageno: Detlef Roth; Königin der Nacht: Kirsten Blanck; Sarastro: Jaakko Ryhänen; P: 3.10.1998
Holliger: Schneewittchen; ML: Heinz Holliger; R: Reto Nickler; Schneewittchen: Juliane Banse; Prinz: Steve Davislim; Schwiegermutter: Cornelia Kallisch; P: 28.10.1998
Verdi: Rigoletto; ML: Olaf Henzold; R: Kurt Horres; Rigoletto: John Bröcheler; Gilda: Elzbieta Szmytka; Herzog von Mantua: Zoran Todorovich; P: 29.11.1998
Strauss: Salome; ML: Klauspeter Seibel; R: Christof Nel; Salome: Nina Warren; Herodes: Christian Franz; Jochanaan: Claudio Otelli; Herodias: June Card; P: 13.2.1999
Rihm: Jakob Lenz; ML: Catherine Rückwardt; R: Torsten Fischer; Lenz: Johannes Martin Kränzle; Oberlin: Bodo Schwanbeck; Kaufmann: Hans-Jürgen Lazar; P: 5.3.1999; BD
Mascagni: Cavalleria rusticana – Leoncavallo: Pagliacci; ML: Paolo Carignani; R: Giancarlo del Monaco; Santuzza: Monika Krause; Turiddu: Hubert Delamboye – Canio: Adrian Thompson; Nedda: Dunja Simić; Tonio: Claudio Otelli; P: 3.4.1999
Humperdinck: Hänsel und Gretel; ML: Guido Johannes Rumstadt; R: Andreas Homoki; Hänsel: Rannveig Braga; Gretel: Barbara Zechmeister; Knusperhexe: June Card; P: 1.5.1999
Davies: Cinderella; ML: Johannes Debus; R: Frank Martin Widmaier; mit Schülern der Musterschule; P: 10.6.1999; Musterschule
Mozart: Der Schauspieldirektor – Salieri: Prima la musica, poi le parole; ML: Catherine Rückwardt; R: Bettina Giese – Katrin Hilbe; Madame Herz: Oxana Arkaeva; Mademoiselle Sophie Silberklang: Hlín Pétursdottir; Schauspieldirektor: Carlos Kraus – Der Kapellmeister: Guido Jentjens; Der Dichter: John Rath; P: 28.6.1999

Spielzeit 1999 / 2000, GMD: Paolo Carignani

Wagner: Der fliegende Holländer; ML: Paolo Carignani; R: Anthony Pilavachi; Der Holländer: Bernd Weikl; Daland: Andreas Macco; Senta: Eva Johansson; P: 2.10.1999
Puccini: Manon Lescaut; ML: Paolo Carignani; R: Alfred Kirchner; Manon Lescaut: Maria Pia Ionata; Lescaut: Željko Lučić; Des Grieux: Martin Thompson; P: 27.11.1999

Hölszky: Die Wände; ML: Bernhard Kontarsky; R: Hans
   Hollmann; Die Mutter: June Card; Said: Christopher
   Lincoln; Leila: Brigitte Wohlfarth; P: 30.1.2000
Verdi: Il trovatore; ML: Paolo Carignani; R: Antonio Calenda;
   Luna: Željko Lučić; Leonora: Fiorenza Cedolins; Azucena:
   Ildikó Szőnyi; Manrico: Vladimir Kouzmenko; P: 26.2.2000
Hindemith: Cardillac; ML: Klauspeter Seibel; R: Nicolas Brieger;
   Cardillac: Claudio Otelli; Die Tochter: Gunnel Bohman;
   Der Offizier: Christopher Lincoln; P: 22.4.2000
Mozart: Così fan tutte; ML: Balázs Kocsár; R: Annegret Ritzel;
   Fiordiligi: Anja Harteros; Dorabella: Nidia Palacios; Ferrando:
   Jonas Kaufmann; Guglielmo: Johannes Martin Kränzle;
   Despina: Barbara Zechmeister; Don Alfonso: Andreas
   Macco; P: 26.5.2000
Wenjing: Wolf Club Village – Furrer: Die Blinden;
   ML: Ed Spanjaard; R: Rosamund Gilmore; Madman: Peter
   Marsh – Rannveig Braga; Gunda Boote; Gudrun Pelker;
   Martin Georgi; P: 18.6.2000; BD

Spielzeit 2000/01

Verdi: Falstaff; ML: Paolo Carignani; R: Katrin Hilbe; Falstaff:
   Roberto Frontali; Ford: Željko Lučić; Alice Ford: Dunja
   Simić; Mrs. Quickly: Elena Zillo; P: 7.10.2000
Monteverdi: L'incoronazione di Poppea; ML: Rinaldo
   Alessandrini; R: Rosamund Gilmore; Poppea: Nidia
   Palacios; Nero: Johannes Chum; Ottavia: Francesca
   Provvisionato; Ottone: Elzbieta Ardam; P: 25.11.2000
Rihm: Die Eroberung von Mexiko; ML: Markus Stenz;
   R: Nicolas Brieger; Montezuma: Annette Elster; Cortez:
   David Pittman-Jennings; P: 28.1.2001
Verdi: Nabucco; ML: Paolo Carignani; R: Bettina Giese;
   Nabucco: Paolo Gavanelli; Zaccaria: Magnús Baldvinsson;
   Abigaille: Marina Fratarcangeli; P: 13.4.2001
Britten: Peter Grimes; ML: Sian Edwards; R: David Mouchtar-
   Samorai; Peter Grimes: John Treleaven; Ellen: Nancy
   Gustafson; Balstrode: Terje Stensvold; P: 2.6.2001

Spielzeit 2001/02

Puccini: Tosca; ML: Paolo Carignani; R: Alfred Kirchner; Tosca:
   Maria Pia Ionata; Cavaradossi: Martin Thompson; Scarpia:
   Claudio Otelli; P: 8.9.2001
Puccini: Madama Butterfly; ML: Yoram David; R: Christof Nel;
   Madama Butterfly: Georgina Lukács; Pinkerton: Bojidar
   Nikolov; Sharpless: Željko Lučić; P: 27.10.2001
Berio: Un re in ascolto; ML: Johannes Debus; R: Rosamund
   Gilmore; Prospero: Dale Duesing; Regista: William Cochran;
   P: 19.1.2002
Henze: Das verratene Meer; ML: Bernhard Kontarsky;
   R: Nicolas Brieger; Fusako: Pia-Marie Nilsson; Noboru:
   Peter Marsh; Ryuji: Claudio Otelli; P: 9.3.2002
Wagner: Die Meistersinger von Nürnberg; ML: Paolo
   Carignani; R: Christof Nel; Hans Sachs: Jan-Hendrik
   Rootering; Pogner: Magnús Baldvinsson; Walther von
   Stolzing: Jay Hunter Morris; Beckmesser: Dale Duesing;
   Eva: Nancy Gustafson; P: 26.5.2002
Eggert: Dr. Popels fiese Falle; ML: Roland Böer; R: Aurelia
   Eggers; mit Schülern des Lessing-Gymnasiums;
   P: 14.6.2002; Lessing-Gymnasium

Intendanz Bernd Loebe (seit 2002), GMD: Paolo Carignani

Spielzeit 2002/03

Schubert: Fierrabras; ML: Paolo Carignani; R: Tilman Knabe;
   Fierrabras: William Joyner; Florinda: Michaela Schuster;
   Emma: Juanita Lascarro; Eginhard: Shawn Mathey;
   P: 6.10.2002
Britten: The Turn of the Screw; ML: Karen Kamensek;
   R: Christian Pade; Die Gouvernante: Miah Persson; Miles:
   Jonathan Walz; Flora: Emma Gardner; Quint: Lars Erik
   Jonsson; P: 3.11.2002
Schreker: Der Schatzgräber; ML: Jonas Alber; R: David Alden;
   Els: Susan Bullock; Elis: Jeffrey Dowd; P: 15.12.2002
Sciarrino: Macbeth; ML: Johannes Debus; R: Achim Freyer;
   Macbeth: Otto Katzameier; Lady Macbeth: Annette
   Stricker; Banquo/Der Geist/Ein Diener: Richard Zook;
   P: 19.12.2002; SCH
Strauss: Die Frau ohne Schatten; ML: Sebastian Weigle;
   R: Christof Nel; Kaiserin: Silvana Dussmann; Kaiser:
   Stephen O'Mara; Amme: Julia Juon; Barak: Terje Stensvold;
   Färberin: Elizabeth Connell; P: 2.2.2003
Schubert: Die schöne Müllerin; R: Udo Samel; Klavier: Paul
   Lewis; Der Müllergesell: Shawn Mathey; Die schöne
   Müllerin: Katrin Grumeth; P: 19.2.2003; K
Straus: Ein Walzertraum; ML: Roland Böer; R: Andrea
   Schwalbach; Prinzessin Helene: Barbara Zechmeister;
   Leutnant Niki: Sebastian Reinthaller; Franzi: Birgid
   Steinberger; P: 2.3.2003
Wagner: Tristan und Isolde; ML: Paolo Carignani; R: Christof
   Nel; Tristan: John Treleaven; Isolde: Frances Ginzer; König
   Marke: Gregory Frank; Brangäne: Louise Winter; P: 25.5.2003
Haydn: Arianna a Naxos – L'ísola disabitata; ML: Roland Böer;
   R: Guillaume Bernardi; Arianna: Annette Stricker;
   Gernando: Yves Saelens; Costanza: Britta Stallmeister;
   Silvia: Jenny Carlstedt; Enrico: Nathaniel Webster;
   P: 15.5.2003; BD
Massenet: Manon; ML: Paolo Carignani; R: Calixto Bieito;
   Manon: Juanita Lascarro; Lescaut: Earle Patriarco;
   Chevalier Des Grieux: William Joyner; P: 21.6.2003

Spielzeit 2003/04

Berg: Lulu; ML: Paolo Carignani; R: Richard Jones/Anneliese
   Miskimmon; Lulu: Juanita Lascarro; Gräfin Geschwitz:
   Martina Dike; Dr. Schön: Terje Stensvold; Alwa: Raymond
   Very; P: 28.9.2003

Mozart: Die Entführung aus dem Serail; ML: Julia Jones; R: Christof Loy; Bassa Selim: Christoph Quest; Konstanze: Diana Damrau; Blonde: Kerstin Averno; Belmonte: Daniel Kirch; Osmin: Jaco Huijpen; P: 19. 10. 2003

Gounod: Roméo et Juliette; ML: Karen Kamensek; R: Uwe Eric Laufenberg; Roméo: Joseph Calleja; Juliette: Juanita Lascarro; P: 7. 12. 2003

Janáček: Katja Kabanová; ML: Lothar Zagrosek; R: Anselm Weber; Katja: Monika Krause; Boris: Michael König; Kudrjáš: Carsten Süß; Kabanicha: Elzbieta Ardam; P: 28. 1. 2004

Schubert: Winterreise; R: Udo Samel; Klavier: Paul Lewis; Der Fremde: Johannes Martin Kränzle; P: 7. 2. 2004; K

Händel: Ariodante; ML: Andrea Marcon; R: Achim Freyer / Friederike Rinne-Wolf; Ariodante: Nidia Palacios; Polinesso: Nino Surguladze; Ginevra: Maria Fontosh; Dalinda: Britta Stallmeister; P: 28. 3. 2004

Britten: The Golden Vanity; ML: Pablo Assante; R: Axel Weidauer; mit dem Kinderchor; P: 18. 4. 2004

Boito: Mefistofele; ML: Paolo Carignani; R: Dietrich Hilsdorf; Mefistofele: Mark S. Doss; Faust: Alberto Cupido; Margherita: Annalisa Raspagliosi; P: 16. 5. 2004

Dallapiccola: Volo di notte – Il prigionero; ML: Martyn Brabbins; R: Keith Warner; Rivière: Željko Lučić; Il prigionero: Lucio Gallo; La madre: Taina Piira; P: 6. 6. 2004

Rossini: La Cenerentola; ML: Roland Böer; R: Keith Warner; Angelina: Nidia Palacios; Don Ramiro: Gioacchino Lauro Livigni; Alidoro: Simon Bailey; Dandini: Nathaniel Webster; P: 20. 6. 2004

Ullmann: Der Kaiser von Atlantis – de Falla: El Retablo de Maese Pedro; ML: Johannes Debus; R: Andrea Schwalbach – Sybille Wilson; Kaiser Overall: Anders Larsson; Der Tod: Magnús Baldvinsson – Don Quijote: Florian Plock; Maese Pedro: Peter Bronder; P: 27. 6. 2004; BD

Spielzeit 2004/05

Strauss: Elektra; ML: Paolo Carignani; R: Falk Richter; Elektra: Susan Bullock; Klytämnestra: Ingrid Tobiasson; Chrysothemis: Ann-Marie Backlund; Orest: Peteris Eglitis; P: 2. 10. 2004

Bloch: Macbeth; ML: Sian Edwards; R: Keith Warner; Macbeth: Daniel Sumegi; Lady Macbeth: Louise Winter; Banquo: Dietrich Volle; P: 7. 11. 2004

Schubert: Schwanengesang; R: Udo Samel; Klavier: Johannes Debus; June Card; Shawn Mathey; Florian Plock; Franz Mayer; P: 26. 11. 2004; K

Rossini: Il viaggio a Reims; ML: Maurizio Barbacini; R: Dale Duesing; Corinna: Juanita Lascarro; Madame Cortese: Elzbieta Szmytka; Don Alvaro: Nathaniel Webster; P: 5. 12. 2004

Gounod: Faust; ML: Johannes Debus; R: Christof Loy; Faust: Andrew Richards; Méphistophélès: Mark S. Doss; Marguerite: Nina Stemme; P: 6. 2. 2005

Britten: Curlew River; ML: Erik Nielsen; R: Axel Weidauer; Die Verrückte: John Mark Ainsley; Abt: Soon-Won Kang; P: 13. 2. 2005; BD

Monteverdi: L'Orfeo; ML: Paolo Carignani; R: David Hermann; Orfeo: Christian Gerhaher; Caronte: Magnús Baldvinsson; Euridice: Konstanze Schlaud; P: 13. 3. 2005; BD

Mussorgski: Chowanschtschina; ML: Kirill Petrenko; R: Christian Pade; Iwan Chowansky: Gregory Frank; Andrej Chowansky: Göran Eliasson; Fürst Golizyn: Lars Erik Jonsson; Dosifej: Anatoli Kotscherga; Marfa: Elena Cassian; P: 27. 3. 2005

Verdi: Macbeth; ML: Paolo Carignani; R: Calixto Bieito; Macbeth: Željko Lučić; Lady Macbeth: Caroline Whisnant; Banquo: Magnús Baldvinsson; P: 22. 5. 2005

Haas: Nacht; ML: Roland Böer; R: Friederike Rinne-Wolf; Barbara Zechmeister; Annette Stricker; Alexander Mayr; Johannes Martin Kränzle; Steven Gallop; P: 17. 6. 2005; BD

Janáček: Jenufa; ML: Shao-Chia Lü; R: Tilman Knabe; Jenufa: Ann-Marie Backlund; Laca: Stuart Skelton; Števa: Yves Saelens; Die Küsterin: Nadine Secunde; P: 19. 6. 2005

Glanert: Die drei Rätsel; ML: Hogen Yun; R: Saskia Bladt; mit Schülern des Heinrich-von-Gagern-Gymnasiums; P: 8. 7. 2005; SCH

Spielzeit 2005/06

Offenbach: Die verwandelte Katze; ML: Hartmut Keil; R: James McNamara; Guido: Michael McCown; Minette: Juanita Lascarro; P: 17. 9. 2005; Holzfoyer

Verdi: Un ballo in maschera; ML: Paolo Carignani; R: Claus Guth; Riccardo: Carlo Ventre; Renato: Marco Vratogna; Amelia: Silvana Dussmann; Ulrica: Ildikó Szőnyi; P: 2. 10. 2005

Tschaikowski: Pique Dame; ML: Sebastian Weigle; R: Christian Pade; Hermann: Mikhail Davidoff; Lisa: Danielle Halbwachs; Tomsky: Johannes Martin Kränzle; P: 6. 11. 2005

Massenet: Werther; ML: Carlo Franci; R: Willy Decker/Johannes Erath; Werther: Piotr Beczala; Charlotte: Kristine Jepson; Albert: Nathaniel Webster; P: 11. 12. 2005

Neikrug: Through Roses; ML: Hartmut Keil; R: Guillaume Bernardi; Mann: Christoph Quest; Frau: Heidi Strauss; P: 15. 1. 2006; BD

Mozart: La clemenza di Tito; ML: Paolo Carignani; R: Christof Loy; Tito: Kurt Streit; Vitellia: Silvana Dussmann; Sesto: Alice Coote; Annio: Jenny Carlstedt; P: 27. 1. 2006

Monteverdi: Combattimenti; ML: Paolo Carignani; R: David Hermann; Clorinda: Juanita Lascarro; Tancredi: Peter Marsh; P: 16. 2. 2006; BD

Britten: Death in Venice; ML: Karen Kamensek; R: Keith Warner; Aschenbach: Kim Begley; P: 25. 2. 2006

Wagner: Parsifal; ML: Paolo Carignani; R: Christof Nel; Parsifal: Stuart Skelton; Amfortas: Alexander Marco-Buhrmester; Gurnemanz: Jan-Hendrik Rootering; Kundry: Michaela Schuster; P: 23. 4. 2006

Smetana: Die verkaufte Braut; ML: Roland Böer; R: Stein Winge; Marie: Maria Fontosh; Hans: Jonas Kaufmann; Kecal: Gregory Frank; Wenzel: Carsten Süß; P: 21. 5. 2006

Mozart: La finta semplice; ML: Julia Jones; R: Christof Loy; Rosina: Alexandra Lubchansky; Giacinta: Jenny Carlstedt; Ninetta: Britta Stallmeister; Fracasso: Christian Dietz; P: 22. 6. 2006; BD

Händel: Agrippina; ML: Felice Venanzoni; R: David McVicar; Agrippina: Juanita Lascarro; Nerone: Malena Ernman; Poppea: Anna Ryberg; Ottone: Lawrence Zazzo; P: 23. 6. 2006

Spielzeit 2006/07

Glanert: Caligula; ML: Markus Stenz; R: Christian Pade; Caligula: Ashley Holland; Caesonia: Michaela Schuster; Helicon: Martin Wölfel; Cherea: Gregory Frank; P: 7. 10. 2006

Rimski-Korsakow: Die Zarenbraut; ML: Michail Jurowski; R: Stein Winge; Marfa: Britta Stallmeister; Grigori Grjasnoi: Johannes Martin Kränzle; Iwan Lykow: Michael König; Ljubascha: Elena Manistina; P: 29. 10. 2006

d'Albert: Tiefland; ML: Sebastian Weigle; R: Anselm Weber; Marta: Michaela Schuster; Pedro: John Treleaven; Sebastiano: Lucio Gallo; P: 10. 12. 2006

Cavalli: Giasone; ML: Andrea Marcon; R: Anouk Nicklisch; Giasone: Nicola Marchesini; Medea: Stella Grigorian; Isifile: Juanita Lascarro; Egeo/Sole: Jussi Myllys; P: 21. 1. 2007; BD

Wagner: Tannhäuser; ML: Paolo Carignani; R: Vera Nemirova; Tannhäuser: Ian Storey; Hermann: Magnús Baldvinsson; Elisabeth: Danielle Halbwachs; Venus: Elena Zhidkova; P: 28. 1. 2007

Mozart: Le nozze di Figaro; ML: Julia Jones; R: Guillaume Bernardi; Graf Almaviva: Johannes Martin Kränzle; Gräfin Almaviva: Maria Fontosh; Susanna: Miah Persson; Figaro: Simon Bailey; Cherubino: Jenny Carlstedt; P: 4. 3. 2007

U. Zimmermann: Die weiße Rose; ML: Yuval Zorn; R: Christoph Quest; Sophie Scholl: Britta Stallmeister; Hans Scholl: Michael Nagy; Christoph Probst: Dominic Betz; P: 9. 3. 2007; BD

Rimski-Korsakow: Mozart und Salieri – Mozart: Requiem; ML: Hartmut Keil; R: Benjamin Schad; Mozart: Peter Marsh; Salieri: Bálint Szabó; P: 10. 3. 2007

Zemlinsky: Eine florentinische Tragödie – Der Zwerg; ML: Paul Daniel; R: Udo Samel; Guido: Carsten Süß; Simone: Robert Hayward; Bianca: Claudia Mahnke – Der Zwerg: Peter Bronder; Donna Clara: Juanita Lascarro; Ghita: Sonja Mühleck; P: 15. 4. 2007

Verdi: Simon Boccanegra; ML: Paolo Carignani; R: Christof Loy; Simon Boccanegra: Željko Lučić; Maria Boccanegra: Annalisa Raspagliosi; Jacopo Fiesco: Bálint Szabó; Paolo Albiani: Johannes Martin Kränzle; Gabriele Adorno: Paul Charles Clarke; P: 20. 5. 2007

Monteverdi: Il ritorno d'Ulisse in patria; ML: Paolo Carignani; R: David Hermann; Ulisse: Kresimir Spicer; Penelope: Christine Rice; Telemaco: Peter Marsh; P: 23. 6. 2007; BD

Spielzeit 2007/08

Verdi: Don Carlo; ML: Carlo Franci; R: David McVicar; Don Carlo: Yonghoon Lee; Philipp II.: Kwangchul Youn; Posa: George Petean; Elisabetta: Annalisa Raspagliosi; Eboli: Michaela Schuster; P: 30. 9. 2007

Benjamin: Into the Little Hill; ML: Franck Ollu; R: Daniel Jeanneteau; Anu Komsi; Hilary Summers; P: 9. 11. 2007; BD

Britten: Billy Budd; ML: Paul Daniel; R: Richard Jones; Billy Budd: Peter Mattei; Edward Fairfax Vere: John Mark Ainsley; John Claggart: Clive Bayley; P: 18. 11. 2007

Puccini: Il trittico; ML: Nicola Luisotti; R: Claus Guth; Angelica: Angelina Ruzzafante; Michele: Željko Lučić; Giorgetta: Elza van den Heever; Luigi: Carlo Ventre; Gianni Schicchi: Željko Lučić; Lauretta: Juanita Lascarro; P: 13. 1. 2008

Dukas: Ariane et Barbe-Bleue; ML: Paolo Carignani; R: Sandra Leupold; Ariane: Katarina Karnéus; La Nourrice: Julia Juon; P: 10. 2. 2008

Britten: The Rape of Lucretia; ML: Maurizio Barbacini; R: Dale Duesing; Lucretia: Claudia Mahnke; Collatinus: Simon Bailey; Prince Tarquinius: Nathaniel Webster; P: 16. 3. 2008; BD

Mozart: Così fan tutte; ML: Julia Jones; R: Christof Loy; Fiordiligi: Agneta Eichenholz; Dorabella: Jenny Carlstedt; Ferrando: Topi Lehtipuu; Guglielmo: Michael Nagy; Despina: Barbara Zechmeister; Don Alfonso: Johannes Martin Kränzle; P: 24. 3. 2008

Janáček: Die Ausflüge des Herrn Brouček; ML: Johannes Debus; R: Axel Weidauer; Brouček: Arnold Bezuyen; Mazal / Blankytný / Petřík: Carsten Süß; Málinka / Etherea / Kunka: Juanita Lascarro; P: 27. 4. 2008

Beethoven: Fidelio; ML: Paolo Carignani; R: Christina Paulhofer / Alex Harb; Florestan: Michael König; Leonore: Erika Sunnegårdh; Don Pizarro: Johannes Martin Kränzle; P: 1. 6. 2008

Arnecke: Unter Eis; ML: Johannes Debus; R: Falk Richter; Paul Niemand: Markus Brück; Karl Sonnenschein: André Szymanski; Aurelius Glasenapp: Thomas Wodianka; P: 2. 6. 2008; BD

Spielzeit 2008/09, GMD: Sebastian Weigle

Reimann: Lear; ML: Sebastian Weigle; R: Keith Warner; König Lear: Wolfgang Koch; Cordelia: Britta Stallmeister; Graf von Gloster: Johannes Martin Kränzle; Edgar: Martin Wölfel; P: 28. 9. 2008

Joneleit: Piero – Ende der Nacht; ML: Yuval Zorn; R: Katharina Thoma; Piero: Johannes M. Kösters; Mezzosopran: Niina Keitel; P: 29. 9. 2008; BD

Donizetti: Lucia di Lammermoor; ML: Roland Böer; R: Matthew Jocelyn; Lucia: Tatiana Lisnic; Edgardo: Joseph Calleja; Enrico: George Petean; P: 26. 10. 2008

Verdi: I masnadieri; ML: Zsolt Hamar; R: Benedikt von Peter; Massimiliano: Magnús Baldvinsson; Carlo: Alfred Kim; Francesco: Ashley Holland; Amalia: Olga Mykytenko; P: 30.11.2008

Strauss: Arabella; ML: Sebastian Weigle; R: Christof Loy; Arabella: Anne Schwanewilms; Zdenka: Britta Stallmeister; Mandryka: Robert Hayward; P: 25.1.2009

Ravel: L'Heure Espagnole – Manuel de Falla: La vida breve; ML: Johannes Debus; R: David Hermann; Concepción: Claudia Mahnke; Ramiro: Aris Argiris; Gonzalve: Daniel Behle – Salud: Barbara Zechmeister; Paco: Gustavo Porta; P: 22.2.2009

Eötvös: Angels in America; ML: Erik Nielsen; P: Johannes Erath; Prior Walter: Michael McCown; Joseph Pitt: Nathaniel Webster; Mr. Roy Cohn: Dietrich Volle; P: 21.3.2009; BD

Wagner: Lohengrin; ML: Bertrand de Billy; R: Jens-Daniel Herzog; Lohengrin: Michael König; Elsa: Elza van den Heever; Telramund: Robert Hayward; Ortrud: Jeanne-Michèle Charbonnet; Heinrich der Vogler: Bjarni Thor Kristinsson; P: 3.5.2009

Pfitzner: Palestrina; ML: Kirill Petrenko; R: Harry Kupfer; Palestrina: Kurt Streit; Carlo Borromeo: Falk Struckmann; P: 7.6.2009

Mozart: La finta giardiniera; ML: Hartmut Keil; R: Katharina Thoma; Sandrina: Brenda Rae; Belfiore: Jussi Myllys; Nardo: Yuriy Tsiple; Ramiro: Jenny Carlstedt; P: 21.6.2009; BD

Spielzeit 2009/10

Hartmann: Simplicius Simplicissimus; ML: Erik Nielsen; R: Christof Nel; Simplicius Simplicissimus: Claudia Mahnke; Einsiedel: Frank van Aken; Gouverneur: Hans-Jürgen Lazar; P: 6.9.2009

Leoni: L'oracolo – Puccini: Le villi; ML: Stefan Solyom; R: Sandra Leupold; Uin-Scî: Ashley Holland; Cim-Fen: Peter Sidhorn; Hu-Tsin: Franz Mayer – Guglielmo Wulf: Peter Sidhorn; Roberto: Carlo Ventre; Anna: Annalisa Raspagliosi; P: 4.10.2009

Korngold: Die tote Stadt; ML: Sebastian Weigle; R: Anselm Weber; Paul: Klaus Florian Vogt; Marietta: Tatiana Pavlovskaya; P: 22.11.2009

Adès: The Tempest; ML: Johannes Debus; R: Keith Warner; Prospero: Adrian Eröd; Miranda: Claudia Mahnke; Ariel: Cyndia Sieden; Ferdinand: Carsten Süß; P: 10.1.2010

Britten: Owen Wingrave; ML: Yuval Zorn; R: Walter Sutcliffe; Owen Wingrave: Michael Nagy; Spencer Coyle: Dietrich Volle; Lechmere: Julian Prégardien; Kate: Jenny Carlstedt; P: 24.1.2010; BD

Vivaldi: Orlando furioso; ML: Andrea Marcon; R: David Bösch; Orlando: Sonia Prina; Alcina: Daniela Pini; Angelica: Brenda Rae; P: 14.2.2010

Strauss: Daphne; ML: Sebastian Weigle; R: Claus Guth; Daphne: Maria Bengtsson; Leukippos: Daniel Behle; Apollo: Lance Ryan; P: 28.3.2010

Wagner: Das Rheingold; ML: Sebastian Weigle; R: Vera Nemirova; Wotan: Terje Stensvold; Loge: Kurt Streit; Alberich: Jochen Schmeckenbecher; Fricka: Martina Dike; P: 2.5.2010

Almeida: La Giuditta; ML: Felice Venanzoni; R: Guillaume Bernardi; Giuditta: Brenda Rae; Holofernes: Julian Prégardien; P: 12.6.2010; BD

Berlioz: La Damnation de Faust; ML: Julia Jones; R: Harry Kupfer; Faust: Matthew Polenzani; Méphistophélès: Simon Bailey; Marguerite: Alice Coote; P: 13.6.2010

Telemann: Pimpinone oder Die ungleiche Heirat; ML: Karsten Januschke; R: Fabian von Matt; Pimpinone: Yuriy Tsiple; Vespetta: Anna Ryberg; P: 15.6.2010; BD

Weill / Oehring: Offene Wunden; ML: Hartmut Keil; R: Stefanie Wördemann / Helmut Oehring; Jessie: Salome Kammer; Harry: Jörg Wilkendorf; P: 27.6.2010; BD

Spielzeit 2010/11

Reimann: Medea; ML: Erik Nielsen; R: Marco Arturo Marelli; Medea: Claudia Barainsky; Jason: Michael Nagy; Kreon: Michael Baba; P: 5.9.2010

Offenbach: Les Contes d'Hoffmann; ML: Roland Böer; R: Dale Duesing; Hoffmann: Alfred Kim; Lindorf / Coppelius / Mirakel / Dapertutto: Giorgio Surian; Olympia: Brenda Rae; Antonia: Sylvia Hamvasi; Giulietta: Claudia Mahnke; P: 3.10.2010

Wagner: Die Walküre; ML: Sebastian Weigle; R: Vera Nemirova; Siegmund: Frank van Aken; Wotan: Terje Stensvold; Sieglinde: Eva-Maria Westbroek; Brünnhilde: Susan Bullock; Fricka: Martina Dike; P: 31.10.2010

Purcell: Dido and Aeneas – Bartók: Herzog Blaubarts Burg; ML: Constantinos Carydis; R: Barrie Kosky; Dido: Paula Murrihy; Aeneas: Sebastian Geyer – Blaubart: Robert Hayward; Judith: Claudia Mahnke; P: 5.12.2010

Neunzehnhundert, ein ewiges Lied; Zemlinsky: Ein Lichtstrahl – Schönberg: Verklärte Nacht – Joneleit: Das Lied von der Erde; ML: Yuval Zorn; R: Elisabeth Stöppler; Tanja Ariane Baumgartner; Shawn Mathey; P: 9.1.2011; BD

Puccini: Tosca; ML: Kirill Petrenko; R: Andreas Kriegenburg; Tosca: Erika Sunnegårdh; Cavaradossi: Aleksandrs Antonenko; Scarpia: Jason Howard; P: 16.1.2011

Strauß: Die Fledermaus; ML: Sebastian Weigle; R: Christof Loy; Eisenstein: Christian Gerhaher; Rosalinde: Barbara Zechmeister; Dr. Falke: Michael Nagy; Adele: Britta Stallmeister; P: 6.3.2011

Pizzetti: Murder in the Cathedral; ML: Martyn Brabbins; R: Keith Warner; Thomas Becket: John Tomlinson; P: 1.5.2011

Sciarrino: Luci mie traditrici; ML: Erik Nielsen; R: Christian Pade; La Malaspina: Nina Tarandek; Il Malaspina: Christian Miedl; P: 14.5.2011; BD

Sallinen: Kullervo; ML: Hans Drewanz; R: Christof Nel; Kullervo: Ashley Holland; Kalervo: Alfred Reiter; Kimmo: Peter Marsh; Des Schmieds junge Frau: Jenny Carlstedt; P: 5.6.2011

Charpentier: Médée; ML: Andrea Marcon; R: David Hermann; Médée: Anne Sofie von Otter; Créon: Simon Bailey; Jason: Julian Prégardien; Créuse: Christiane Karg; P: 13.6.2011; BD

Sallinen: Barabbas-Dialoge; ML: Sebastian Zierer; R: Ute M. Engelhardt; Barabbas: Boris Grappe; Judas: Florian Plock; P: 29.6.2011; BD

Spielzeit 2011/12

Schoeck: Penthesilea; ML: Alexander Liebreich; R: Hans Neuenfels; Penthesilea: Tanja Ariane Baumgartner; Achilles: Simon Neal; P: 4.9.2011

Chabrier: L'Étoile; ML: Henrik Nánási; R: David Alden; König Ouf I.: Christophe Mortagne; Lazuli: Paula Murrihy; Prinzessin Laoula: Juanita Lascarro; Siroco: Simon Bailey; P: 2.10.2011

Wagner: Siegfried; ML: Sebastian Weigle; R: Vera Nemirova; Siegfried: Lance Ryan; Mime: Peter Marsh; Der Wanderer: Terje Stensvold; P: 30.10.2011

Verdi: Otello; ML: Sebastian Weigle; R: Johannes Erath; Otello: Carlo Ventre; Desdemona: Elza van den Heever; Jago: Marco Vratogna; P: 4.12.2011

Cavalli: La Calisto; ML: Christian Curnyn; R: Jan Bosse; Calisto: Christiane Karg; Giove: Luca Tittoto; Diana: Jenny Carlstedt; P: 23.12.2011; BD

Wagner: Götterdämmerung; ML: Sebastian Weigle; R: Vera Nemirova; Brünnhilde: Susan Bullock; Siegfried: Lance Ryan; Hagen: Gregory Frank; P: 29.1.2012

Cilea: Adriana Lecouvreur; ML: Carlo Montanaro; R: Vincent Boussard; Adriana Lecouvreur: Micaela Carosi; Maurizio: Frank van Aken; Fürstin von Bouillon: Tanja Ariane Baumgartner; P: 4.3.2012

Janáček: Die Sache Makropulos; ML: Friedemann Layer; R: Richard Jones; Emilia Marty: Susan Bullock; Albert Gregor: Paul Groves; Jaroslav Prus: Johannes Martin Kränzle; P: 8.4.2012

Strawinsky: The Rake's Progress; ML: Constantinos Carydis; R: Axel Weidauer; Tom Rakewell: Paul Appleby; Nick Shadow: Tom Bailey; Ann Trulove: Brenda Rae; P: 20.5.2012

Herrmann: Wasser; ML: Hartmut Keil; R: Florentine Klepper; Klein: Boris Grappe; Teresina: Sarah Maria Sun; P: 16.6.2012; Frankfurt LAB

Spielzeit 2012/13

Barber: Vanessa; ML: Jonathan Darlington; R: Katharina Thoma; Vanessa: Charlotta Larsson; Erika: Jenny Carlstedt; Anatol: Kurt Streit; P: 2.9.2012

Humperdinck: Königskinder; ML: Sebastian Weigle; R: David Bösch; Der Königssohn: Daniel Behle; Die Gänsemagd: Amanda Majeski; Der Spielmann: Nikolay Borchev; P: 30.9.2012

Debussy: Pelléas et Mélisande; ML: Friedemann Layer; R: Claus Guth; Pelléas: Christian Gerhaher; Mélisande: Christiane Karg; Golaud: Paul Gay; P: 4.11.2012

Händel: Giulio Cesare in Egitto; ML: Erik Nielsen; R: Johannes Erath; Giulio Cesare: Michael Nagy; Cleopatra: Brenda Rae; Sesto: Paula Murrihy; P: 2.12.2012

Prokofjew: Der Spieler; ML: Sebastian Weigle; R: Harry Kupfer; General a.D.: Clive Bayley; Polina: Barbara Zechmeister; Alexej: Frank van Aken; P: 13.1.2013

Mozart: Idomeneo; ML: Julia Jones; R: Jan Philipp Gloger; Idomeneo: Roberto Saccà; Idamante: Martin Mitterrutzner; Ilia: Juanita Lascarro; Elettra: Elza van den Heever; P: 17.3.2013

Goebbels: Landschaft mit entfernten Verwandten; ML: Franck Ollu; R: Heiner Goebbels; Holger Falk; David Bennent; P: 1.5.2013; BD

Puccini: La fanciulla del West; ML: Sebastian Weigle; R: Christof Loy; Minnie: Eva-Maria Westbroek; Jack Rance: Ashley Holland; Dick Johnson: Carlo Ventre; P: 12.5.2013

Händel: Teseo; ML: Felice Venanzoni; R: Tilmann Köhler; Teseo: Jenny Carlstedt; Agilea: Juanita Lascarro; Medea: Gaëlle Arquez; Egeo: William Towers; P: 30.5.2013; BD

Verdi: Les Vêpres siciliennes; ML: Pablo Heras-Casado; R: Jens-Daniel Herzog; Guy de Montfort: Quinn Kelsey; Herzogin Hélène: Elza van den Heever; Henri: Alfred Kim; Jean Procida: Raymond Aceto; P: 16.6.2013

de' Cavalieri: Rappresentazione di anima e di corpo; ML: Michael Form; R: Hendrik Müller; Tempo/Consiglio: Sebastian Geyer; Intelletto: Francisco Brito; Corpo: Julian Prégardien; Anima: Kateryna Kasper; P: 29.6.2013; BD

Premierenliste Schauspiel 1963/64 – 2012/13

Quellengrundlage: hausinterne Premierenliste, Programmhefte und andere Publikationen, Zeitzeugen

Intendanz Harry Buckwitz (1951–1968)

Spielzeit 1963/64

Achard: Darf ich mitspielen?; R: Herbert Kreppel
Anouilh: Das Orchester; R: Heinz Schirk
Bassewitz: Peterchens Mondfahrt; R: Herbert Kreppel
Beckett: Spiel; R: Heinz Schirk
Brecht: Die heilige Johanna der Schlachthöfe;
    R: Harry Buckwitz
Claudel: Der Tausch; R: Heinrich Koch
Dorst: Die Mohrin; R: Gerhard Klingenberg
Goethe: Faust. Der Tragödie erster Teil; R: Heinrich Koch
Goldoni: Die Trilogie der schönen Ferienzeit;
    R: Herbert Kreppel
Hochhuth: Der Stellvertreter; R: Imo Moszkowicz
Hofmann: Der Bürgermeister; R: Günter Ballhausen
Sartre: Der Teufel und der liebe Gott; R: Erwin Piscator
Schehadé: Die Veilchen; R: Heinrich Koch
Wittlinger: Seelenwanderung; R: Ulrich Erfurth

Spielzeit 1964/65

Albee: Wer hat Angst vor Virginia Woolf?; R: Hans Bauer
Brecht/Weill: Die Dreigroschenoper; R: Harry Buckwitz
Dürrenmatt: Romulus der Große; R: Heinrich Koch
Ford: Annabella oder Schade, dass sie eine Hure war;
    R: Jean-Pierre Ponnelle
Goethe: Faust. Der Tragödie zweiter Teil; R: Heinrich Koch
Gogol: Der Revisor; R: Franz Reichert
Hofmannsthal: Cristinas Heimreise; R: Herbert Kreppel
Ionesco: Der König stirbt; R: Jean-Pierre Ponnelle
Lorca: Doña Rosita bleibt ledig oder Die Sprache der Blumen;
    R: Herbert Kreppel
Lynne: Dreikampf; R: Hans Caninenberg
Michelsen: Lappschieß; R: Heinrich Koch
Obaldia: Seeluft / Der unbekannte General;
    R: Herbert Kreppel
Orton: Seid nett zu Mr. Sloane; R: Hesso Huber
Qualtinger / Merz: Die Hinrichtung; R: Otto Tausig
Shakespeare: Hamlet; R: Harry Buckwitz
Sternheim: Tabula rasa; R: Hanskarl Zeiser

Spielzeit 1965/66

Beckett: Warten auf Godot; R: Stavros Doufexis
Gatti: Der schwarze Fisch; R: Harry Buckwitz
Henze: Das Wundertheater / Ein Landarzt / Das Ende einer
    Welt; R: Hans Neugebauer
Kleist: Prinz Friedrich von Homburg; R: Heinrich Koch
Klinger: La Sera; R: Stavros Doufexis
Lenz: Der Hofmeister. In einer Bearbeitung von Bertolt Brecht;
    R: Harry Buckwitz
Marivaux: Das Spiel von der Liebe und vom Zufall; R: Ulrich
    Hoffmann
Michelsen: Helm; R: Heinrich Koch
Miller: Zwischenfall in Vichy; R: Ulrich Hoffmann
Molière: Don Juan oder Der steinerne Gast;
    R: Jean-Pierre Ponnelle
Nestroy: Der Talisman; R: Otto Tausig
O'Neill: Trauer muss Elektra tragen; R: Heinrich Koch
Obaldia: Wind in den Zweigen des Sassafras; R: Rudolf Wessely
Osborne: Blick zurück im Zorn; R: Hans Bauer
Saunders: Ein Duft von Blumen; R: Herbert Kreppel
Wedekind: Der Liebestrank; R: Ulrich Hoffmann

Spielzeit 1966/67

Audiberti: Das Schilderhaus; R: Ulrich Hoffmann
Brecht: Herr Puntila und sein Knecht Matti; R: Harry Buckwitz
Ende: Der Spielverderber; R: Heinrich Koch
Ionesco: Hunger und Durst; R: Dieter Reible
Jonson / Zweig: Volpone; R: Otto Tausig
Kaiser: Napoleon in New Orleans; R: Heinrich Koch
Lange: Marski; R: Joachim Fontheim
Michelsen: Frau L.; R: Hans Günter Michelsen/Klaus Riehle
Molière: Der Geizige; R: Rudolf Wessely
Mrożek: Tango; R: Ulrich Hoffmann
Nolte: Großaufnahme für zwei; R: Ulrich Hoffmann
Pinter: Der Hausmeister; R: Dieter Reible
Schiller: Don Carlos; R: Heinrich Koch
Shakespeare: Was ihr wollt; R: Ulrich Hoffmann
Shaw: Frau Warrens Gewerbe; R: Hesso Huber
Zuckmayer: Des Teufels General; R: Helmut Käutner

Spielzeit 1967/68

Albee: Empfindliches Gleichgewicht; R: Heinrich Koch
Bowen: Nach der Flut; R: Dieter Reible
Brecht: Furcht und Elend des Dritten Reiches;
    R: Angelika Hurwicz

Frisch: Biografie: Ein Spiel; R: Harry Buckwitz
Goethe: Iphigenie auf Tauris; R: Heinrich Koch
Hochhuth: Soldaten. Nekrolog auf Genf; R: Dieter Reible
Kleist: Der zerbrochne Krug; R: Harry Buckwitz
Krendlesberger: Die Aufgabe; R: Joachim Neuhaus
O'Casey: Purpurstab; R: Hans Bauer
Orton: Beute; R: Georg Wildhagen
Schönthan: Der Raub der Sabinerinnen; R: Hannes Tannert
Stoppard: Rosenkranz und Güldenstern sind tot; R: Dieter Reible
Vian: Alle in die Grube; R: Dieter Reible
Weiss: Viet Nam Diskurs; R: Harry Buckwitz
T. Williams: Endstation Sehnsucht; R: Ulrich Hoffmann

Intendanz Ulrich Erfurth (1968–1972)

Spielzeit 1968/69

Adrien: Sonntags am Meer; R: Dieter Reible
Aristophanes: Die Acharner; R: Ulrich Brecht
Brock: Unterstzuoberst; R: Dieter Reible
Feydeau: Der Floh im Ohr; R: Dieter Reible
Goethe: Geschichte des Götz von Berlichingen; R: Dieter Reible
Hacks: Amphitryon; R: Hagen Mueller-Stahl
Itallie: Amerika, hurrah!; R: Wolfram Mehring
Macourek: Das Susannchenspiel; R: Jaromír Pleskot
H. Müller: Philoktet; R: Hans-Joachim Heyse
Pinter: Die Heimkehr; R: Hagen Mueller-Stahl
Rojas / Terron: Celestina; R: Franz Peter Wirth
Shakespeare: König Richard II.; R: Dieter Reible
Sperr: Landshuter Erzählungen; R: Dieter Reible
M. Walser: Die Zimmerschlacht; R: Helmut Käutner
T. Williams: Camino Real; R: Helmut Käutner

Spielzeit 1969/70

Albee: Kiste – Worte des Vorsitzenden Mao Tse-Tung – Kiste; R: Jochen Neuhaus
Billetdoux: Tschin-Tschin; R: Dieter Reible
Bond: Schmaler Weg in den tiefen Norden; R: Hagen Mueller-Stahl
Calderón: Dame Kobold; R: Ulrich Erfurth
Dürrenmatt: Play Strindberg; R: Reinhold K. Olszewski
Foster: Tom Paine; R: Wolfram Mehring
Hacks: Omphale; R: Dieter Reible
Hartmann: Simplicius Simplicissimus; R: Winfried Bauernfeind
Kohout: August August, August; R: Reinhold K. Olszewski
Lange: Die Gräfin von Rathenow; R: Imo Moszkowicz
Marceau: Der Babutz; R: Klaus Riehle
Palm: Der Mann von Rabinal; R: Hans-Joachim Heyse
Pinter: Die Kollektion; R: Joachim Neuhaus
Pinter: Der Liebhaber; R: Reinhold K. Olszewski
Schiller: Kabale und Liebe; R: Dieter Reible
Shakespeare / Lange: König Johann; R: Dieter Reible / Hartmut Lange
Shakespeare: König Lear; R: Hans Schalla
Sternheim: Bürger Schippel; R: Falk Harnack

Spielzeit 1970/71

Albee: Die Ballade vom traurigen Café; R: Richard Münch
Beckett: Endspiel; R: Werner W. Malzacher
Erdmann: Der Selbstmörder; R: Horst Beck / Ulrich Erfurth
Gombrowicz: Yvonne, Prinzessin von Burgund; R: Wolfram Mehring
Hauptmann: Florian Geyer; R: Richard Münch
Klíma: Ein Bräutigam für Marcella; R: Angelika Hurwicz
Kühn: Präparation eines Opfers; R: Angelika Hurwicz
Lessing: Nathan der Weise; R: Imo Moszkowicz
Moers: Gesellschaftsspiel; R: Axel von Ambesser
Sartre: Die Troerinnen des Euripides; R: Ulrich Erfurth
Shakespeare: Ein Sommernachtstraum; R: Richard Münch
Sperr: Jagdszenen aus Niederbayern; R: Peter Striebeck
Tabori: Die Kannibalen; R: Alexander Welbat
Topol: Katze auf dem Gleis; R: Peter Striebeck
Zuckmayer: Der Hauptmann von Köpenick; R: Reinhold K. Olszewski

Spielzeit 1971/72

Barnes: Die herrschende Klasse; R: Alois-Michael Heigl
Barrie / Kästner: Peter Pan; R: Hans-Peter Kurr
Gogol: Die Heirat; R: Reinhold K. Olszewski
Gustafsson: Die nächtliche Huldigung; R: Horst Siede
Horváth: Italienische Nacht; R: Wolf Dietrich
Kollektiv: Karl Valentins Panoptikum; R: Kollektiv
Mortimer: Reise in die Welt meines Vaters; R: Ulrich Erfurth
Pinter: Die Geburtstagsfeier; R: Dieter Munck
Pirandello: Der Mann, das Tier und die Tugend; R: Alexander Welbat
Shakespeare: König Heinrich IV.; R: Max P. Ammann
Spencer: Wie ein Ei dem anderen; R: Ulrich Erfurth
Sternheim: Die Kassette; R: Ulrich Erfurth
Thoma: Moral; R: Karl Vibach
Vitrac / Anouilh: Victor oder Die Kinder an die Macht; R: Joachim Fontheim
Wesker: Die Küche; R: Axel von Ambesser

Intendanz Peter Palitzsch (1972–1980)

Spielzeit 1972/73

Arrabal: Die unmöglichen Liebschaften / Feierliche Kommunion; R: Hans Neuenfels
Behan: Richards Korkbein; R: Matthias Masuth
Bolt: Der kleine dicke Ritter; R: Guido Huonder / Matthias Masut

Bond: Lear; R: Peter Palitzsch
Brecht: Im Dickicht der Städte; R: Klaus Michael Grüber
Calderón: Traum und Leben des Prinzen Sigismund;
    R: Augusto Fernandes
Fleißer: Fegefeuer in Ingolstadt; R: Hans Neuenfels
Gorki: Barbaren; R: Peter Palitzsch
Höpfner: Das Tier; R: Hans Neuenfels
Ibsen: Hedda Gabler; R: Hans Neuenfels
Ibsen: Nora; R: Hans Neuenfels
Ionesco: Opfer der Pflicht; R: Guido Huonder
Kroetz: Männersache; R: Valentin Jeker
Lessing: Emilia Galotti; R: Peter Palitzsch
Merz / Qualtinger: Der Herr Karl; R: Nikolaus Haenel/Hannes
    Klett / Christian Steiof
Pinter: Tiefparterre / Das Zimmer / Ein leichter Schmerz;
    R: Peter Palitzsch
Shakespeare: Troilus und Cressida; R: Hans Neuenfels
Storey: Zur Feier des Tages; R: Guido Huonder
Synge: Der Held der westlichen Welt; R: Valentin Jeker
Vitrac: Die Geheimnisse der Liebe; R: Hans Neuenfels

Spielzeit 1973/74

--: Der frühe Brecht. »Ich bin aufgewachsen als Sohn wohl-
    habender Leute …«; R: Hansgeorg Koch / Peter Palitzsch /
    Christian Steiof
Bond: Die See; R: Claus Peymann
Brecht: Baal; R: Hans Neuenfels
Flechter: Zwielicht; R: Peter Palitzsch
Handke: Die Unvernünftigen sterben aus; R: Rainer Werner
    Fassbinder
Hauptmann: Die Ratten; R: Hans Neuenfels
Lampel: Revolte im Erziehungshaus; R: Peter Löscher
Molnár: Liliom; R: Hans Neuenfels
O'Casey: Der Schatten eines Revolutionärs; R: Peter Palitzsch
O'Neill: Hughie; R: Dieter Haspel
Olescha: Verschwörung der Gefühle; R: Hermann Treusch
Ostrovskij: Der Abgrund; R: Klaus Steiger
Schwarz: Die verzauberten Brüder; R: Istvan Bödy
Valle-Inclán: Barbarische Komödie; R: Augusto Fernandes
Wedekind: Frühlings Erwachen; R: Peter Palitzsch

Spielzeit 1974/75

Baum: Der Zauberer von Oz; R: Johannes Peyer
Bond: Die Hochzeit des Papstes; R: Luc Bondy
Goethe: Clavigo; R: Christof Nel
Goethe: Urfaust; R: Kollektiv
Goldoni: Die Venezianischen Zwillinge; R: Luc Bondy
Gombrowicz: Operette; R: Hans Neuenfels
Gorki: Nachtasyl; R: Hans Neuenfels
Gruppe tilt 1: Ausgespielt spielen. Nach Motiven von Samuel
    Beckett; R: Peter Löscher
Krechel: Erika; R: Jochen Neuhaus
Laube: Der Dauerklavierspieler; R: Luc Bondy

O'Casey: Das Ende vom Anfang / Gutnachtgeschichte;
    R: Klaus Steiger
Pinter: Die Heimkehr; R: Peter Palitzsch
Shakespeare: Viel Lärm um nichts; R: Peter Palitzsch
Strindberg: Mit dem Feuer spielen; R: Peter Löscher
Waechter: Schule mit Clowns; R: Hermann Treusch

Spielzeit 1975/76

--: Chile – Ende offen; R: Kollektiv
--: Vielen Dank, Sie werden von uns hören; R: Kollektiv
Brecht: Herr Puntila und sein Knecht Matti; R: Peter Palitzsch
Bruckner: Die Kreatur; R: Hannes Klett
Fleißer: Pioniere in Ingolstadt; R: Nicolas Brieger
Hebbel: Maria Magdalena; R: Frank-Patrick Steckel
Ibsen: Gespenster; R: Hans Neuenfels
Jonson: Der Alchimist; R: Augusto Fernandes
Kelling: LKW; R: Christof Nel
Lorca: Bernarda Albas Haus; R: Hans Neuenfels
Marivaux: Die Unbeständigkeit der Liebe; R: Luc Bondy
Medoff: Wann kommst du wieder, roter Reiter?; R: Traugott
    Buhre
H. Müller: Zement; R: Peter Palitzsch
Nestroy: Die Welt steht auf kein' Fall mehr lang; R: Nikolaus
    Haenel
Rudkin: Vor der Nacht; R: Peter Löscher
Waechter: Pustekuchen; R: Iven Tiedemann

Spielzeit 1976/77

Barlach: Der arme Vetter; R: Frank-Patrick Steckel
Büchner: Woyzeck; R: Peter Palitzsch
Deichsel: Loch im Kopp; R: Christof Nel
Dorst / Laube: Goncourt oder Die Abschaffung des Todes;
    R: Peter Palitzsch
Euripides: Medea; R: Hans Neuenfels
Fo: Bezahlt wird nicht; R: Arturo Corso
Hacks: Das Jahrmarktsfest zu Plundersweiler; R: Dieter
    Bitterli
Livings: Es geht nichts über die Familie; R: Nikolaus Haenel
Mühl: Kur in Bad Wiessee; R: Helm Bindseil
Schiller: Kabale und Liebe; R: Christof Nel
Seghers: Der Prozess der Jeanne d'Arc zu Rouen 1431;
    R: Frank-Patrick Steckel
Shakespeare: Was ihr wollt; R: Peter Löscher
Tschechow: Die Möwe; R: Peter Palitzsch
Ustinow: Das Honigfass; R: Peter Palitzsch / Thomas Reichert

Spielzeit 1977/78

--: Die Himmelsstürmer. Lieder und Texte zur Pariser
    Commune 1871; R: Kollektiv
--: Die verwaltete Seele; R: Kollektiv
Beckett: Warten auf Godot; R: Peter Roggisch

Blumenthal / Kadelburg: Im weißen Rößl; R: Alexander Wagner
Brecht: Die Tage der Commune; R: Peter Palitzsch
Büchner: Leonce und Lena; R: Peter Roggisch
Fugard: Aussagen nach einer Verhaftung aufgrund des Gesetzes gegen Unsittlichkeit; R: Inge Flimm
Horváth: Glaube Liebe Hoffnung; R: Christof Nel
Kleist: Penthesilea; R: Frank-Patrick Steckel
Ostrovskij: Späte Liebe; R: Reinhard Hinzpeter
Pinter: Der Hausmeister; R: Peter Palitzsch
Pirandello: Heinrich IV.; R: Augusto Fernandes
Schnitzler: Überspannte Person / Das Bacchusfest / Halbzwei; R: Thomas Reichert
Shakespeare: Ein Sommernachtstraum; R: Wilfried Minks
Valentin: Zwangsvorstellungen; R: Kollektiv
Waechter: Die Bremer Stadtmusikanten; R: Thomas Reichert
Widmer: Nepal; R: Wolf Seesemann

Spielzeit 1978/79

Brecht: Die Kleinbürgerhochzeit; R: Christof Nel
Fo: Zufälliger Tod eines Anarchisten; R: Arturo Corso
Genet: Die Zofen; R: Gabriele Jakobi / Lore Stefanek
Hauptmann: Michael Kramer; R: Thomas Reichert
Hopkins: Diese Geschichte von Ihnen; R: Peter Roggisch
Ibsen: Baumeister Solneß; R: Peter Palitzsch
Laube: Der erste Tag des Friedens; R: Peter Palitzsch
H. Müller: Leben Gundlings Friedrich von Preußen. Lessings Schlag Traum Schrei; R: Horst Laube
Reichert: Märchen von einem, der auszog, das Fürchten zu lernen; R: Thomas Reichert
Shakespeare: Othello; R: Peter Palitzsch
Sophokles / Hölderlin: Antigone; R: Christof Nel
Sophokles: Ödipus; R: Hans Neuenfels
Sternheim: Bürger Schippel; R: Valentin Jeker
Waechter: Kiebich und Dutz; R: F. K. Waechter

Spielzeit 1979/80

--: Das Gesetz des Handelns; R: Michael Eberth / Horst Laube / Max von Vequel-Westernach
Beckett: Damals / Nicht Ich; R: Hannes Klett
Beckett: Glückliche Tage; R: Peter Palitzsch
Benn: Drei alte Männer; R: Horst Laube
Brecht / Weill: Die Dreigroschenoper; R: Alexander Wagner
Brecht: Trommeln in der Nacht; R: Karl Kneidl
Bruckner: Die Rassen; R: Thomas Reichert
Campbell: Mit tränenüberströmter Wade; R: Ken Campbell
Dorst: Die Kurve; R: Peter Palitzsch
Fo / Rame: Nur Kinder, Küche, Kirche; R: Reinhard Hinzpeter
Goethe: Iphigenie auf Tauris; R: Hans Neuenfels
Hofmann: Ghiccho und seine Kinder; R: Lutz Hochstraate
Horváth: Kasimir und Karoline; R: Peter Palitzsch
Keeffe: Gimme Shelter; R: Reinhard Hinzpeter
Kirchhoff: Body-Building; R: Peter Roggisch
Kluge: Bettine G.; R: Antje Lenkeit

Kluge: Wenn man sein Gewissen dressiert, so küsst es uns zugleich, indem es beißt; R: Antje Lenkeit
Konarek: Wiener Gala; R: Ernst Konarek
Laing: Liebst du mich?; R: Ulrich Haß / Klara Höfels
H. Müller: Die Hamletmaschine; R: Walter Adler
Pinter: Monolog; R: Hans Christian Rudolph
Pohl: Da nahm der Himmel auch die Frau; R: Walter Adler
Sattmann: Open End; R: Gerhard Fiedler
Schiller: Don Carlos; R: Peter Palitzsch
Tschechow: Drei Schwestern; R: Thomas Langhoff
Ziegler: Das kalte Herz; R: Klaus Wennemann

Intendanz Wilfried Minks / Johannes Schaaf (1980/81)

Spielzeit 1980/81

Achternbusch: Ella; R: Herbert Achternbusch
Achternbusch: Susn und Kaschwarda City; R: Horst Zankl
Beginnen: Ich will deine Kameradin sein; R: Ortrud Beginnen
Büchner: Dantons Tod; R: Johannes Schaaf
Deichsel: Frankenstein; R: Heinz Kreidl
Frisch: Triptychon; R: Johannes Schaaf
Gerz: We are coming; R: Jochen Gerz
Horváth: Don Juan kommt aus dem Krieg; R: Horst Zankl
Jandl: Aus der Fremde; R: Bernd Rainer Krieger
Kipphardt: März, ein Künstlerleben; R: Horst Zankl
Kleist: Penthesilea; R: Wilfried Minks
Lessing: Emilia Galotti; R: Gerlach Fiedler / Fritz Schediwy
Loepelmann: Besitzen; R: Götz Loepelmann
Molière: Tartuffe; R: B. K. Tragelehn
H. Müller: Der Auftrag. Erinnerung an eine Revolution; R: Wilfried Minks
H. Müller: Quartett; R: B. K. Tragelehn
Nestroy: Der Zerrissene; R: Horst Zankl
Niebergall: Datterich; R: Peter Beauvais
Schiller: Die Räuber; R: B. K. Tragelehn
Strindberg / Wedekind: Der Totentanz und Tod und Teufel; R: Johannes Schaaf
Tschechow: Der Kirschgarten; R: Johannes Schaaf
Vitrac: Victor oder Die Kinder an die Macht; R: Bernd Rainer Krieger
Widmer: Züst oder Die Aufschneider; R: Urs Widmer
Wilde: Der Geburtstag der Infantin. Nach Oscar Wilde; R: Götz Loepelmann

Intendanz Adolf Dresen (1981–1985)

Spielzeit 1981/82

Achternbusch: Plattling; R: Wilfried Minks
Adamov: Das Wiederfinden; R: Bernd Rainer Krieger
Anouilh: Das Orchester; R: Bernd Rainer Krieger

Brecht: Flüchtlingsgespräche; R: Gerhard Fiedler
Gozzi: Prinzessin Turandot; R: Nikolaus Wolcz
Konarek / Stoepel: Wiener Gala II; R: Ernst Konarek / Günter Stoepel
Kroetz: Nicht Fisch nicht Fleisch; R: Paris Kosmidis
Lessing: Minna von Barnhelm oder Das Soldatenglück; R: Adolf Dresen
Meinhof: Bambule; R: Frank Moritz / Henning Rühle
Ovid u. a.: Der Sturz. Texte und Lieder zum Thema Gewalt; R: Gerhard Fiedler
Pirandello: Don Carlos oder Heute Abend wird aus dem Stegreif gespielt; R: Werner Schroeter
Schnitzler: Reigen; R: Horst Zankl
Shakespeare: König Richard III.; R: Wilfried Minks
Strindberg: Der Pelikan; R: Jan Kauenhowen
Tschechow: Onkel Wanja; R: Nicolas Brieger
Weiss: Wie dem Herrn Mockinpott das Leiden ausgetrieben wird; R: Nikolaus Wolcz
N. Williams: Klassenfeind; R: Heinrich Giskes

Spielzeit 1982/83

B. Strauß: Kalldewey, Farce; R: Heinrich Giskes
Brecht / Weill: Happy End; R: Frank Moritz / Ingo Waszerka
Dorst: Ameley, der Biber und der König auf dem Dach; R: Heinrich Giskes
Gorki: Wassa Schelesnowa; R: Adolf Dresen
Handke: Über die Dörfer; R: Horst Zankl
Horváth: Die Unbekannte aus der Seine; R: H.-Dieter Jendreyko
Ibsen: Ein Volksfeind; R: Bernd Rainer Krieger
Kipphardt: Bruder Eichmann; R: Peter Löscher
Kleist: Amphitryon; R: Adolf Dresen
H. Müller: Quartett; R: Horst Zankl
Reinhard: Schlag auf Schlag; R: Maria Reinhard
Reinshagen: Eisenherz; R: Elke Lang
Schwarz: Der Schatten; R: Nikolaus Wolcz

Spielzeit 1983/84

Bond: Sommer; R: Thomas Reichert
Brasch: Mercedes; R: Elke Lang
Brecht: Im Dickicht der Städte; R: Adolf Dresen
Genet: Die Wände; R: David Mouchtar-Samorai
Ibsen: Eyolf; R: H.-Dieter Jendreyko
Jahnn: Die Trümmer des Gewissens; R: Horst Siede
Karasek: Reise ins Land Ichweißnichtwo; R: Daniel Karasek
Kleist: Der zerbrochne Krug; R: Holger Bern
Koch / Moritz / Waszerka: Die Blume von Nagasaki; R: Frank Moritz / Ingo Waszerka
Koltès: Kampf des Negers und der Hunde; R: H.-Dieter Jendreyko
Michaels / I MACAP / Schmitt: Einer von uns; R: Brian Michaels
Miller: Der Tod des Handlungsreisenden; R: Holger Bern
Shakespeare: Timon von Athen; R: David Mouchtar-Samorai

Tschechow: Schwanengesang; R: Daniel Karasek
T. Williams: Endstation Sehnsucht; R: Adolf Dresen

Spielzeit 1984/85

Biermann: Der Dra-Dra; R: Alexander Brill
Brecht / Weill: Die Dreigroschenoper; R: Ingo Waszerka
Fo: Hohn der Angst; R: Ingo Waszerka
Goethe: Stella; R: Heinrich Giskes
Karasek: Sturmzauber; R: Peter Danzeisen
Keeffe: Bastard Angel; R: Adolf Dresen
Kleist: Die Familie Schroffenstein; R: H.-Dieter Jendreyko
Moritz: Einschnitt – Ein Mann fällt um; R: Frank Moritz
Pinter: Die Geburtstagsfeier; R: Jürgen Kloth
Poliakoff: Hitting Town; R: Alexander Brill
Schiller: Die Räuber; R: Thomas Reichert
Shakespeare: Maß für Maß; R: David Mouchtar-Samorai
Shanley: Danny und die tiefblaue See; R: Susanne Schneider
B. Strauß: Der Park; R: Holger Bern
Strindberg: Fräulein Julie; R: Benjamin Korn
Strindberg: Totentanz; R: Peter Löscher
Wenzel: Weit weg von Hagedingen; R: Jörg Gade

Intendanz Günther Rühle (1985–1990)

Spielzeit 1985/86

Beckett: Glückliche Tage; R: Valentin Jekers
Bernhard: Die Macht der Gewohnheit; R: Marco Bernardi
Brasch: Rotter; R: Wolf-Dietrich Sprenger
Brecht / H. Müller: Die Schlacht / Die Kleinbürgerhochzeit; R: Alexander Brill
Fassbinder: Der Müll, die Stadt und der Tod; R: Dietrich Hilsdorf
Fels: Lämmermann; R: Peter Löscher
Fugard: Die Insel; R: Thomas Thieme
Genet: Unter Aufsicht; R: Frank Moritz
Giraudoux: Die Irre von Chaillot; R: Dietrich Hilsdorf
Goethe: Egmont; R: Dietrich Hilsdorf
Gross: Das Geheimnis der verlorenen Welt; R: Susanne Schneider
Miller: Hexenjagd; R: Dietrich Hilsdorf
Molière: Don Juan oder Der steinerne Gast; R: Benjamin Korn
Niebergall: Datterich; R: Dietrich Hilsdorf
Özdamar: Karagöz in Alamania; R: Karl Kneidl / Emine S. Özdamar
Roth: Ritt auf die Wartburg; R: Brigitta Linde-Koch
Schleef / Müller-Schwefe: Mütter; R: Einar Schleef
Shakespeare: Hamlet; R: Holger Berg
Süskind: Der Kontrabass; R: Marc Günther

Spielzeit 1986/87

Brecht: Mann ist Mann; R: Ingo Waszerka
Brodsky: Marmor; R: Liviu Ciulei
Büchner: Leonce und Lena; R: Ingo Waszerka
Deichsel: Midas; R: Wolfgang Deichsel / Uwe Eric Laufenberg
Fo / Rame: Offene Zweierbeziehung; R: Ingo Waszerka
Goethe: Egmont; R: Dietrich Hilsdorf
Goldoni: Der Diener zweier Herren; R: Marco Bernardi
Hauptmann: Vor Sonnenaufgang; R: Einar Schleef
Ibsen: Die Wildente; R: Michael Gruner
Kuhlmann: Wünsche und Krankheiten der Nomaden; R: Dietrich Hilsdorf
Lorca: Sobald fünf Jahre vergehen; R: Stephan Stroux
Mueller: Das Totenfloß; R: Dietrich Hilsdorf
Schiller: Don Carlos – Infant von Spanien; R: Holger Berg
Schnitzler: Anatol; R: Marc Günther
Sternheim: Die Hose; R: Fritz Gross
B. Strauß: Die Fremdenführerin; R: Alois-Michael Heigl

Spielzeit 1987/88

Beckett: Das letzte Band; R: Klaus Michael Grüber
Bernhard: Vor dem Ruhestand; R: Alois-Michael Heigl
Bont: Das ertrunkene Land; R: Winni Victor
Claudel: Das harte Brot; R: Michael Gruner
Gregory / Shawn: Mein Essen mit André; R: Marc Günther
Griffiths: Comedians – Die Komiker; R: Marc Günther
Hauptmann: Die Ratten; R: Dietrich Hilsdorf
Horváth: Zur schönen Aussicht; R: Michael Gruner
Hunter: Zelda; R: Gerald Uhlig
Kleist: Das Käthchen von Heilbronn; R: Dietrich Hilsdorf
Kleist: Penthesilea; R: Hans Jürgen Syberberg
Kuhlmann: Pfingstläuten; R: Uwe Eric Laufenberg
Lasker-Schüler: Die Wupper; R: Michael Gruner
H. Müller: Philoktet; R: Thomas Thieme
Schleef: Die Schauspieler; R: Einar Schleef
Sternheim: Aus dem bürgerlichen Heldenleben. Der Snob / 1913; R: Fritz Gross
Toller: Hoppla, wir leben!; R: Marco Bernardi
Voltaire: Candide; R: Alexander Brill
Wysocki: Schauspieler, Tänzer, Sängerin; R: Axel Manthey

Spielzeit 1988/89

Bond: Gerettet; R: Alexander Brill
Bruckner / Camus: Krankheit der Jugend / Die Gerechten; R: Uwe Eric Laufenberg
Campbell: Frank'n'Stein; R: Winni Victor
Deichsel: Bleiwe losse; R: Wolfgang Deichsel
Deichsel: Die Geizigen; R: Dietrich Hilsdorf
Dorst: Auf dem Chimborazo; R: Fritz Gross
Goethe: Geschichte Gottfriedens von Berlichingen mit der eisernen Hand; R: Einar Schleef
Hauptmann: Michael Kramer; R: Michael Gruner
Kleist: Der zerbrochne Krug; R: Dietrich Hilsdorf
Kleist: Die Marquise von O.; R: Hans Jürgen Syberberg
Marlowe: Leben Edwards des Zweiten von England; R: Peter Palitzsch
Merz/Qualtinger: Der Herr Karl; R: Axel Stöcker
Molière: Der Sizilianer oder Die Liebe ist ein Maler; R: Dieter Kümmel
O'Casey: Das Ende vom Anfang; R: Axel Stöcker
O'Neill: Eines langen Tages Reise in die Nacht; R: Michael Gruner
Shakespeare: Wie es euch gefällt; R: Marco Bernardi
Slawkin: Cerceau; R: Michael Gruner
Sophokles: König Ödipus; R: Dietrich Hilsdorf
Vian: Die Reichsgründer; R: Ellen Hammer

Spielzeit 1989/90

Broch: Die Erzählung der Magd Zerline; R: Winni Victor
Büchner: Dantons Tod; R: Dietrich Hilsdorf
Dorst: Korbes; R: Dietrich Hilsdorf
Dorst: Parzival; R: Alexander Brill
Feuchtwanger: Neunzehnhundertachtzehn; R: Einar Schleef
Goethe: Faust; R: Einar Schleef
Green: Ein Morgen gibt es nicht; R: Michael Gruner
Ibsen: Peer Gynt; R: Michael Gruner
Kaiser: Von morgens bis mitternachts; R: Dietrich Hilsdorf
Karge: Jacke wie Hose; R: Axel Stöcker
Koltès: Rückkehr in die Wüste; R: Uwe Eric Laufenberg
Molière: George Dandin; R: Ellen Hammer
H. Müller: Die Schlacht; R: Alexander Brill
Shakespeare: König Lear; R: Robert Wilson
Stein: Kriege / Erzählen; R: Winni Victor
Strindberg: Der Vater; R: Regula Gerber
Strittmatter: Die Liebe zu den drei Orangen; R: Bettina Wieland
Wedekind: Der Marquis von Keith; R: Uwe Eric Laufenberg

Intendanz Hans Peter Doll (1990/91)

Spielzeit 1990/91

Albee: Wer hat Angst vor Virginia Woolf?; R: Herbert Kreppel
Beckett: Warten auf Godot; R: Peter Palitzsch
Goethe: Reineke Fuchs; R: Alexander Brill
Gombrowicz: Yvonne, die Burgunderprinzessin; R: Alexander Brill
Honigmann: Das singende springende Löweneckerchen; R: Winni Victor
Horváth: Geschichten aus dem Wiener Wald; R: Fred Berndt
Kafka: Ein Bericht für eine Akademie; R: Herbert Kreppel
Lessing: Nathan der Weise; R: Hans Gratzer
Michel: Der letzte Wähler; R: Rainer Mennicken
Molière: George Dandin; R: Gábor Zsámbéki
Mrożek: Tango; R: Barbara Esser / Jürgen Esser

Pinter: Der Hausmeister; R: Peter Löscher
Rasumowskaja: Liebe Jelena Sergejewna; R: Hannelore Hoger
Reinshagen: Himmel und Erde; R: Peter Stoltzenberg
Santanelli: Regina Madre; R: Winni Victor
Schiller: Maria Stuart; R: Manfred Karge
Shakespeare: Ein Sommernachtstraum; R: Guido Huonder
Specht: Das glühend Männla; R: Thomas Schulte-Michels
Tschechow: Der Kirschgarten; R: Wolfgang Kolneder
Weiss: Die Verfolgung und Ermordung Jean Paul Marats dargestellt durch die Schauspielgruppe des Hospizes Charenton unter Anleitung des Herrn de Sade; R: Frank Hoffmann

Intendanz Peter Eschberg (1991–2001)

Spielzeit 1991/92

Beckett: Glückliche Tage; R: Peter Eschberg
Beckett: Katastrophe; R: Jürgen Gosch
Berkéwicz: Nur wir; R: Jürgen Kaizik
Berkoff: Dekadenz; R: Kazuko Watanabe
Brill: Alice; R: Alexander Brill
Brill: Stadtluft macht frei; R: Alexander Brill
Cousse: Strategie eines Schweins; R: Michael Funke
Dyer: Unter der Treppe; R: Klaus Emmerich
Goethe: Iphigenie auf Tauris; R: Herbert Kreppel
Gruper / Prestele: Heimatlos; R: Nikolaus Büchel
Handke: Das Spiel vom Fragen oder Die Reise zum sonoren Land; R: Michael Pehlke
Hauptmann: Hanneles Himmelfahrt; R: Jürgen Kruse
Hopkins: Verlorene Zeit; R: Matthias Tiefenbacher
Lorca: Doña Rosita bleibt ledig oder Die Sprache der Blumen; R: Wolfgang Engel
Ludwig / Michel: Ab heute heißt du Sara; R: Uwe Jens Jensen
McGuinness: Factory Girls; R: Stefan Brün
Mitterer: Sibirien; R: Otto Tausig
Mosebach: Rotkäppchen und der Wolf; R: Hans Hollmann
Raimund: Das Mädchen aus der Feenwelt oder Der Bauer als Millionär; R: Peter Eschberg
Schiller: Die Jungfrau von Orleans; R: Anselm Weber
Shakespeare: Der Kaufmann von Venedig; R: Wolfgang Engel
Strindberg: Fräulein Julie; R: Leander Haußmann
Tabori: Die Goldberg-Variationen; R: Nikolaus Büchel
Trolle: Das Dreivierteljahr des David Rubinowicz oder Requiem auf einen Jungen, der nicht Radfahren lernte; R: Peter Eschberg
Tschechow: Onkel Wanja; R: Jürgen Gosch
Turrini: Josef und Maria; R: Stefan Brün
Zech: Das trunkene Schiff; R: Frank Castorf

Spielzeit 1992/93

Barnes: Antiphon; R: Peter Eschberg
Braun: Iphigenie in Freiheit; R: Michael Pehlke
Dorst: Karlos; R: Alexander Brill
Euripides: Der Kyklop; R: Matthias Tiefenbacher
Goetz: Festung; R: Hans Hollmann
Goetz: Katarakt; R: Hans Hollmann
Ibsen: Hedda Gabler; R: Jürgen Kruse
Ionesco: Die Nashörner; R: Anselm Weber
Schiller: Don Carlos; R: Wolfgang Engel
Schnitzler: Das weite Land; R: Jürgen Gosch
Schwab: Die Präsidentinnen; R: Anselm Weber
Shakespeare: Othello; R: Peter Eschberg
Sophokles: Antigone; R: Anselm Weber
Stoppard: Künstler, eine Treppe hinabgehend; R: Thomas Schulte-Michels
Suchovo-Kobylin: Tarelkins Tod oder der Vampir von St. Petersburg; R: Wolfgang Engel
Trolle: Jump. Lizzy! (Wstawate, Lizzy, Wstawate oder Manege frei für eine ältere Dame); R: Jürgen Kruse

Spielzeit 1993/94

Achternbusch: Ella; R: Jessica Steinke
Aischylos: Die Perser; R: Jürgen Kruse
Aischylos: Sieben gegen Theben; R: Jürgen Kruse
Beckett: Das letzte Band; R: Jürgen Gosch
Bernhard: Der Weltverbesserer; R: Wolfgang Engel
Bond: Trauer zu früh; R: Alexander Brill
Braz: Der Kunstmasochist; R: Peter Lerchbaumer
Brill: Die Sehnsucht nach Ophelia. Collage nach William Shakespeare; R: Alexander Brill
Euripides: Medea; R: Jürgen Kruse
Gogol: Der Revisor; R: Hans Hollmann
Gorki: Kinder der Sonne; R: Peter Eschberg
Ibsen: Baumeister Solneß; R: Peter Eschberg
Jelinek: Krankheit oder Moderne Frauen; R: Anselm Weber
Kipphardt: In der Sache J. Robert Oppenheimer; R: Peter Eschberg
Kushner: Engel in Amerika; R: Thomas Schulte-Michels
Lerchbaum: Geh'n ma halt a biss'l unter! Wiener Liederabend; R: Peter Lerchbaum
Mamet: Oleanna; R: Thomas Schulte-Michels
O'Neill: Der Eismann kommt; R: Stefan Brün
Schwab: Mein Hundemund; R: Matthias Tiefenbacher
Streeruwitz: New York. New York.; R: Thirza Bruncken
Trolle: Ein Vormittag in der Freiheit oder Sie gestatten, Lehmann vorn mit L wie Lenin; R: Matthias Tiefenbacher

Spielzeit 1994/95

Bernhard: Ritter, Dene, Voss; R: Peter Eschberg
Bond: Männergesellschaft; R: Thomas Schulte-Michels
Bond: Trauer zu früh; R: Alexander Brill

Brecht: Die Dreigroschenoper; R: Hans Hollmann
Fo: Bezahlt wird nicht; R: Hans Falár
Goethe: Torquato Tasso; R: Jürgen Kruse
Ionesco: Die kahle Sängerin; R: Thomas Schulte-Michels
Keun: Das kunstseidene Mädchen; R: Marion Schmitz
Kleist: Prinz Friedrich von Homburg; R: Amélie Niermeyer
Kraus: Die letzten Tage der Menschheit; R: Peter Eschberg
Merz / Qualtinger: Der Herr Karl; R: Peter Eschberg
Molière: Tartuffe; R: Jürgen Gosch
Mrożek: Auf hoher See; R: Jessica Steinke
Pinter: Der stumme Diener; R: Jürgen Kruse u. a.
Ridley: Der Disney-Killer; R: Jessica Steinke
Schönherr: Der Weibsteufel; R: Hans Falár / Ina-Kathrin Korff
Schwab: Volksvernichtung oder Meine Leber ist sinnlos; R: Michael Wallner
B. Strauß: Das Gleichgewicht; R: Jens Schmidl
Wedekind: Der Kammersänger; R: Matthias Tiefenbach

Spielzeit 1995/96

Bernhard: Heldenplatz; R: Peter Eschberg
Brecht: Baal; R: Anselm Weber
Burroughs / Waits / Wilson: The Black Rider; R: Alexander Brill
Dürrenmatt: Der Besuch der alten Dame; R: Thomas Schulte-Michels
Green: Der Feind; R: Hans Falár
Kühn: Wir Hinterbliebenen. Ein politisch-literarisches Kabarett zur jüngeren Geschichte; R: Volker Kühn
Lessing: Miss Sara Sampson; R: Amélie Niermeyer
Nestroy: Der Talisman; R: Peter Eschberg
Osborne: Blick zurück im Zorn; R: Jessica Steinke
Pinter: Die Heimkehr; R: Hans Falár
Schleef: Totentrompeten; R: Ulrich Hüni
Shakespeare: Was ihr wollt; R: Amélie Niermeyer
Tabori: Weisman und Rotgesicht; R: Jessica Steinke
Waechter: Luzi; R: F. K. Waechter
Wilde: Bunbury oder Wie wichtig es ist, ernst zu sein; R: Hans Hollmann
T. Williams: Die Glasmenagerie; R: Thomas Schulte-Michels

Spielzeit 1996/97

Aristophanes: Die Weibervolksversammlung; R: Amélie Niermeyer
Beckett: Warten auf Godot; R: Tom Kühnel / Robert Schuster
Bernhard: Der Theatermacher; R: Peter Eschberg
Brecht: Mann ist Mann; R: Klaus Emmerich
Euripides: Die Troerinnen; R: Peter Eschberg
Feydeau: Der Floh im Ohr; R: Günther Gerstner
Handke: Zurüstungen für die Unsterblichkeit; R: Hans Hollmann
Hollaender / Kühn: Das Wunderkind; R: Volker Kühn
Lessing: Miss Sara Sampson; R: Amélie Niermeyer
Llamas: Die Morde der jüdischen Prinzessin; R: Thomas Schulte-Michels
Molière: Der Geizige; R: Hans Falár
H. Müller: Quartett; R: Ulrich Hüni
Schnitzler: Fräulein Else; R: Christian Tschirner
Shakespeare: Die lustigen Weiber von Windsor; R: Karl Welunschek
Šnajder: Die Schlangenhaut; R: Alexander Brill
B. Strauß: Ithaka; R: Christian Stückl
Wedekind: Frühlings Erwachen; R: Alexander Brill
Zuckmayer: Des Teufels General; R: Thomas Schulte-Michels

Spielzeit 1997/98

Albee: Wer hat Angst vor Virginia Woolf?; R: Hans Falár
Allen: Bullets over Broadway; R: Thomas Schulte-Michels
Bernstein / Laurents: West Side Story; R: Alexander Brill
Brecht: Leben des Galilei; R: Peter Eschberg
Carroll: Alice im Wunderland. Ein Puppenspiel; R: Tom Kühnel / Robert Schuster
Dorfer / Hader: Indien; R: Ulrich Hüni
Dorst: Die Legende vom Armen Heinrich; R: Alexander Brill
Gorki: Wassa Schelesnowa; R: Peter Eschberg
Ibsen: Peer Gynt; R: Tom Kühnel / Robert Schuster
Ionesco: Die Stühle; R: Thomas Schulte-Michels
Miller: Tod eines Handlungsreisenden; R: Karl Welunschek
Montherlant: Die Stadt, deren König ein Kind ist; R: Hans Falár
Schwab: Der reizende Reigen. Nach dem Reigen des reizenden Herrn Arthur Schnitzler; R: Amélie Niermeyer
Shakespeare: Titus Andronicus; R: Tom Kühnel / Robert Schuster
B. Strauß: Ithaka; R: Christian Stückl
Strittmatter: Viehjud Levi; R: Bettina Grack

Spielzeit 1998/99

Brecht: Der gute Mensch von Sezuan; R: Alexander Brill
Büchner: Woyzeck; R: Peter Eschberg
Cavelty: Das verlorene Wort. Sonderveranstaltung zur Buchmesse; R: Christian Tschirner / Paul Viebeg
Dorfmann: Who's Who; R: Thomas Schulte-Michels
Duras: Die Krankheit Tod; R: Jan Bosse
Dürrenmatt: Die Physiker; R: Thomas Schulte-Michels
Goethe: Faust. Der Tragödie erster Teil; R: Tom Kühnel / Robert Schuster
Goethe: Stella; R: Amélie Niermeyer
Jelinek: Ein Sportstück; R: Peter Eschberg
Pinter: Alte Zeiten; R: Karl Welunschek
Praetorius: Alzheimer Roulette oder Das Ende der Totenruhe; R: Peter Palitzsch
Shakespeare: Romeo und Julia; R: Amélie Niermeyer
Sophokles: Antigone; R: Tom Kühnel / Robert Schuster
Sternheim: Die Hose; R: Hans Hollmann

Spielzeit 1999/2000

Beckett: Endspiel; R: Hans Hollmann
Bernhard: Über allen Gipfeln ist Ruh; R: Peter Eschberg
Bronnen: Vatermord; R: Hans Falár
Dumas: Kameliendame. In der Bearbeitung von Simone Schneider; R: Amélie Niermeyer
Fischer: Schauspieler singen. Eine etwas andere Revue; R: Wolfram Kremer
Fleißer: Fegefeuer in Ingolstadt; R: Alexander Brill
Fo / Rame: Nur Kinder, Küche, Kirche. Eine Frau allein; R: Hans Falár
Hacks: Ein Gespräch im Hause Stein über den abwesenden Herrn Goethe; R: Peter Eschberg
Horváth: Geschichten aus dem Wiener Wald; R: Peter Eschberg
MacDermot / Rado / Ragni: Hair; R: Alexander Brill
Mayenburg: Feuergesicht; R: Christian Pade
Pinter: Asche zu Asche; R: Thomas Schulte-Michels
Schiller: Don Carlos; R: Jens-Daniel Herzog
B. Strauß: Die Ähnlichen; R: Christian Stückl
Tschechow: Der Kirschgarten; R: Peter Eschberg
T. Walser: King Kongs Töchter; R: Thomas Schulte-Michels

Spielzeit 2000/01

Bachmann: Der gute Gott von Manhattan; R: Julia Ortmann
Bernhard: Vor dem Ruhestand; R: Peter Eschberg
Calderón: Das Leben ist ein Traum; R: Jürgen Kruse / Michael Pehlke
Camus: Das Missverständnis; R: Hans Falár
Geers / Gerlach / Lehr: Carmen. Eine Rockoper; R: Alexander Brill
Goetz: Jeff Koons; R: Christian Pade
Hauptmann: Und Pippa tanzt; R: Amélie Niermeyer
Ludlam: Das Geheimnis der Irma Vep; R: Christina Ripper
Praetorius: Die Frauenfalle; R: Peter Palitzsch
Ravenhill: Faust ist tot; R: Markus Baumhaus
Schenk / Streul: Die Sternstunde des Josef Bieder; R: Peter Eschberg
Shakespeare: Ein Sommernachtstraum; R: Peter Eschberg
Shakespeare: König Lear; R: Peter Eschberg
J. Strauß: Die Fledermaus; R: Thomas Schulte-Michels
Strindberg: Ein Traumspiel; R: Hans Hollmann
Welsh: Trainspotting; R: Alexander Brill

Intendanz Elisabeth Schweeger (2001–2009)

Spielzeit 2001/02

Ammer: Nihilismus de luxe; R: Marlon Metzen
Artaud: Die Cenci; R: Dimiter Gotscheff
Belbel: Die Zeit der Plancks; R: Anselm Weber
Büchner: Woyzeck; R: Stéphane Braunschweig
Diamantstein: Nachtmahl; R: Eva Diamantstein
Dorst: Othoon. Ein Fragment; R: Alexander Brill
Fosse: Da kommt noch wer; R: Andreas von Studnitz
Galouye: Simulacron; R: Armin Petras
Golonka / H. Müller: Die blauen den Kleinen, die gelben den Schweinen, der Liebsten die roten, die weißen den Toten; R: Wanda Golonka
Golonka: Mit vollem Mund; R: Wanda Golonka
Greenaway: Gold – 92 Bars in a Crashed Car; R: Saskia Boddeke
Hamsun: Spiel des Lebens; R: Armin Petras
Hofmannsthal: Elektra; R: Simone Blattner
Hölderlin: Hyperion; R: Christian Ebert
Jelinek: Raststätte oder Sie machen's alle; R: Monika Gintersdorfer
Kane: 4.48 Psychose; R: Wanda Golonka
Kentridge: Confessions of Zeno; R: William Kentridge
Kleist: Penthesilea; R: Anselm Weber
La Fura dels Baus: XXX; R: La Fura dels Baus
Loher: Adam Geist; R: Sandra Strunz
Loher: Samurai oder Der Fehler; R: Dea Loher
Molière: Der Menschenfeind; R: Andreas von Studnitz
Mulisch: Das Theater, der Brief und die Wahrheit; R: Udo Samel
Murger: La Vie de Bohème; R: André Wilms
Schiller: Wallenstein; R: Anselm Weber
Schlingensief: Quiz 3000: Du bist die Katastrophe; R: Christoph Schlingensief

Spielzeit 2002/03

Beltz: Die Frankfurter Verlobung; R: Anselm Weber
Brasch: Mercedes; R: Corinna von Rad
Brecht / H. Müller: Der Untergang des Egoisten Johann Fatzer; R: Thirza Bruncken
Crouch / McDermott: Shockheaded Peter; R: Alexander Brill
Danckwart: Girlsnightout; R: Simone Blattner
Erpenbeck: Katzen haben sieben Leben; R: André Wilms
Fassbinder / Fengler: Warum läuft Herr R. Amok; R: Michael Thalheimer
Goebbels: Hashirigaki; R: Heiner Goebbels
Golonka: An Antigone; R: Wanda Golonka
Hebbel: Maria Magdalena; R: Armin Petras
Heckmanns: Finnisch oder Ich möchte dich vielleicht berühren; R: Anna Schildt
Ibsen: Gespenster; R: Stéphane Braunschweig
Kater: Kameraden; R: Ralf Hinterding
Kleist: Der zerbrochne Krug; R: Armin Petras
Krausser: CosmicMemos, Denotation Babel; R: HCD
Mankell: Zeit im Dunkeln; R: Henning Mankell
Morgan: Tiny Dynamite; R: Guntram Brattia
W. Müller / Schubert: Die schöne Müllerin; R: Udo Samel
Ostermaier: Erreger; R: Fanny Brunner
Ostermaier: Katakomben; R: Wanda Golonka
Ostermaier: Radio noir; R: Michael Bischoff
Richter: Alles. In einer Nacht; R: Christiane J. Schneider
Schwarz: Die Schneekönigin; R: Mark Zurmühle
Shakespeare: Hamlet; R: Anselm Weber
Tschechow: Platonow; R: Dimiter Gotscheff
Tschechow: Schwanengesang; R: Fanny Brunner

Vinterberg: Das Fest; R: Michael Thalheimer
Wolf: Kassandra; R: Daniela Kranz / Jenke Nordalm
Zaimoglu / Senkel: Casino Leger; R: Marlon Metzen

Spielzeit 2003/04

Beckett: Die Logik des Zerfalls; R: André Wilms
Berg: Hund, Frau, Mann; R: Kerstin Lenhart
Bernhard: Am Ziel; R: Jan Bosse
Brucic: United Lovesick Society – Lovepangs Kongress 2: Schmerzkapitale FFM 03; R: Carmen Brucic
Büchner: Leonce und Lena; R: Alexander Brill
Collodi: Pinocchio; R: Martin Nimz
Diderot: Rameaus Neffe; R: Kollektiv
Duras / Golonka: India Song; R: Wanda Golonka
Fellini: La strada; R: Sebastian Schlösser
foreign affairs e.f.: Good You Came; R: foreign affairs e.f.
Godard: Zwei oder drei Dinge, die ich von ihr weiß; R: Armin Petras
Goebbels: Landschaft mit entfernten Verwandten; R: Heiner Goebbels
Grabbe: Scherz, Satire, Ironie und tiefere Bedeutung; R: Anselm Weber
Heckmanns: Kränk; R: Simone Blattner
Heine / Schildt: Heines Wintermärchen. Eine Deutschlandrecherche; R: Anna Schildt
Henning / Wilde: Salomé; R: Marc von Henning
Hölderlin / Golonka: Antigone; R: Wanda Golonka
Ibsen: Die Frau vom Meer; R: Armin Petras
Kane: Phaidras Liebe; R: Robert Lehniger
Kane: Zerbombt; R: Armin Petras
Kater: We Are Camera; R: Peter Kastenmüller
Koltès: Die Nacht kurz vor den Wäldern; R: Jens-Daniel Herzog
Lermontow: Maskerade; R: Christian Ebert
Lessing: Minna von Barnhelm; R: Armin Petras
Mamet: Sexual Perversity in Chicago; R: Simone Blattner
Martin: Jack und Jill; R: Christiane J. Schneider
W. Müller / Schubert: Winterreise; R: Udo Samel
Nabokov: Lolita; R: Florian Fiedler
Petras: Learning Europe; R: Diego de Brea
Sauerwein: Jojo, der Zirkusjunge, der kein Clown werden wollte; R: André Wilms
Schiller: Kabale und Liebe; R: Mark Zurmühle
Schlingensief: Church of Fear; R: Christoph Schlingensief
Sunkovsky / Schmatz: Zuviel und zu wenig; R: Beatrix Sunkovsky
Schwab: Offene Gruben, offene Fenster; R: Jennifer Minetti
Verhelst: Red Rubber Balls; R: Christiane J. Schneider
Verhelst / Shakespeare: Romeo und Julia. Studie eines ertrinkenden Körpers; R: Sandra Strunz
Walker: Suburban Motel; R: Thomas Ostermeier / Armin Petras / Enrico Stolzenberg
T. Williams: Die Glasmenagerie; R: Armin Petras
T. Williams: Endstation Sehnsucht; R: Burkhard C. Kosminski

Spielzeit 2004/05

--: Eigentlich bin ich auch dagegen. Schöner wär's wenn's schöner wär – Der Kongress / Kunst, Theorie und Praxis des Widerstands; kuratiert von Matthias von Hartz
--: JAGO! Raus aus hier. Trainieren für Utopia; R: Anna Maslowski
Arrabal: Der Architekt und der Kaiser von Assyrien; R: Florian von Hoermann
Beckett: Glückliche Tage; R: Wanda Golonka
Büchner: Dantons Tod; R: Philipp Preuss
Churchill: In weiter Ferne; R: Fanny Brunner
Frisch: Stiller; R: Burkhard C. Kosminski
Genet: Die Zofen; R: André Wilms
Gieselmann: Herr Kolpert; R: Jan Neumann
Goebbels: Eraritjaritjaka. Museum der Sätze. Nach Texten von Elias Canetti; R: Heiner Goebbels
Goethe: Die Leiden des jungen Werther; R: Florian Fiedler
Golonka: Alice Blue; R: Wanda Golonka
Groß / Shakespeare: Ein Sommernachtstraum für Kinder; R: André Wilms
Houellebecq: Plattform; R: Peter Kastenmüller
Hugo: Lucretia Borgia; R: Armin Petras
Ibsen: Die Wildente; R: Anselm Weber
Kater / Sonne: Mach die Augen zu und fliege oder Krieg Böse 5; R: Armin Petras
Kleist: Das Käthchen von Heilbronn oder Die Feuerprobe; R: Armin Petras
Lessing: Nathan der Weise; R: Karin Neuhäuser
Loeffler: Schöner wär's, wenn's schöner wär! Hits zwischen Weimar und New York; R: Dietmar Loeffler
Loher: Leviathan; R: Simone Blattner
Lowry: Unter dem Vulkan. Ein Projekt nach dem Roman von Malcolm Lowry; R: Armin Petras
Marivaux: Der Streit; R: Alexander Brill
Neumann: Goldfischen; R: Jan Neumann
Sartre: Geschlossene Gesellschaft; R: Tatjana Rese
Schiller: Der Verbrecher aus verlorener Ehre; R: Christiane J. Schneider
Schiller: Die Räuber; R: Peter Kastenmüller
Schubert: Schwanengesang; R: Udo Samel
Shepard: Fool for Love; R: Corinna von Rad
Sorokin: Kollektives Lesen eines Buches mit Hilfe der Imagination in Frankfurt. Nach dem Roman »Das Eis« von Wladimir Georgijewitsch Sorokin; R: Alvis Hermanis
Srbljanović: God Save America; R: Robert Lehniger
Strindberg: Fräulein Julie; R: Fanny Brunner
Tabori: Weisman und Rotgesicht – Ein jüdischer Western; R: Michael Weber
Trier: Idioten; R: Andreas Kriegenburg
Waechter: Die Mondtücher; R: Anna Maslowski
Weiss: Die Verfolgung und Ermordung Jean Paul Marats; R: Alexander Brill

Spielzeit 2005/06

--: Being Lawinky. Nach Eugène Ionesco: Das große Massakerspiel; R: Sebastian Hartmann
--: hercules@work. Nach Texten von Euripides, Sophokles u. a.; R: Paul-Georg Dittrich
--: I will survive. Arche 2006 – Kunst, Theorie und Praxis zur Rettung der Welt; kuratiert von Matthias von Hartz
--: Jason. Frei nach Motiven der Argonautensage; R: Rainer Frank
--: kain! Mit Texten von Friedrich Koffka, Fjodor Dostojewski, Lautréamont u. a., R: Florian von Hoermann
--: Pro Familia Teiresias. Frei nach Motiven von Ovid; R: Kerstin Lenhart
--: Spring doch – Vom Tod und anderen Leidenschaften. Szenische Collage des Jugendclubs JAGO!; R: Raphael Kassner
--: Solo. Ein Orpheus und Eurydike Try-Out; R: Philip Bußmann / Nicola Gründel / Mathias Max Herrmann
Albee: Wer hat Angst vor Virginia Woolf?; R: Martin Nimz
Brill: mannMachtmann; R: Alexander Brill
Camus: Die Gerechten; R: Martin Nimz
Euripides: Bakchen; R: Christof Nel
Feydeau: Floh im Ohr; R: Simone Blattner
Goebbels: Schwarz auf Weiß. Musiktheater von Heiner Goebbels für 18 Musiker des Ensemble Modern, nach Texten von Edgar Allan Poe, Maurice Blanchot, T. S. Eliot; R: Heiner Goebbels
Goethe: Egmont; R: Armin Petras
Goethe: Urfaust; R: Jorinde Dröse
Golonka: For Sale. Eine Vor- / Ausstellung von Wanda Golonka; R: Wanda Golonka
Heckmanns: Die Liebe zur Leere; R: Simone Blattner
Hein: Horns Ende und In seiner frühen Kindheit ein Garten; R: Armin Petras
Horváth: Glaube, Liebe, Hoffnung; R: Corinna von Rad
Jelinek: Ein Sportstück; R: Alexander Brill
Kane: Gier; R: Wanda Golonka
Kater: abalon, one nite in Bangkok; R: Peter Kastenmüller
Kaurismäki: I Hired A Contract Killer oder Wie feuere ich meinen Mörder; R: Florian Fiedler
Loeffler: Männerbeschaffungsmaßnahmen oder Wie finde ich die richtigen Helden. Ein Liederabend von Dietmar Loeffler; R: Dietmar Loeffler
Loher: Blaubart – Hoffnung der Frauen; R: André Wilms
H. Müller: Quartett; R: Urs Troller
Ostermaier: Nach den Klippen; R: Andrea Breth
Petras: Ajax. Nach Sophokles; R: Armin Petras
Sala: Dunkel allerorten; R: Pawel Miskiewicz
Sartre: Die schmutzigen Hände; R: Christiane J. Schneider
Schwab: Die Präsidentinnen; R: Jan Bosse
Shakespeare: Macbeth. Neubearbeitung von Jens Groß; R: André Wilms
Solberg: Odyssee Reloaded. Frei nach Motiven von Homer; R: Simon Solberg
B. Strauß: Besucher; R: Burkard C. Kosminski

Spielzeit 2006/07

--: Candide oder Wer ist der Ärmste? One Night Shots; R: Tobias Bühlmann
--: Das beste Theaterstück der Welt. One Night Shots; R: Susanne Zaun / Philipp Schulte
--: Der Kampfchor Galaktika singt: Das Beste aus Gewalt und Leidenschaft. One Night Shots; R: Florian Fiedler
--: feel@home. Ein Picknick. Tischgespräche, Kunst und Theorien des Zuhauseseins. Ein Kongress von Matthias von Hartz, Martin Baasch, Sibylle Baschung; kuratiert von Matthias von Hartz
Aischylos: Die Orestie; R: Karin Neuhäuser
Baasch: patriot act. Projekt von Martin Baasch. nachtschwärmer; R: Martin Baasch
Boytchev: Flieg, Oberst, flieg! nachtschwärmer; R: Paul-Georg Dittrich
Bradbury: Fahrenheit 451; R: Florian Fiedler
Brecht / Weill: Die Dreigroschenoper; R: André Wilms
Bulgakow: Hundeherz. nachtschwärmer; R: Lilli-Hannah Hoepner
Defoe / Schrettle: Friday, I'm In Love. Nach Motiven aus Daniel Defoes Roman »Robinson Crusoe« und mit Texten von Johannes Schrettle; R: Robert Lehniger
Deichsel: König Arthur; R: Corinna von Rad
Fallada: Kleiner Mann, was nun?; R: Alexander Brill
Fiedler / Stadelmann: Peer Gynt. Im Norwegerpulli ans Ende vom Ich. Monolog frei nach Henrik Ibsen. One Night Shots; R: Florian Fiedler
Gifford: Perdita Durango; R: Sebastian Baumgarten
Goebbels: Eislermaterial. Musiktheater von Heiner Goebbels mit dem Ensemble Modern und Josef Bierbichler; R: Heiner Goebbels
Golonka: … Wenn ich mich umdrehe. EINLADEN. Ein Projekt in 12 Etappen; R: Wanda Golonka
Golonka: Erzählung des Gleichgewichts 4. W. Musik-Theater von Wanda Golonka. Text: Jean Daive in der Übersetzung von Werner Hamacher; R: Wanda Golonka
Heller / Luxinger: Zauberberg. Positionen am Abgrund. Nach dem Roman von Thomas Mann; R: Friederike Heller
Herrmann / Luxinger: Das Haus sagt. Projekt von Mathias Max Herrmann und Marcel Luxinger. nachtschwärmer; R: Mathias Max Herrmann / Marcel Luxinger
Jonigk: Hörst du mein heimliches Rufen; R: Tina Lanik
Kleist: Die Familie Schroffenstein; R: Simon Solberg
Kleist: Prinz Friedrich von Homburg; R: Armin Petras
Koltès: Kampf des Negers und der Hunde; R: Dimiter Gotscheff
Lentz: Gotthelm oder Mythos Claus. Eine Trophobie; R: Christiane J. Schneider
Luxinger: Die Quelle oder G8 transparent gemacht; R: Marcel Luxinger
Miller: Hexenjagd; R: Martin Nimz
Miller: Tod eines Handlungsreisenden; R: Florian Fiedler
H. Müller: Der Auftrag. Erinnerung an eine Revolution; R: Martin Nimz
Neumann: Liebesruh; R: Jan Neumann

Rimini Protokoll: Karl Marx: Das Kapital, Erster Band;
    R: Helgard Haug / Daniel Wetzel (Rimini Protokoll)
Schiller: Die Jungfrau von Orleans; R: Simone Blattner
Schimmelpfennig: Für eine bessere Welt; R: Hermann
    Schmidt-Rahmer
Shakespeare: Falstaff. Nach König Heinrich IV. und König
    Heinrich V. von William Shakespeare; R: Peter Kastenmüller
Toller: Hinkemann; R: Christof Nel
Zech: Das trunkene Schiff; R: Florian von Hoermann

Spielzeit 2007/08

--: Retten Sie mich! Reden Sie! Irgendwas! – Ein Čechov-
    Abend; R: Karin Neuhäuser
--: The Sound of Silence. Ein Konzert von Simon & Garfunkel
    1968 in Riga, das nie stattgefunden hat; R: Alvis Hermanis
Baulitz: Transporter; R: Florian von Hoermann
Cervantes: Don Quijote. Nach Motiven des Romans von
    Miguel de Cervantes; R: Simon Solberg
Cortez: Besessen. nachtschwärmer; R: Fabian Gerhardt
Dorst: Ich bin nur vorübergehend hier; R: Alexander Brill
Euripides: Medea; R: Urs Troller
Fauser: Der Schneemann. nachtschwärmer; R: Dagmara
    Lutoslawska
Fiedler / Trier: Zur Sache Dandy! / Dear Wendy. Ein Doppel-
    Feature; R: Florian Fiedler / Robert Lehniger
Ford: Schade, dass sie eine Hure war; R: Peter Kastenmüller
Goebbels: Stifters Dinge. Eine performative Installation von
    Heiner Goebbels; R: Heiner Goebbels
Goethe: Die Wahlverwandtschaften; R: Martin Nimz
Goethe: Iphigenie auf Tauris; R: Wanda Golonka
Golonka / Curran: Weil Erde in meinem Körper war; R: Wanda
    Golonka
Gorki: Sommergäste; R: Martin Nimz
Gronau: Nach D. – Erlebnis Religion. Ein Projekt auf den
    Spuren von August Strindbergs »Nach Damaskus«;
    R: Anja Gronau
Horváth: Jugend ohne Gott; R: Julia Hölscher
Hübner: Ehrensache; R: Alexander Brill
Ibsen: Ein Volksfeind; R: Florian Fiedler
Jelinek: Ulrike Maria Stuart; R: Peter Kastenmüller
Kafka: Das Schloss; R: Tomas Schweigen
Kater: Heaven (zu Tristan); R: Armin Petras
Kraushaar: Elefant. Ein Projekt von Oliver Kraushaar. nacht-
    schwärmer; R: Oliver Kraushaar
Lem: Der futurologische Kongress. nachtschwärmer;
    R: Sebastian Schindegger
Lessing: Emilia Galotti; R: Niklaus Helbling
Martorell: Tirant lo Blanc; R: Calixto Bieito
Mastrosimone: Extremities – Bis zum Äußersten. nacht-
    schwärmer; R: Sarah Kortmann
Neumann: Kredit; R: Jan Neumann
O'Neill: Eines langen Tages Reise in die Nacht; R: Christof Nel
Ravenhill: Pool (No Water). Ein Text für Performer von Mark
    Ravenhill; R: Roger Vontobel
Rihm: Jagden und Formen (Zustand 2008); R: Sasha Waltz

Rimini Protokoll: Breaking News – Ein Tagesschauspiel;
    R: Helgard Haug / Daniel Wetzel (Rimini Protokoll)
Schiller: Der Geisterseher. nachtschwärmer; R: Paul-Georg
    Dittrich
Schleef: Gertrud. Nach dem Roman von Einar Schleef;
    R: Armin Petras
Shakespeare: Was ihr wollt; R: Corinna von Rad
Simon: Sonny Boys; R: Christian Hockenbrink
Spregelburd: Die Sturheit; R: Burkhard C. Kosminski
Srbljanović: Tierreich; R: Henning Bock
Strindberg: Rausch (Verbrechen und Verbrechen);
    R: Olaf Altmann
Tardieu: Herr Ich und andere Absurditäten. Kammerstücke von
    Jean Tardieu. nachtschwärmer; R: Lilli-Hannah Hoepner

Spielzeit 2008/09

--: Die Valentin-Methode. Ein Humorlabor; R: Tomas
    Schweigen
--: Flaneur – Der Kongress. Kunst, Theorien und Gespräche im
    Gehen, Sitzen und Liegen; kuratiert von Claudia Plöchinger
--: Johann & wir – Ein Goethe-Projekt des Jugendclubs JAGO!;
    R: Raphael Kassner
--: Schwarz Rot Gold. Drei Teile Deutsch; R: Peter Kastenmüller
--: Türke sucht das Superdeutschland. Eine musikalische Reise
    durch Karadeniztan; R: Florian Fiedler
Berg: Helges Leben. Jugendclub JAGO!; R: Raphael Kassner
Brecht: Die Kleinbürgerhochzeit; R: Alexander Brill
Camus: Der Fremde; R: Sebastian Baumgarten
Cassavetes / Petras: Opening Night. Nach dem Film von John
    Cassavetes; R: Armin Petras
Düffel / Mann: Buddenbrooks. Nach dem Roman von Thomas
    Mann; R: Cilli Drexel
Dürrenmatt: Die Panne. nachtschwärmer; R: Benjamin Eggers
Goebbels: I WENT TO THE HOUSE BUT DID NOT ENTER.
    Szenisches Konzert in drei Bildern von Heiner Goebbels
    mit Texten von T. S. Eliot, Maurice Blanchot, Samuel
    Beckett; R: Heiner Goebbels
Goethe: Torquato Tasso; R: Urs Troller
Golonka: Du kamst Vogelherz im Flug. Solo für Sandra;
    R: Wanda Golonka
Groß / Kleist: Das Käthchen von Heilbronn; R: Christiane J.
    Schneider
Hacks / Beckett: Ein Gespräch im Hause Stein über den
    abwesenden Herrn von Goethe / Das letzte Band;
    R: Christiane J. Schneider / André Wilms
Handke: Die Stunde, da wir nichts voneinander wussten;
    R: Wanda Golonka
Hebbel: Nibelungen. Remake eines deutschen Trauerspiels
    nach Friedrich Hebbel mit Texten von Johannes Schrettle;
    R: Robert Lehniger
Horváth: Kasimir und Karoline; R: Simone Blattner
Jelinek: Prinzessinnendramen – Der Tod und das Mädchen.
    Ergänzt um Der Wanderer aus Macht nichts; R: Corinna
    von Rad
Kater: Zeit zu lieben, Zeit zu sterben; R: Florian Fiedler

Kleist: Amphitryon. Ein Lustspiel nach Molière; R: Florian Fiedler
Lehniger / Schrettle: Apartment 666; R: Robert Lehniger / Johannes Schrettle
Lentz: Warum wir also hier sind. Kein Traumspiel; R: Niklaus Helbling
Loeffler: Zum Teufel mit Goethe! Ein Liederabend mit Dietmar Loeffler; R: Dietmar Loeffler
Neumann: Herzschritt; R: Jan Neumann
O'Neill: Ein Mond für die Beladenen; R: Martin Nimz
Ravenhill: Das Produkt; R: Stefko Hanushevsky
Shakespeare: Othello; R: Simone Blattner
Solberg / Grimm: Der Grimm-Code. Ein urbaner Märchenthriller frei nach den Gebrüdern Grimm; R: Simon Solberg
Stap: Heute bin ich blond. nachtschwärmer; R: Mina Salehpour
Stein: Faust Fantasia. Monolog für Stimme und Piano von Peter Stein / Arturo Annecchino; R: Peter Stein
J. Strauß / Haffner / Genée: Die Fledermaus; R: Karin Neuhäuser
Tschechow: Der Kirschgarten; R: Urs Troller

Intendanz Oliver Reese (seit 2009)

Spielzeit 2009/10

Auster: Stadt aus Glas; R: Bettina Bruinier
Barlow: Der Messias; R: Ronny Jakubaschk
Bernhard: Ritter, Dene, Voss. Eine Produktion des Deutschen Theaters Berlin; R: Oliver Reese
Brecht: Mutter Courage und ihre Kinder; R: Robert Schuster
Camus: Die Pest; R: Martin Kloepfer
Carroll: Alice im Wunderland; R: Philipp Preuss
Ebbe / Kander / Masteroff: Cabaret; R: Michael Simon
Eschenbach: Roter Ritter Parzival; R: Markus Bothe
Gogol: Tagebuch eines Wahnsinnigen. Eine Produktion des Deutschen Theaters Berlin; R: Hanna Rudolph
Goldoni: Der Diener zweier Herren; R: Andreas Kriegenburg
Haas: Komm süßer Tod. Video-Live-Performance; R: Klaus Gehre
Hauptmann: Einsame Menschen; R: Hanna Rudolph
Heine: Deutschland. Ein Wintermärchen; R: Bettina Bruinier
Horváth: Geschichten aus dem Wiener Wald; R: Günter Krämer
Ibsen: Hedda Gabler; R: Alice Buddeberg
Kann: Bleib mein schlagendes Herz; R: Daniela Löffner
Kittstein: Remake :: Rosemarie. Szenische Installation von Bernhard Mikeska; R: Bernhard Mikeska
Lem: Der futurologische Kongress. Eine Produktion des Deutschen Theaters Berlin; R: Martin Kloepfer
López: Abgesoffen; R: Antú Romero Nunes
Mann: Fülle des Wohllauts. Eine Produktion des Deutschen Theaters Berlin; R: Marcus Mislin
Marber: Hautnah; R: Christoph Mehler
Molière: Tartuffe; R: Staffan Valdemar Holm
Nabokov: Lolita. Eine Produktion des Deutschen Theaters Berlin; R: Oliver Reese
Preußler: Die Kleine Hexe. Kaminski on air / Ein Live-Hörspiel für die ganze Familie; R: Sebastian Hilken / Stefan Kaminski

Racine: Phädra; R: Oliver Reese
Reese: Bartsch. Kindermörder. Eine Produktion des Deutschen Theaters Berlin; R: Oliver Reese
Schimmelpfennig: M. E. Z.; R: Karoline Behrens
Seidel: Das letzte Hochhaus; R: Stephan Seidel
Shakespeare: Romeo und Julia; R: Bettina Bruinier
Showcase Beat Le Mot: Peterchens Mondfahrt; R: Showcase Beat Le Mot
Sophokles: Ödipus / Antigone; R: Michael Thalheimer
Stephens: Steilwand; R: Lily Sykes
Stockmann: Das blaue blaue Meer; R: Marc Lunghuß
Tschechow: Drei Schwestern; R: Karin Henkel
The Beatles: Das weiße Album. Ins Deutsche übertragen von Roland Schimmelpfennig. Ein Konzert mit Live-Musik; R: Florian Fiedler
Wedekind: Lulu; R: Stephan Kimmig

Spielzeit 2010/11

Buddeberg / Huber: Das Scarlett-O'Hara-Syndrom. Ein Stück Heimat von Alice Buddeberg und Thomas Huber; R: Alice Buddeberg
Auftrag : Lorey: Horror Vacui. Ein Projekt von Auftrag : Lorey; R: Auftrag : Lorey
Camus: Die Gerechten; R: Karoline Behrens
Cocteau: Orphée; R: Michael Simon
Doyle: Die Frau, die gegen Türen rannte; R: Oliver Reese
Fassbinder / Fröhlich / Märthesheimer: Die Sehnsucht der Veronika Voss; R: Bettina Bruinier
Frayn: Der nackte Wahnsinn; R: Oliver Reese
Goethe: Clavigo; R: Alice Buddeberg
Goethe: Stella; R: Andreas Kriegenburg
Goethe: Werthers Leiden; Solo von und mit Isaak Dentler
Haas: Silentium. Video-Live-Performance; R: Klaus Gehre
Houellebecq: Lanzarote; R: Karoline Behrens
Ibsen: Peer Gynt; R: Antú Romero Nunes
Jelinek: Die Kontrakte des Kaufmanns; R: Philipp Preuss
Kelly: DNA; R: Robert Schuster
Kleist: Die Marquise von O.; R: Kevin Rittberger
Lessing: Minna von Barnhelm oder Das Soldatenglück; R: Jorinde Dröse
Lindgren: Ronja Räubertochter; R: Matthias Schönfeldt
Miller: Ein Blick von der Brücke; R: Florian Fiedler
Hornby: NippleJesus; R: Barbara Wolf
Junge: Gun Street Girl Sings Tom Waits. Mit Franziska Junge und Band; ML: Dominik Schiefner
Pollesch: Sozialistische Schauspieler sind schwerer von der Idee eines Regisseurs zu überzeugen; R: René Pollesch
Rasche nach Johann Wolfgang Goethe: Wilhelm Meister. Eine theatralische Sendung; R: Ulrich Rasche
Schiller: Maria Stuart; R: Michael Thalheimer
Schimmelpfennig: Wenn, dann: Was wir tun, wie und warum; R: Christoph Mehler
Schneider: Schlafes Bruder; R: Laura Linnenbaum
Schnitzler: Liebelei; R: Stephan Kimmig
Schnitzler: Sterben; R: Franziska Marie Gramss

Shakespeare: Ein Sommernachtstraum; R: Markus Bothe
Shakespeare: König Lear; R: Günter Krämer
Showcase Beat Le Mot: Die Bremer Stadtmusikanten; R: Showcase Beat Le Mot
Stephens: Terminal 5; R: Lily Sykes
Stockmann: Die Ängstlichen und die Brutalen; R: Martin Kloepfer
Tabori: Mein Kampf; R: Amélie Niermeyer
Walsh: The Small Things; R: Alexander Frank
Williams: Die Katze auf dem heißen Blechdach; R: Bettina Bruinier

Spielzeit 2011/12

Beja / Wiersbinski: Red Light Red Heat – Eine Überbelichtungsmenagerie. Ein Projekt von Pedro Martins Beja und Paul Wiersbinski; R: Pedro Martins Beja
Dürrenmatt: Die Physiker; R: Markus Bothe
Euripides: Medea; R: Michael Thalheimer
Fassbinder: Die Dritte Generation; R: Alice Buddeberg
Fitzgerald: Der große Gatsby; R: Christopher Rüping
Gehre: Wenn du merkst, dass dein Pferd tot ist, dann steig ab. Video-Live-Performance; R: Klaus Gehre
Golding / Williams: Der Herr der Fliegen; R: Martina Droste
Holcroft: Edgar und Annabel; R: Lily Sykes
Ibsen: Die Wildente; R: Karin Henkel
Jacobi: Reise!Reiser! Ein Projekt von Sébastien Jacobi; R: Sébastien Jacobi
Jelinek: Winterreise; R: Bettina Bruinier
Kittstein: Die Bürgschaft; R: Lily Sykes
Kittstein: Je T'aime :: Je T'aime. Ein Projekt von Bernhard Mikeska und Lothar Kittstein; R: Bernhard Mikeska
Koltès: Roberto Zucco; R: Philipp Preuss
Kubin: Die andere Seite; R: Christopher Rüping
Mann / Sternberg: Der blaue Engel. Nach dem Roman »Professor Unrat« von Heinrich Mann und dem Film »Der blaue Engel« von Josef von Sternberg; R: Jorinde Dröse
Molnár: Liliom; R: Christoph Mehler
Müller: Die Hamletmaschine. Eine Produktion des Deutschen Theaters Berlin; R: Dimiter Gotscheff
Nather: Im Wald ist man nicht verabredet; R: Laura Linnenbaum
Norén: Liebesspiel; R: Alexander Frank
Pollesch: Wir sind schon gut genug!; R: René Pollesch
Reese: Bacon Talks. Basierend auf »Gespräche mit Francis Bacon« von David Sylvester; R: Oliver Reese
Rittberger: Lasst euch nicht umschlingen ihr 150 000 000!; R: Kevin Rittberger
Roth: Die Legende vom heiligen Trinker. Übernahme einer Produktion des Theaters Basel; R: Elias Perrig
Schiller: Die Räuber; R: Enrico Lübbe
Schnitzler: Traumnovelle; R: Bastian Kraft
Shakespeare: Der Kaufmann von Venedig; R: Barrie Kosky
Shakespeare: Hamlet, Prinz von Dänemark; R: Oliver Reese
Stockmann: Der Freund krank; R: Martin Schulze
Stoppard: Rosenkranz und Güldenstern sind tot; R: Barbara Wolf
Tschechow: Iwanow; R: Christoph Mehler
Wilde: Salomé; R: Günter Krämer

Spielzeit 2012/13

Auftrag : Lorey: Bouncing in Bavaria. Ein Projekt von Auftrag : Lorey; R: Auftrag : Lorey
Büchner: Woyzeck. Als ging die Welt in Feuer auf; R: Christopher Rüping
Bulgakow: Der Meister und Margarita; R: Markus Bothe
Bulgakow: Eine Teufeliade; R: Laura Linnenbaum
Fallada: Kleiner Mann – was nun?; R: Michael Thalheimer
Fleißer: Fegefeuer in Ingolstadt; R: Constanze Becker
Goethe: Faust. Der Tragödie erster Teil; R: Stefan Pucher
Goethe: Faust. Der Tragödie zweiter Teil; R: Günter Krämer
Highsmith: Der talentierte Mr. Ripley; R: Bastian Kraft
Horváth: Kasimir und Karoline; R: Christoph Mehler
Ibsen: John Gabriel Borkman; R: Andrea Breth
Jelinek: FaustIn and out; R: Julia von Sell
Kelly: Die Opferung des Gorge Mastromas; R: Christoph Mehler
Kittstein / Mikeska: MAKING OF :: MARILYN. Ein Projekt von Alexandra Althoff, Lothar Kittstein und Bernhard Mikeska; R: Bernhard Mikeska
Kleist: Das Käthchen von Heilbronn; R: Philipp Preuss
Kluck: Was zu sagen wäre warum; R: Alice Buddeberg
Löhle: Genannt Gospodin; R: Roscha A. Säidow
López: Ein kurzer Aussetzer; R: Christian Franke
Mamet: Hanglage Meerblick; R: Robert Schuster
Marlowe: Doktor Faustus. Puppenspiel für Kinder; R: Moritz Sostmann
T. Müller: Swing again. Eine Zusammenrottung zur Verübung gemeinschaftlichen Unfugs. Ein Projekt von Tina Müller und Martina Droste; R: Martina Droste
Mussets: Lorenzaccio le fou oder La vie un film noir. Nach Alfred de Mussets »Lorenzaccio« und »Un Conspiration en 1537«; R: Sébastien Jacobi
Preußler: Krabat; R: Karin Drechsel
Rinke: Wir lieben und wissen nichts; R: Oliver Reese
Rittberger: Kimberlit. Ein Bestiarium; R: Samuel Weiss
Sajko: Das sind nicht wir, das ist nur Glas; R: Robert Teufel
Schalansky: Der Hals der Giraffe; R: Florian Fiedler
Simenon: Betty; R: Lily Sykes
Steinbuch: Sleepless in my Dreams – Ein Dornröschen-Erweckungskuss. Projekt von Pedro Martins Beja und Gerhild Steinbuch; R: Pedro Martins Beja
Tschechow: Die Möwe; R: Andreas Kriegenburg
Vater / Grünewald: Schwarze Begierde; R: Gernot Grünewald
Waechter: Kiebich und Dutz; R: Lily Sykes
Zeller: X-Freunde; R: Bettina Bruinier
Zuckmayer: Des Teufels General; R: Christoph Mehler

Ensembleliste Schauspiel 1963/64 – 2012/13

Vermerkt sind alle Schauspielerinnen und Schauspieler im Festengagement sowie ein Großteil der Gäste seit Gründung der Theaterdoppelanlage im Dezember 1963. Schauspieler, die bereits vor 1963 am Schauspiel Frankfurt engagiert waren und hier im Zeitraum 1963–2013 erneut spielten, sind unter Umständen nur mit ihrem Engagement ab 1963 verzeichnet.

Quellengrundlage: Deutsches Bühnen Jahrbuch

A

Abdullah, Ali M. (1997–1999)
Abendroth, Michael (1972–1975, 2009–2012)
Abrantes-Ostrowski, Miguel (1998–2001)
Adebisi, Teo (1997/98)
Adel, Atheer (seit 2012)
Albus, Hannelore (2005/06)
Alexander, Michael (1969/70)
Alisch, Ernst (1978–1980, seit 2011)
Alphons, Manuela (1980/81)
Alt, Doris Maria (1968–1970)
Altefrohne, Hilke (2002–2006, 2008/09)
Altmann, Michael (1975–1981)
Amberger, Günther (1969–1972, 1987–1999)
Anaraki, Shila (2004–2007)
Anderhub, Jean-Paul (1964–1966)
Andersson, Jöns (1970–1972)
Andohr, Sybille (1988/89)
Andreas, Sabine (1982–1984)
Andree, Hans-Georg (1961–1966)
Aniol, Wolf (1983/84, 1991–1993)
Anselstetter, Peter Maria (1982/83)
Anton, Ilse (1986–1989)
Anzenhofer, Thomas (1984/85)
Arens, Babett (2001–2009)
Artelt, Magdalene (2000/01)
Asemota, Stefan (1989/90)
Assmann, Hans-Jörg (1968–1972, 1980–1993)
Audersch, Luise (2010/11)
Autenrieth, Michael (1983–1991, 2004–2009)

B

Bach, Katharina (seit 2012)
Bachofner, Wolf (1992/93, 1995–1999)
Bademsoy, Tayfun (1983/84)
Baggeröhr, Ute (2000/01)
Bantzer, Johanna (2007–2009)
Barian, Hertha (1971/72)
Barrenstein, Achim (1993/94)
Barth, Isabelle (2008/09)
Barth, Susanne (1968–1974, 1984/85, 1989/90)
Bartl, Robert Joseph (2000/01)
Bauer, Axel (1972–1976, 1995–1998)
Bauer, Klaus (1980–1983, 1985/86, 1991–1994, 1996–2001)
Bauer, Peter (1979/80, 1985/86, 1988–1991)
Bayer, Hans (1970–1972)
Bayer, Roland (2001–2009)
Bayrhammer, Sandra (2005–2009)
Bechert, Helge (1997/98)
Beck, Alexander (2011/12)
Beck, Horst (1970–1972)
Beck, Rufus (1984/85)
Becker, Constanze (seit 2009)
Becker, Jan (1999/2000)
Becker, Renate (1983–1988, 1992/93)
Beckmann, Horst-Christian (1977/78)
Beckord, Ralf (1991–1993)
Beckstedde, Björn (1999–2001)
Beermann, Christian (2010/11)
Beginnen, Ortrud (1980/81)
Behling, Reinhold (1989/90)
Benda, Roswitha (1997/98)
Bender-Plück, Heinz (1989–1991)
Benedict, Jörg (1968–1970)
Bennent, David (1989/90)
Benrath, Martin (1992–1995)
Benthin, Michael (seit 2009)
Berndt, Werner (1957–1964)
Bernstein, Heinz Hermann (1970–1972)
Bertram, Uwe (2001–2004, 2006/07)
Beseler, Ulrich (seit 2011)
Betschart, Anneliese (1975–1980)
Beuckert, Rolf (1974–1976, 1978–1980)
Bierbichler, Sepp (1980–1983)
Binder, Isabel (1997–2001)
Binter, Grete (1970–1972)
Birkemeyer, Rudolph (1967/68)
Birkholz, Rolf (1998–2000)
Bison, Olaf (1968–1972)
Bissmeier, Angelika (1976–1979)
Bißmeier, Joachim (1991–1996)
Bittl, Andreas (2006–2009)
Bittoun, Stéphane (2001/02)
Blezinger, Roland S. (1987–1990, 2010–2012)
Blumenau, Henriette (seit 2010)
Boche, Anja (2005/06)
Bochert, Henning (1996/97, 2000/01)
Bock, Karl-Albert (1972/73)
Bock, Rosemarie (2000/01)
Boehm, Franz (1977–1979)
Böhlke, Edgar M. (1972–1978, 1980–1988, 1990/91)
Böhm, Iris (1996–1998)
Böhm, Toni (1995–1997)
Böhmert, Axel (1980–2005)
Bohnet, Folker (1970/71)
Born, Walter (1967/68)
Borsetto, Dante (1987–1989)
Borsody, Suzanne von (1980–1983)
Böse, Joachim (1963–1971)
Bothur, Günther (1980–1982)
Böwe, Susanne (1991/92, 2003–2009)
Boyd, Karin (1991–1993)
Boysen, Markus (2001/02)
Brabant, Georg (1965–1967)
Brammer, Dieter (1961–1967)
Brandt, Matthias (2001/02)
Brandt, Volker (1963–1966)
Brattia, Guntram (2001–2006)
Brauel, Balbina (1988/89)
Brauren, Katharina (1967/68)
Brekke, Magne Håvard (2003–2005)
Brenner, Karl Wolfgang (1989/90)
Brill, Alexander (1980–1983)
Brockmann, Jochen (1976–1978)
Broich, Margarita (1987–1990)
Brombacher, Peter (1966–1968, 1981–1983)
Bronkalla, Johanna (2001/02)
Bruhn, Christiane (1976/77)
Brunis, Jorge (1977/78, 1993/94)
Brunner, Lore (1990/91)
Buch, Achim (1995–2001)
Buchegger, Christine (1990/91)
Buchenberger, Susanne (2001–2009, seit 2010)
Büchi, Ella (1970/71)

Buchner, Winfried (1971/72)
Bühne, Michael (1986/87)
Buhre, Traugott (1972–1976, 2005/06)
Bülow, Johann von (2000/01)
Burg, Viola von der (2002–2008)
Bürgin, Andrea (2005/06)
Burgwitz, Hanna (1970/71)
Buss, Verena (1978–1980, 2001/02, 2008/09)
Büssing, Frank (1997/98)
Butzke, Martin (2006–2009, seit 2012)

C
Calero, Victor (2008/09)
Campfens, Kees (1975–1978)
Caninenberg, Hans (1961–1966)
Carstensen, Margit (1990/91)
Casse, Dagmar (1978–1980)
Christ, Liesel (1985/86)
Christensen, Daniel (2001–2009)
Cieslinski, Peter (1989/90)
Claasen, Günter (1974–1976)
Clever, Edith (1987/88)
Cremer, Ute (1974/75)
Cresnik, Herbert (1992/93)

D
Dahmen, Andrea (1968–1971)
Dahms, Werner (1965/66)
Dallansky, Bruno (1995/96)
Dankers, Nadja (2005–2009, seit 2011)
Danzeisen, Markus (1995/96)
Danzeisen, Peter (1972–1985)
Dauenhauer, Gabi (1980–1983)
De Demo, Claude (seit 2009)
Deckner, Michael (1969/70)
Dee, Georgette (2007/08)
Degen, Michael (1963–1967)
Deichsel, Wolfgang (1986–1989)
Dene, Kirsten (1964–1970)
Dennechaud, Walter (1963–1972)
Dentler, Isaak (seit 2009)
Derfler, Kristin (1987/88)
Dewell, Andrea (2003/04, 2008/09)
Dexl, Doris (1997/98)
Diekhoff, Marlen (1972–1978, 1987–1989)
Diersberg, Alexander (1966/67)
Dietrich, André (1987/88, 1992/93)
Dilschneider, Andreas (1995/96)
Dirichs, Ursula (1961–1967, 1970/71)
Dirschauer, Peter (1985/86)
Dohm, Gaby (1970/71)
Dohnányi, Justus von (1985–1988)
Dölle, Robert (1999–2001)
Dommisch, Kurt (1945–1979)
Donath, Rudolf (1996–2001)

Dorfer, Gerhard (1968–1970)
Douglas, Thomas (2008/09)
Dreßler, Florian (2007/08)
Dressler, Sonngard (1975–1978)
Dubin, Veronique (2001–2007)
Duong, Ken (2007/08)
Düvelsdorf, Helmut (1969–1972)

E
Ebel-Eisa, Sonja (2010/11)
Ebert, Christian (1989/90, 1997–1999)
Echerer, Mercedes (1992/93)
Eckerle, Peter (1972/73)
Eckert, Andrea (1995–1997)
Ecks, Heidi (seit 2009)
Edel, Alfred (1992/93)
Eggert, Maren (seit 2013)
Egloff, Tim (2008/09)
Ehinger, Michaela (1985/86)
Ehrenhöfer, Renate (1996–1999)
Eich, Clemens (1976–1980)
Eichhorn, Werner (1964–1972)
Eickelbaum, Karin (1965/66)
Eidt, Stephanie (seit 2009)
Eilers, Wilhelm (1990/91, 2003–2009)
Eipp, Max (1988/89)
Elste, Wilfried (1972–2005, seit 2010)
Engel, Christoph (1993/94)
Engel, Helga (1969–1972)
Engel, Judith (1991–1994)
Engelbach, Martin (2006/07)
Engelmann, Ingeborg (1972–1975, 1979/80, 1983–1999)
Erdmann, Iris (1991–1995)
Erdt, Christian (seit 2012)
Erdtmann, Raquel (1995/96)
Escher, Tobias (seit 2009)
Esser, Sylvia (1985–1990)
Etemadi, Niuscha (2010/11)

F
Falár, Hans (1991–2001)
Falck, Serge (1992/93)
Falderbaum, Klaus (1971/72)
Faßnacht, Paul (1985/86)
Fatscher, Gerd (1996–1999)
Faulhaber, Ulrich (1972–1974)
Feik, Eberhard (1972/73)
Fendel, Rosemarie (1980–1989)
Fenz, Silvia (2006/07)
Fiege, Karlheinz (1970–1972)
Finger, Christoph (1983/84)
Fink, Ingrid (1983–1988)
Finzi, Samuel (2003/04, 2007–2012)
Fischer, Karl (1991–1993)
Fitz, Peter (1960–1970)
Flachmayer, Johannes (2010/11)

Flickenschildt, Elisabeth (1970/71)
Fögen, Milia (1958–1964)
Fortuzzi, Alberto (1987–1989)
Frank, Rainer (2003–2009)
Franke, Peter (1974–1978, 1999/2000)
Frericks, Friederike (1989/90)
Frey, Barbara (1978/79)
Freytag, Bernd (1989/90)
Fricke, Peter (1963/64)
Fritsche, Marcus (1985–1987)
Fritz, Werner (2001–2005)
Fritzsche, Justus (1992–1994)
Friedrich, Karl (1966–1972)
Früh, Giovanni (1972/73, 1990/91)
Fuchs, Claus (1967/68)
Fuchs, Mario (seit 2012)
Fuchs, Matthias (1972–1978)
Fuchs, Ute (1997/98)
Fuhrer, Thomas (1985/86)
Fuhrmann, Romanus Michael (1994–1996)
Futterknecht, Marie Therese (2000/01)

G
Galic, Marina (2002–2005)
Gary, Franz (1964–1967)
Gasser, Tessa (1992/93)
Gastinger, Hannes (1980–1982)
Gavajda, Peter (1970–1977)
Gebauer, Ulrich (1990/91)
Gedschold, Christian (1992/93)
Geer, Andy (1980/81)
Gehlen, Renate (1977/78)
Geier, Gudrun (1985/86)
Genç, Fatma (2007/08)
Georg, Konrad (1971/72)
Gerber, Werner (1988–1990)
Gerburg, Cordula (1981–1987)
Gerhardt, Fabian (2007/08)
Gerlich, Sylvia (1979/80)
Gerling, Sandra (seit 2009)
Gerstenberg, Andreas (1962–1965)
Gerstenberg, Rosemarie (1962–1966)
Ghazala, Amira (1989/90)
Gieche, Harald (1984/85)
Giskes, Heinrich (1980–1991)
Glander, Vincent (seit 2012)
Glass, Peter (1991–1994)
Gleichmann, Angelika (1995/96)
Goebel, Elisabeth (1970–1972)
Goldberg, Michael (seit 2009)
Gorks, Wolfgang (1992–2009)
Gorvin, Astrid (1988–1990)
Gorvin, Joana Maria (1976/77, 1989/90)
Gosciejewicz, Eva (1994–2001)
Gotscheff, Dimiter (2009–2012)

Götz, Eva-Maria (1987–1989)
Graaf, Melanie de (1973/74, 1976/77)
Grack, Bettina (1989/90)
Granzer, Hannes (1975–1980, 1985–1988, 1989–1991)
Granzer, Susanne (1980–1984)
Grau, Ernst-Ludwig (1970–1993)
Gregor, Isabella (1988/89)
Greiling, Michael (1978/79, 1982–1986, 1990/91)
Greiner, Benedikt (seit 2010)
Grigolli, Olivia (2005–2009)
Grill, Alexander (1998/99)
Grimm, Michael (2006–2009)
Grisebach, Anna (2006–2009)
Grobe, Tim (2003/04)
Großmann, Mechthild (2008/09)
Grossmann, Stephan (1994–1996)
Grothgar, Andreas (2002–2006)
Grumbkow, Uwe von (1997–1999)
Grumeth, Katrin (2001–2009)
Gründel, Nicola (2001–2011)
Grupe, Barbara (1979/80)
Gühne, Erich (1964–1966)
Guini, Alexandre (1980/81)

H
Haase, Andreas (2004–2009)
Habeck, Michael (1966–1970)
Haberlandt, Fritzi (2007/08)
Hackenberg, Siegrid (1970–1972)
Hackhausen, Katharina (seit 2012)
Haenel, Nikolaus (1972–1974, 1977/78, 2000/01)
Hagemeister, Wolfgang (1970–1974)
Hagen, Thomas (1989–1991)
Hamel, Lambert (1983/84)
Hanemann, Michael (1980–1983, 1985–1991)
Hanke, Annelene (1964–1966)
Hannewald, Anny (1935–1967)
Hanushevsky, Stefko (2005–2009)
Harloff, Marek (seit 2012)
Hartau, Susanne (1975/76)
Hartinger, Dorothee (1994–1999)
Hartung, Alfred (1992–1994)
Harzer, Jens (2003–2005)
Haß, Ulrich (1972–1977, 1979–1981)
Hausmann, Esther (1976/77, seit 2010)
Hausmann, Sigrid (1968–1972)
Heid, Sylvia (1968–1972)
Heidebrecht, Kornelius (seit 2010)
Hellwig, Ellen (2005–2007)
Hein, Mareike (seit 2012)
Heine, Martina (1985–1988)
Heiser, Michaela (1992/93)
Heister, Ulrich (1968–1971)

Herbig, Lina (1980/81)
Hering, Markus (1989–1991)
Herrmann, Mathias Max (2004–2009)
Herzog, Alexander (1966/67)
Hess, Gesine (1970–1972)
Hessenberg, Rainer (1964/65)
Heusch, Peter (1970–1972)
Heuser, Birgit (1983–1990)
Heyn, Patrick (2003/04)
Hilken, Jürgen (1966–1968)
Hill, Katharina (1985/86)
Hillebrecht, Dietlinde (1981/82)
Hilzensauer, Jens (seit 2012)
Himmelmann, Mark (1998–2000)
Himpan, Hannspeter (1986/87)
Hintze, Stefan (1989/90)
Hinz, Werner (1966/67)
Hinze, Wolfgang (1966–1968, 1982/83)
Hirth, Matthias (1988/89)
Hockenbrink, Christian (1999–2001)
Hodina, Thomas (1987/88, 2010/11)
Hodjati-Mohseni, Ahmad (1989/90)
Hoening, Christian (1982/83, 1997/98)
Hoerrmann, Albert (1960–1980)
Hoess, Traute (seit 2008)
Hoevels, Daniel (seit 2013)
Höfels, Klara (1978–1983)
Hofinger, Dieter (1990/91)
Hofmann, Judith (1996–1999)
Hohmann, Christoph (1991–1998)
Holtz, Jürgen (1980/81, 1985–1996, 1999–2001)
Hollmann, Peter M. (1970–1973)
Holonics, Nico (seit 2012)
Holzhausen, Lukas (2001–2005)
Homeyer, Margret (1973/74)
Hoppe, Bettina (seit 2009)
Höppner, Benjamin (2006/07)
Hörner, Günther (1970–1972)
Hospowsky, Fred (1982/83)
Hösslin, Silvester von (2008/09)
Huber, Thomas (2000/01, seit 2009)
Hübner, Bruno (1981/82)
Hübner, Carsten (1997–2001)
Hübner, Kurt (1993–1995)
Hülsmann, Ingo (2002/03, 2009–2011)

I
Iacono, Christoph (2011/12)
Ibbeken, Signe (1987–1990)
Icks, Sascha Maria (2004–2009)
Idler, Rolf (1986–1991)
Irwahn, Justus (1970–1972)
Iselin, Anita (2001–2009)

J
Jacob, Astrid (1971/72, 1997–1999)
Jacobi, Ernst (1972/73)
Jacobi, Sébastien (seit 2009)
Jaenicke, Käte (1973/74)
Jansen, Ives (1975/76)
Jansen, Yvon (2005–2008)
Jecklin, Eva (1970/71)
Jendreyko, Anina (1985/86)
John, Gottfried (1973–1975)
Jöhnk, Ben Daniel (2006–2009)
Jörissen, Henrike Johanna (seit 2009)
Jung, André (1983–1985)
Junge, Franziska (seit 2009)
Jürgens, Jan (1963–1966)

K
Kahn, Helmut (2000/01)
Kahnwald, Nils (seit 2009)
Kaiser, Cläre (1934–1979)
Kaminski, Stefan (2009/10)
Kammer, Friederike (1991/92, 2001–2009)
Karadeniz, Özgür (2003–2009)
Karusseit, Ursula (1990/91)
Karzel, Gerhard (1995/96)
Käutner, Helmut (1968/69)
Keberle, Daniel (2002–2005)
Kempers, Cornelia (2006–2009)
Kentrup, Norbert (1973–1977)
Kern, David (2004/05)
Kersten, Nicole (1999–2001)
Keßler, Katja (1964–1967)
Kessler, Michael (1992–1994)
Kessler, Torben (seit 2009)
Kienbach, Ulrike (2001/02)
Kirchgässner, Felicitas (1988–1997, 2000/01)
Kirchlechner, Dieter (1978/79)
Kirchner, Ignaz (1977/78)
Kirillov, Igor (seit 2012)
Kitzl, Albert (1980–1987, 2001–2005)
Klaußner, Burghart (1978/79)
Kleemann, Jörg (2006/07)
Klein, Irene (2005–2007)
Klein, Sebastian (2008/09)
Kleinekemper, Gernot (1986/87)
Kloesser, Yvonne (1985/86)
Kloth, Jürgen (1972–1975)
Klug, Carmen (1973–1978)
Knaack, Barbara (1962–1964)
Knaack, Peter (2003/04)
Knaak, Annemarie (1991–1997, 1999/2000)
Kneissler, Rose (1990/91)
Knichel, Claudia (1989–1991)
Knopf, Gerd (1967–1972)

Knott, Else (1936–1975)
Kobus, Waldemar (1991–1995)
Koch, Uwe-Karsten (1979–1982)
Koch, Wolfram (1991–2001, 2002–2010)
Kogge, Imogen (2001/02)
Köhler, Inka (1985/86)
Köhler, Juliane (1999–2001)
Kolander, Friedrich (1958–1970)
Kollek, Peter (1968–1972, 1981–1985)
Konarek, Ernst (1979–1983)
Konjetzky, Laura (2007/08)
Kootes, Irmgard (1970–1972)
Köper, Carmen-Renate (1965–1968, 1991–2001)
Köper, Ernst Richard (1977/78)
Kopp, Elisabeth (1991–1993)
Korte, Hans (1959–1965)
Köstler, Gabriele (1994–2001)
Kotterba, Horst (2004/05)
Kotthaus, Eva (1962–1966)
Kraehkamp, Heinz-Werner (1975/76, 1979–1981)
Krämer, Anette (1996–1998)
Kramer, Astrid (1980–1985)
Kraßnitzer, Wolfgang (1994–1998)
Kratochwil, Tilla (2005–2007)
Krauel, Martina (1973–1978, 1997/98)
Kraus, Susanna (1984/85)
Krause, Uta (2002/03)
Kraushaar, Oliver (seit 2002)
Krauss, Helga (1967/68)
Kremer, Peter (1980–1984)
Kress, Nicola (1985–1987)
Kreye, Walter (1984/85)
Krieg, Rudolf (1958–1966)
Krietsch, Hansjoachim (1962–1968)
Krietsch-Matzura, Oliver (1996–2001)
Kröger, Ruth Marie (2001–2009)
Krones, Christa (1975/76, 1991–1993)
Kubin, Anna (2000/01)
Kuchenbuch, Christian (2001/02, 2004–2009)
Kuchenbuch, Robert (2004–2008)
Kuhlmann, Elisabeth (1952–1966)
Kuhlmann, Harald (1985–1992)
Kuhlmann, Heidi (1964/65)
Kuhls, Thessy (1987–1989)
Kühn, Johannes (seit 2010)
Kühn, Rainer (1990/91)
Kunath, Gerd (1984/85)
Kühr, Herwig (1988/89)
Kuiper, Peter (1966–1969)
Kukulies, Ronald (2006–2008)
Künzler, Christoph (1985/86)
Küppers, Winfried (1967/68)
Kurth, Peter (2002–2005, 2006–2008)
Kutschera, Franz (1962–1972)

L
Labmeier, Willi (1985–1990)
Lachmann, Marcus (1985–1988)
Laimböck, Adolf (1990/91)
Lampe, Günter (1991–2006)
Lampe, Ingo (1975/76)
Landgrebe, Max (2004–2009)
Lange, Katherina (1991–2001)
Langer, Sabine (1988–1990)
Lardi, Ursina (1997–2001)
Lattermann, Jenny (1981/82)
Laubenthal, Hannsgeorg (1952–1971)
Laufenberg, Uwe Eric (1987/88)
Lauterburg, Christine (1985/86)
Lechthape, Edith (1974/75)
Leest, Birte (seit 2012)
Lehmann, Peter (1974/75)
Leja, Matthias (1986–1990)
Leky, Laurenz (2005/06)
Lemm, Christiane (1984/85, 1986/87)
Lerchbaumer, Peter (1991–2001)
Leupold, Andreas (2001–2008)
Lichtenhahn, Fritz (1977/78)
Liebau, Karl Friedrich (1970–1972)
Lieck, Peter (1985/86)
Linde, Petra von der (1964–1966)
Linder, Katharina (1999–2009)
Lipp, Alfons (1991–1996)
Lippisch, Vera (1986–1990)
Litten, Patricia (1980–1983)
Lochert, Marianne (1958–1965)
Löffler, Dietmar (2006–2008)
Lohkamp, Emil (1951–1969)
Lothar, Susanne (2003–2005)
Lucke, Michael (1991–2001, 2003–2009)
Lüdicke, Peter René (2002/03)
Lühn, Matthias (1999–2001)
Luley, Carl (1919–1966)
Lüttichau, Helmfried von (1983–1985, 1995/96)
Lutz, Peter (1997–1999)
Lutz, Regine (2008/09)
Luxem, Rainer (1962–1966)

M
Mahlberg, Reinhard (2008/09)
Maier, Ulli (1994–1996)
Malton, Leslie (2001/02, 2004–2009)
Manikowsky, Georg von (1989/90)
Manker, Paulus (1980/81, 1982/83)
Mann, Dieter (2000/01, 2009/10)
Manteuffel, Felix von (seit 2001)
Manthey, Aurel (2005/06)
Marandi, Arash (seit 2012)
Marek, Hedi (1964/65)
Maringer, Dominik (2003–2007)
Markner, Elisabeth (1989/90)
Marks, Hagen (1989–1991, 1996–1998)
Marschall, Marita (1986–1991)
Martinek, Lisa (2001/02)
Matić, Peter (2000/01)
Matschuck, Walter (1967–1970)
Mattausch, Dietrich (2005/06)
Matthes, Ulrich (2009–2011)
Matzen, Volkert (1989/90)
Matzura, Evelyn (1997–2001)
Maurer, Beatrice (1969/70)
Mauss, Wiebke (2001–2003)
Mautz, Rolf (1977–1979)
Mayer, Victoria (2001–2006)
Mazliah, Fabrice (2004/05)
McDonald, Hugh Alexander (1977/78)
Mehlhorn, Thomas (1991–1993)
Meihöfer, Manfred (1981/82)
Meier-Galiffe, Rainer (1989/90)
Meinhardt, Thomas (seit 2012)
Melzer, Mario (1989–1991)
Melzl, Barbara (2002/03)
Menne, Willem (2006–2008)
Mensching, Herbert (1956–1964)
Menzel, Jochen (1997–1999)
Mergner, Johannes (1989/90)
Merkatz, Karl (2000/01)
Merz, Karl-Heinz (1986/87)
Metz, Stefan (1976/77)
Mey, Christian (1968–1972, 1997/98)
Mey, Anita (1936–1972)
Meyer, Henry (1995–1997)
Meyer, Robert (2000/01)
Meyer-Fürst, Gustl (1970–1972)
Meyer-Goll, George (1983/84, 1990/91)
Michael, Wolfgang (seit 2009)
Michelsen, Hans-Günther (1977/78)
Minetti, Bernhard (1987–1990)
Minetti, Jennifer (2001–2009)
Minsk, Eric (seit 2012)
Mirbach, Philipp von (1997–1998)
Misske, Ralph Jürgen (1986/87)
Mitulski, Ernstwalter (1951–1970)
Mollenhauer, Wiebke (seit 2011)
Moltzen, Peter (2001–2009)
Montag, Dieter (2002/03)
Morawiecz, Barbara (1985–1987)
Morgeneyer, Kathleen (2009–2012)
Mörger, Ursula (1965–1970)
Mosebach, Marianne (2000/01)
Mosebach, Volker (2000/01)
Müller, Anne (2006–2009)
Müller-Beck, Ingolf (2007/08)
Müller-Frank, Uta (1980/81)
Murena, Daniel (2007/08)
Musäus, Hanns (1970–1972)
Mustoff, Sonja (1979–1992)
Muth, Sigrid (2000/01)

Müthel, Lola (1952–1967)
Myllylahti, Sanna (2001/02)
Mylord, Carolin (2006/07)

N
Nägele, Oliver (1983–1986)
Nagler, Franz (1983–1989)
Nathan, Alfred (1960–1964)
Nathan, Sascha (seit 2009)
Nawrocki, Dirk (1989/90)
Neff, Franziska (1969–1972)
Neuhaus, Jochen (1966–1970)
Neuhäuser, Karin (2005–2009)
Neumann, Jan (2001–2009)
Neve, Rotraut de (1976–1980)
Nickel, Christian (1997–2000)
Nickl, Veronika (1989/90)
Niederfahrenhorst, Volker (1984/85)
Niederkofler, Judith (2008/09)
Niemann, Cornelia (1973–1975, 2006–2008)
Niemeyer, Peter (1985/86, 1988–1991, 1997/98, 2000/01)
Nimtz, Joachim (seit 2002)
Nufer, Armin (1996–2001)
Nydegger, Fritz (1963–1972)

O
Oakes, Kevin (1975/76)
Oertzen, Tanja von (1973–1980, 1982/83)
Oest, Johann Adam (1985–1987)
Offenbach, Joseph (1966/67, 1968–1971)
Ohm, Rahel (2003/04)
Oppenheimer, Daniel (2000/01)
Ostendorf, Josef (2005–2008)
Ostermann, Lothar (1958–1964)
Ott, Friederike (2008/09)
Ott, Thomas (1974–1977, 1982/83)

P
Padin-Rosales, Francisco (1985/86)
Partecke, Mira (2009/10)
Paryla, Karl (1991–1993)
Pasztor, Tatjana (1992–1994)
Paulhofer, Peter (1981/82, 1988–1990)
Pawlowsky, Martin (1975–1978)
Peeck, Klaus (1997–1999)
Peier, René (1977–1980)
Peiffer, Josiane (1990/91)
Peinen, Ullo von (1980/81)
Pellmont, Sandor (1983/84)
Pempelfort, Juliane (2007/08)
Penner, Julia (2007–2009)
Peretz, Andreas (1997–1999, 2000/01)
Peschel, Milan (2007/08)

Peters, Moritz (2005–2009)
Petri, Nadja (2010–2012)
Petritsch, Barbara (1974–1976, 1982/83)
Peyer, Johannes (1973/74)
Pfammatter, Karin (2001/02)
Pfeil, Walter (1965–1967)
Pichler, Chris (2006–2009)
Piper, Iris (1975–1978)
Platt, Josefin (seit 2009)
Pleitgen, Ulrich (1976–1978, 1985/86)
Plent, Rudolf (1967/68)
Pliquet, Moritz (seit 2010)
Polixa, Helmut (1968–1971)
Popelka, Doris (1997/98)
Popp, Ulrich (1974/75)
Pose, Jörg (1991–1997, 2001–2005)
Potthoff, Helmut (1996/97)
Praetorius, Friedrich-Karl (1978–1981, 1991–2001)
Prazak, Thomas (2011/12)
Prietz, Sven (2001–2007)
Pütthoff, Christoph (seit 2009)

Q
Quast, Michael (1985–1989, 2009–2012)
Quecke, Else (1983/84)
Quest, Christoph (1983/84)

R
Raab, Kurt (1974/75)
Radenkovic, Aleksandar (2006/07)
Raffeiner, Walter (1985/86)
Raths, Jean-Paul (1983/84, 1986/87)
Ransmayr, Wolfgang (1980–1983)
Rastl, Michael (1970/71)
Redl, Christian (1972–1978)
Redlhammer, Matthias (2006–2009)
Regnier, Carola (1994/95)
Rehfeldt, Frank (1964–1993)
Rehm, Werner (2005–2007)
Reible, Dieter (1969/70)
Reichhard, Susanne (1997/98)
Reinhardt, Marcus (2007/08)
Reinhardt, Mathis (seit 2009)
Reinke, Nicholas (2008/09)
Renn, Rosalinde (1990/91)
Rentzsch, Martin (seit 2009)
Repp, Sabine (1995–2000)
Reppert-Bismarck, Iris von (1978–1980, 1985/86, 1990/91)
Retschy, Gerhard (1962–1983)
Rhom, Herbert (1997/98)
Richert, Clemens (1989/90)
Richter, Eva (2004–2008)
Richter, Hans (1963–1971)
Richter, Horst (1968–1972)

Riebesel, Bettina (2006/07)
Riegler, Rudi (1983–1986)
Riehle, Klaus G. (1965–1970)
Rinck, Dorothea (1997–1999)
Ris, Daniel (1992/93)
Ritter, Ilse (2005/06)
Ritter, Ulrike (1967–1970)
Rizzi, James Antony (2009–2012)
Rizzo, Giuseppe (2001–2005)
Roberg, Dietmar (1975/76)
Rockstroh, Falk (2006–2009)
Rogall, Margit (1991/92)
Roggisch, Peter (1972–1980, 1983–1985)
Rohe, Jürgen (1992–1995)
Rollar, Christine (1999–2001)
Römer, Anneliese (1968/69, 1977/78, 1983–1987)
Romer, Niklas (2007/08)
Rosales, Paco (1987/88)
Rosetz, Nele (2010–2012)
Rothaug, Daniel (seit 2012)
Rothe, Gustav (1980/81)
Rotschopf, Michael (1998–2000)
Röttgers, Brigitte (1980/81)
Rouvel, Otto (1970/71)
Rudolph, Hans Christian (1978–1980)
Rueffer, Alwin Michael (1958–1982)
Ruge, Antje (1976/77)
Rüger, Günter (2005–2007)
Rühaak, Siemen (1990/91)
Rühl, Eckard (1990/91)
Rundshagen, Werner (1981/82)
Rupp, Katharina (1985–1988, 1990/91, 1993/94)
Rüppel, Inge (1978–1980)
Russius, Klaus-Henner (1980–1985)
Rüter, Wolfgang (1985/86)

S
Sacenti, Giacomo (2004/05)
Sachtleben, Horst (2000/01)
Safaei-Rad, Abak (2001–2009)
Saile, Franz Josef (1971/72)
Salbach, Margarete (1964/65)
Salle, Christian Bo (seit 2009)
Savoldelli, Rahel (2007/08)
Samel, Udo (2001–2005)
Sanden, Ewald (1979/80)
Sans, Daniel (1996–1998)
Sarbach, Annelore (1982–1984)
Sauer, Volker (1965–1972)
Schad, Stephan (1997/98)
Schäfer, Jens (1996–1998)
Schäfer, Roland (1977/78, 1982–1985)
Schaffner, Erich (1975/76)
Schaller, Ingrid (1991–2001)

Schatz, Alberta (1991–1993)
Schauer, Johannes (1964–1966)
Schediwy, Fritz (1980–1982, 1991–1993)
Scheer, Alexander (2012/13)
Schell, Hertha (1980–1983)
Schenker, Hans (1983–1986)
Schepmann, Ernst-August (1985–1990)
Scherff, Michael (2001–2005)
Scheuring, Matthias (1977–1980, 1982–1986, 1988–1990, seit 2010)
Schick, Clemens (1997/98, 2002/03)
Schiessleder, Stefan (seit 2013)
Schily, Jenny (1997–2001)
Schindegger, Sebastian (2005–2009)
Schindler, Manfred (1991–2001)
Schir, Bernhard (1992–1994)
Schirlitz, Wolfgang (1957–1969)
Schirmacher, Anne (seit 2013)
Schlapp, Peter (1989/90, 1997/98)
Schlegelberger, Michael (1985–1991)
Schlemmer, Karin (1972/73)
Schmahl, Hildegard (1973/74)
Schmaus, Cornelia (1991–1995)
Schmedtje, Marco (2006/07)
Schmidt, Hildburg (1986–1991)
Schmidt, Matthias (2006–2008)
Schmidt, Thomas (2009–2012)
Schmidt, Victoria (2008/09)
Schmidt, Volker (1985/86)
Schmidt-Krayer, Anne (1993–1997)
Schmieder, Christian (1963–1966)
Schmitten, Sibylle aus der (1985/86)
Schmitz, Juliane (1992–1995)
Schmuck, Lilly (1991/92)
Schnabel, Corinna (1994–2001)
Schneider, Anja (2005–2007)
Schnurr, Martin (1985/86)
Scholl, Susanne (1983/84)
Schomberg, Hermann (1971/72)
Schopf, Hans Herbert (1992–1994)
Schopohl, Eos (1979–1981)
Schrein, Birte (2011/12)
Schröder, Peter (seit 2011)
Schroeter, Renate (1963–1968)
Schroth, Hannelore (1969–1971)
Schubert, Renate (1962–1964)
Schuckardt, Eva (1980–1984, 1989/90)
Schulz, Ellen (1985–1991)
Schulze, Marc Oliver (seit 2009)
Schupp, Robert (2007/08)
Schüsseleder, Elfriede (1996/97)
Schütte, Peter (1967/68, 1971/72)
Schwab, Martin (1982–1987)
Schwalm, Cornelius (seit 2012)
Schwartz, Maren (2010/11)

Schwarz, Elisabeth (1972–1979, 1982–1984)
Schwarz, Lena (seit 2011)
Schwarz, Saskia (2001–2003)
Schwarz, Sylvia (2008/09)
Schwartzkopff, Friedrich (1979/80, 1981/82)
Schweiberer, Thomas (2008/09)
Schweiger, Susanne (1994/95)
Schweitzer, Giselher (1968–1976)
Schwerin, Alexandra von (1989–1991)
Schwientek, Norbert (2001–2006)
Schwientek, Sigi (1980–1984)
Schwitter, Monique (1998–2001)
Schwuchow, Werner (1972–1978, 1985–1991)
Seck, Falilou (2002–2009)
Seger, Winfried (2005–2007)
Seidel, Jodoc (1964–1969)
Seidler, Susanne (2000/01)
Seifert, Andreas (1987–1991)
Seilern, Johannes (1995/96)
Sekay, Tino (2000/01)
Selge, Edgar (2002–2009)
Sellem, Marie-Lou (2003/04)
Semmler, Rául (2008/09)
Sichrovsky, Axel (2006–2009)
Siedhoff, Werner (1942–1970)
Siegenthaler, Peter (1978–1980)
Sikora, Cornelia (1990/91)
Simon, Alexander (2001–2003)
Simon, Heide (1979–1986)
Simonischek, Max (2007/08)
Simsek, Ömer (1989/90)
Skala, Klaramaria (1966–1968)
Skaletz, Nina (1973/74, 1983–1986)
Skrotzki, Erika (1982–1985)
Smeets, Roger (2001/02)
Sohmer, Ellen (1986/87, 1992/93, 1996–2001)
Solberg, Simon (2006/07)
Soydan, Sascha Ö. (2005–2008)
Spengler, Volker (1985–1994)
Spiekermann, Nicole A. (2000/01)
Spitz, Barbara (seit 2011)
Springer, Ute (1999/2000)
Stadelmann, Aljoscha (2006–2009)
Stadelmann, Heiner (2006–2009)
Stahl, Rolf (1987/88)
Stahl, Georgia (2001–2009)
Stahlecker, Simone (1992/93)
Stamm, Florian (2007/08)
Stanek, Barbara (1987/88)
Stave, Käte (1964–1966)
Stefanek, Lore (1972–1979, seit 2011)
Steffen, Rainer (1985–1987)
Steiger, Klaus (1972–1976)

Stein, Corinna (1972–1976)
Steiner, Peter (1984–1986)
Stelten, Nicole (2006/07)
Stetter, Hans (1959–1970)
Steyer, Maria (1975–1977)
Stiegler, Lisa (seit 2010)
Stock, Daniel (2008/09)
Stockhaus, Holger (2004/05)
Stoepel, Günter (1982/83)
Stolze, Lena (1999–2001)
Stötzner, Ernst (1977/78)
Straßmayr, Adi (1997–1999)
Strauss, Anne-Dore (1971/72)
Streiff, Lena (2001–2003)
Strempel, Alois (2002/03)
Striebeck, Peter (1970/71)
Strien, Eva-Maria (1973–2001)
Strong, Kate (2001/02)
Stroux, Thomas (1968–1970)
Stübner, Bernd (2005–2007)
Sukowa, Barbara (1974–1976)
Süßmilch, Rainer (2004–2008)

T

Take, Heiner (1991–1994)
Taub, Valter (1974–1976)
Tausig, Otto (1991–1993)
Teege, Joachim (1963–1965)
Teichmann, Edith (1965/66)
Teuber, Gunnar (2003–2009)
Thayenthal, Karina (1990/91)
Thielemann, Kerstin (1995–1997, 2000/01)
Thieme, Thomas (1984–1991, 1997/98)
Thimig, Henriette (1989–1991, 1993–1995)
Thormeyer, Oda (1991–1994)
Tillian, Robert (1972–1977, 1991–1996)
Tischendorf, Bert (2005–2009)
Tismer, Anne (1993–1996)
Tismer, Okka (1992/93)
Tomazin, Ajda (seit 2013)
Toussaint, René (1995–2001)
Trautwein, Oliver (2005–2009)
Tremmel, Viktor (seit 2009)
Tremper, Susanne (1994–2001)
Treusch, Hermann (1973–1975)
Trissenaar, Elisabeth (1972–1977, 1980/81, 1992–1994)
Tropf, Wolf-Dieter (1976–1981)
Tscheplanowa, Valery (seit 2009)
Tscherne, Franz (2000/01)
Tschirner, Christian (1995–2001)
Twiesselmann, Elke (1996–2001)
Twinem, Patrick (1999–2001)

U
Uffelmann, Katja (seit 2012)
Uhlen, Annette (1985/86)
Uhse, Andreas (seit 2009)
Ulrich, Sylvia (1970–1974)
Urlacher, Max (2000/01)
Uttendörfer, Walter (1972/73)

V
Vankova, Anna (1968/69)
Vas, Michael (2007/08)
Vergeen, Regine (1980–1987, 1990/91)
Vetter, Günther (1983/84, 1987/88)
Viebeg, Paul (1999–2001)
Viering, Stefan (1978–1980)
Vioff, Udo (1965/66)
Vonlanthen, Bernadette (1985/86)
Vorberg, Walter (1964–1968)
Vos, Hilt de (2001/02)
Voss, Katharina (1997/98)
Vulesica, Anita (seit 2010)

W
Wachowiak, Jutta (2002/03)
Wächter, Suse (1997–2000)
Wackerbarth, Nicolas (1997–1999)
Wageck, Josef (1964–1970)
Wagner, Alexander (1975–1980)
Wagner, Miriam (2004/05)
Waibel, Sabine (2006–2009)
Wäldele, Florian (2007/08)
Walser, Franziska (2002–2009)
Weber, Georg (1983/84)
Weber, Michael (1985–1986, 2001–2006)
Weber-Schallauer, Thomas (1991–1999)
Wegner, Sabine (1984/85)
Wegner, Tobias (2007/08)
Weibel, Sabine (2005/06)
Weicker, Hans (1985–1989)
Weier, Elsa (1972/73)
Weihreter, Susanne (1977/78)
Weimer, Petra (1985–1987)
Weimerich, Tamara (2006–2008)
Weinand, Inka (2000/01)
Weinheimer, Till (seit 2009)
Weise, Christian (1997–2001)
Weisgerber, Antje (1970/71)
Weiss, Peter (1988/89)
Weiss, Samuel (1990/91)
Weisse, Nikola (2001/02)
Weisser, Jens (1972–1976, 1983/84, 1986/87)
Welbat, Alexander (1970–1972)
Wengler, Verena (1990/91)
Wennemann, Klaus (1972–1980, 1982/83)
Werner, Karin (1964–1966, 1974–1979)
Werner, Pe (2006–2009)
Wernitz, Helen (1989/90)
Wesolowska, Wieslawa (1984/85)
Wichmann, Johanna (1956–1980)
Wiedenhofer, Katarina (2006/07)
Wiegard, Frank (2004–2008)
Wilkening, Stefan (1996–2001)
Wilms, André (2001–2003, 2008/09)
Winter, Babette (1985/86)
Witte, Elisabeth (1973–1975, 1980–1983)
Wlaschiha, Tom (2003/04)
Wolcz, Nikolaus (1981–1983)
Wolcz, Ursula (1981–1983)
Wultsch, Werner (1992/93)
Wuttke, Martin (1984–1990)

Y
Yamoah, John (1989/90)

Z
Zach, Franz Xaver (1986–1989, 1990/91)
Zach, Samuel (2003/04)
Zapatka, Manfred (1981–1984)
Zech, Rosel (1988/89)
Zehlen, Ute (1972/73)
Zeidler, Hans Dieter (1957–1967)
Zeidler, Lutz (1982–1984, 1993/94)
Zeman, Peter (1969/70)
Zerboni, Ulrike von (1966–1968)
Zetsche, Eleonore (1988–1999)
Ziefle, Margot (1985/86)
Zigah, Simon (2010/11)
Zilcher, Almut (1980–1986, 2001–2004, 2007–2011)
Zillessen, Renate (1980–1983)
Zimmermann, Regine (2005/06, 2008/09)

Premierenliste Ballett 1963/64 – 2003/04

Abkürzungen:
Ch = Choreografie
M = Musik
P = Premiere

Künstlerische Leitung: Tatjana Gsovsky (1959–1966)

Spielzeit 1963/64

Menagerie – Les Climats – Carmina Burana; Ch: Tatjana Gsovsky; M: Giselher Klebe – Ernst Křenek – Carl Orff; P: 3.9.1963

Les Noces; Ch: Tatjana Gsovsky; M: Igor Strawinsky; P: 27.2.1964

Daphnis und Chloé; Ch: George Skibine; M: Igor Strawinsky; P: 4.5.1964

Spielzeit 1964/65

Joan von Zarissa – Maratona; Ch: Tatjana Gsovsky – Michel Descombey; M: Werner Egk – Hans Werner Henze; P: 25.1.1965

Spielzeit 1965/66

Klassische Suite – Die Kameliendame – Petruschka; Ch: Tatjana Gsovsky; M: Alexander Glasunow – Henri Sauguet – Igor Strawinsky; P: 18.1.1966

Künstlerische Leitung: Todd Bolender (1966–1969)

Spielzeit 1966/67

Donizettiana – Der wunderbare Mandarin – Time Cycle; Ch: Todd Bolender; M: Gaetano Donizetti – Béla Bartók – Lukas Foss; P: 5.4.1967

Spielzeit 1967/68

Giselle – Souvenirs; Ch: Mary Skeaping – Todd Bolender; M: Adolphe Adam / Friedrich Burgmüller – Samuel Barber; P: 8.3.1968

Spielzeit 1968/69

Der Nussknacker; Ch: Todd Bolender; M: Peter Tschaikowski; P: 6.2.1969

Studie 6 x 2 – Concerto grosso op. 6 Nr. 7 – Episoden – Sonata per violoncello e orchestra; Ch: André Doutreval; M: Arcangelo Corelli – Alfred Schust – Alfred Schust – Krzysztof Penderecki; P: 30.4.1969

Künstlerische Leitung: John Neumeier (1969–1973)

Spielzeit 1969/70

Brandenburg 3 – Opus 1 – Der Feuervogel; Ch: John Neumeier – John Cranko – John Neumeier; M: Johann Sebastian Bach / Walter Carlos – Anton Webern – Igor Strawinsky; P: 16.3.1970

Spielzeit 1970/71

Unsichtbare Grenzen: 1. Frontier (Die Sperre) – 2. Aria da capo (Der Zaun) – 3. Rondo (Schranken); Ch: John Neumeier; M: Arthur Bliss / Francis Poulenc – William Corneysche – Jan Bark / Folke Rabe / Gustav Mahler / Jan Morthenson / Simon and Garfunkel; P: 7.10.1970

Romeo und Julia; Ch: John Neumeier; M: Sergej Prokofjew; P: 14.2.1971

Spielzeit 1971/72

Der Nussknacker; Ch: John Neumeier; M: Peter Tschaikowski; P: 21.10.1971

Der Kuss der Fee – Daphnis und Chloé; Ch: John Neumeier; M: Igor Strawinsky – Maurice Ravel; P: 2.1.1971

Bilder I, II, III: I Dämmern – II Rondo – III Unterwegs; Ch: John Neumeier; M: Alexander Skrjabin – Jan Bark / Folke Rabe / Gustav Mahler / Jan Morthenson / Simon and Garfunkel – Musikcollage nach Modest Mussorgski von Gerhard Pöter und John Neumeier; P: 3.5.1972

Spielzeit 1972/73

Don Juan – Le Sacre du Printemps; Ch: John Neumeier; M: Christoph Willibald Gluck – Igor Strawinsky; P: 25.11.1972

Künstlerische Leitung: Alfonso Catá (1973–1976)

Spielzeit 1973/74

Scharaden – Ragtime; Ch: Alfonso Catá / Kent Stowell; M: Franz Schubert / Jacques Guyonnet – Scott Joplin / Igor Strawinsky / Günther Schuller, P: 10.10.1973

Dornröschen; Ch: Alfonso Catá / Kent Stowell; M: Peter Tschaikowski; P: 20.12.1973

Serenade – Perspektiven – Die vier Temperamente; Ch: George Balanchine – Alfonso Catá – George Balanchine; M: Peter Tschaikowski – Gabriel Fauré – Paul Hindemith; P: 1.4.1974

Spielzeit 1974/75

Epochen: 1. In der Zeit – 2. Verklärte Nacht – 3. Cult of Night; Ch: Alfonso Catá – Alfonso Catá – John Butler; M: Johann Sebastian Bach / Johannes Brahms – Arnold Schönberg – Arnold Schönberg; P: 3.11.1974

Barock-Variationen – L'Heure Bleue – The Golden Groom and the Green Apple; Ch: Alfonso Catá – Kent Stowell – Alfonso Catá; M: Domenico Scarlatti / Johann Sebastian Bach / Lukas Foss – Maurice Ravel – Duke Ellington; P: 5.4.1974

Spielzeit 1975/76

Variationen aus I Lombardi – Grand Pas Hongrois aus Raymonda – Sweet Carmen; Ch: Kent Stowell nach Marius Petipa – Kent Stowell – Alfonso Catá; M: Giuseppe Verdi – Alexander Glasunow – Georges Bizet / Rodion Schtschedrin; P: 27.8.1975

Divertimento Nr. 15 – Coppelia; Ch: George Balanchine – Alfonso Catá; M: Wolfgang Amadeus Mozart – Léo Delibes; P: 20.12.1975

Künstlerische Leitung: Francia Russell / Kent Stowell (1976/77)

Spielzeit 1976/77

Schwanensee; Ch: Francia Russell / Kent Stowell nach Petipa / Iwanow; M: Peter Tschaikowski; P: 1.10.1976

Dance Panels – Polychromatics – Arkaden; Ch: Kent Stowell; M: Aaron Copland – Louis Gruenberg – Morton Gould; P: 22.1.1977

Concerto barocco – Allegro brillante – 1. Violinkonzert – La Valse; Ch: George Balanchine – George Balanchine – Kent Stowell – George Balanchine; M: Johann Sebastian Bach – Peter Tschaikowski – Sergej Prokofjew – Maurice Ravel; P: 9.5.1977

Künstlerische Leitung: Fred Howald (1977–1980)

Spielzeit 1977/78

Orpheus; Ch: Fred Howald; M: Igor Strawinsky; P: 14.10.1977

Golaud-Pelléas-Mélisande; Ch: Fred Howald; M: Claude Debussy / Arnold Schönberg; P: 7.1.1978

Lied – Schrei – Yerma; Ch: Fred Howald; M: Roman Haubenstock-Ramati – George Crumb – Bruno Liberda; P: 22.4.1978

Ein Reigen: 1. Rondo – 2. Fantasie – 3. Sonate; Ch: Fred Howald; M: Bruno Liberda – Bruno Liberda – Franz Schubert; P: 1.7.1978

Spielzeit 1978/79

Petruschka; Ch: Fred Howald; M: Igor Strawinsky; P: 18.11.1978

Junge Choreografen I: 1. Schubert Trio – 2. The Tea-Party – 3. Drei Skizzen – 4. Show Girl; Ch: Richard Sikes – Angus Lugsdin – Richard Sikes – James Saunders; M: Franz Schubert – Jean Sibelius – Francis Poulenc / Arnold Schönberg – Volker Blumenthal; P: 3.3.1979

Prometheus; Ch: Fred Howald; M: Bernd Alois Zimmermann / Ludwig van Beethoven / Alexander Skrjabin; P: 25.4.1979

Spielzeit 1979/80

Lelio; Ch: Fred Howald; M: Hector Berlioz; P: 9.1.1980

Sieben Lieder – Jeux – Vor, während und nach dem Fest; Ch: Toer van Schayk; M: Charles Ives – Claude Debussy – Gilius van Bergeijk; P: 12.4.1980

Junge Choreografen II: 1. Der erste Kuss Kassandras – 2. Kopf und Zahl – 3. Herbst Pas de deux – 4. Gedanken aus einem Künstlerleben; Ch: Richard Sikes – Nicholas Champion – Richard Sikes – Richard Sikes; M: Bernd Herbolsheimer – Robert Schumann – Alban Berg – Bernd Alois Zimmermann; P: 5.6.1980

Pas de deux – Weißer Schwan – Schwarzer Schwan – Nuits d'Été – Le Spectre de la Rose; Ch: Georges Balanchine – Lew Iwanow – Marius Petipa – Fred Howald – Michael Fokin; M: Peter Tschaikowski – Peter Tschaikowski – Peter Tschaikowski – Hector Berlioz – Carl Maria von Weber; P: 7.7.1980

Künstlerische Leitung: Alexander Schneider (1980/81)

Spielzeit 1980/81

Giselle; Ch: Peter Wright; M: Adolphe Adam / Friedrich Burgmüller; P: 27.11.1980
Schäferspiele – Sonate für Anna Karenina – Sinfonie in D; Ch: Uwe Scholz – Alexander Schneider – Jiří Kylián; M: Wolfgang Amadeus Mozart – Alexander Skrjabin – Joseph Haydn; P: 25.4.1981

Künstlerische Leitung: Egon Madsen (1981–1984)

Spielzeit 1981/82

Time Cycle; Ch: William Forsythe; M: Lukas Foss; P: 10.9.1981
Romeo und Julia; Ch: John Cranko; M: Sergej Prokofjew; P: 17.10.1981
Seite 1 / Love Songs / Alte Platten – Rückkehr ins fremde Land; Ch: William Forsythe – Jiří Kylián; M: Songs mit Dionne Warwick / Aretha Franklin – Leoš Janáček; P: 12.12.1981
Junge Choreografen III: 1. In Love – 2. Non but the Lions Could Cross the Stone Bridge – 3. Chansons Madécasses – 4. In Erwartung – 5. Zweites Stück – 6. Eroica Variationen; Ch: Dieter Riesle – Lisa Rae – Richard Sikes – Egon Madsen – Andris Plucis – Angus Lugsdin; M: Songs – Japanese Kabuki / Naganta Music – Maurice Ravel – Antonio Madigan – Johannes Brahms / Wolf Biermann – Ludwig van Beethoven; P: 26.2.1982
Kreisleriana – Pierrot Lunaire – Konzert für Klavier und Bläser; Ch: Patrice Montagnon – Glen Tetley – Uwe Scholz; M: Robert Schumann – Arnold Schönberg – Igor Strawinsky; P: 30.4.1982

Spielzeit 1982/83

Junge Choreografen IV: 1. High on Haydn – 2. Spektraltanz – 3. Drittes Stück; Ch: Angus Lugsdin – Richard Sikes – Andris Plucis; M: Joseph Haydn – John Baer – Laszlo Kövari; P: 20.11.1982
Lieder eines fahrenden Gesellen – Im Vorübergehen; Ch: Maurice Béjart – Egon Madsen; M: Gustav Mahler – Leoš Janáček; P: 10.12.1982
Gänge; Ch: William Forsythe / Michael Simon; M: Thomas Jahn; P: 27.2.1983
Allegro molto / molto allegro – Die Oberen reden vom Frieden – In drei Sätzen; Ch: Barry Ingham – Andris Plucis – Egon Madsen; M: Béla Bartók – Laszlo Kövari – Igor Strawinsky; P: 9.5.1983

Spielzeit 1983/84

Happy Birthday; Ch: Patrice Montagnon; M: Popmusik / Duke Ellington / Wolfgang Amadeus Mozart; P: 12.11.1983
Salade – Blumenfest von Genzano – Don Quixote / Pas de deux – Suite Nr. 2; Ch: John Cranko – August Bournonville – Marius Petipa – Egon Madsen; M: Darius Milhaud – Edvard Helsted – Ludwig Minkus – Igor Strawinsky; P: 31.12.1983
Schwanensee; Ch: John Cranko; M: Peter Tschaikowski; P: 4.3.1984
Nuages Pas de deux – Isadora; Ch: Jiří Kylián – Maurice Béjart; M: Claude Debussy – Franz Liszt / Frédéric Chopin / Ludwig van Beethoven / Franz Schubert / Rik de Lisle / Alexander Skrjabin; P: 31.3.1984
Junge Choreografen V: 1. Le Parc Dans la Ville – 2. Brahms sich Bach anhörend – 3. Expressions – 4. Keine Zeit – 5. Pièces en Concert – 6. Ausflug; Ch: Rafaele Giovanola – Andris Plucis – Anthony Bridgman – Marie-Luise Kersten – Barry Ingham – Ilka Doubek; M: William Russo – Johann Sebastian Bach – Walter Carlos / Isao Tomita – Karlheinz Stockhausen – François Couperin – Heiner Goebbels / Alfred Harth; P: 31.5.1984
Prismen[4] – Septett – Quasi presto; Ch: Uwe Scholz; M: Johann Sebastian Bach – Igor Strawinsky – Boris Blacher; P: 24.6.1984

Künstlerische Leitung: William Forsythe (1984–2004)

Spielzeit 1984/85

Audio-Visual-Stress: 1. France / Dance – 2. Berg ab (Film) – 3. Say Bye Bye; Ch: William Forsythe – Film von William Forsythe / Alida Chase / Cara Perlman / Gerhard Benz / Marcus Spies / Ron Thornhill – William Forsythe; M: Johann Sebastian Bach / William Forsythe – Alban Berg – Musikcollage von William Forsythe; P: 11.11.1984
Artifact; Ch: William Forsythe; M: Johann Sebastian Bach / Eva Crossman-Hecht, P: 5.12.1984
Choreografien und Sketche vom Ballettensemble; Ch: Andris Plucis / Ana Catalina Roman / Eric Schmitt / Rafaele Giovanola / Isabel Gerber / Rosemary Williams / Alida Chase / Timothy Gordon / Amanda Miller / Laura Taverner / Prue Lang / Ilka Doubek; M: Liebeslieder, folkloristische Musik, Nina Hagen Band, Cesare Pugni, Cindy Lauper, Duke Ellington u.a.; P: 20.12.1984
Steptext; Ch: William Forsythe; M: Johann Sebastian Bach; P: 31.1.1985
Tanzfilm / Avantgarde: 1. Forethought Back – 2. Rem – 3. Blood and Satin – 4. Reisen des Stuttgarter Balletts; Ch: Film von Rüdiger Geissler – Film von Dieter Heitkamp und Helge Musial, Tanzfabrik Berlin – Film von Zamie Zamora – Film von Peter Markus; P: 16.3.1985

Neue Bruce Brothers Show – Schiele Interpretations – Diner; Ch: Andris Plucis u. a. – Alida Chase / Timothy Gordon – Alida Chase / Timothy Gordon; M: Songs und Popmusik – Arvo Pärt – Karl Biscuit; P: 1. 4. 1985
LDC; Ch: William Forsythe; M: Thom Willems; P: 1. 5. 1985

Spielzeit 1985/86

How to Recognize Greek Art I und II; Ch: William Forsythe; M: William Forsythe; P: 31. 12. 1985
Isabelle's Dance; Ch: William Forsythe; M: Eva Crossman-Hecht; P: 3. 2. 1986
Pizza Girl; Ch: Alida Chase / William Forsythe / Timothy Gordon / Dieter Heitkamp / Amanda Miller / Vivienne Newport / Iris Tenge / Ronald Thonhill / Berna Uithof; M: Thom Willems; P: 27. 2. 1986
Skinny; Ch: William Forsythe / Amanda Miller; M: William Forsythe / Thom Willems; P: 17. 4. 1986

Spielzeit 1986/87

Die Befragung des Robert Scott †; Ch: William Forsythe; M: Thom Willems; P: 29. 10. 1986
Big White Baby Dog; Ch: William Forsythe; M: Thom Willems; P: 10. 11. 1986
New Sleep; Ch: William Forsythe M: Thom Willems; P: 14. 2. 1987
The Loss of Small Detail (Version 1); Ch: William Forsythe; M: Thom Willems; P: 4. 4. 1987

Spielzeit 1987/88

Same Old Story; Ch: William Forsythe; M: Thom Willems; P: 5. 6. 1987
In the Middle, Somewhat Elevated; Ch: William Forsythe; M: Thom Willems / Leslie Stuck; P: 10. 1. 1988
Impressing the Czar: Potemkins Unterschrift – In the Middle, Somewhat Elevated – La Maison mezzo-prezzo – Bongo Bongo Nageela – Mr. Pnut Goes to the Big Top; Ch: William Forsythe; M: Ludwig van Beethoven / Eva Crossman-Hecht / Leslie Stuck / Thom Willems; P: 10. 1. 1988

Spielzeit 1988/89

Behind the China Dogs – The Vile Parody of Address; Ch: William Forsythe; M: Leslie Stuck – Johann Sebastian Bach; P: 26. 11. 1988
Enemy in the Figure; Ch: William Forsythe; M: Thom Willems; P: 13. 5. 1989

Spielzeit 1989/90

Slingerland (Teil 1); Ch: William Forsythe; M: Gavin Bryars; P: 25. 11. 1989
Limb's Theorem; Ch: William Forsythe; M: Thom Willems; P: 17. 3. 1990

Spielzeit 1990/91

The Loss of Small Detail (Neufassung); Ch: William Forsythe; M: Thom Willems; P: 11. 5. 1991

Spielzeit 1991/92

Snap, Woven Effort; Ch: William Forsythe; M: Thom Willems; P: 26. 10. 1991
The Loss of Small Detail (abendfüllende Fassung) – The Second Detail; Ch: William Forsythe; M: Thom Willems; P: 21. 12. 1991
As a Garden in this Setting; Ch: William Forsythe; M: Thom Willems; P: 13. 6. 1992

Spielzeit 1992/93

Herman Scherman Pas; Ch: William Forsythe; M: Thom Willems; P: 26. 9. 1992
ALIE / N A(C)TION; Ch: William Forsythe; M: Arnold Schönberg / Thom Willems; P: 19. 12. 1992

Spielzeit 1993/94

Quintett; Ch: William Forsythe / Dana Caspersen / Stephen Galloway / Jacopo Godani / Thomas McManus / Jone San Martin; M: Gavin Bryars; P: 9. 10. 1993
Self Meant to Govern; Ch: William Forsythe; M: Thom Willems / Maxim Franke; P: 2. 7. 1994

Spielzeit 1994/95

Eidos:Telos (enthält Self Meant to Govern); Ch: William Forsythe / Ensemble; M: Thom Willems / Maxim Franke – Thom Willems / Joel Ryan; P: 28. 1. 1995
Firstext – Invisible Film – Of Any If and; Ch: William Forsythe / Dana Caspersen / Antony Rizzi – William Forsythe – William Forsythe; M: Thom Willems – Johann Sebastian Bach / Georg Friedrich Händel / Henry Purcell – Thom Willems; P: 27. 5. 1995

Spielzeit 1995/96

The The – Four Point Counter – Duo – Trio – Two Ballets in the Manor of the Late 20th Century – The Vertiginous Thrill of Exactitude; Ch: William Forsythe / Dana Caspersen – William Forsythe – William Forsythe – William Forsythe – William Forsythe – William Forsythe; M: Thom Willems – Thom Willems – Thom Willems – Ludwig van Beethoven – Thom Willems – Franz Schubert; P: 20.1.1996

Spielzeit 1996/97

Sleepers Guts; Ch: William Forsythe / Ensemble / Jacopo Godani; M: Thom Willems / Joel Ryan; P: 25.10.1996

Spielzeit 1997/98

Hypothetical Stream II; Ch: Regina van Berkel / Christine Bürkle / Ana Catalina Roman / Jone San Martin / Timothy Couchman / Noah Gelber / Jacopo Godani / Antony Rizzi / Richard Siegal; M: Stuart Dempster / Ingram Marshall; P: 14.9.1997
Small Void – Opus 31; Ch: William Forsythe / Stefanie Arndt / Alan Barnes / Dana Caspersen / Noah Gelber / Anders Hellström / Fabrice Mazliah / Tamas Moritz / Crystal Pite / Jone San Martin / Richard Siegal / Pascal Touzeau / Sjoerd Vreugdenhil – William Forsythe; M: Thom Willems – Arnold Schönberg; P: 30.1.1998

Spielzeit 1998/99

Workwithinwork: Workwithinwork – Quartette; Ch: William Forsythe; M: Lucio Berio – Thom Willems; P: 16.10.1998

Spielzeit 1999/2000

Endless House: Teil 1 – Teil 2; Ch: Dana Caspersen – William Forsythe; M: Javanesisches Gamelan »Sirimpi« (Provisions for Death) – Ekkehard Ehlers / Sebastian Meissner / Thom Willems; P: 15.10.1999

Die Befragung des Robert Scott – One Flat Thing, Reproduced; Ch: William Forsythe; M: Thom Willems; P: 2.2.2000

Spielzeit 2000/01

Kammer / Kammer; Ch: William Forsythe; M: Johann Sebastian Bach / Heinrich von Bieber / Georg Philipp Telemann / Ferruccio Busoni / Thom Willems / Alessio Silvestrin / David Morrow / Joel Ryan; P: 8.12.2000
Woolf Phrase; Ch: William Forsythe; M: Thom Willems P: 15.3.2001

Spielzeit 2001/02

Woolf Phrase (abendfüllende Version); Ch: William Forsythe / Ensemble; M: Thom Willems / William Forsythe / David Morrow; P: 21.9.2001
The Room as It Was; Ch: William Forsythe; M: Thom Willems; P: 14.2.2002

Spielzeit 2002/03

33 / 3; Ch: William Forsythe; M: Thom Willems / Olivier Sliepen; P: 11.9.2002
Decreation; Ch: William Forsythe; M: David Morrow; P: 27.4.2003

Spielzeit 2003/04

Ricercar; Ch: William Forsythe; M: David Morrow / Johann Sebastian Bach; P: 13.11.2003
We Live Here; Ch: William Forsythe; M: Thom Willems; P: 16.4.2004

Ensembleliste Ballett

Tänzerinnen und Tänzer im Ballett Frankfurt 1959–1984

A

Ackermann, Jürgen
Aebersold, Jörg
Alexander, Ronald
Alexander, Roswitha
Anderson, April
Andrews, Robert
Apostolov, Svetislav
Arnillas, Maria
Aroldingen, Karin von
Artzner, Sylvie
Ashmole, David
Auer, Michael

B

Bagg, Beverly
Baier, Helmut
Balz, Ellen
Barbieri, Margaret
Barra, Maximo
Barth, Gabriele
Bauchez, Natalie
Bayard, Ann-Maree
Bayard, Sylviane
Behrisch, Ulrich
Bellardi, Marlene
Benedict, Laurel
Bennett, Christine
Bergsma, Henri
Bergquist, Angela
Bessmertnova, Natalia
Binner, Dorothea
Bissel, Patrick
Blankshine, Robert
Boeye, Gerry
Bognar, Miklos
Bohner, Gerhard
Bonnefous, Jean Pierre
Bradley, Janet
Bramoff, Karen
Bridgman, Antony
Brule, Steven
Burmann, Wilhelm
Bussmann, Erna
Byrne Hoffmann, Anne

C

Cadzow, Joan
Campbell, Trudie
Carli, Didi
Chamberlin, Lora
Champion, Nicholas
Christian, Whitten
Cito, Marion
Ciucá, Radu
Clark, Cynthia
Corbett, Elizabeth
Cordua, Beatrice
Cortez, Barbara
Costa-Campos, Arturo da
Cotoi, Stah
Cragun, Richard
Cross, Georg
Cuoco, Joyce
Cuvelier, Brigitte

D

Dahn, Gisela
Danto, Joanne
Darden, Ronald
Daudey, Fernand
Davenport, Jacqueline
Davis, Douglas
Deaderick, Garland
Deloor, Andreas
Delseni, Donna
Demko, Edith
Denaro, Ernesto
Denes, Gizella
Denubila, Paulo
Devaux, Corinne
DeVilliers, John
Dideriksen, Yvonne
Dideriksen, Ole
Diefenderfer, Diane
Dima, Katerina
Donnelly, Kevin
Doubek, Ilka
Doutreval, André
Duchoslav, Jiri
Dümig, Marlies
Dürr, Hajo
Duse, Riccardo

E

Eads, Heidi
Earl, Bill
Ebbelaar, Han
Eckhardt, Lerke
Edwards, Donn
Eggert, Helga
Eisch, Helmut
ElHarairy, Gamal
Emde, Ingrid
Emmanuele, Eric
Ende, Hans Henning
Enders, Uta
Erlemann, Caroline
Esser, Gunhild
Esser, Ulf

F

Farha, Clint
Farr, Michele
Ferrara, Diana
Figler, Paul
Finke, Heide
Finney, Truman
Flynn, Kelly
Fornoni, Raimondo V.
Franklin, Jeffrey
Frey, Urs
Friedrich, Ivan

G

Gabriel, Suzette
Galizzi, Mario
Ganio, Denys
Gannon, Elaine
Garbay, Anne
Garrett, Dove
Gaworczyk, Waclaw
Geiss, Uta
Gelvan, Vladimir
Gerber, Isabel
Gielgud, Maina
Giovanola, Rafaele
Gomes, Cristina
Gomez, Garow
Goodwin, Garry
Gordon, Esther
Grabensee, Bärbel
Gregory, Josef
Gromow, Larissa

Guerrero, Maria
Guiloff, Patricio
Guinez, Julio Cesar
Gürtler, Mila

H
Haag, Günter
Haas, Theodora
Haemmig, Silvia
Hajek, Franz
Halbach, Cornelia
Hamilton, Robin
Harapes, Vlastimil
Harris, Vicky
Hausmann, Gabi
Haydee, Marcia
Heil, Helga
Held, Marc
Herbinger, Paul
Hessel, Jillian
Hirsch, Bärbel
Hjorth, Flemming
Hoff, Ellen
Hoffmann, Gina
Hohe, Elke
Holz, Rudolf
Horney, Brigitte
Horrigan, Maureen
Howald, Fred
Hue, Young-Soon
Huffmann, Julia
Hughes, Victor
Hummel, Caspar
Hutchinson, Art

I
Ingham, Barry
Isenring, Lucia
Ishiguro, Masako
Ishii, Jun

J
Jackson, Melinda
Jacobsen, Sana
James, Judith
Jendrosz, Tadeusz
Jockel, Dagmar
Jones, Colin
Jones, Evan
Jones, James

K
Kage, Jonas
Kapuste, Falco
Kasch, Theodora
Kashef, Majid
Kay, Suzanne

Keeler, Linda
Keil, Birgit
Kelly, Jonathan
Kersten, Marie-Luise
Kimura, Kiyoko
Klaus, François
Klein, Irene
Klenau, Irene von
Klos, Vladimir
Knackstedt, Heide
Knütter, Hans
Koch, Hilde
Kohl, Anita
Körner, Magda
Korsenti, Laurence
Kothe, Doris
Koujewetopoulos, Angelique
Kovach, Sergio
Kraft, Wiltrud
Krause, Jutta
Kreutzberger, Hartmut
Kruppa, Steffi
Kruuse, Marianne
Künz, Lilo
Kunzi, Edgar

L
Lämmerhirt, Martin
Lage, Nuria
Lara, Mireille
Lavery, Sean
Lawrowski, Michail
Lekven, Daphne
Lesins, Marcis
Levine, Ellen
Li, Maya
Link, Andrea-Katrin
Lohm, Sharon
Lugsdin, Angus

M
Madsen, Egon
Makarova, Natalia
Makinodan, Ann
Maksoud, Osama
Manchak, Susan
Mandia, John
Marcelino, Benito
Marguet, Corinne
Mariaux, Suzette
Markowska, Susan
Martinez, Patricio
McCulloch, Barbara
McGrath, Michael
McMurrey, Robert
McNulty, Mary
McPhail, Mary

Meier, Ulrike
Michelet, Pascale
Midinet, Max
Mikulski, Wladimir
Mills, Virginia
Mitchell, Pamela
Moderegger, Traude
Molloy, Loya
Moore, Ken
Morishita, Yoko
Morsberger, Wendy
Moser, Ann
Müller-Kutschera, Gudrun
Murphy, Gwendolin
Mutschard, Cécile
Mydtskov, Jeppe

N
Naranda, Ludmilla
Neubauer, Manfred
Neumeier, John
Niederreiter, Ulrike
Niekerk, Johan van
Novak, Ana
Novich, Ricardo

O
Ollertz, Uta
Otero, Decio
Owen, Ian

P
Parsch, Joachim
Patzak, Christine
Perroud, Rejane
Petran, Regine
Pettersson, Runé
Petzold, Gernot
Piel, Michael
Piletta, Georges
Plucis, Andris
Pontecorvo, Guy
Pourfarrokh, Ali
Powell, Julie
Prelonge, Michèle
Prince, Lazaro

R
Radius, Alexandra
Rae, Lisa
Rakowski, Detlev von
Ranta, Tarja
Reily, Dan
Reily, Diane
Reinemer, Carla
Renault, Domingo
Resor, Holly

Reyn, Judith
Rhine, Vanadis
Richardson, Sarah
Rieger, Carina
Riesle, Dieter
Rietmaire, Beatrice
Roberge, Giselle
Roemer, Bettina
Roman, Ana Catalina
Rome, Gilbert
Rossi, Yara
Roth, Herbert
Roth, Rose
Rowe, Susan

S
Samaropoulo, Persephone
Sara, Christina
Sass, Helmut
Saunders, James
Schacht, Angelika
Schafer, Allen
Schär, Marianne
Scharfenberger, Wolfgang
Schaufuss, Peter
Schirdewan, Hans Ulrich
Schlosser, Heinz
Schmidt, Angela
Schmidt, Karl-Heinz
Schmitt, Eric
Schnabel, Karen
Schneider, Gisela
Schneider, Irene
Schönfelder, Mille
Schulze, Gert
Schwaarz, Heidrun
Schweizer, Maya
Schwetz, Hanita
Schwetz, Ilana
Sertic, Ivan
Sheta, Hassan
Shore, Rosemary
Shimizu, Tetsutaro
Sicart, Rosa
Sikes, Richard
Sims, Anne Benna
Sinceretti, Francis
Sinclair, Carolyn
Skuladóttir, Gudbjörg
Sneed, Sarah
Sökmen, Tunc
Sommerkamp, Helga
Speker, Kurt
Stamm, Peter
Steel, Michele
Strong, Kate
Sundic, Alexander

Sykora, Sigrid
Synja, Gerard

T
Tallis, Andrea
Taylor, Burton
Thomas, Anne
Tice, Paul Steven
Tiefengruber, Siegfried
Timbo, Francisco
Tobias, Reka
Tonoletti, Alessandra
Tosa, Claudia
Troitzsch, Petra
Tschangisian, Haydeh
Tuggle, Glen
Twiehaus, Hedda

V
Vandermeersch, Sophie
Vargas, Georges
Vercruysse, Luc
Villoresi, Maria Rosa
Vitzthum, Marion
Vogdes, Barbara
Vogel, Petra
Volk, Georg
Völker, Helga

W
Ward, Marcia
Warren, Robert de
Wassmann, Elisabeth
Watts, Jonathan
Wawra, Alexandre
Weber, Ruth
Weiß, Klaus
Westmacott, Cathrin
White, Michele
Wightman, Felix
Willems, Jos
Williams, Alfred
Williams, Rosemary
Wink, Ralf
Winterhaider, Silvia
Wolf, Günter
Woods, Robert

Z
Zacconi, Barbara
Zahn, Karin
Zango, Virginia
Zarlenga, Lucio
Zasada, Sylvester
Zernick, Regina
Ziegler, Franz
Zink, Hans Georg

Tänzerinnen und Tänzer im Ballett Frankfurt unter William Forsythe 1984–2004

A
Ackermann, Jürgen (1984/85)
Al-Muhanna, Talal (1999–2003)
Amyot, Shaun (1990–1993)
Ando, Yoko (2001–2004)
Arndt, Stefanie (1994–2002)
Artzner, Silvie (1984/85)

B
Baldy, Cyril (2002–2004)
Barnes, Alan (1988–2004)
Bauchez, Nathalie (1984/85)
Bayard, Ann Maree (1984–1986)
Becker, Douglas (1985–1992)
Beckwitt, Wendy (1986–1988)
Berkel, Regina van (1993–2000)
Bermudez, Bertha (1993–1996)
Bos-Kroese, Cora (2001–2003)
Bradley, Janet (1984/85)
Brown, Allison (1996–2004)
Brown, Maria (1993–1997)
Bürkle, Christine (1986–2000)

C
Calvert, Stacey (1992/93)
Caroti, Francesca (1994–2004)
Carron, Kevin (2001/02)
Caspersen, Dana (1988–2004)
Causey, Maurice (1991–1999)
Champion, Nicholas (1984–1992)
Chase, Alida (1984–1986)
Cohen, James (1985/86)
Corbett, Elizabeth (1984–1991)
Couchman, Timothy (1997–2001)

D
Dalle, Stéphane (1990/91)
Daly, April (1994–1997)
D'Angelo, Ann Marie (1985/86)
Dawson, David (2000–2002)

F
Fein, Richard (1985–1990)
Fitzgerald, Kathleen (1985–1989)
Flowers, Ramon (1992–1996)
Flynn, Kelly (1984–1987)

G
Gaillard, Veronique (1991–2002)
Galloway, Stephen (1985–2004)
Garnika, Ion (1991–1997)
Gates, Jodie (2000–2004)

Gelber, Noah (1992–2000)
Gerber, Isabel (1984–1993)
Giovanola, Rafaele (1984–1990)
Godani, Jacopo (1991–1999)
Gonzalez, Amancio (1999–2004)
Gordon, Timothy (1984–1986)
Graham, Laura (1994–2001)
Grelat, Peggy (2000–2004)
Grissette, Jennifer (1985–1991)
Guiderdoni, Thierry (1991–2004)

H
Haffner, Nik (1994–2000)
Harper, Ayman (2001–2004)
Harper, Francesca (1989–1999)
Hart, Demond (1991–1997, 2001–2004)
Hellström, Anders (1993–1999)
Hendricksen, Virginia (2001–2003)
Holmes, Eda (1987–1993)
Hue, Young-Soon (1984–1986)

I
Ingham, Barry (1984/85)
Itturioz, Carlos (1986–1992)

J
Jijia, Sang (2002–2004)
Johnson, Christopher (1986–1990)
Johnson, Jill (1991–1996, 1999–2004)
Jones, Evan (1984–1991)

K
Kern, David (1987–1994)
Kersten, Marie-Luise (1984–1986)
Kimball, Nora (1988–2000)
Klein, Irene (1984–2004)
Koch, Hilde (1984/85, 1986–1991)
Krummenacher, Marthe (2003/04)

L
Labrenz, Brock (2003/04)
Lämmerhirt, Martin (1984–1986, 1987–1991)
Lang, Prue (1998–2004)
Le Mat, Vanessa (2001–2004)

Levinson, Andrew (1984–1990)
Li, Maya (1984–1988)
Lukács, Andräs (2001/02)

M
Maier, Tracy-Kai (1989–1994)
Malusardi, Daniela (1986–1989)
Marcellino, Benito (1984/85)
Mario, Christine di (1985/86)
Matthews, Leigh (1986–1990)
Mazliah, Fabrice (1997–2004)
Mazzarelli, Victoria (1990–1996)
McGrath, Michael (1984–1990)
McManus, Thomas (1986–1998)
Medina, Robert (1985–1987)
Megarese, Andrea (1989–1995)
Meurice, Bonnie (1988–1994)
Michelet, Pascale (1984–1986, 1987/88)
Miller, Amanda (1984–1992)
Molnar, Emily (1993–1998)
Moritz, Tamäs (1994–2001)
Mosca, Roberta (2000–2004)
Mydtskov, Jeppe (1984–1986, 1990–1992)

N
Naginski, Erika (1985/86)
Noltenius, Agnes (1989–1994, 1995–2001)

O
O'Day, Kevin (1992/93)
Oliveira, Mauricio de (1999–2002)

P
Peisl, Nicole (2000–2004)
Pickett, Helen (1987–1998)
Pite, Crystal (1996–2001)
Plucis, Andris (1984/85, 1986/87)
Poole, Robert (1989–1992)

R
Raymond, Amy (2000–2004)
Reeder, Brian (1990–1993)
Reischl, Georg (1999–2004)

Richardson, Desmond (1994–1996)
Rizzi, Antony (1985–2004)
Rodriguez, Mayra (1986–1994)
Roman, Ana Catalina (1984–2000)
Roman, Christopher (1999–2004)
Rosal, Maia (1988–1991)

S
San Martin, Jone (1990–2004)
Sayyad, Bahiyah (1996–1998)
Schmitt, Eric (1984–1986)
Schneider, Gisela (1984–1990)
Schumacher, Michael (1988–1992)
Schwarz, Ursula (1984–1990)
Siegal, Richard (1997–2004)
Silvestrin, Alessio (1999–2002)
Sökmen, Tunc (1984/85)
Spradling, Marc (1989–1998)
Stäche, Thomas (1987–1989)
Sternberg, Tanya (1999–2001)
Strong, Kate (1984–1988, 1990–1994)

T
Tallis, Andrea (1984–1999)
Taverner, Laura (1984–1987)
Tenge, Iris (1984–1987)
Thomas, Nathalie (2001–2004)
Tice, Paul Steven (1984–1988)
Tonoletti, Alessandra (1984–1986)
Touzeau, Pascal (1992–2001)
Twiehaus, Hedda (1984/85)
Tuggle, Glen (1984–1990)

V
Vercruysse, Luc (1984–1989)
Vierthaler, Heidi (2002–2004)
Vreugdenhil, Sjoerd (1996–2001)

W
Watkin, Aaron Sean (1997/98)
Willems, Joss (1984/85)
Williams, Rosemary (1984–1988)

Z
Zabala, Ander (1992–1997, 1999–2004)

Autorenviten

Hans-Klaus Jungheinrich

1938 geboren in Bad Schwalbach, aufgewachsen in Frankfurt/Main, Musikstudium (Dirigieren, Klavier, Komposition) in Darmstadt und Salzburg. Ab 1960 als Musikpublizist und Rundfunkautor tätig. Von 1968 bis 2003 Feuilletonredakteur und Musikkritiker bei der *Frankfurter Rundschau*. Seitdem freier Autor. Herausgeber einer Reihe von Komponistenmonografien (u.a. Henze, Rihm, Lachenmann, Saariaho, Kagel, Boulez, Widmann) im Schott-Verlag, Mainz. Buchveröffentlichungen mit den Schwerpunkten Oper, Dirigenten, neue Musik. Zuletzt erschienen: Hudba – Annäherungen an die tschechische Musik (Kassel 2009) und Hohes C und tiefe Liebe – 33 Versuche, (k)einen Opernführer zu schreiben (Salzburg 2010). Eine Smetana-Biografie steht vor der Veröffentlichung.

Günther Rühle

Gehört zu den einflussreichsten Theaterkritikern der Bundesrepublik. Von 1974 bis 1984 war Rühle Leiter des Feuilletons der *Frankfurter Allgemeinen Zeitung*, zwischen 1985 und 1990 war er Intendant des Schauspiel Frankfurt. 1990 wechselte Rühle in die Chefredaktion des *Berliner Tagesspiegel*. 1993 bis 1999 war er Präsident der Deutschen Akademie der Darstellenden Künste, deren Ehrenpräsident er heute ist. Rühle ist Autor und Herausgeber verschiedener Bücher zur Geschichte des Theaters und der Kritik.

Michael Eberth

Arbeitete ab 1970 als Dramaturg am TAT und am Schauspiel Frankfurt, an den Münchner Kammerspielen, bei den Salzburger Festspielen, am Burgtheater in Wien; als Chefdramaturg am Deutschen Theater Berlin, am Düsseldorfer Schauspielhaus und am Deutschen Schauspielhaus in Hamburg. Er hatte Lehraufträge und Gastprofessuren an Hochschulen in Berlin, Dresden, Hamburg, Salzburg und Wien. Artikel u.a. für *Frankfurter Rundschau*, *Süddeutsche Zeitung*, *Tagesspiegel*, *Theater der Zeit*, *Theater heute* und *Die Zeit*.

Hans-Thies Lehmann

War von 1988 bis 2010 Professor für Theaterwissenschaft an der Goethe-Universität Frankfurt. In den 1980er-Jahren arbeitete er am Aufbau der Studiengänge für Angewandte Theaterwissenschaft der Universität Gießen. Gastdozenturen führten ihn u.a. an die Universitäten von Amsterdam, Paris, Wien, Krakau und Tokio. Er arbeitete als Dramaturg an verschiedenen Theatern und veröffentlichte Bücher zum Gegenwartstheater, zur Theorie und Ästhetik des Theaters und insbesondere zu Bertolt Brecht und Heiner Müller.

Wilhelm von Sternburg

Arbeitete über 30 Jahre lang als Journalist für verschiedene Printmedien sowie für Rundfunk und Fernsehen. Von 1989 bis 1993 war er Chefredakteur des Hessischen Rundfunks. Seit 1993 ist er als freier Schriftsteller, Publizist und Filmautor tätig. Sternburg veröffentlichte u.a. Biografien über Lion Feuchtwanger, Arnold Zweig, Konrad Adenauer, Carl von Ossietzky, Erich Maria Remarque, Joseph Roth und Anna Seghers sowie Titel zu kulturellen Themen und zur deutschen Geschichte seit dem 19. Jahrhundert.

Martin Lüdke

War von 1978 bis 1984 Professor für Neuere Deutsche Literatur an der Goethe-Universität Frankfurt und arbeitete als Literaturkritiker beim Hessischen Rundfunk. 1990 wechselte Lüdke zum Südwestrundfunk, wo er u.a. die Sendereihe »Literatur im Foyer« leitete. Gastprofessuren führten ihn an die Universitäten Los Angeles, San Diego und St. Louis. Lüdke brachte Bücher zu ästhetischen und literaturkritischen Themen heraus und schreibt vorwiegend für *Die Zeit*, den *Spiegel* und die *Frankfurter Rundschau*.

Nils Wendtland

Ist Dramaturg am Deutschen Nationaltheater in Weimar. Er studierte Dramaturgie an der Bayerischen Theaterakademie sowie Theaterwissenschaft, Literatur und Geschichte an der Universität München. In Berlin arbeitete er am Deutschen Theater als Dramaturgieassistent, als Persönlicher Referent des Intendanten und als Produktionsdramaturg bei verschiedenen Inszenierungen und Veranstaltungsreihen. Zwischen 2009 und 2013 war Nils Wendtland Pressesprecher des Schauspiel Frankfurt.

Gerald Siegmund

Ist Professor für Angewandte Theaterwissenschaft an der Justus-Liebig-Universität Gießen. Er studierte Theaterwissenschaft, Anglistik und Romanistik an der Goethe-Universität Frankfurt am Main. Zu seinen Buchpublikationen gehören: William Forsythe – Denken in Bewegung im Henschel Verlag, Berlin, sowie Abwesenheit. Eine performative Ästhetik des Tanzes – William Forsythe, Jérôme Bel, Xavier Le Roy, Meg Stuart im transcript Verlag, Bielefeld. Zuletzt herausgegeben zusammen mit Petra Bolte-Picker Theater : Subjekt. Beiträge zur analytischen Theatralität bei Peter Lang.

Dieter Bartetzko

Studium der Kunstgeschichte, Germanistik, Soziologie in Frankfurt am Main, Berlin, Marburg. Promotion bei Hans-Joachim Kunst zum Thema »Theatralik der NS-Architektur«. 1983 bis 1993 regelmäßige freie Mitarbeit in Kulturredaktionen des Hessischen Rundfunks, bei Architekturfachzeitschriften und der *Frankfurter Rundschau*. Themenschwerpunkte: Architekturkritik, Denkmalpflege und alles, was mit dem vordergründig so leichtgewichtigen Unterhaltungsgeschäft zu tun hat: von Schlager bis Chanson, von Show bis Musical. 1993 bis 1994 Vertretungsprofessur Kunstgeschichte an der Fachhochschule Mainz. Seit Juli 1994 Architekturkritiker der *Frankfurter Allgemeinen Zeitung*. 2006 Preis für Architekturkritik des Bundes Deutscher Architekten.

Bildnachweise

Vorworte und Anhang

Ulrike Deuscher-Hölzinger: 6
Alexander Paul Englert: 284/285

Oper

Barbara Aumüller: 94, 101, 112 l., 114/115, 118
Alexander Beck: 100
Thilo Beu: 110, 113
Deutsches Theatermuseum München, Archiv Mara Eggert:
    19, 20, 22, 24, 25, 42 l., 45, 46, 47 r., 49, 50, 51, 53, 54, 55,
    56 r., 59, 60, 61, 62, 63, 64, 65, 66 l., 68/69, 70, 71, 72, 73,
    74, 75, 76, 77, 78 r., 80, 82, 83, 84, 85, 86, 87, 88/89, 91
Günter Englert: 21, 32, 33, 34, 35, 36, 38, 39, 41, 42 r., 43, 44,
    47 l., 48, 52
Institut für Stadtgeschichte Frankfurt a. M.: 28, 37
Franz Krickl: 56 l.
Klaus Lefebvre: 97
Dominik Mentzos: 90, 92 l., 95
Bettina Müller: 102
Oper Frankfurt: 40, 67, 78 l., 81, 93, 96
Andreas Pohlmann: 79
Monika Rittershaus: 14/15, 107, 108/109, 111, 112 r., 116,
    119, 120, 122, 123
Sammlung Manskopf: 31
Maik Scharfscheer: 105
Roman Soukup: 66 r.
Ruth Walz: 98/99
Gert Weigelt: 92 r.
Dorothea Wimmer: 103

Schauspiel

Thomas Aurin: 208
Deutsches Theatermuseum München, Archiv Mara Eggert:
    142/143, 145, 146, 148, 149, 150, 152, 153, 155, 156, 157,
    158, 159, 160, 162, 163, 164, 165, 169, 179, 184/185, 189,
    190, 191, 192, 193, 194, 195, 196, 198
Deutsches Theatermuseum München, Archiv Abisag Tüllmann:
    166/167, 170, 171, 173, 177, 178, 183

Alexander Paul Englert: 202/203, 205, 206, 211, 212, 213,
    214, 217
Günter Englert: 127, 128 r., 129, 130, 131, 132, 133, 135, 136,
    139, 140, 161
Sebastian Hoppe: 221, 224, 226, 227
Birgit Hupfeld: 124/125, 218/219, 222, 225, 228, 229, 230, 231
Kirsti Krügener: 210
Gabriella Odry: 188 r.
Stefan Odry: 187, 188 l., 199, 201
picture alliance / dpa: 128 l., 137, 181, 209
Inge Rambow / VG Bild-Kunst 2013: 174, 176 l., 180, 176 r.
Katrin Schilling: 207
Christian Schu: 215
Bernd Uhlig: 233

Ballett

Deutsches Theatermuseum München, Archiv Mara Eggert:
    248, 251, 253, 254, 255
Günter Englert: 237, 238, 240, 241, 242, 243, 244, 245, 246
Dominik Mentzos: 234/235, 256, 257, 258, 259, 260/261, 262,
    263, 264, 266
Dieter Schwer: 265

Architektur

Rui Camilo: 274 l.
Niko Dumkow: 273 r.
Mara Eggert: 283
Hochbauamt Stadt Frankfurt am Main: 278
Institut für Stadtgeschichte Frankfurt am Main: 271, 272 r., 273 l.
Keim: 272 l.
Wolfgang Runkel: 268/269, 274 r., 275, 276, 281

Nicht in allen Fällen konnten trotz intensiver Recherchebemühungen Namen von Fotografen und Rechteinhabern ausfindig gemacht werden. Es wird gebeten, sich mit berechtigten Ansprüchen an die Städtische Bühnen Frankfurt am Main GmbH zu wenden.

Impressum

www.henschel-verlag.de
www.buehnen-frankfurt.de
www.oper-frankfurt.de
www.schauspielfrankfurt.de

Bibliografische Information der Deutschen Nationalbibliothek
Die Deutsche Nationalbibliothek verzeichnet diese Publikation in der Deutschen Nationalbibliografie;
detaillierte bibliografische Daten sind im Internet über http://dnb.dnb.de abrufbar.

ISBN 978-3-89487-732-3

© 2013 by Städtische Bühnen Frankfurt am Main GmbH und Henschel Verlag in der
Seemann Henschel GmbH & Co. KG, Leipzig

Die Verwertung der Texte und Bilder, auch auszugsweise, ist ohne Zustimmung des Verlags
urheberrechtswidrig und strafbar. Dies gilt auch für Vervielfältigungen, Übersetzungen,
Mikroverfilmungen und für die Verarbeitung mit elektronischen Systemen.

Konzept: Bruni Marx / Andreas Skipis / Nils Wendtland, Frankfurt am Main
Recherche und Bildredaktion: Bruni Marx / Jonas Schönfeldt, Frankfurt am Main, Gerald Siegmund, Gießen, Claudia Thieße, Leipzig
Lektorat: Sabine Bayerl, Heidelberg
Projektmanagement: Susanne Van Volxem, Frankfurt am Main
Umschlaggestaltung: Ingo Scheffler, Berlin
Titelbild: Alex Habermehl
Umschlagrückseite: Reinhard Dienes
Satz und Gestaltung: Gisela Kirschberg, Berlin
Druck und Bindung: Gorenjski tisk storitve, Kranj, Slowenien
Printed in Slovenia

Gedruckt auf alterungsbeständigem Papier mit chlorfrei gebleichtem Zellstoff

Frau ohne Schatten
Fassbinder Schatz
Turn of the crew
entfernten Verw
Juliette Study #3
sucht Katja Kaban
Volo di notte/Il prig
Mann Jenufa Dreigroschenoper
Macbeth Die Fledermaus Elektra
Goethe-Festwoche Death in Venice
Die Stunde, da wir nichts von einander
wussten Chowanschtschina Lulu The
Returns La forza del destino Die Katze
auf dem heißen Blechdach Un ballo in
maschera Ein Blick von der Brücke
Pique Dame Die Physiker Parsifal Ein
Sommernachtstraum Caligula Krabat
Tiefland Tannhäuser Die florentini-
sche Tragödie / Der Zwerg Unter Eis
Billy Budd Daphne Medea Dido and
Aeneas Orlando Furioso Die Sache
Makropulos Sider Murder in the
Cathedral Penthesilea L'Amico Fritz
La Calisto Kullervo Vanessa Der Spieler
Königskinder Idomeneo La Fanciulla
del West Rusalka Lear The Defenders
Ariane et Barbe-Bleue Die Ausflüge
des Herrn Broucek Fidelio Die Spanische
Stunde / Das kurze Leben Palestrina
Simplicius Simplicissimus The Tempest

Werden Sie Mitglied im Patronatsverein und fördern Sie die künstlerische Vielfalt der städtischen Bühnen in Frankfurt.

wirfördernvielfalt

www.patronatsverein.de

Patronatsverein
Oper Schauspiel Tanz

„Drei für Eins" *Eine* Mitgliedschaft steht für *drei* künstlerische Sparten: Oper, Schauspiel und Forsythe Company. Der Frankfurter Patronatsverein für die Städtischen Bühnen e.V. fördert seit 89 Jahren Vielfalt. Viele herausragende Produktionen sind ohne privates Engagement nicht denkbar. Dieses Engagement unserer Mitglieder und Förderer macht es möglich, außergewöhnliche Künstler zu verpflichten und durch herausragende Inszenierungen auf Weltniveau zu begeistern.